U0864046

· 高等职业教育“十二五”规划教材

· 高职高专汽车类专业任务驱动、项目导向系列化教材

# 事故车损失评估

陈勇 编著

国防工业出版社

·北京·

## 内 容 简 介

本书是基于工作过程系统化的课程设计思想编写而成的。具体编写时，以事故车损失评估的工作过程及学生的认知过程为主线，介绍了事故车损失评估的基本理论和方法、事故车修理的知识、典型事故车的损失评估等方面的专业理论和实践技能。全书共分5个学习情境，分别是：轻微损伤事故车损失评估；中度损伤事故车损失评估；严重损伤事故车损失评估；水灾事故车损失评估；火灾事故车损失评估。其中前3个学习情境为主学习情境，后两个为拓展学习情境。

本书主要供职业院校汽车整形技术专业、汽车定损与评估等专业教学使用，也可作为从事事故车评估和定损人员的岗位培训教材和自学用书，以及大中专院校汽车相关专业的师生参考用书。

**图书在版编目（CIP）数据**

事故车损失评估/陈勇编著．—北京：国防工业出版社，2017.2重印
高职高专汽车类专业任务驱动、项目导向系列化教材
ISBN 978-7-118-09046-8

Ⅰ．①事… Ⅱ．①陈… Ⅲ．①交通运输事故—车辆—损伤—评估—高等职业教育—教材 Ⅳ．①U491.31

中国版本图书馆CIP数据核字（2013）第208627号

※

国防工业出版社出版发行
（北京市海淀区紫竹院南路23号 邮政编码100044）
北京奥鑫印刷厂印刷
新华书店经售

*

**开本** 787×1092 1/16 **印张** 17¼ **字数** 405千字
2017年2月第1版第2次印刷 **印数** 3001—5500册 **定价** 34.50元



国防书店：（010）88540777 发行邮购：（010）88540776
发行传真：（010）88540755 发行业务：（010）88540717

# 前 言

“是非经过不知难”，是事故车修理与评估行业内一句老格言。事故车修理企业的服务营销工作一直是评估员的分内之事。他们必须分析车辆的损坏程度，确定恢复车辆至事故前状态的维修费用，说服车主垂青于此家维修企业，并通过与保险公司的定损员协商确定维修费用。为了圆满完成这些工作任务，维修企业评估员须熟悉车辆构造，精通修理和更换各受损板件的作业方法，并对如何从已出版的碰撞评估指南中查询工时定额和零件成本了如指掌，而这些所有经验都必须最终聚焦在一点上——编制一份详实、准确的车损报告。一份经过精心策划的车损报告是评估员最大的营销卖点，它为客户提供了一个选择维修企业的客观标准。

尽管车主是维修企业潜在的客户，但支付费用的却是车主的保险公司。因此，保险公司定损员的工作侧重点便成了评估过程中一个举足轻重的因素。一个保险定损员也必须具备编制一份完整车损报告或鉴定书的能力。因为确保车损报告将每一个为使客户车辆恢复至事故前原状所必需的维修工序，都囊括其中是他们的工作职责。而且，定损员也必须保证在保险公司为其支付费用的维修作业中，不掺杂一项冗余或不相关的作业。在确保将车辆恢复至事故前状态或行驶安全性的前提下，尽可能地采用最经济的维修方法，也是他们所孜孜以求的目标。

本书不仅要教授维修企业的评估员，还要指导保险公司理赔员如何去完成一份准确、全面的车损报告和鉴定书。

目前国内汽车整形技术专业和汽车定损与评估专业的建设与发展还处于起步阶段，相关的教材也比较欠缺，虽然本书仍有很多不足和亟需修改的地方，但仍衷心希望通过对本书的学习和阅读能为你们从事事故车评估员和保险定损员工作打下良好的基础。

本书的编写以事故车损失评估的工作过程及学生的认知过程为主线，介绍了事故车损失评估的基本理论和方法、事故车修理的知识、典型事故车的损失评估等方面的专业理论和实践技能。全书共分5个学习情境，分别是：轻微损伤事故车损失评估；中度损伤事故车损失评估；严重损伤事故车损失评估；水灾事故车损失评估；火灾事故车损失评估，其中前3个学习情境为主学习情境，后两个为拓展学习情境。本书便于教师实施情境化教学，使学生掌握事故车损失费用以及修理费用评估的职业能力，养成学生的职业素质；使学生获得事故车损失评估的理论知识，锻炼学生的学习能力；使学生参与合作项目，培养学生的社会能力和综合素质。

本书具有如下特点。

(1) 以典型的工作任务聚集知识点、技能点，每个典型任务都是基于工作过程系统化，便于教师实施情境化教学和“教学做”一体化教学。

（2）在内容编排上，考虑到学生的认知水平，由浅入深地安排内容，实现能力的递进。学习情境从简单到复杂排列，先是轻微碰撞损伤的事故车损失评估，然后再逐渐到严重碰撞损伤的事故车损失评估。这样的编排顺序，使学生能够在完成学习情境后逐渐提高自己的能力，也符合科学的认知规律和能力发展规律。

本书由陈勇编著，在编写过程中得到了南京交通职业技术学院屠卫星和黄秋萍老师的大力指导和帮助，历届毕业的校友也提供了他们在评估工作中的一些典型案例，同时也参考了部分名家的著作，在此表示诚挚的谢意。

由于编者水平有限，加之经验不足，书中难免有疏漏之处，敬请广大读者批评指正。

作者

# 目 录

# 引　言

**学习目标:**

(1) 对本课程有个全面正确的理解。

(2) 熟悉什么是事故车损失评估。

(3) 了解事故车损失评估工作和相关职业。

(4) 熟悉事故车损失评估的基本知识。

(5) 熟悉车身的结构。

## 一、课程认识

### (一) 课程简介

主要学习内容和要求:汽车评估的基本理论和方法、汽车损失评估的理论和方法、汽车碰撞修理方法、事故车损伤的检查技术、工时费和材料费的估算方法、汽车各部分的损伤评估、车损报告的编制。通过本课程的学习,要求学生掌握事故车损失评估的基本理论和方法;能独立完成轻微损伤和严重损伤事故车的损失评估工作;能初步完成水灾事故车和火灾事故车的损失评估工作。

技能考核项目与要求:完成碰撞损伤事故车的损失评估工作。

学习过程中应完成的任务:

学习情境1:轻微损伤事故车损失评估

　　任务1:漆面损伤费用评估

　　任务2:外板件变形的损失评估

学习情境2:中度损伤事故车损失评估

　　任务1:前部中度损伤事故车损失评估

　　任务2:中部中度损伤事故车损失评估

　　任务3:后部中度损伤事故车损失评估

学习情境3:严重损伤事故车损失评估

学习情境4:水灾事故车损失评估

学习情境5:火灾事故车损失评估

## （二）事故车损失评估工作简介

1. 事故车评估员的主要工作

车辆发生碰撞事故后需要进行损失评估，以计算修理费用。评估包括分析车辆的损坏程度和计算车辆修理所需的费用。对于大事故，维修企业里训练有素的评估员会和保险公司的定损员一起对车辆的损坏程度进行鉴定，并确定修复这辆车所需的维修工作和维修费用，不管是维修企业的评估员还是保险公司的定损员，他们的主要工作内容就是编制一份准确、详实的车损报告，车损报告的样式如表0－1和表0－2所列。

表0－1　汽车损失评估表样式1

<table>
<tr><td colspan="5">备注：被保险人信息以及标的信息略</td></tr>
<tr><td>序号</td><td>作业项目</td><td>更换材料名称</td><td>材料费/元</td><td>工时数</td></tr>
<tr><td rowspan="4">1</td><td rowspan="4">拆卸与更换前保险总成</td><td>保险杠面罩</td><td>460</td><td rowspan="4">2.0</td></tr>
<tr><td>骨架</td><td>200</td></tr>
<tr><td>缓冲泡沫</td><td>92</td></tr>
<tr><td>左/右支架</td><td>20×2</td></tr>
<tr><td>2</td><td>拆卸与更换左/右雾灯</td><td>左/右雾灯</td><td>178×2</td><td>0</td></tr>
<tr><td rowspan="2">4</td><td rowspan="2">拆卸与更换发动机罩及铰链</td><td>发动机罩</td><td>750</td><td rowspan="2">1.5</td></tr>
<tr><td>左/右铰链</td><td>15×2</td></tr>
<tr><td>5</td><td>拆卸与更换罩锁总成</td><td>发动机罩锁总成</td><td>26</td><td>0.3</td></tr>
<tr><td>6</td><td>安装发动机罩嵌条</td><td>发动机罩嵌条</td><td>62</td><td>0.1</td></tr>
<tr><td>7</td><td>拆卸与更换格栅</td><td>格栅</td><td>186</td><td>0.2</td></tr>
<tr><td>8</td><td>拆卸与安装车标</td><td></td><td></td><td>0.2</td></tr>
<tr><td>9</td><td>拆卸与更换左前照灯总成</td><td>左前照灯总成</td><td>415</td><td>0.6</td></tr>
<tr><td>10</td><td>拆卸与更换左前轮胎</td><td>左前轮胎</td><td>296</td><td>0.7</td></tr>
<tr><td>11</td><td>拆卸与更换左前轮毂</td><td>左前轮毂</td><td>180</td><td></td></tr>
<tr><td>12</td><td>拆卸与更换散热器框架</td><td>散热器框架</td><td>450</td><td>3.0</td></tr>
<tr><td>13</td><td>拆卸与更换冷凝器</td><td>冷凝器</td><td>853</td><td rowspan="4">2.5</td></tr>
<tr><td>14</td><td>拆卸与更换散热器</td><td>散热器</td><td>582</td></tr>
<tr><td rowspan="2">15</td><td rowspan="2">拆卸与更换散热器左/右风扇叶和风圈</td><td>散热器左/右风扇叶</td><td>45×2</td></tr>
<tr><td>散热器左/右风扇风圈</td><td>55×2</td></tr>
<tr><td>16</td><td>回收和加注制冷剂</td><td>制冷剂</td><td>120</td><td>1.0</td></tr>
<tr><td>17</td><td>加注冷却液</td><td>冷却液</td><td>70</td><td>0.3</td></tr>
<tr><td>18</td><td>拆卸与安装蓄电池</td><td></td><td></td><td>0.2</td></tr>
<tr><td>19</td><td>拆卸与更换蓄电池托板</td><td>蓄电池托板</td><td>32</td><td>0.3</td></tr>
<tr><td>20</td><td>拆卸与更换副车架</td><td>副车架</td><td>960</td><td rowspan="4">5.5</td></tr>
<tr><td rowspan="3">21</td><td rowspan="3">拆卸与安装发动机总成<br>（将前支座、右支座、左支座更换新件）</td><td>发动机安装前支座</td><td>165</td></tr>
<tr><td>发动机安装右支座</td><td>120</td></tr>
<tr><td>发动机安装左支座</td><td>120</td></tr>
</table>

（续）

| 备注:被保险人信息以及标的信息略 | | | | |
|---|---|---|---|---|
| 序号 | 作业项目 | 更换材料名称 | 材料费/元 | 工时数 |
| 22 | 拆卸与更换凸轮轴位置传感器 | 凸轮轴位置传感器 | 200 | 0.3 |
| 23 | 拆卸与更换前风窗玻璃 | 前风窗玻璃 | 710 | 2.5 |
| | | 密封条 | 14 | |
| 24 | 拆卸与更换主/副气囊 | 气囊控制模块 | 1010 | 0.4 |
| | | 主气囊组件 | 1357 | 0.6 |
| | | 副气囊组件 | 1696 | 0.3 |
| 25 | 拆卸与更换前排两座椅后背壳 | 前排左/右座椅后背壳 | 15×2 | 0.4 |
| 26 | 拆卸与更换仪表板 | 仪表板 | 1040 | 3.0 |
| 27 | 左前翼子板整形 | | | 0.2 |
| 28 | 左前纵梁矫正 | | | 3.0 |
| 29 | 涂装作业 | 800元(含工时费) | | |
| 材料费总额:12902元 | | 工时费总额:29.1×80=2328元 | | 涂装费总额:800元 |
| 修理费用总额:16030元 | | 残值:193元 | | |

表0-2　汽车损失评估表样式2(美国)

| 姓名:Wenver Mike | | | 电话: | 日期:1998年03月27日 | |
|---|---|---|---|---|---|
| 街道:北大街247号 | | | Orwigsburg市 | | |
| 年款:1991 | 颜色:红色 | 制造厂家:福特 | 车型:土星 | | |
| 牌照号码: | | 序列号 | 里程表 | 由 | 评估 |
| 保险公司 | | | 理赔员 | | |

| 更换 | 修理 | 说明 | 零件费 | 工时 | 修整工时 | 转包 |
|---|---|---|---|---|---|---|
| √ | | 左前门 | 582.37 | 3.8 | 3.3 | |
| | √ | 左后门 | | 6.0 | 2.2 | |
| | √ | 中立柱 | | 6.0 | 2.0 | |
| √ | | 前门侧嵌条 | 115.04 | 0.2 | | |
| | √ | 左翼子板 | | 3.0 | 2.4 | |
| | √ | 后支柱 | | 1.0 | 2.2 | |
| | √ | 清漆层 | | | 3.0 | |
| √ | | 风雨密封条 | 10.00 | 0.5 | | |
| √ | | 新门底漆层 | 10.00 | 0.5 | | |
| | | | | | | |
| | | 其他 | | | | |
| | | | | | | |
| | | 合计 | 717.14 | 21 | 15.1 | |

| | |
|---|---|
| 上表是根据调查列出的评估情况，不包括工作开始后附加的零件和工时。有时，在第一次检查时会漏检一些损坏。因此以上这些金额不是最终金额。零件和工时均随情况而随时变化 | 零件总额 $ 717.41<br>工时费总额 $ 714.00<br>整修费总额 $ 513.40<br>喷漆费总额 $ 302.00<br>税金 $ 63.71<br>车架修理 $<br>总计: $ 2310.52 |
| 修理的授权:您被授权对以上情况进行修理<br>签名:<br>日期: | |

2. 事故车评估员编制车损报告的重要性

修理企业所从事的每一项工作都以取得利润为目的,在这个结论的基础上可以知道以下两点。

(1) 一个修理企业在承接任何一项修理业务时,都不能以粗略的估计、概算或有依据的猜测来确定成本,因为不能找任何借口以牺牲修理企业的经济利益为代价来进行不明确的投资。

(2) 不能从每一辆前来修理的车辆中取得利润,只有精确评估了车损状况后才能清楚地看出每一个修理工序中潜在的利润,并减少受理无利润甚至折本的业务。

但在日常工作中,修理企业有悖于此商业原则的现象却屡有发生。他们都普遍认为,只有以更低的标价赢取更多的业务量才能保证本企业的正常运营。他们也时而因个中原因产生过放弃某项业务的想法。但他们却视这种做法为丢弃唾手可得利润的行径,而不是为了避免严重的亏损所采取的有效措施。唯一能保证所经手的每一项业务均能赢取利润的方法,就是精确地鉴定车损状况和准确地进行成本核算。

一份车损报告就是一份在整个修理过程中所涉及的每个工位、每项作业及对应工时、所耗费各种物料的清单,它是车辆修理的总纲(图 0-2)。

很多时候,车辆的损坏部位非常隐蔽,直至整部车辆被完全拆解才能发现。在这种情况下,只有向保险公司和车主声明此类损坏,并得到他们的许可后方能进行修理,这样责任方才能就额外的修理费用进行赔偿,这种现象称为附加作业。附加作业在各修理企业是一种司空见惯的现象。保险公司深知一份车损状况鉴定清单不过只包含了那些表面的损坏,其全面的损坏清单在拆卸和检查完所有隐蔽的损坏后才能获得。

一份详细而又准确的车损报告是一个修理企业强有力的推销卖点之一。但他们经常会忽略了客户有选择修理企业的权利,即违背了车险中的某些条款。要向客户详尽地介绍本企业的工作水平,并侧重于工作细节。向他们展示一下本企业的日常服务价格表是一项不可或缺的推销内容,但也只是取得成功的诸多因素之一。

一份专业的车损报告足以让一名客户心动并与之倾情合作。它把这项工作的始末详细地展现给了客户,并为他们展示了其付出的每一份代价所得到的回赠。是选择价格低廉但鉴定模糊的服务,还是选择收费颇高却详实列出每一步为恢复车辆原貌所采取措施的服务呢?面对这种情况时,大多数客户会选择后者。要想敲定一项修理业务,最好的途径就是制作一份完整的车损报告,并带领客户参观修理过程,向他们指明每一个即将修理或更换的环节,并向他们介绍所采用的设备或方法。

当修理业务牵涉到保险协议时,修理企业必须与保险公司就修理费用达成一致。修理企业的车损报告撰写人须向保险公司的理赔员阐明为消耗工作量、修理零件及耗费物料所支付的每一笔费用。当各修理工序及相应零件和物料的费用在报告中条理清晰地被罗列出来时,谈判就变得非常轻松了。

对于保险公司的定损员而言,编制一份详细而又准确的车损报告同样是重要的,它直接关系到保险公司的利益和客户的利益及满意度。

3. 对事故车评估人员的要求

涉猎广泛、做事精细、考虑周全和作风正派是事故车评估人员中成功人士的共性。注重细节、反应灵敏和果断行事是最主要的品性。很少有病入膏肓的病人对自己的医生经过

30s 的诊断和询问后就决定其治疗方法满意过。同样道理,在客户收到经过简单的检查就确定出的修理方案时,也不会欣然接受。一份专业的车损报告需要经过缜密的思考并占用大量的时间。

## 二、事故车损失评估的基本知识

### (一)事故车定损的概念

事故车的损失应指车辆事故之前的价值减去其事故之后的价值。定损是指依法取得评估资质或执业资格行政许可的机构及其人员,遵守国家交通管理法规、价格法规及政策,遵循依法客观、公开公正、科学合理的原则,对因事故(主要是道路交通事故)造成的车辆的毁损进行勘验、鉴定,确定其损失价值的行为。具体评估损失时可按照图 0-1 的基本步骤进行,图中还总结了损失评估的难点。

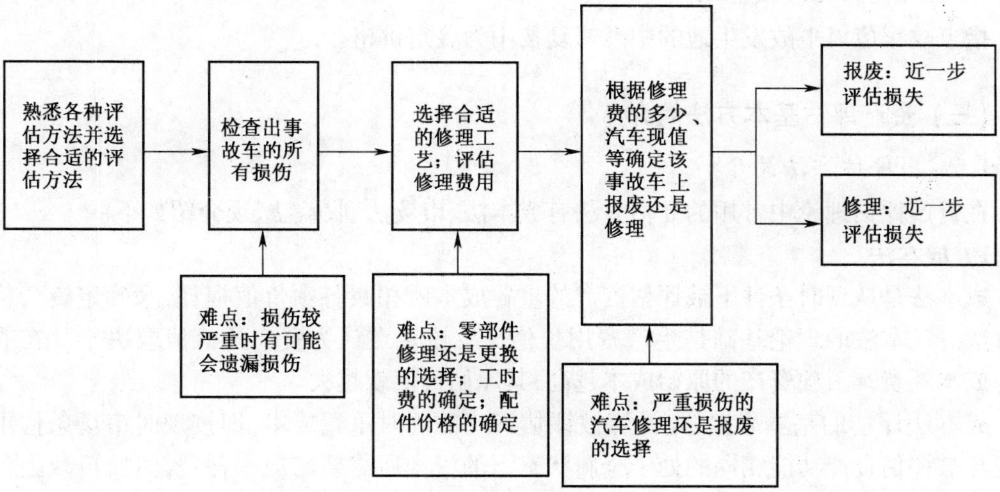


图 0-1 事故车损失评估的基本步骤

### (二)事故车定损原则

事故车定损应遵循的基本原则有客观公正原则、合法合理原则、相关性原则、保证安全原则、修复为主更换为辅原则、质量对等原则、事故车发生地修复原则。

1. 客观公正原则

指价格鉴定必须站在公正的立场上,以事实为依据,实事求是地反映鉴定标的的客观情况,同时排除人为因素的干扰,并不得将主观推测情况及价格强加于鉴定标的之上,以尽可能求得一个客观、公正的价格。

2. 合法合理原则

指价格鉴定行为必须符合国家法律、法规及政策要求,以有关法律、法规及政策规定为行为依据,运用科学的方法、程序、技术标准和工作方案开展鉴定活动,使价格鉴定结论合法、合理。

3. 相关性原则

指当车辆发生道路交通事故时，由于零部件之间的相关性，会对与之相关的零部件造成不同程度损坏的影响。

4. 保证安全原则

指修复后的车辆能保证安全使用。

5. 修复为主更换为辅原则

在不影响修复车辆安全使用以及修复经济合理的前提下，一般受损车辆应以修复为首选。

6. 质量对等原则

指受损车辆更换配件应与原配件质量对等，即应选用原厂配件。在没有原厂配件的情况下可选用质量相当的其他配件代替。

7. 事故发生地修复原则

指事故车应以事故发生地的中准修复费用为鉴定价格。

### （三）资产评估基本方法简介

1. 常用评估方法简介

在资产评估理论中常用的评估方法有成本法、市场法、收益法，现介绍如下。

**1）成本法**

成本法是从现时条件下被评估资产的重置成本中扣减各项价值损耗，来确定资产价值的方法。成本法的理论基础是生产费用价值论。该观点认为资产的价值取决于其在购建时的成本耗费。一项资产的原始成本越高，其原始价值就越大。

成本法评估的基本思路：先计算被评估资产的现时重置成本，即按现时市场条件重新购建与被评估资产功能相同的处于全新状态下的资产所需要的成本耗费，然后再减去各项损耗，所得到的差额即为被评估资产的评估值。因为资产的价值是一个变量，所以影响资产价值量变化的因素，除了市场价格以外还有以下因素：因使用磨损和自然力作用而产生的实体性损耗，因技术进步而产生的功能性损耗，因资产外部环境因素变化而产生的经济性损耗。

**2）市场法**

市场法是通过比较被评估资产与可参照交易资产的异同，并据此对可参照交易资产的市场价格进行调整，从而确定被评估资产价值的方法。市场法以均衡价值论为理论基础，即认为资产的价值是由在公开市场上买卖双方力量达成一致时的均衡价格所决定的。市场法以与被评估资产相类似的交易案例为参照，来确定被评估资产的评估值，这说明市场法是基于资产定价的替代原则，即一项资产的价值等于为获得同等满足的替代品所花费的成本。

市场法评估的基本思路：首先在资产市场上寻找与被评估资产相类似的参照物的成交价（又称交易案例），然后对被评估资产与参照物之间的差异进行调整，将参照物的成交价调整成被评估资产的评估值。由于市场法是通过被评估资产（或者说与被评估资产相类似的资产）的市场行情来确定被评估资产的评估值，因此需要多个交易案例才能反映市场行情。

**3）收益法**

收益法是依据资产未来预期收益经折现或资本化处理来估测资产价值的方法。收益法的理论基础是效用价值论。该观点认为资产的价值是由其效用决定的，而资产的效用体现在资产为其拥有者带来的收益上。在风险报酬率既定的情况下，一项资产的未来收益越高，该资产的价值就越大。

收益法评估的基本思路是通过估测被评估资产的未来预期收益，并将其按一定的折现率或资本化率折算成现值，来确定该项资产的评估值。换言之，一项资产的价值即是人们为拥有获得该项资产预期收益的权利，依据目前的市场利率和预期收益的风险状况，当前应支付的价格。这是一种现值货币与将来取得货币收入的权利之间的交换。

2. 资产评估方法的选择

一般来说在选择最适合被评估资产的评估方法时，应主要考虑以下 3 个方面。

**1）与评估对象相适应**

由于不同的评估方法是从不同的途径评估资产的价值，因此评估时应根据被评估资产自身的特点，分析从哪个途径评估最合适。在评估时首先应区别被评估资产是单项资产还是整体资产，是有形资产还是无形资产，是具有通用性的资产还是专用性资产，是可以复制的劳动创造的资产还是不可复制的资源性资产。

单项资产评估，评估的是单个生产要素的价格，单个生产要素往往难以单独计算收益，故收益法的使用受到限制。整体资产评估，评估的是资产综合体的获利能力，故最适合采用收益法。无形资产虽然也是劳动创造的，但是一般难以复制，并且存在较严重的成本耗费与收益（效用）的非对称性，因此最适合的评估方法是根据效用采用收益法评估。

具有通用性的资产可以在公开市场上出售，较适宜采用市场法；而专用资产由于缺乏在公开市场上出售的条件，所以无法采用市场法。

可以复制的劳动创造的资产可以从成本耗费的途径进行评估，而自然形成的资源性资产则适宜从效用的角度进行评估。

综上所述，成本法适合评估劳动创造的可复制的资产、专用资产和单项资产；收益法适合评估资源性资产、无形资产和企业整体资产；市场法适合评估具有一定通用性、能够在公开市场上出售的资产。当然评估方法与评估对象相适应也存在交叉的情况，例如具有通用性的资产同时适合采用成本法和市场法进行评估。

**2）受可搜集到的数据和信息资料的制约**

每一种评估方法都需要有相应的数据和资料，但是由于市场缺陷的存在和资产本身的问题，某些数据和资料往往无法获得，从而也就限制了相关评估方法的运用。例如市场法既要求产权市场活跃，又要求被评估资产具有一定的通用性，否则就无法获得参照物及其与被评估资产可比较的指标、技术参数等资料。再如收益法要求被评估资产拥有可以预期的用货币表示的收益，同时资产的风险报酬率也能够计量。于是，无货币收益的公益性资产、微利亏损企业、收益无规律难以预测的资产以及风险报酬率无法确定的资产均无法运用收益法评估。相对而言，成本法在运用中对市场和被评估对象都没有严格的条件限制。因此在市场经济发育不成熟、微利亏损企业较多的情况下，成本法就成为主要的评估方法。

#### 3）方法选择的统筹考虑

由于资产评估方法的可替代性，可能会有几种方法同时可以使用。此时在选择评估方法时，一方面要充分考虑资产评估工作的效率，选择简便易行的方法；另一方面要充分考虑资产评估人员的工作能力，统筹考虑后决定。

### （四）事故车损失评估方法的选择

某辆汽车作为资产评估对象时，它属于单项资产、有形资产，并且是通用性的资产，是可以复制的劳动创造的资产。根据“（三）资产评估基本方法简介”中的“资产评估方法的选择”内容可知，对于某辆汽车资产进行评估时主要选择成本法和市场法。

确定事故车辆损失评估方法时，与资产评估有一定的差异，事故车的损失可以用以下公式表示：

$$\text{事故车的损失}=\text{车辆事故之前的价值}-\text{车辆事故之后的价值} \tag{0-1}$$

当汽车发生严重碰撞导致汽车已无修复价值时，即车辆发生整体损失，此时车辆事故之后的价值已经很低，此时事故车的损失可用以下公式表示：

$$\text{事故车的损失}=\text{车辆事故之前的价值}-\text{车辆事故之后的价值}\approx\text{车辆事故之前的价值} \tag{0-2}$$

此时评估损失的重点是确定车辆事故之前的价值，即评估事故前的车辆的资产价值，此时可选择成本法和市场法。

当汽车发生碰撞导致汽车发生部分损失时，很难用资产评估理论中的成本法和市场法评估损失部分的资产价值。但在资产评估理论中，估算机器设备实体性贬值常用到修复费用法（修复费用法是假设设备所发生的实体性损耗是可补偿性的，则设备的实体性贬值就应该等于用补偿实体性损耗所发生的费用。所用的补偿手段一般是通过修理或更换损坏部分）。

而发生部分损失的车辆可以认为车辆发生实体性贬值，而该实体性损耗是可补偿性的，因为发生部分损失的车辆可以通过修理恢复到事故前的状态，此时事故车的损失主要表现为所花的修理费用，即

$$\begin{aligned}\text{事故车的损失}&=\text{车辆事故之前的价值}-\text{车辆事故之后的价值}\\&=\text{恢复到事故前状态所花的修理费}\end{aligned} \tag{0-3}$$

因此，发生部分损失的车辆可选择修复法评估其损失费用，一般称为修复费用加和法，修复费用加和法是事故车损失评估的常用方法。

### （五）事故车损失评估的修复费用加和法

根据“（四）事故车损失评估方法的选择”中的分析，修复费用加和法适用于道路交通事故车辆发生部分损失的评估。具体评估时主要步骤如下。

1. 确定损失项目

损失项目是指为了把本次事故造成损坏的车辆恢复至事故前原有的功能所需要修复的项目。

（1）对能直接观察到与本次事故有因果关系的损坏总成和零配件，应作为本次修复项目，对非本次事故引起的损坏总成和零配件不应作为本次修复项目。

(2) 对不能直接观察到其损坏部位和损坏程度的，与本次事故有因果关系的隐损项目，应在具有相应拆检资格的机构进行拆解检验加以确定。

2. 定损方式选择

定损方式选择是指在遵循车辆定损原则下，对事故车辆的损失项目选用修理还是更换方式进行定损。

(1) 修理方式定损。在不影响修复后车辆行驶安全的情况下，应遵循修理为主、更换为辅原则，损坏的零配件或总成应选取修理方式定损。

(2) 更换方式定损。损坏的零配件或总成选取更换方式定损应遵循质量对等原则和保证安全原则。损坏的零配件或总成有下列情形之一的应予更换：①直接影响车辆行驶安全的；②技术上不能修复的；③技术上可修复，但一次性修复费用高于事故前原单项零配件或总成实际价值50%以上的；④易损、一次性使用的；⑤生产厂家明文规定不允许分解的零配件或总成；⑥对于未售出的全新车辆，应予更换（特别轻微的除外）原厂全新零配件或总成。

(3) 事故车辆从“初始登记日”到鉴定基准日3个月内，损坏的零配件或总成应优先考虑采用更换方式定损。

(4) 事故车辆从“初始登记日”到鉴定基准日未满国家规定机动车报废标准使用期限的三分之二时，应按更换原厂新零配件或总成定损，没有原厂新零配件或总成的，可以遵循质量对等原则按更换同类型全新零配件或总成定损。

(5) 事故车辆从“初始登记日”到鉴定基准日超过国家规定机动车报废标准使用期限的三分之二时，除了保证车辆安全行驶的关键零配件或总成按更换新件定损外，其他损坏件可遵循质量对等原则进行折旧定损，计算公式如下：

$$\text{更换零配件(总成)鉴定价格} = \text{全新零配件(总成)价格} \times (1 - \text{折旧率}) \tag{0-4}$$

折旧率 = [（已使用年数 − 国家规定机动车报废标准使用期限×2/3）÷国家规定机动车报废标准使用期限]×100%　或 = [（已行驶里程 − 国家规定可行驶总里程×2/3）÷国家规定可行驶总里程]×100%　(0-5)

3. 确定损失费用

以修复费用加和法鉴定车辆损失价格基本公式如下：

$$\text{车辆损失鉴定价格} = \Sigma(\text{材料价格} + \text{工时费用} + \text{期间费用} + \text{利润}) - \text{残值} \tag{0-6}$$

(1) 确定材料价格时，应遵守国家法律、法规和政策，依据行业或政府价格主管部门认定的报价机构公布的汽车零配件价格，结合当地实际价格水平综合确定。

(2) 计算公式如下：

$$\text{工时费用} = \text{工时单价} \times \text{工时数} \tag{0-7}$$

(3) 期间费用包括管理费用、财务费用和税费等，按材料价格和工时费用之和的适当比例估算。计算公式如下：

$$\text{期间费用} = (\text{材料价格} + \text{工时费用}) \times \text{期间费用率} \tag{0-8}$$

期间费用率取值由鉴定人员根据当地车辆修理企业的管理水平、技术水平、服务质量等因素估算确定，一般不超过30%。

(4) 利润是车辆修理企业投资方的投资回报。计算公式如下：

$$\text{利润} = (\text{材料价格} + \text{工时费用} + \text{期间费用}) \times \text{利润率} \tag{0-9}$$

利润率取值由鉴定人员根据当地车辆修理行业平均利润水平确定。

(5) 残值是指更换下来的零配件或总成的剩余价值。如果定损车辆未从更换下来的零配件或总成中受益,应认定残值为零。

### (六) 事故车损失评估的成本法

根据"(四)事故车损失评估方法的选择"中的分析,成本法适用于道路交通事故车辆发生整体损失或推定整体损失的评估。具体评估时主要步骤如下。

1. 事故车辆整体损失的条件

(1) 事故车辆整体损毁,其损失价值按事故发生前整车的实际市场价格减去残值计算。

(2) 达到国家有关车辆报废规定标准的事故车辆,不计算损失价格,按照国家有关规定确定。

2. 基本公式

$$\text{整车损失鉴定价格}=\text{重置成本}\times\text{成新率}-\text{残值} \quad (0-10)$$

$$\text{成新率}=(1-\text{折旧率})\times\text{综合调整系数} \quad (0-11)$$

$$\text{折旧率}=[\text{已使用年数}\div\text{国家规定的使用期限}]\times100\% \text{ 或 } =[\text{已行驶里程}\div\text{国家规定的可行驶总里程}]\times100\% \quad (0-12)$$

3. 确定重置成本

重置成本是指在现行市场上重新购置全新状态下的车辆成本,车辆成本应包括购车时国家规定的一次性交纳的税费(不包括按年度应缴税费)。

有下列情形之一的车辆按其特殊性确定重置成本。

(1) 淘汰车型,可遵循质量对等原则参考配置相同的同类型车辆确定重置成本。

(2) 走私、拼(组)装、右方向盘改左方向盘或套用国产车目录,但已领取车牌号、机动车行驶证和机动车登记证书的车辆,可根据同类车型现行市场购置价格,扣减因其安全性能低、维修成本高、质量无保证等因素造成的贬值后确定重置成本。计算公式如下:

$$\text{重置成本}=\text{同类车型购置价格}-\text{贬值} \quad (0-13)$$

$$\text{贬值}=\text{同类车型购置价格}\times\text{贬值率} \quad (0-14)$$

贬值率可由鉴定人员根据车辆实际情况估算确定。

4. 确定已使用年数

已使用年数应从事故车辆"初始登记日"起至价格鉴定基准日止计算。

5. 国家规定的使用期限

国家规定的使用期限应按照国家规定机动车报废标准的使用期限确定。

6. 年限折旧率计算公式

经过公安交通管理机关批准允许延缓报废的,视批准延缓报废年限为尚可使用年限,年限折旧率计算公式如下:

$$\text{年限折旧率}=[\text{已使用年数}\div(\text{已使用年数}+\text{尚可使用年数})]\times100\% \quad (0-15)$$

7. 综合调整系数

综合调整系数是综合车辆行驶里程、实际车况、市场状况等因素对年限折旧造成车辆价格与实际市场价格偏离进行调整修正。综合调整系数的取值范围为−1 至 1 之间。

8. 残值

残值是指报废整车的剩余价值。如果定损车辆未从报废整车残值中受益,应认定残值为零。

### (七) 事故车损失评估的市场法

根据“(四)事故车损失评估方法的选择”中的分析,市场法适用于道路交通事故车辆发生整体损失或者推定整体损失的价格鉴定。计算公式为

$$整车损失鉴定价格=参照车辆价格\times(1\pm调整系数) \quad (0-16)$$

1. 参照车辆

选取的参照车辆应与鉴定车辆具有可比性。参照车辆和鉴定车辆相比,具有成交日期与鉴定基准日相近、车类和车型相同、排气量相同、生产日期相近、配置接近、档次相同、车况相近。参照车辆价格是二手车市场正常成交价。

2. 调整系数

调整系数是将参照车辆目前状况下的价格调整为鉴定车辆状况下的价格,它由鉴定人员根据参照车辆的交易情况差异、交易时间差异、市场差异、配置差异和车况差异等因素进行修正确定。计算公式如下:

$$\begin{aligned}调整系数=&交易情况差异修正率+交易时间差异修正率+市场差异修正率\\&+配置差异修正率+车况差异修正率\end{aligned} \quad (0-17)$$

(1) 交易情况差异是指参照车辆因非正常市场交易行为引起参照车辆交易价格的差异。

(2) 交易时间差异是指参照车辆交易时间与价格鉴定基准日不同所影响鉴定车辆的价格差异。

(3) 市场差异是指鉴定车辆与参照车辆因处于不同二手车市场而引起的价格差异。

(4) 配置差异是指鉴定车辆与参照车辆因配置不同而引起的价格差异。

(5) 车况差异是指鉴定车辆与参照车辆因车况不同而引起的价格差异。

### (八) 事故车定损的程序

事故车定损的主体不同,对应的程序也不相同,目前主要进行事故车定损工作的有独立第三方机构——道路交通事故车损价格鉴定中心和保险公司的定损人员。

1. 道路交通事故车损价格鉴定中心的定损基本程序

#### 1) 委托

当发生道路交通事故后,需要对受损车物进行价格鉴定时,应由委托人填写《道路交通事故车物损失价格鉴定委托书》(以下简称《委托书》),并由委托人签名。委托人应提供事故车辆的相关证明资料。

如需对物品损失进行价格鉴定,应附上物品损失清单(货运清单、托运合同、发票等);对建筑物等损失进行价格鉴定应附上建筑物等损坏鉴定技术报告书。

《委托书》应包括以下内容:①事故车辆的车主、车牌号码、车辆类型、厂牌型号、发动机

号、识别码或车架号；②发生事故的时间、地点；③委托价格鉴定的其他相关物品（建筑物、设施、车载物）的名称、规格、型号、数量；④委托人签名或盖章、联系电话；⑤附件。

**2）受理**

价格鉴证（评估）机构接到《委托书》时，对于符合受理条件的，应予以受理。如对《委托书》有不明确事项时，应立即与委托人协商确定。

委托鉴定的事故车物不符合国家规定的，或有下列情形之一的，应当不予受理：①已修复或无法确定损失项目的；②法院已经结案的；③依法应不受理的其他情形。

**3）勘验**

勘验是指对委托鉴定的事故车物进行实物勘查检验，以确定损失项目。

①通知：事故车物现场勘查检验时，应由价格鉴证（评估）机构通知当事人（或代理人）到场。如事故车辆、车载物品已投保，投保人应通知保险公司人员到场；②作业：必须由两名以上车物定损人员现场勘验；③询问：了解车辆发生事故过程、车物自然状况及其他情况；④拍照：将车物受损状况（隐损拆检）进行拍照存档；⑤检查：按顺序逐项检查车物受损部位和程度；⑥拆检：现场勘验，原则上不设待查项目，凡因车辆隐损部位损坏或损坏程度无法确定的，应征求委托人同意之后进行拆检；⑦登记：对事故车辆应逐项登记损失项目、损失程度、修理方式和换件项目，出具《道路交通事故车辆损失价格鉴定现场勘验记录表》；对损失物品应逐项登记物品规格型号、数量、损坏程度，出具《道路交通事故物品、设施损失价格鉴定现场勘验记录表》。鉴定人及双方委托人需在记录表上签名确认。

**4）定损**

价格鉴证（评估）机构应在接到委托书后 5 个工作日内完成事故车物损失价格鉴定，特殊情况最长不超过 10 个工作日（另有约定的除外），向委托人出具《道路交通事故车物损失价格鉴定结论书》。

**5）异议处理**

委托人对车物定损结论有异议的，可在收到鉴定结论书 7 个工作日内通过处理该起交通事故的公安交通管理部门或双方当事人向原价格鉴证（评估）机构提出补充鉴定的书面申请，也可以通过上述公安交通管理部门或双方当事人直接向具备复核裁定资格的上级政府价格主管部门设立的价格鉴证机构提出复核或重新鉴定的书面申请。符合受理条件的，由该机构在接受委托后 15 个工作日内做出补充鉴定、重新鉴定或复核裁定结论。

**6）档案管理**

车物定损工作结束后，定损人员应及时将鉴定文书（包括相关资料和图片）整理归档。档案管理参照《涉案物价格鉴定档案管理规定》执行。

详细程序如图 0－2 所示。

2. 保险公司的事故车定损程序

保险公司的事故车定损的基本程序包括以下几方面。

（1）保险公司一般应指派两名定损员一起参与车辆定损。

（2）定损时，根据现场勘察记录，认真检查受损车辆，弄清本次事故直接造成的损伤部位，并由此判断和确定因肇事部位的撞击、震动可能间接引起的其他部位的损伤。最后，确定出损失部位、损失项目、损失程度，并对损坏的零部件由表及里进行逐项登记，同时进行修复与更换的分类。

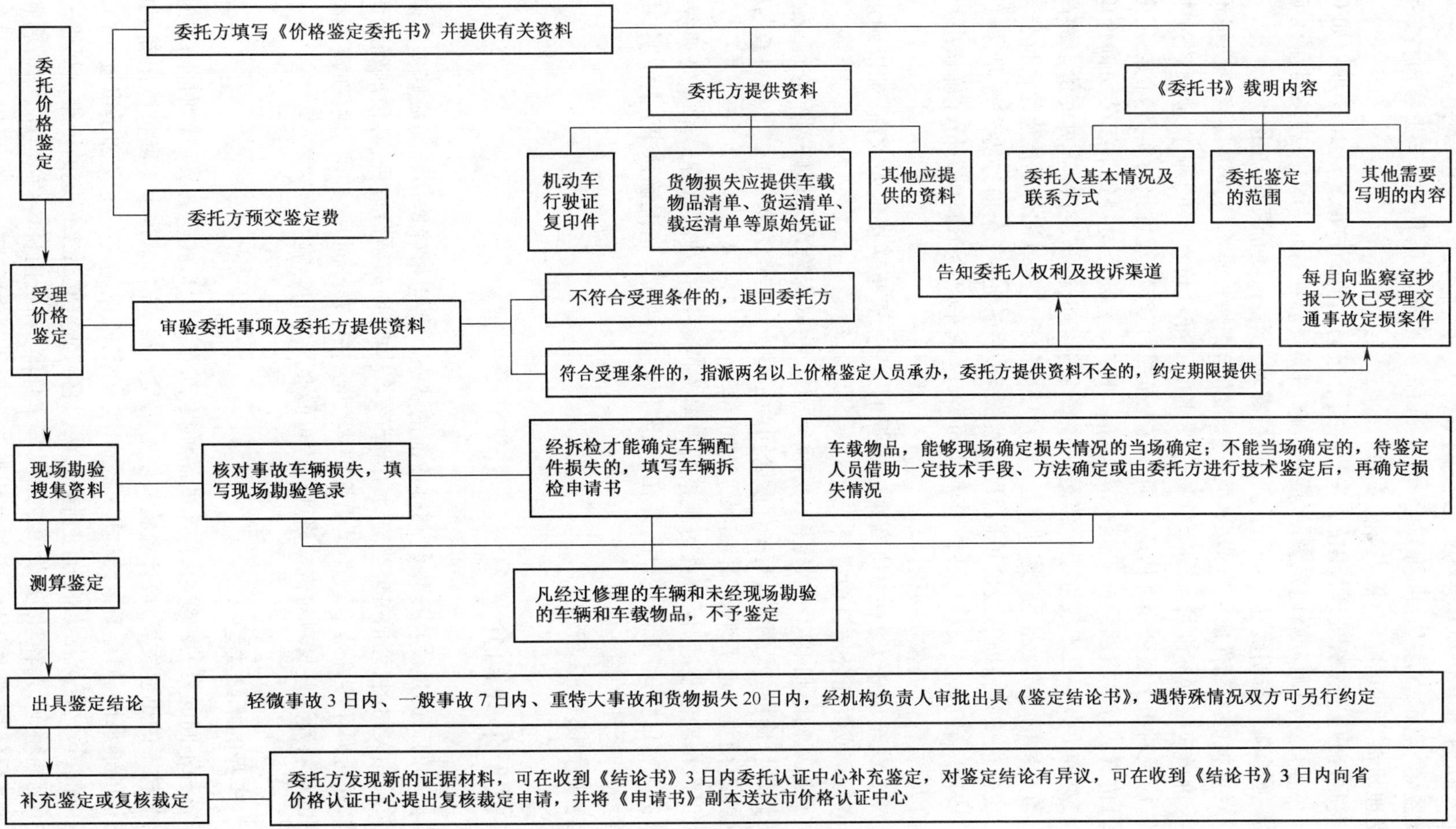


图0-2　道路交通事故车损评估工作程序

鉴定、登记工作是一项复杂细致的工作，对挤干理赔水分起着一定影响作用。

具体鉴定、登记方法是：由前到后，由左到右，先登记外附件（即车身覆盖件、外装饰件），其次按机器、底盘、电器、仪表等分类进行。

对估损金额超过本级处理权限的，应及时报上级公司协助定损。

(3) 与客户协商确定修理方案，包括确定修理项目和换件项目。修理项目需列明各项目工时费，换件项目需明确零件价格，零件价格需通过询价、报价程序确定。

(4) 对更换的零部件属于本级公司询价、报价范围的，要将换件项目清单交报价员进行审核，报价员应根据标准价或参考价核定所更换的配件价格；对于估损金额超过本级处理权限的，应及时报上级公司并协助定损。首先按照《汽车零配件报价实务》的规定缮制询价单，通过传真或计算机网络向上级公司询价。其次，上级公司接到下级公司询价单后应立即查询，对询价金额低于或等于上级公司报价金额的进行核准操作；对询价金额高于上级公司报价金额的，上级公司应逐项报价，并将核准的报价单或询价单传递给询价公司。

(5) 定损员接到核准的报价单后，再与被保险人和第三者车损方协商修理、换件项目和费用。协商一致后，定损员与被保险人共同签订《汽车保险车辆损失情况确认书》，一式两份，保险人、被保险人各执一份。

(6) 对损失金额较大、双方协商难以定损的，或受损车辆技术要求高、难以确定损失的，可聘请专家或委托公估机构定损。

(7) 受损车辆原则上应一次定损。定损完毕后，由被保险人自选修理厂修理或到保险人推荐的修理厂修理。近年来，有些保险公司为了适应形势的发展，通过严格审查与筛选，在本地区修理行业确定了许多保险定点修理单位。

(8) 保险车辆修复后，保险人可根据被保险人的委托直接与修理厂结算修理费用，明确区分被保人自己负担的部分费用，并在《汽车保险车辆损失情况确认书》上注明，由被保险人、保险人和修理厂签字认可。

详细程序如图 0－3 所示。

## 三、汽车车身简介

碰撞修理的目的是使汽车恢复到碰撞前的状态。要想精确地估计完成修理所需的零件、作业量及相关材料，评估员应当充分了解汽车结构设计和制造过程，必须准确地认识损坏的零件，并对损坏零件是修理还是更换要做到心中有数。同时，必须了解在汽车制造过程中所使用的材料及这些材料对汽车修理进程可能会产生的影响。

### （一）车身的承载类型

出于各种不同的目的和要求，汽车的品种很多，车身的形式也各异，特别是随着时间的推移和科学技术的迅速发展，设计经验和使用实践日益丰富，结构上不断推陈出新，虽然它离不开结构的继承性，但是新老结构形式交织在一起，难以确切下定义和予以统一命名，往往容易造成混淆，这样就给人们分门别类去认识它和研究它带来一定的困难。尽管一般也可按用途（例如轿车、大客车、货车和专用汽车车身等）和所用材料（如金属、非金属和钢木混合等）来进行分类，然而，从结构和设计观点按车身承载形式来分类，可以认为是较为明

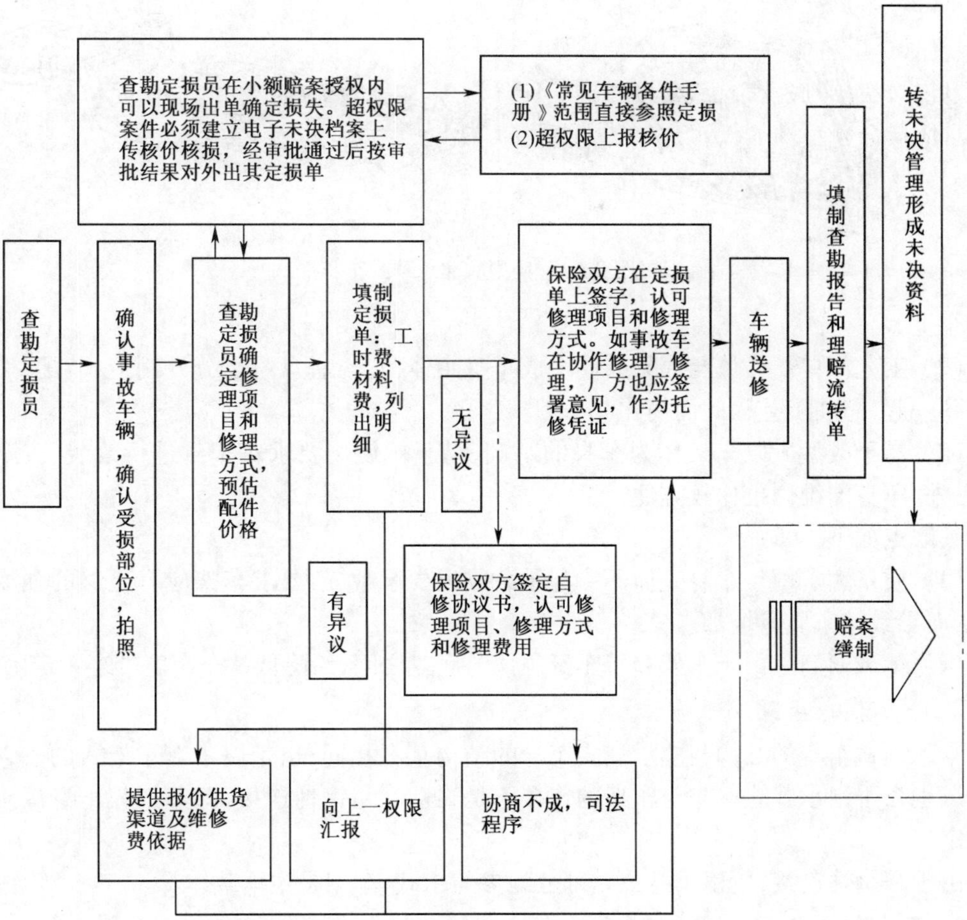


图0-3　保险公司的事故车定损程序

确而又合理的。

按承载形式之不同，可将车身分为非承载式、半承载式和承载式3大类。

1. 非承载式

货车（除微型货车外）与在货车的三类或二类底盘基础上改装成的大客车和专用汽车以及大部分高级轿车（出于对舒适性的要求），都装有单独的车架，此时车身通过多个橡胶垫安装在车架上，当汽车在崎岖不平的路面上行驶时，车架产生的变形由橡胶垫的挠性所吸收，载荷主要由车架来承担，因此，顾名思义，这种车身结构应是不承载的。但实际上，由于车架并非绝对刚性，所以车身仍在一定程度上承受着由车架弯曲和扭转变形所引起的载荷。非承载式也称为有车架式。相当一部分类型的客车、载货汽车和传统轿车，均采用有车架非承载式车身结构（图0-4）。

非承载式车身的优点如下。

（1）减振性能好。发动机和底盘各主要总成，直接装配在介于车身主体的车架上，可以较好地吸收来自各方面的冲击与振动。除轮胎与悬架系统对整车有缓冲吸振作用外，挠性橡胶垫还可以起到辅助缓冲、适当吸收车架的扭转变形和降低噪声的作用，既延长了车身的使用寿命，又提高了乘坐舒适性，所以，目前此种车身结构形式仍较广泛地被采用于高

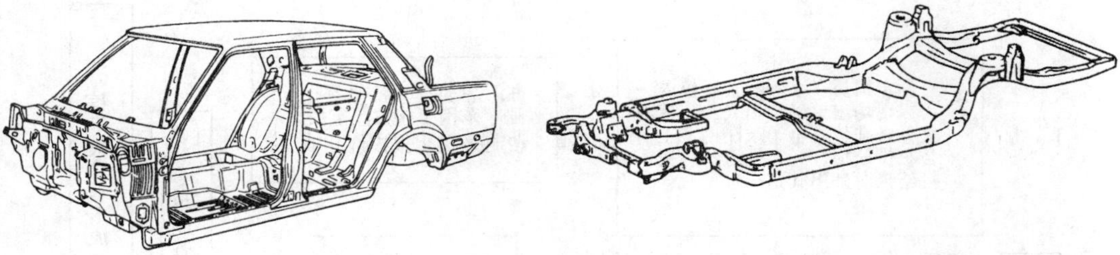

图0-4　典型的非承载式车身

级轿车上。

(2) 工艺简单。壳体与底架共同组成车身主体,它与底盘可以分开制造、装配,然后再组装到一起,总装工艺因此而简化。

(3) 易于改型。以车架作为车身的基础,易于按使用要求对车身进行改装、改型和改造;另外,车身的维修也比较方便。

其缺点如下。

(1) 质量大。由于车身壳体不参与承载或很少承载,故要求车架应有足够的强度与刚度,从而导致整车质量增加。

(2) 承载面高。由于车架介于车身主体与底盘之间,给降低整车高度带来一定困难。

2. 半承载式车身

半承载式车身的结构与非承载式车身的结构基本相同,也是属于有车架式的。它们之间的区别在于半承载式车身与车架的连接不是柔性而是钢性连接,即车架与车身焊接或螺栓固定。

由于是钢性连接,所以车身只是部分地参与承载,车架是主承载体。

3. 承载式车身

承载式车身的一个突出特征是没有独立的车架,车身由底板、骨架、内外蒙皮、车顶等组焊成刚性框架结构,整个车身构件全部参与承载,所以称之为承载式车身,如图0-5所示。

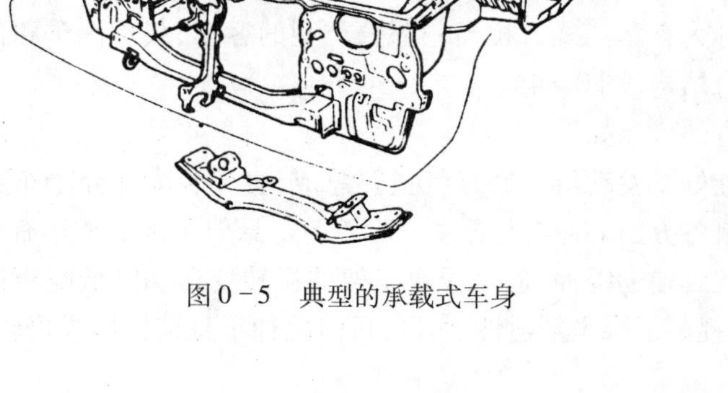

图0-5　典型的承载式车身

对承载式车身而言,由于整个车身参与承载,强度条件好,所以有利于减轻自重并使结构优化。这不仅是当前客车车身发展的主流,而且已经形成了一边倒的设计趋势。

承载式车身优越性主要体现在以下几方面。

(1) 质量小。由于车身是由薄钢板冲压成型的构件组焊而成,因而具有质量小、刚性好、抗变扭能力强等优点。

(2) 生产性好。车身采用容易成型的薄钢板冲压,并且采用点焊和多工位自动焊接等现代化生产方式,使车身组焊后的整体变形小,且生产效率高、质量保障性好,适合大批量生产。

(3) 结构紧凑。由于没有独立的车架,使汽车整体高度、重心高度、承载面高度都有所降低,可利用空间也有条件地相应增大。

(4) 安全性好。由薄板冲压成型后组焊而成的车身,具有均匀承受载荷并加以扩散的功能,对冲击能量的吸收性好,使汽车的安全保障性得到改善与提高。

承载式车身的缺点:底盘部件与车身结合部在汽车运动载荷的冲击下,极易发生疲劳损伤;乘客室也更容易受到来自汽车底盘的振动与噪声的影响;车身损坏后修复难度大。

### (二) 轿车车身结构

1. 轿车车身的组成

轿车车身由车身本体(俗称白车身)、车身外装件、车身内装件和车身电气附件 4 部分组成。

**1) 车身本体**

车身本体是轿车承载的主体,它由梁、支柱、加强板等车身结构件和车身覆盖件组合而成,并包括翼子板、车门、发动机罩和行李箱盖等,它是车身内、外装饰件和电气附件的装载基体。

梁和支柱等车身结构件焊接成框架结构,使车身形成整体式结构,具有一定的强度和合适的刚度,起主体承载作用。

车身覆盖件是指车身上各种具有不同曲面形状及大小尺寸的薄板。车身覆盖件覆盖安装在车身本体上,使车身形成完整封闭体,同时通过它来满足室内乘员乘坐的要求。同时,通过它来体现轿车的外形并增强轿车车身的强度和刚度。

**2) 车身外装件**

车身外装件是指车身外部起保护或装饰作用的一些部件,以及具有某种功能的车外附件。主要外装件有:前、后保险杠,各种车身外部装饰条,密封条,车外后视镜,散热器罩,车门机构及附件等。

前、后保险杠的作用:一是当轿车发生纵向碰撞时起一定的保护作用,减轻汽车的破坏程度;二是起装饰作用。因此,轿车前、后保险杠的外部造型小与轿车的整体造型协调一致。

密封条除了起密封作用外,其外露部分的形状与颜色应与整车相匹配,起装饰作用。

其他外装件除了完成车身应具有的功能外,都应对整车起装饰和点缀的作用。

**3) 车身内装件**

车身内装件是指车内对人体起保护作用及起内装饰作用的部件,以及具有某种功能的车内附件。主要内装件有仪表板、座椅及安全带、安全垫、安全气囊、遮阳板、车内后视镜、车门、地板及轿车内饰等。

**4）车身电气附件**

车身电气附件指除用于轿车底盘以外的所有电气及电子装置，如各种仪表及开关、前照灯、尾灯、指示灯、雾灯、照明灯、音响及收视装置及设备、空调装置、刮水器、洗涤器、除霜装置，以及只有某些功能的电气、电子装置（例如全球定位系统（GPS）、集成安全系统（ISS））等。

2. 轿车车身的分类

**1）按整车构成方式分类**

在现代轿车中，发动机及传动系统的驱动方式主要有以下几种布置形式，如图0－6所示。表0－3列出了这些布置的特征、优缺点及适用范围。不同的发动机及传动系统的驱动方式将影响到车内活动空间、驾驶姿势、行李箱的空间以及直接与用户相关的空间尺寸。

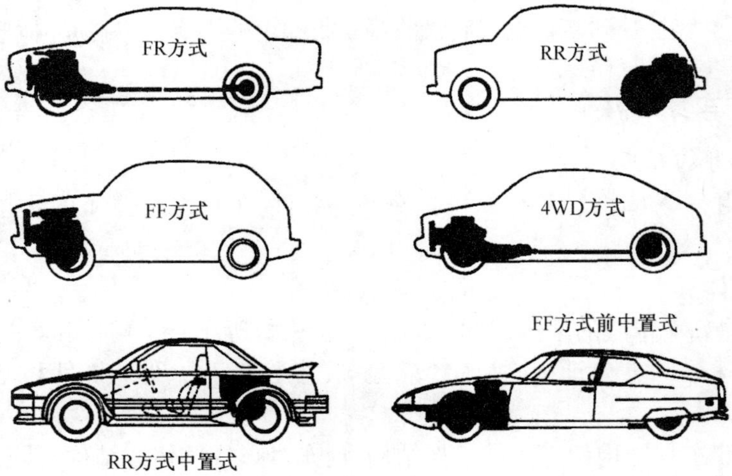


图0－6　轿车的构成方式

表0－3　发动机位置及驱动方式比较

| 驱动方式 | 前置发动机后轮驱动（FR） | 前（中）置发动机前轮驱动（FF、MF） | 后（中）置发动机后轮驱动（RR、MR） | 四轮驱动（4WD） |
|---|---|---|---|---|
| 结构特点 | 发动机、离合器、变速器结成一个整体安装于车辆前部；主减速器、差速器安装于车辆后部，两者用传动轴连接 | 前桥为转向驱动桥，由装于车辆前部（中前部）的发动机和动力传动系统直接驱动，无传动轴。发动机可以横置，减少空间 | 发动机和动力传动系统安装于车辆后部（中后部），直接驱动后桥，无传动轴。发动机可以为横置，减少空间 | 发动机、离合器、变速器等结成整体安装在车辆前部，通过分动器和传动轴同时驱动4个车轮 |
| 优点 | （1）发动机等动力系统安装于车辆前部，靠近驾驶员，操纵机构简化<br>（2）整车质量分配均匀，基本各占50% | （1）减轻整车质量，简化传动<br>（2）车厢内的空间得以加大<br>（3）整车质量接近车辆质心，行驶稳定性提高 | （1）车厢内空间加大，底板平直，可有效降低车辆质心<br>（2）有利于减轻整车质量 | 越野性能强，整车通过能力增加 |

（续）

| 驱动方式 | 前置发动机后轮驱动（FR） | 前（中）置发动机前轮驱动（FF、MF） | 后（中）置发动机后轮驱动（RR、MR） | 四轮驱动（4WD） |
|---|---|---|---|---|
| 缺点 | （1）由于发动机纵置，变速器延伸入驾驶舱，另外，由于有传动轴贯穿整个车厢，车厢内空间局促<br>（2）整车质量加大 | （1）前桥结构复杂，操纵和构安排布置困难<br>（2）前桥负荷加大 | （1）驾驶员与发动机等动力系统距离远，操纵性差<br>（2）发动机散热困难<br>（3）后桥负荷大 | （1）整车质量大，动力传动复杂，车辆质心高<br>（2）长时四轮驱动时能浪费严重 |
| 应用范围 | 中大型轿车、载重汽车和客车 | 中小型轿车 | 大型城市客车和小型、微型轿车 | 对越野性能要求高的车辆、赛车 |
| 注：中置发动机前驱或后驱车型少见，多用于赛车上，因此传动布置示意图中未录 | | | | |

**2）按外形分类**

目前常见轿车的基本形式如图0－7所示。

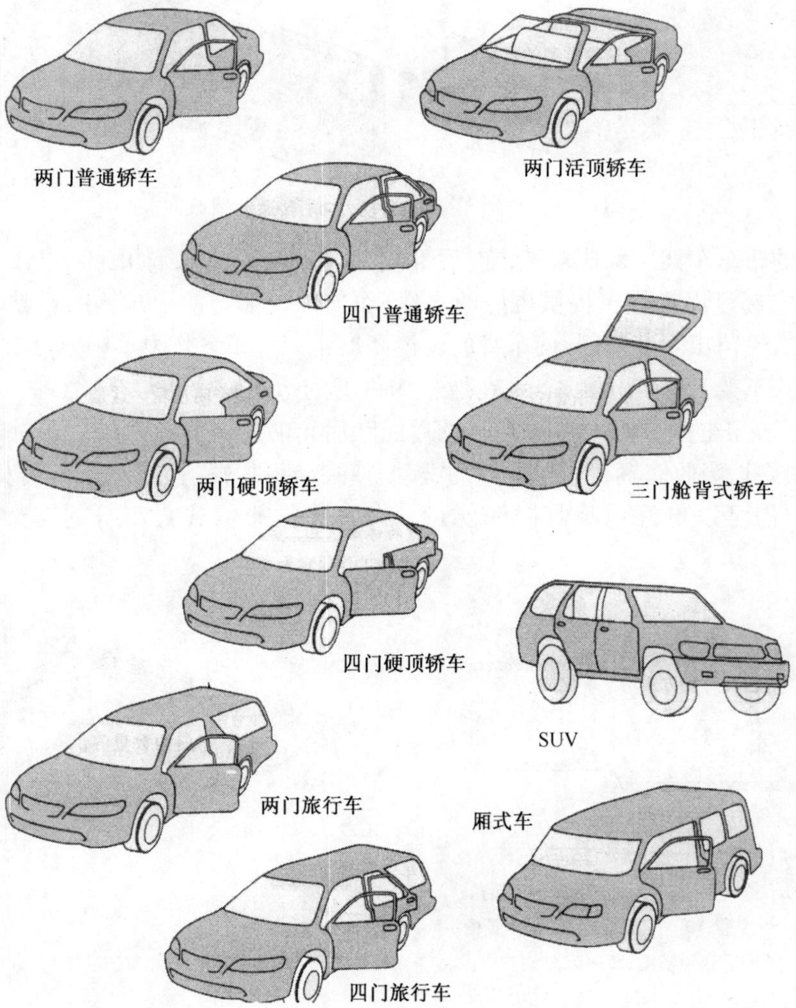


图0－7　轿车基本形式

3. 非承载式轿车结构

如前所述，非承载式车身是由坚固的车架作为汽车的底座，车身和汽车所有的零部件、总成等都安装固定在车架上。所以车架必须具有足够的强度和刚度，既能保证车辆其他总成的安装定位要求，在车辆正常行驶时保持其正确的安装位置，又能保证在发生碰撞事故时承受足够的冲击力，保证车上人员和主要总成部件的安全。在对这类车身进行修理时，车架往往是最重要的部位。

现代车辆的车架通常采用U形截面梁或盒型截面梁结构来增强其强度（图0-8）。在材料上多采用高强度钢。常见车架多为边梁式结构，即车架的主体是两根沿车身方向纵向排列的侧梁，两侧梁之间辅以横梁。横梁用来加强车架并作为车轮、发动机和悬架系统的支撑。车架上与车身和其他总成相应的安装位置都设计有各种支架、托架或打孔等用于安装这些总成和零部件。

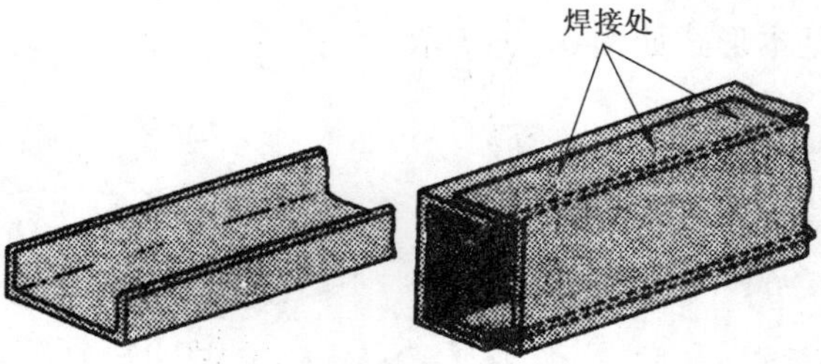


图0-8　U形车架截面(左)和盒型车架截面

大多数的轿车车架中部比较宽，前、后部较窄，称为框式车架，如图0-9所示。

宽阔的中部可以为汽车提供更好的支撑，而前部较窄则便于车辆的行驶转向，后部窄一些可以为后轮留出安装空间，使车身的总体高度得以降低。图0-10所示是装有中心车架横梁的框式车架，该车架的特点是在地板构件的内边有一个中心横梁（中心车架梁），因此其抵抗侧向撞击的能力更强。在前轮的后面和后轮的前面的扭力箱结构（图示中的黑色部分）可以更好地吸收车辆行驶时产生的震动，使乘坐更加舒适，同时在车辆发生纵向撞击时，扭力箱结构可以更好地吸收碰撞能量。大多数的非承载式车身的车架都采用这种形式。

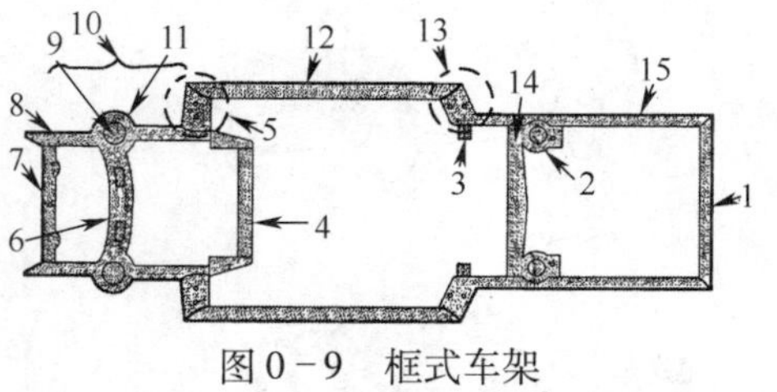


图0-9　框式车架

1—后横梁；2—后弹簧槽；3—稳定器座；4—传动系支梁；5、13—扭力箱；6—主横；7—前横梁；8—车架角；9—上操纵臂垫片槽；10—前车架梁；11—弹簧槽；12—侧梁；14—后悬架横梁；15—后车架侧梁。

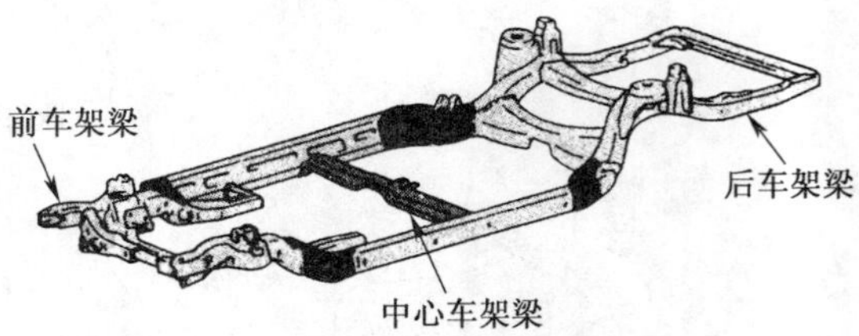


图0-10　中心车架梁结构的框式车架

非承载式车辆的车身基本上可以分为前部车身和主车身两部分。前部车身的组成有散热器支架、前翼子板和前挡泥板等，如图0-11所示，这些部件通常用螺栓固定在一起，易于分解。散热器支架是由上下支架和左右支架焊接在一起的单体结构。有些非承载式车身的前翼子板安装与承载式车身的前翼子板安装稍有区别,其上边的内部和后端采用点焊连接,而非螺栓连接,这样做既可以加强翼子板的刚度和强度,又可以与前挡泥板一起来降低传动到驾驶室的震动和噪声,还有助于抵抗侧向的撞击、保护悬架系统和发动机等部件总成。这种车身的前翼子板的内板(挡泥板)结构与承载式车身也不同,因为非承载式车身的前悬架安装在车架梁上,所以它只是一个起密封隔尘作用的挡板,结构要简单得多。而承载式车身的翼子板内板则兼为前悬架的安装支撑。其结构和受力等要复杂许多。

主车身由前围板、下车身、顶板和车身侧板等组成,形成驾驶室和后备箱,其结构与承载式车身相似,如图0-12所示,前围板由左右前车身立柱(A柱)、内板、外板和前围上盖板等组成,它将发动机室和驾驶室分隔开。下车身主要是主车身地板和行李箱地板,在主车身地板上纵贯一传动轴槽,形成一个槽型截面通道,这对加强车身纵向的强度很有帮助。在主车身地板的下面一般有横向的加强横梁,加强横梁与主车身地板焊接在一起,再连接到车架,这样使乘坐室、顶边梁、车门和车身的侧面强度得到加强。主车身的顶板和侧板结构与承载式车身基本一致。

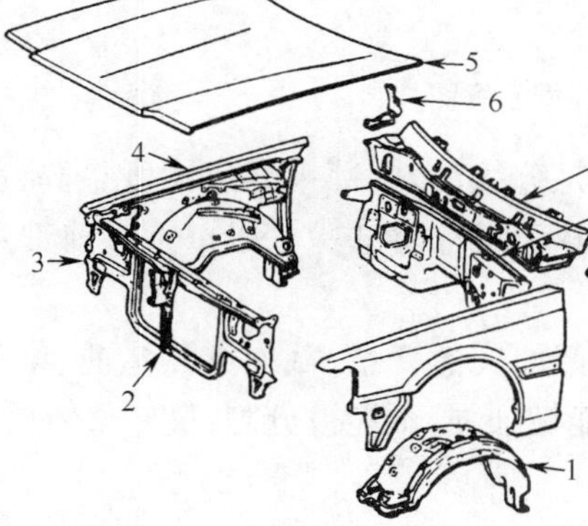


图0-11　非承载式车身的前车身结构
1—前挡泥板(又称前翼子板内板或轮罩板));
2—发动机罩锁;3—散热器支架;4—前翼子板;
5—发动机罩;6—发动机罩铰链;
7—前围上盖板;8—前围板。

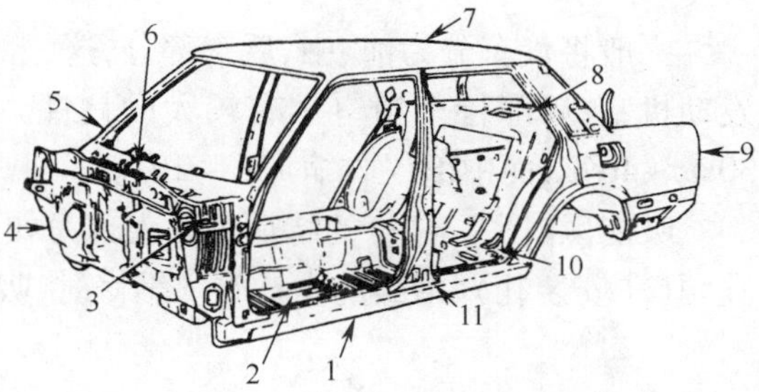


图0-12　非承载式车身的主车身
1—门槛外板;2—前地板;3—前围上盖板侧外板;
4—前围板;5—前柱(A柱);6—前围上盖板;7—顶盖;
8—后盖板;9—后翼子板;10—中部地板;
11—车身中柱(B柱)。

4. *承载式轿车车身结构*

承载式车身没有单独的车架,车身结构件与覆盖件都采用焊接的形式连接在一起,这种设计有助于在发生碰撞事故时保护车内的成员。

承载式车身与非承载式车身的安全性意义是有区别的,用重型低碳钢制成的车架依靠其弧度和刚度抵抗、减弱和限制碰撞损伤,从而起到保护车内成员的作用,碰撞损伤也常局限于碰撞部位周围;而承载式车身依靠全车身的构件和覆盖件整体承受碰撞力,其刚性较大的构件可以将碰撞力传递和分散到车身的各个部位,再由各个部位分别吸收撞击能量。这种结构可能会引起远离碰撞点的车身部件发生损伤变形,因此,在进行承载式车身的检查和修复作业时,要特别注意整个车身总体结构尺寸的变化和各个主要部件的连接状况。

碰撞吸能区是承载式车身中特意做得比较薄弱的区域,以便在碰撞中溃缩。碰撞吸能区对连带损坏有一些控制作用,并使乘客室更加安全,因为它们被设计成按照预定的方式溃缩。

如图 0-13 所示,箭头表明了在承载式车身中能量是如何分散开的。吸能区用于在高速碰撞中减缓乘客室冲击的前后部段。厚重的箱形立柱和车门梁件用来避免在侧面碰撞中乘客室被侵入变形。

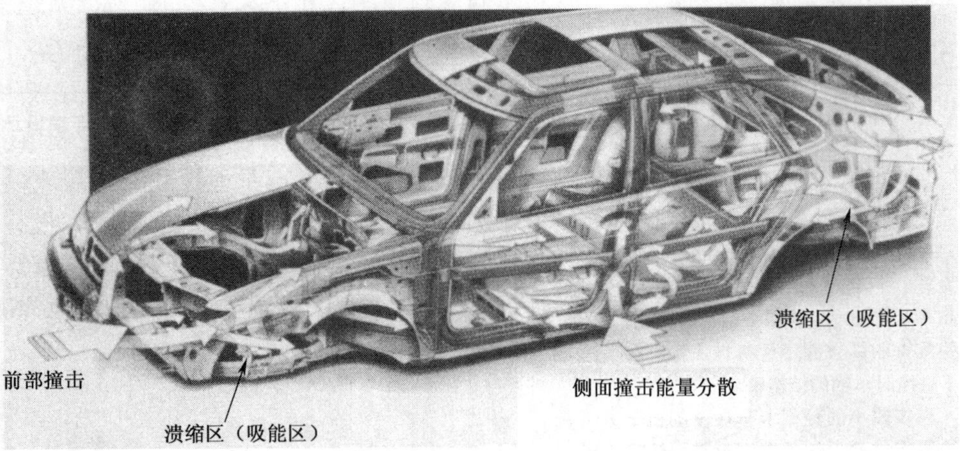


图 0-13　现代承载式轿车吸能示意图

一般将汽车分为前、中、后三部分,这三部分刚度是分级的,中部乘客室刚度最高,前部发动机室、后部行李箱室具有较大的韧性。一般汽车正面碰撞试验(50km/h),前部压缩 30% ~40%,而中部仅收缩 1% ~2%。

吸能区(图 0-14)的特征主要表现为如下形式:截面突然变窄、截面突然弯曲、梁上有孔洞(非安装孔)、褶皱的设计等。维修时,吸能区不能被加强,不能被分割,最好整体更换。

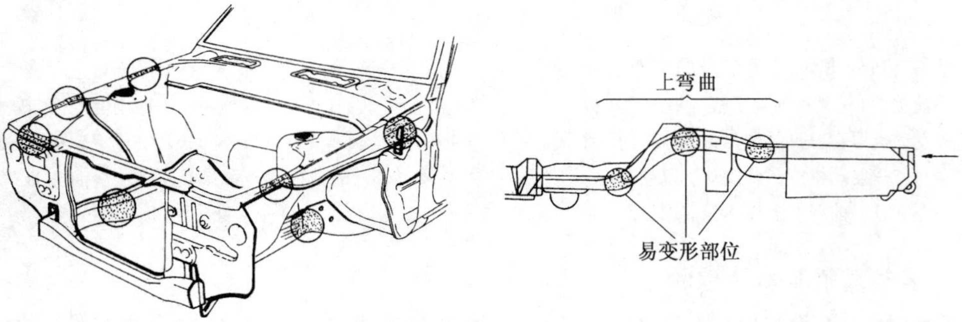


图 0-14　吸能区的特征

前置发动机后轮驱动(FR)轿车车身结构与前置发动机前轮驱动(FF)轿车车身结构主要差别在于车辆中部下车身的车底板拱起的高度,目前绝大多数轿车都采用 FF 结构,此处以 FF 轿车车身结构为例进行介绍。

FF 轿车车身典型结构如图 0-15 所示。

**1）发动机支撑方式**

(1) 副车架式。如图 0-16 所示,副车架不是和车身焊接成一体,而是用螺栓固定的方式安装在车身上。将发动机悬架系统、传动桥、转向系统固定于副梁上,上述机构所产生的

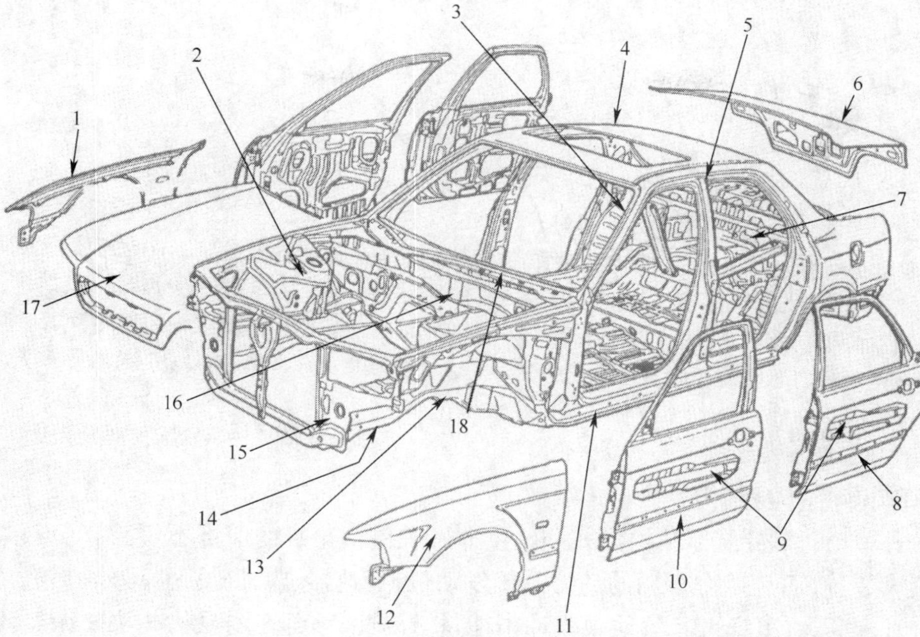


图 0-15　FF 轿车车身典型结构

1—右前翼子板;2—减振器安装座;3—A 柱(前柱);4—顶盖;5—B 柱(中柱);6—行李箱盖;7—后隔壁板;8—左后车门;9—车门横梁;10—左前车门;11—车门槛板;12—左前翼子板;13—挡泥板;14—前侧梁;15—散热器支架;16—前围板;17—发动机罩;18—前围上盖板。

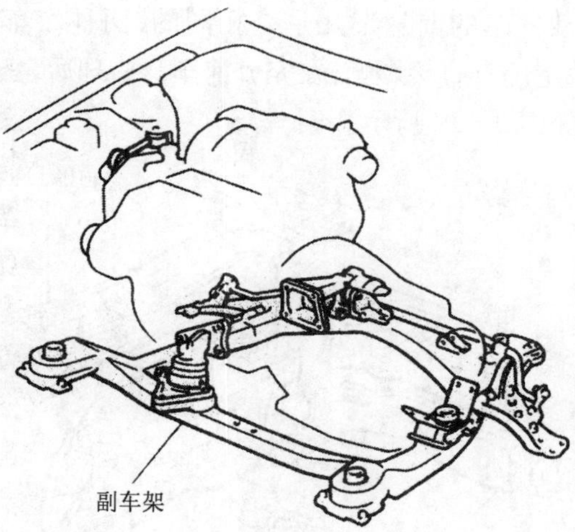


图 0-16　副车架式

振动不会直接传递到车身,这种方式的静肃性优于其他固定方式。

(2) 中间梁式。如图 0-17 所示,中间梁安装于发动机中央的下方,和发动机成垂直角,是用来固定发动机前后方的支座,而发动机的左右方向则是以前侧梁来固定。

(3) 直接固定式。如图 0-18 所示,直接固定式取代副梁式和中间梁式,将发动机直接固定于加强梁上,如前横梁、前侧梁、方向机齿轮箱支撑梁。

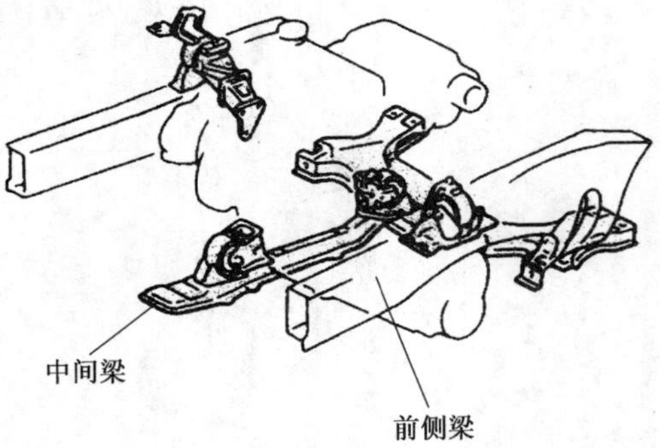


图0-17　中间梁式

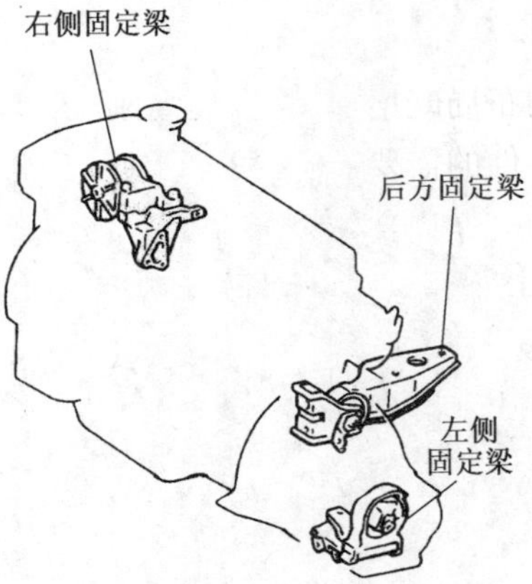


图0-18　直接固定式

**2）FF车辆前车身结构**

承载式车身的车身前部结构形式和刚度非常关键。车身的前部不仅装有前悬架部件和转向操纵装置，而且装有车辆的动力系统发动机、变速器、驱动轴等。另外，当汽车受到正向冲击时，也靠前车身来有效地吸收冲击能量。因此，前部车身受力相当复杂。要保证车辆的正常行驶，车身前部在构造上不仅要求合理的布置，也要确保足够的强度、刚度，对位置准确度和耐久性、可靠性的要求也十分严格。

前车身主要由翼子板、前侧梁、前围板、散热器支架、发动机罩和前保险杠等构件组成，这些部件除发动机罩、前翼子板和保险杠采用螺栓连接以外，其他部件多采用焊接以加强车身的强度。

前轮驱动和后轮驱动汽车的前悬架几乎是相同的，两种汽车都使用滑柱式独立前悬架，前车身的精度对前轮定位有直接影响，在完成前车身修理后，一定要检查前轮的定位。

副梁式前车身结构如图0-19所示。

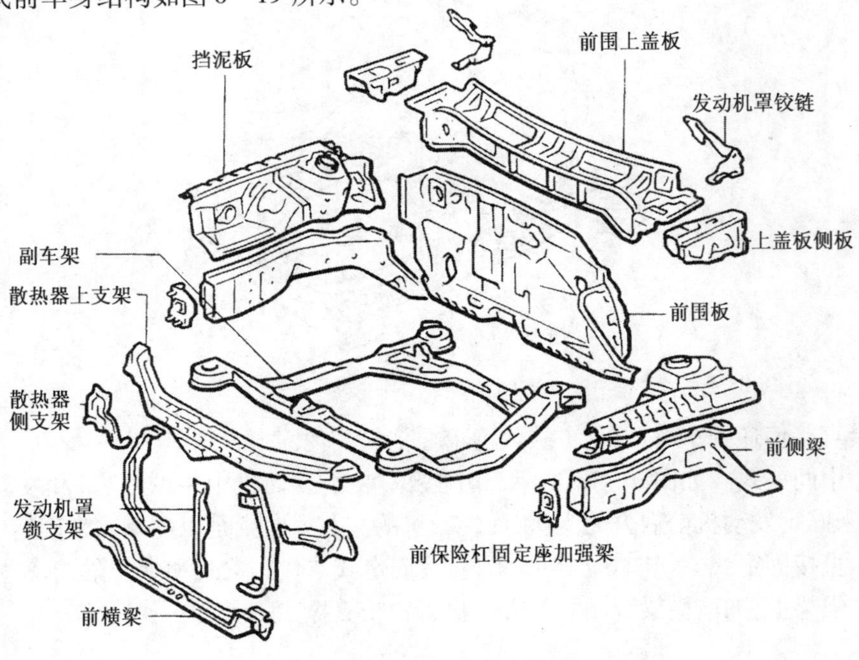


图0-19　副梁式前车身结构

发动机罩由内板、外板组合而成(图 0 - 20),外板为空间曲面板,其外表形状与整车造型协调一致,体现轿车的外形特征。内板由薄钢板经整体拉延后成型,内板筋条网格布置,凸筋的布局既增加美感、提高刚度,又考虑到它们在发动机罩上的位置避让诸如铰链、锁机构等零件的需要。

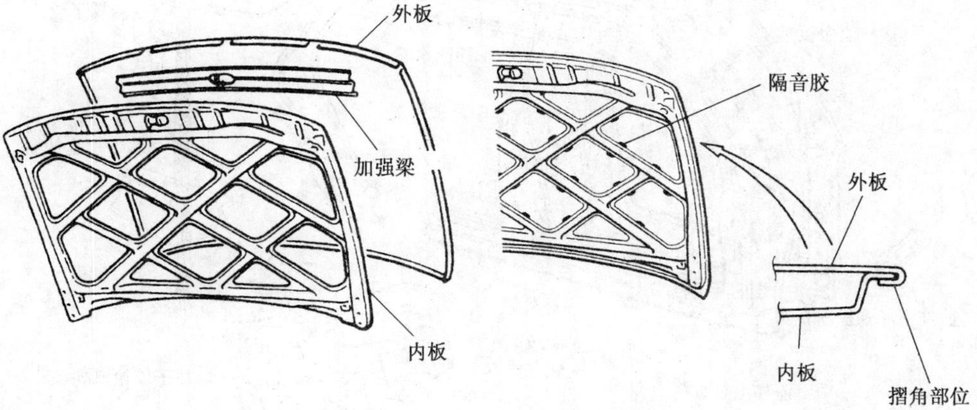


图 0 - 20　发动机罩

内外板组合后用环氧树脂胶粘接,粘接时需在咬合模中进行两次咬合。第一次咬合,将外板翻边 45°;第二次咬合,将翻边咬死。也有的内外板用点焊连接。

为了吸振和减少噪声,在内板筋条翻边处与外板内表面还留有 2 ~ 5mm 间隙,以便将吸振、隔音填料充入其内。

前翼子板是轿车前部的大型盖件之一,其表面形状与车身侧面造型协调一致,是车身侧面外表的一部分。前翼子板一般由 0.6 ~ 0.8mm 厚高强度钢板拉延成型。其外表形状由车身造型确定周围边界的形状,前部取决于灯具的形式和布置,后部取决于前部和后部覆盖件的形状,上部取决于发动机罩的尺寸和布置,下部与车轮相配合。前翼子板前板大多是用螺钉与车身壳体相连接,后端通过中间板和前围支柱连接,前端和散热器框延长部分及灯具相连接,侧面与挡泥板连接。

**3) FF 车辆侧车身结构(车身中部)**

图 0 - 21 是最近几年做成的整体式的侧车身结构。

侧车身与前车身和车顶钢板结合而形成乘坐空间。在行驶中这些钢板分散来自下车身的负荷到车辆上侧并且防止左右两侧弯曲。此外,侧车身也提供了车门支撑以及万一车辆倾覆时,维持乘坐空间的完整性。因此,为增加刚性,将外板、加强梁和内板组合成一个箱形结构。

轿车顶盖是轮廓尺寸较大的大型覆盖件,其作用不只是遮风避雨,提高零件的刚性也是至关重要的,轿车翻车时可起到保护乘员安全的作用,如图 0 - 22 所示。

车门(图 0 - 23)包含了外板、内板、加强梁、侧防撞钢梁和门框。其中内板、加强梁和侧防撞钢梁以点焊结合在一起,而内板和外板通常是以褶边连接。另外,车门窗框通常是由点焊和铜焊结合而成的,车门形式大致分为窗框车门、冲压成型车门和无窗框车门 3 种。

**4) FF 车辆后车身**

轿车车身后部是指乘客室后侧用于放置行李、物品的那一部分(图 0 - 24)。三厢式车

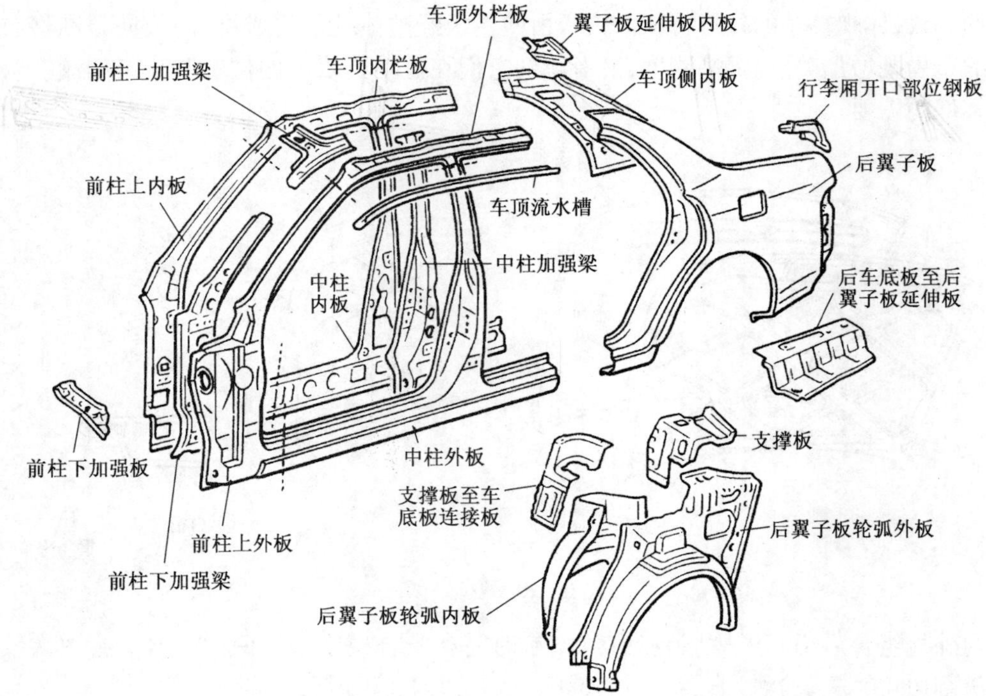


图0-21　侧车身结构

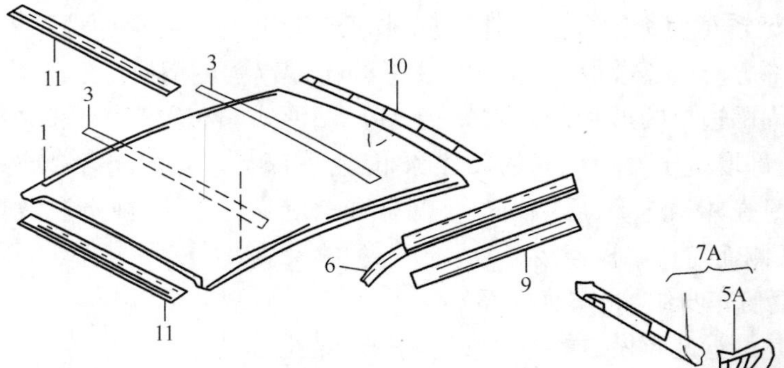


图0-22　上海桑塔纳车身顶盖

1、2—顶盖；3、4—顶盖加强板；5—支撑板；5A—角板；6、9—顶盖内侧框；
8、9—内侧框延长板；10—后横梁；11、12—前横梁。

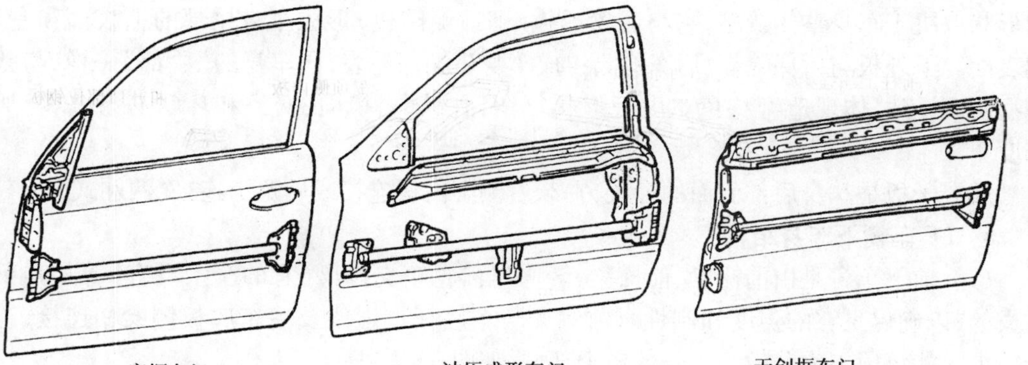


图 0-23　轿车车门

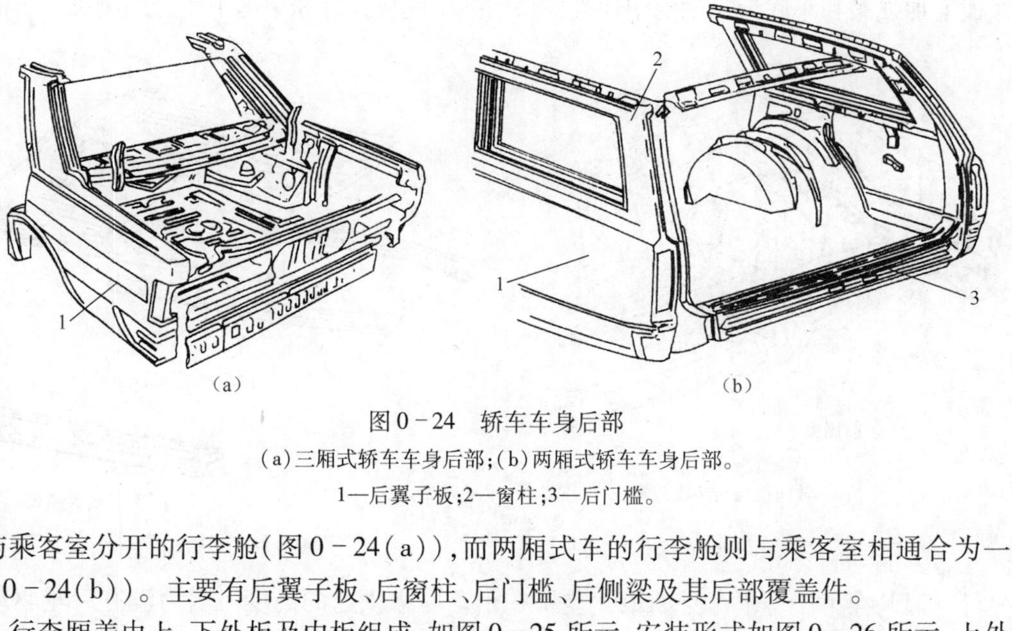


图 0-24　轿车车身后部

(a)三厢式轿车车身后部;(b)两厢式轿车车身后部。

1—后翼子板;2—窗柱;3—后门槛。

有与乘客室分开的行李舱(图 0-24(a)),而两厢式车的行李舱则与乘客室相通合为一体(图 0-24(b))。主要有后翼子板、后窗柱、后门槛、后侧梁及其后部覆盖件。

行李厢盖由上、下外板及内板组成,如图 0-25 所示,安装形式如图 0-26 所示,上外板

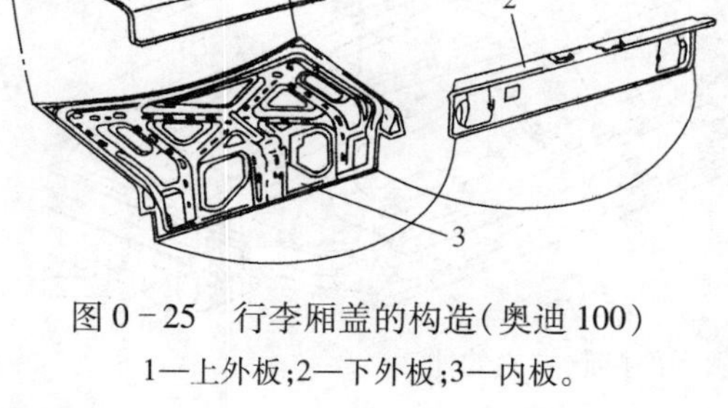


图 0-25　行李厢盖的构造(奥迪 100)

1—上外板;2—下外板;3—内板。

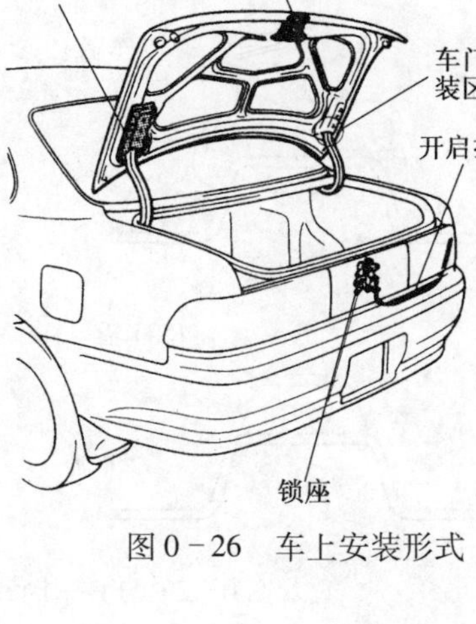


图 0-26　车上安装形式

的形状取决于车身整体造型，它与后翼子板(即后侧围板)形成车身尾部的上表面和左、右侧表面。下外板与后保险杠、后车灯具组成车身后端面外表，同车身的“脸部”一样，与整车造型协调一致，体现造型特色。内板形状复杂，有纵向、横向、交叉和环状筋条，以增加其刚度。

后翼子板是车身后部侧面的外表，它与后侧围内板连接或后舱加连接(两厢式)。

**5）FF 车辆下车身结构**

(1) 前下车身是由前侧梁、前横梁、转向机齿轮箱支撑梁(有的车型没有)等加强梁所构成的，以确保足够的强度和刚性。前侧梁与车底板加强梁及主车底板侧梁相连接，以利于撞击时能将撞击力分散至车身的各个部位，如图 0－27 所示。

(2) 中部下车身(图 0－28)由主车底板侧梁、前车底板下加强梁、车底板横梁、前车底板所组成。主车底板侧梁使用高强度钢板，位于乘客舱两侧下端，又称为车门槛板内板。车底板下加强梁和车底板横梁使用加强件来增强车底板强度和中部下车身的刚性。

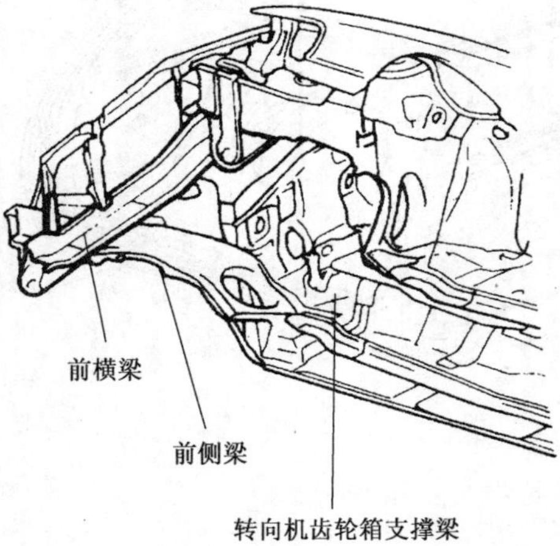


图 0－27　FF 车辆前下车身

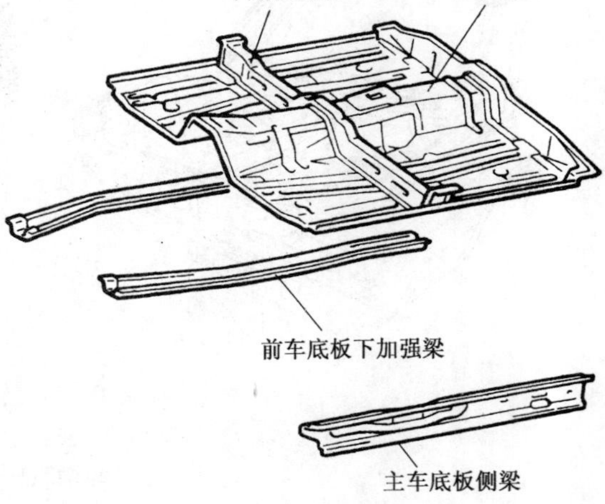


图 0－28　中部下车身

FF 和 FR 车辆中部下车身的最大差别在于车底板拱起的高度。因为没有后轮驱动组件，所以 FF 车辆所需要车底板拱起空间没有 FR 车辆大，因此，能够提供较大的腿部活动空间，如图 0－29 所示。

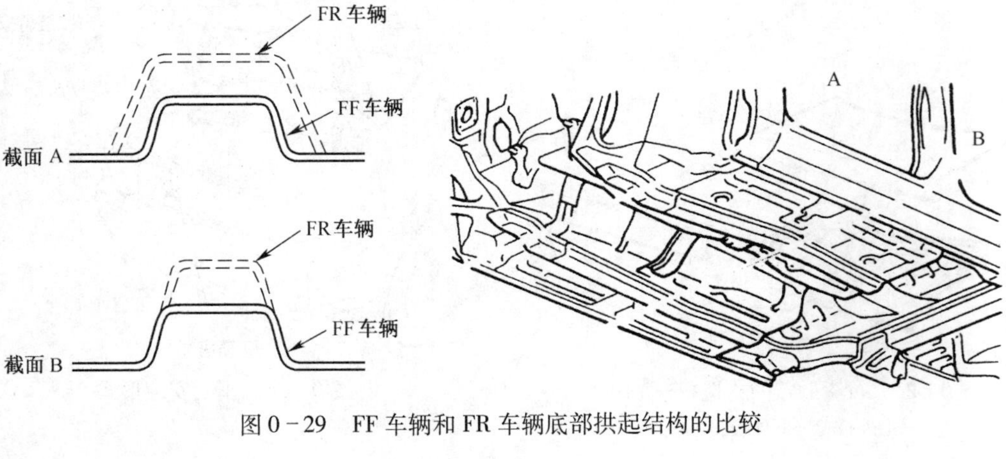


图 0－29　FF 车辆和 FR 车辆底部拱起结构的比较

(3) 后下车身由后车底板侧梁、后车底板横梁、后车底板所组成。如图 0-30 所示。因为 FF 车辆燃油箱放置于后座的下方,所以可降低后车底板,而提供既宽敞又深的行李箱空间。当发生后方撞击事故时,大部分的撞击力就可由后行李箱空间吸收。因此后车底板侧梁的后段都经过波纹加工,以提高吸收撞击的效果(图 0-31)。后车底板侧梁的后段和后车底板侧梁是分开的,以提高车身维修时的更换作业。

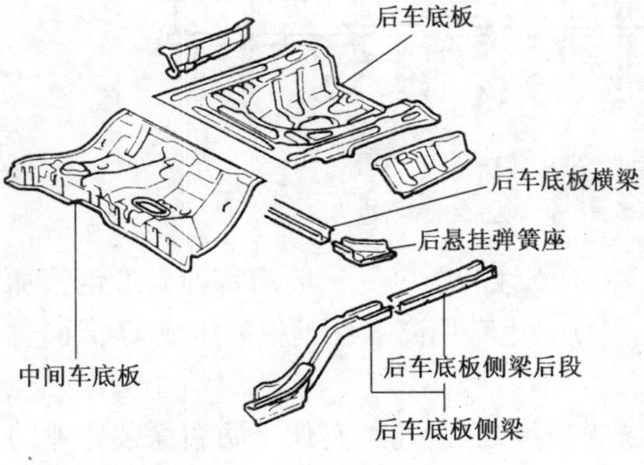


图 0-30　后下车身

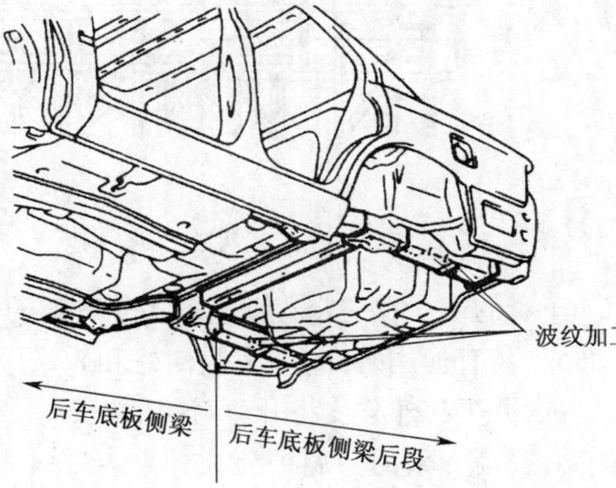


图 0-31　波纹加工设计

## (三) 客车车身结构

根据客车的用途可将其分为轻型客车、城市客车、长途客车、卧铺客车和专业客车等几种类型,它们的区别主要体现在车身外形尺寸、底盘配置和内外部设施上。

1. 客车车身的主要构件

无论车身的具体结构与用途如何,均可划分为基础性构件和非基础性构件两类。基础性构件则是客车车身的主体,其中,非承载式车身主要由骨架、底架、车顶、前围、后围、蒙皮等组成。

**1) 底架与车架**

无车架承载式客车车身虽然没有独立的车架,但取而代之的车身底架则成了必须有足够的强度和刚度的基础构件,因为车身骨架、发动机和底盘的主要总成都直接装配在底架上。

底架或车架多用高强度钢板冲压成型后组焊而成,采用封闭型截面梁时应注意端口的封闭与通风,表面锐边应修磨平整。与其他构件铆接或用螺栓连接时,应夹垫约 1mm 以上厚度的减磨垫片。

图 0-32 中某客车所使用的格栅式车体底架是由矩形截面钢管组焊而成的空间衍架结构,它比其他形式的底架结构简单、重量轻,且维修时便于更换底架构件。而且采用格栅式底架时,还能具有大容量的行李舱。

**2) 骨架**

客车车身骨架通常由五大片构成,如图 0-33 所示,即由左侧骨架、右侧骨架、前围骨架、后围骨架及顶盖骨架组成,将五大片骨架合装在底架或车架的底横梁上构成一个整体空间框架结构。

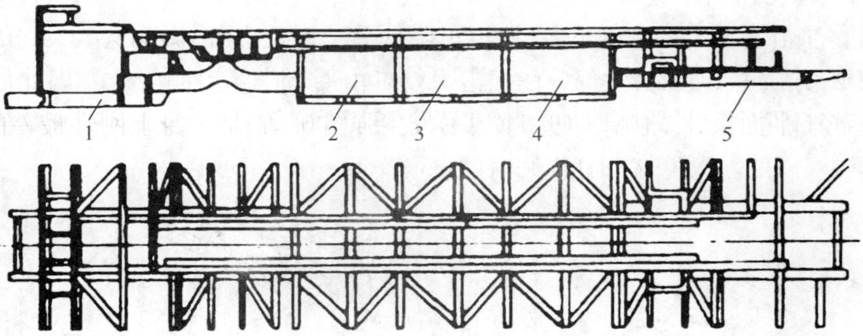


图 0-32　格栅式车体底架

1—后段边梁；2—行李舱；3—行李舱；4—行李舱；5—前段边梁。

车身的寿命在一定程度上取决于骨架的耐久性、刚性和强度。一般用特种异形钢管加工而成，具有使用寿命长、工艺性好和质量轻等优点。也有用高强度钢板冲压成 Ω 截面骨架，再借助车身外蒙皮将开口封闭的设计。

为提高骨架的防腐蚀能力，除了在结构上解决通风之外，还留有便于防腐涂装作业的喷涂工艺孔。维修作业过程中，应注意加以利用。

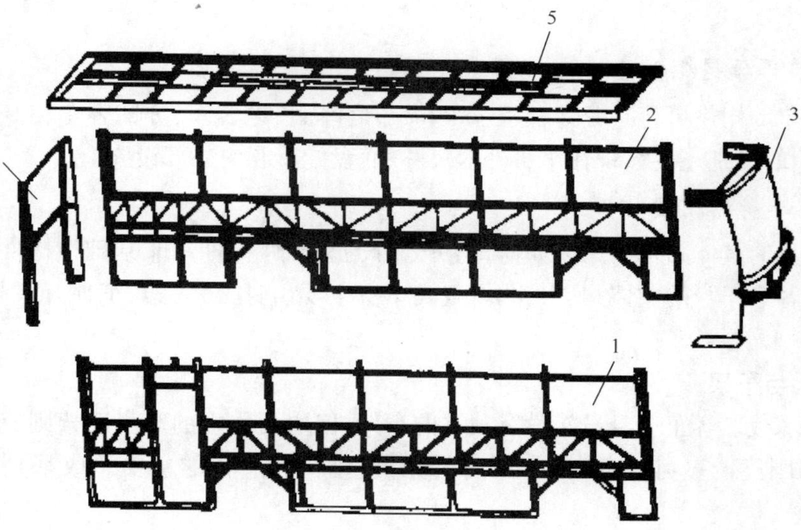


图 0-33　客车车身整体骨架

1—右侧骨架；2—左侧骨架；3—前围骨架；4—后围骨架；5—顶盖骨架。

**3）车顶**

采用具有一定深度的拱形顶盖，可使车顶的承载能力得到提高，沿顶盖的周边是箱形断面的圈梁，它与窗柱的刚性连接提高了车身的整体性。

顶盖上部不宜开设天窗，以防止削弱车顶的强度和影响密封，否则应避开顶盖的拱形梁和顶盖纵梁，并采取行之有效的防锈与密封措施。

**4）蒙皮**

骨架式车身的外蒙皮覆盖在骨架上，并以此构成了不同曲面的客车外形。非承载式车身的蒙皮可以认为是不承载的；对于承载式车身，蒙皮还要与骨架一起承受车身变形时的剪切应力；而在无骨架或半骨架车身中，外蒙皮也属于承受载荷的构件。

车身蒙皮装配选择何种连接形式，对防腐、振动、承载等的影响甚大，其中最基本的要求是蒙皮必须与构件连接紧密。

蒙皮属于平面板件或圆弧面板件，容易发生强迫振动，是车身上刚性最差的构件，也是车身产生噪声的主要根源。减少板件振动的最好方法是，采用预应力张拉蒙皮或利用板面形状来提高它的刚度。

2. 全承载式客车

现代很多中高档大客车都采用全承载式结构，全承载式客车车身骨架三维结构如图 0－34 所示。

图 0－34　全承载式客车车身骨架三维结构

### （四）载货汽车车身的构造

载货汽车车身主要由驾驶室和车厢两大部分组成。

1. 驾驶室的构造

#### 1）结构

绝大多数载货汽车的驾驶室采用非承载式无骨架的全金属结构，通过 3 点或 4 点弹性悬置与车架连接。由于其悬置采用了弹性元件，可减轻驾驶室的振动和车架歪扭变形对驾驶室的影响。其形式可以分为图 0－35 所示的几种，目前比较常见的是长度利用系数高的平头驾驶室。平头驾驶室通常还具有驾驶室的翻转功能（部分长头驾驶室也具备这一功能），为汽车的维修工作带来了很大的方便。

一般把驾驶室的金属总成称为白车身，它是用薄软钢板冲压成型、焊接后组成的。图

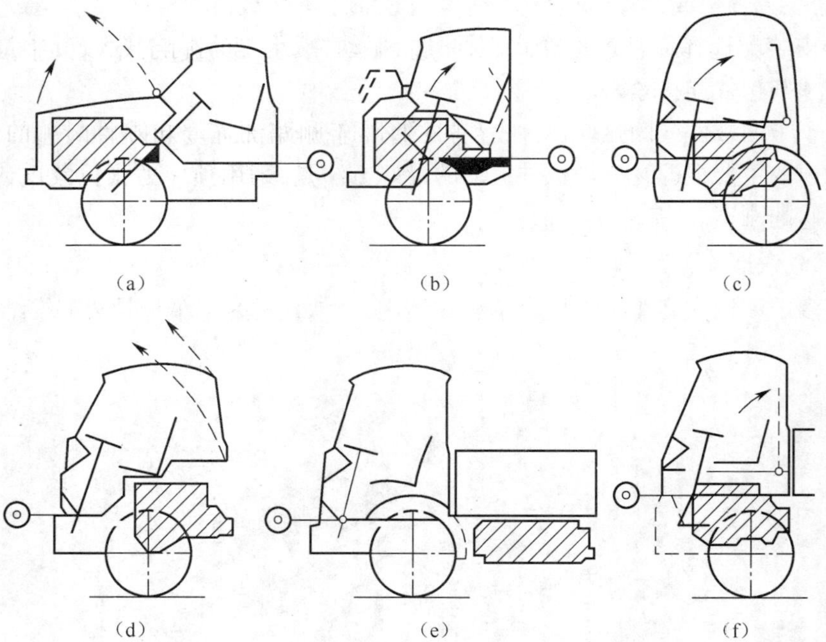


图 0－35　载货汽车驾驶室的类型

(a)长头式;(b)短头式;(c)、(d)、(e)、(f)平头式。

0－36 所示为白车身的一般分解结构。焊接白车身时,通常先将前车身、下车身、后车身及顶盖各总成焊上。然后,将它们的分总成装上。最后,再将事先组装好的车门安装上。

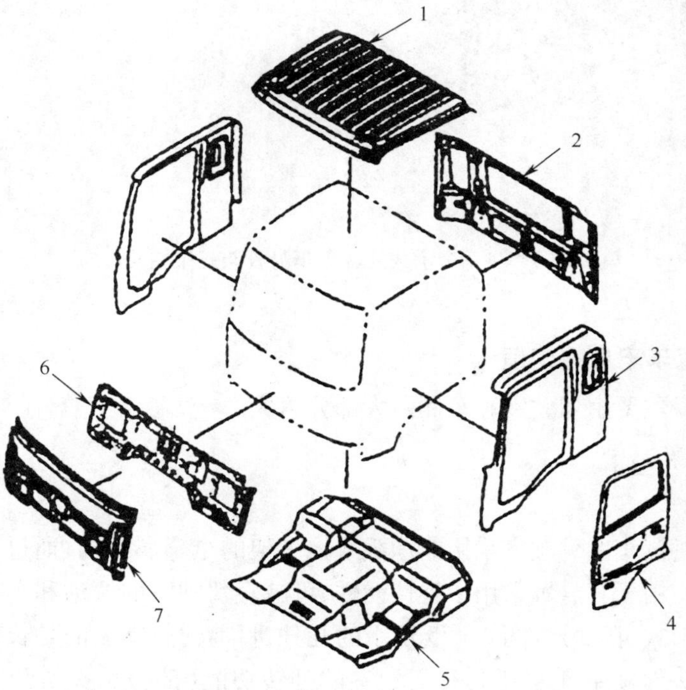


图 0－36　白车身一般分解结构

1—顶篷板;2—后围板;3—侧围板;4—车门板;5—下车身;6—前车身;7—前围板。

车辆行驶时作用在驾驶室上的外力，是从车架通过悬置装置传递的力。这种力主要是由驾驶室和车架间的相对变形产生的，驾驶室的结构应能通过下车身的强度构件将其外力均匀地分配给立柱和内外板。下车身的结构一般由直接承受悬置外力的两根下梁、连接侧梁前后的左右相接的横梁及承受下车身左右侧端部强度和刚度的侧门框、下底板构成。

**2）驾驶室悬置**

载货车驾驶室分为平头和长头两种形式，目前主要是平头驾驶室。下面介绍平头驾驶室的悬置。

悬置装置通常有3～4个弹簧支撑点。弹簧分为使用防振橡胶的固定式（图0－37）和使用空气弹簧或螺旋弹簧的浮动式（图0－38）两种。

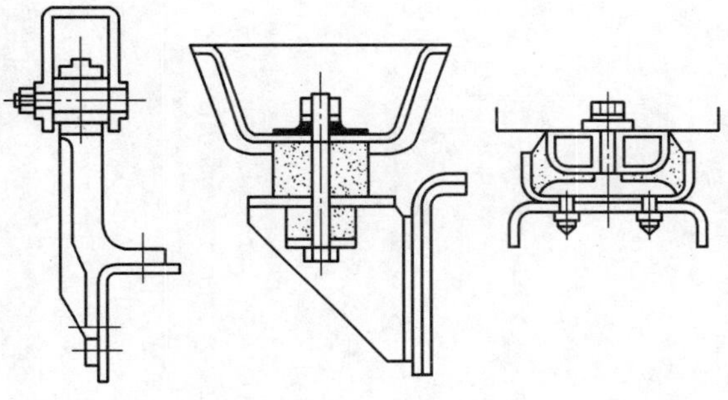

(a)　　(b)　　(c)

图0－37　固定式悬置的构造

（a）橡胶垫；（b）上下橡胶；（c）斜橡胶。

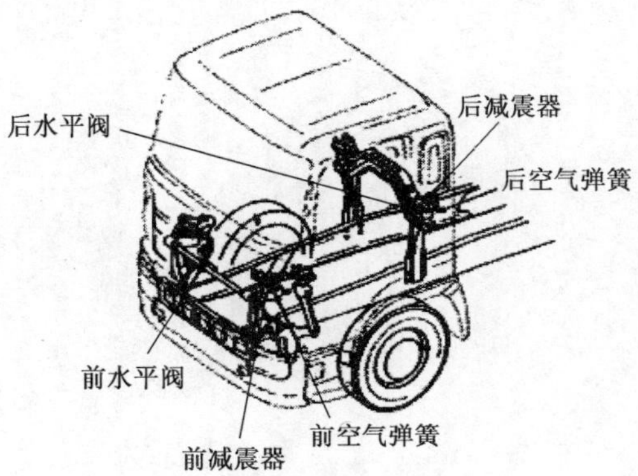


图0－38　浮动式悬置的构造

2. 车厢

货车车厢可分为栏板车厢和专用车厢两大类。普通载货汽车的车厢大部分为栏板式货厢，栏板式货厢又分普通货厢和高栏板式货厢。货厢的栏板又分为三面开和一面开两种形式。

**1）栏板式货厢**

普通栏板式货厢由底板和4块高度为300～500mm的栏板组成。底板通过横梁支于下面的纵梁上。高栏板式车厢比普通栏板式车厢高250～400mm，有的车箱两块边板中部可放平，形成折叠式条凳，还可加插篷杆，这种车厢适用于农用和军用。

**2）专用车厢**

专用车厢有翻斗车、油罐车、洒水车、集装箱车、散装水泥车、封闭式货厢车等约300个种类900个品种。

## 思　考　题

1. 怎样给不同损伤的事故车选择合适的评估方法？
2. 事故车定损的程序是怎样的，不同主体评估程序是否有差异？
3. 怎样判断轿车是承载式车身还是非承载式车身？如果是承载式车身一般有哪些结

构件和覆盖件,分别又是怎么连接的?

4. 承载式车身的防撞吸能区的作用是什么?位于车身的什么部位?其结构特点是什么?

5. 想成为一名优秀的事故车评估员应怎样做?

# 学习情境1

# 轻微损伤事故车损失评估

## 任务1:漆面损伤费用评估

**学习目标:**

(1)能够用评估指南法、工时定额法、面积法评估漆面损伤费用。
(2)熟悉涂料和涂装修理基本知识。
(3)熟悉漆面损伤的检查方法。
(4)熟悉漆面损失评估的评估指南法、工时定额法、面积法等方法。
(5)熟悉漆面损失评估的评估步骤。

## 导入案例1:一辆帕萨特轿车左后侧擦伤案例

损伤图如图1-1所示。

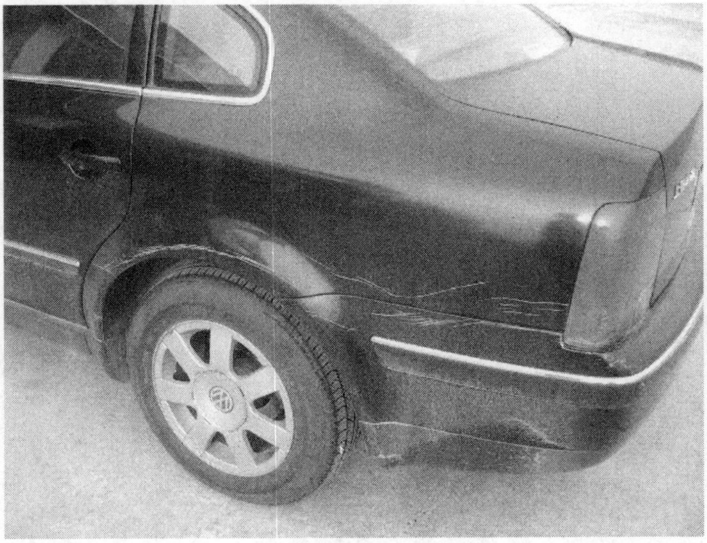

图1-1 损伤图

# 一、漆面损伤检查

## (一) 汽车修补用涂料

1. 涂料的组成

涂料是复杂的化学混合体,概括地讲,涂料是由主要、次要和辅助3类成膜物质所构成。主要成膜物质是构成涂料涂层不可缺少的组分,它们对涂层的性能特点起主导作用,一般指油料和合成树脂。次要成膜物质指各种颜料、填料,它们虽不能单独成膜,但亦是构成涂层并影响其性能的重要组分。辅助成膜物质包括溶剂和其他诸多改善涂料和涂层性能的添加剂等,如图1-2所示。

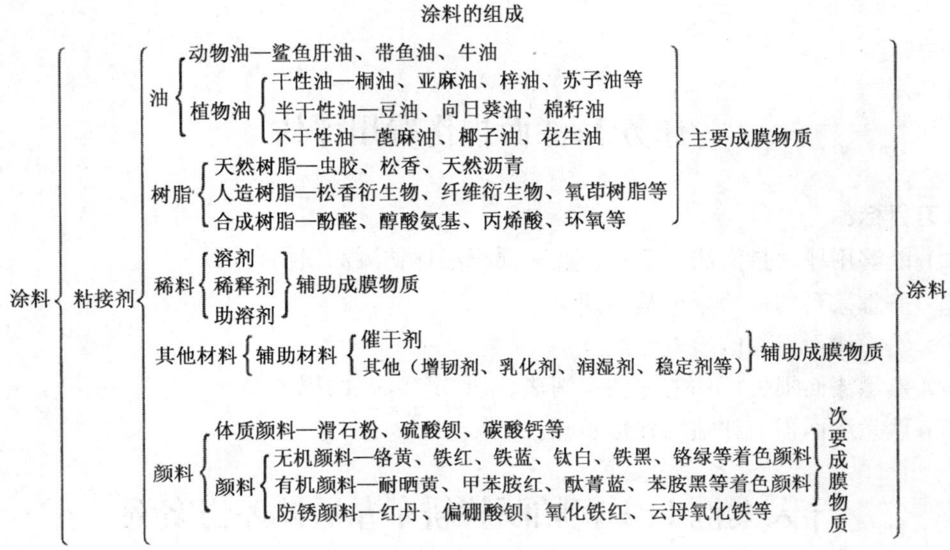


图1-2 涂料的组成

**1) 树脂**

现在汽车所用的涂料中已经基本不含油料,多采用树脂作为主要成膜物。树脂是多种高分子复杂化合物相互溶合而成的混合物。它是非结晶的固体或黏稠液体,虽没有固定的熔点,且又不溶于水,但在受热时会软化或熔化,多数树脂可溶于有机溶剂。熔化或溶解了的树脂能与颜料均匀地相互混合,其黏着性很强。将它涂附在物面上待溶剂挥发后能形成一层光亮、坚韧而耐久的薄膜。所以树脂是与颜料一起形成涂膜的主要物质,树脂的性质决定涂料加工的品质和涂膜性能的好坏。

树脂按其来源可以分为天然树脂和人工合成树脂两大类。目前多用天然高分子化合物加工制得的人造树脂及用化工原料合成的合成树脂。人工合成树脂从品种、性能、产量和用途等都大大超过了天然树脂,所以现在使用的各种汽车涂料除个别品种外基本上都是以人工合成树脂作为基料的。目前在汽车上常用的树脂主要有硝酸纤维素、醇酸树脂、环氧树脂、聚氨酯树脂、丙烯酸树脂。

**2) 颜料**

颜料是具有一定颜色的矿物质或有机物质。它一般不溶于水或其他介质(如油等),但其细微个体粉末能均匀地分散在介质中。颜料是涂料的次要成膜物质，它不仅使涂膜呈现必要的色彩，遮盖被涂物的底层，使涂膜具有装饰性，更重要的是它能改善涂料的物理及化学性能，提高涂膜的机械强度、附着力和防腐性能。有的颜料还可以滤去紫外线等有害光波，从而增强涂膜的耐候性和保护性，延长涂膜的使用寿命。例如，在有机硅树脂涂料中使用铝粉颜料时，在高温下铝粉与硅形成硅、氧、铝键（═Si ═O ═Al ═），能提高涂膜的耐高温性；在涂料中加入云母氧化铁可以放射紫外线和减少透水性，因而能显著提高涂膜的防锈、耐候和抗老化等性能。

颜料的种类很多，按它们的化学成分可以划分为有机颜料和无机颜料两大类。每个大类中，按其来源不同又可以分为天然颜料和合成颜料。在涂料工业中，根据颜料在涂料中所起的主要作用不同，可分为着色颜料、体质颜料和防锈颜料3类。

着色颜料可赋予涂料各种不同的颜色，提高涂料的遮盖性能，满足涂料的装饰性和其他特殊的要求。

体质颜料又称为填料或填充料。涂料中凡折光率较低的白色或无色的细微固体粒子，配合其他颜料分散在有色颜料当中，用以提高颜料的体积浓度，增加涂膜的厚度和耐磨能力，几乎无着色力和遮盖力的，统称为体质颜料。

防锈颜料是涂料中主要起防锈作用的底漆等的重要组成，多为具有化学活性的物质。

**3）溶剂**

凡能够溶解其他物质的物质叫做溶剂。涂料用的溶剂是一种能溶解成膜物质（油料和树脂等）的、易挥发的有机液体。在涂料干燥成膜后，溶剂全部或部分挥发而不单独留存在涂层中，故溶剂又称为挥发分。

溶剂是涂料的重要组成部分，起着辅助成膜的作用。它能溶解或稀释油料或树脂，降低其黏稠度以便于施工，并改善涂料的流平性，避免涂膜过厚、过薄起皱等弊病。还能对涂料成品的储存起稳定作用，不使树脂析出或分离以及变稠、结皮等。涂料施工后，溶剂能增加涂料对物体表面的润湿性和附着力，并随着涂料的干燥而均匀地挥发减少，使被涂物面得到一个薄厚均匀、平整光滑、附着牢固的涂膜。有的溶剂本身在涂料中既是溶剂又是成膜物质，如苯乙烯在无溶剂涂料中是很好的溶剂，但又能与树脂交联成膜，提高涂膜的丰满度，同时减少因溶剂挥发而造成的污染。

**4）辅助材料**

辅助材料又称助剂，它虽然不是主要或次要的成膜物质，用量一般又很少，但它对改善涂料的性能、延长储存时间、扩大涂料的应用范围、改进和调节涂料施工的性能、保证涂装品质等都起很大的作用。涂料的辅助材料品种很多，根据它们的功能来划分，主要品种有催干剂、防潮剂、固化剂、紫外线吸收剂、悬浮剂、流平剂和减光剂等。这些辅助材料有些是在涂料制造时就添加到涂料当中的，如悬浮剂、紫外线吸收剂等；有些需要根据施工情况进行添加，如防潮剂、流平剂、减光剂等。

（1）催干剂是一种能加速涂层干燥的物质，多使用于醇酸树脂涂料中。催干剂能促进涂膜中树脂的氧化聚合作用，大大缩短涂膜的干燥时间，尤其是在冬季施工中涂膜干燥很慢的情况下，加入催干剂后即使环境温度没有变化，干燥时间也会有明显的减少。

（2）防潮剂也称化白剂、化白水，是由高沸点的酯类、酮类溶剂组成的。将它加入硝基漆等自然挥发型涂料中能防止涂膜中的溶剂挥发时产生泛白现象。此外施工环境温度过低接近露点或空气湿度过高和喷涂用的压缩空气中含有过多的水分等，也会引起泛白。涂料中加入适量的防潮剂后，由于高沸点溶剂的增多，可减缓溶剂的挥发速度，减少水分凝结现象的发生。

(3) 固化剂多为酸、胺、过氧化物等物质，与涂料中的合成树脂发生反应而使涂膜干燥固化。该类型的涂料在未加入固化剂时一般不会干燥结膜，但与固化剂混合后在常温下即可发生化学反应而干燥固化，若适当加温(60～80℃)效果更好。不同树脂的涂料所使用的固化剂成分也不同，例如聚酯树脂用过氧化物作为固化剂，环氧树脂用氨类作为固化剂，丙烯酸聚氨酯类用含异氰酸酯类作为固化剂等。

(4) 紫外线吸收剂对阳光中的紫外线有较高的吸收能力，添加在涂料当中可减少紫外线对涂膜的损害，防止涂膜粉化、老化和失光等。

(5) 悬浮剂主要用来防止涂料在储存中结块。涂料中加入悬浮剂后，可使涂料稠度增加但松散易调和。

(6) 流平剂能降低涂料的表面张力，防止缩孔的产生，增加涂膜的流平性能。在喷涂时，由于被涂物表面清洁不彻底，残存有油脂、蜡渍等或由于压缩空气中含有未过滤的油分，会由于该部分涂膜表面张力增大而产生缩孔现象，俗称鱼眼、走珠。在发生此类故障时，在涂料中适量加入流平剂，则缩孔的现象会大大改善。

(7) 减光剂具有降低涂膜光泽的作用。有时为了喷涂特殊部位，如塑料保险杠等，需要使涂料产生哑光效果，适量加入减光剂可以达到所需的要求。

*2. 涂层结构及成膜类型*

我国一般将涂层分为底涂层、中间涂层和面漆涂层，或分为底涂层和面漆涂层两层。日本将涂层结构划分为面漆涂层、二道浆涂层、复合油灰涂层、腻子涂层4层。

根据涂料形成涂膜过程中所产生的变化特征，又可将涂料划分为化学反应型涂料和溶剂挥发型涂料两类。在我国，涂料行业又将溶剂挥发型涂料称为“喷漆”；将靠化学变化成膜的涂料称为“瓷漆”。下面介绍这两类涂料的种类及特点。

溶剂挥发型涂料的特点：构成涂料的树脂分子，在涂料状态时已经是高分子，在形成涂膜的过程中，只有溶剂的挥发，而树脂分子状态没有发生变化。

所谓化学反应型涂料是指构成涂料的树脂分子，在涂料状态时，分子量较小，形成涂膜的过程中，由于某种因素的促成，产生了化学变化，逐步结成了分子量很大的高分子。这种高分子结合过程中原子之间键与键的连接形同“架桥”，故在日本汽车维修界，又有人将这类涂料形象地称为架桥反应型涂料。若干原子通过“架桥”形成的网状分子结构(图1-3)是决定这类涂料性能的主要因素。

**1) 化学反应型涂料(瓷漆)**

化学反应型涂料形成的涂膜，其性能主要影响因素有分子结构、分子大小和分子网孔的致密度。

这种涂料的分子结构是决定涂料性能的非常重要的因素。例如聚氨酯涂料覆盖在金属闪光涂层上，经若干年也不龟裂、开口，就是由于其分子结构能吸收铁板和底漆层随气温变化产生的收缩和膨胀。另外，同样是丙烯酸涂料，丙烯酸聚氨酯与合成纤维素丙烯酸涂料相比，前者与旧涂膜的结合力强，其原因在于聚氨酯分子的OH多，而OH基与旧涂膜的结合力强。

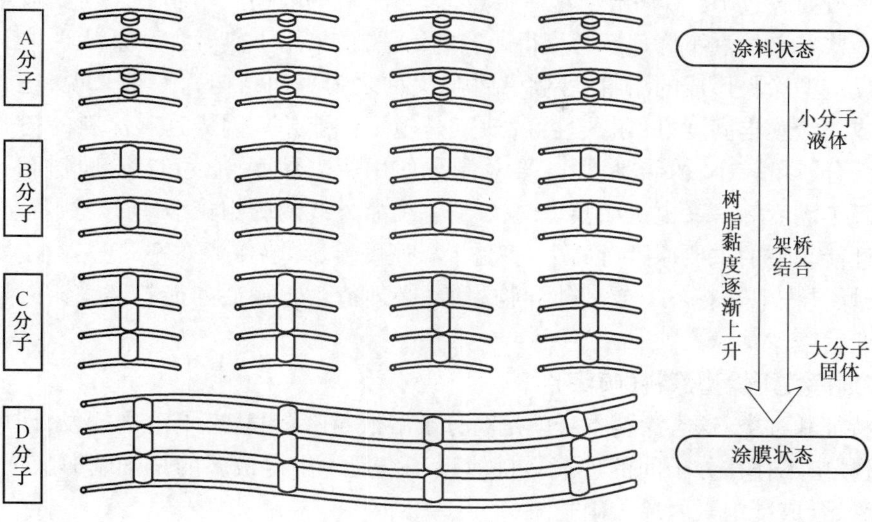


图1-3 网状涂膜分子结构图

一般来说，结成涂膜后，分子越大，涂膜性能越好。其原因在于涂膜分子的连接键在太阳光紫外线的作用下，经一定时间后，会出现断裂破坏。假定涂膜A（小分子）和涂膜B（大分子）分子内部的连接键都断裂了3处，涂膜A的分子结构已经完全肢解，外部表现是涂膜严重劣化；而涂膜B所受影响并不严重。

涂膜"网孔"致密度是指单位面积内的网孔数目。它反映了涂膜的致密程度，网孔密度的不同也会引起涂膜性能的差异。网孔稀疏的涂膜受紫外线影响大，随时间推移，容易出现失光、褪色等现象。

醇酸瓷漆涂布一个月，涂膜硬度不高，也沾不得汽油和溶剂，其原因就是"网孔"太稀。即使在涂料中加入催干剂和固化剂，也达不到聚氨酯涂膜的网孔密度。因此涂膜软，易被溶剂和汽油所溶解。

化学反应型涂料大致可以分为氧化聚合干燥型、双组分聚合型、热固化型3类，各自有如下特点。

（1）氧化聚合干燥型涂料：这种涂料在常温状态下干燥成膜，干燥过程中必须接触空气才能氧化聚合成高分子膜。如酯胶漆、酚醛漆、醇酸漆、环氧酯底漆等油基性漆都属此类。氧化聚合干燥型涂料在保存过程中必须密闭容器盖，以免长时间接触空气，使之氧化起皮而失去使用价值。这种涂料形成涂膜一般是在常温下，需16~24h。

（2）双组分聚合型涂料：又叫做固化剂固化型涂料。这类涂料由主剂和固化剂两组成分构成，单是主剂分子之间不会产生连接，成膜过程必须在固化剂的作用下才能进行，因而固化剂是其聚合的条件。这类涂料一般是将主剂和固化剂分装保存，使用时现配现用。如环氧漆、聚氨酯漆、环氧沥青漆、原子灰和腻子等都属于此类。这类涂料可常温干燥，也可烘烤干燥。双组分聚合型涂料还包括必须烘烤干燥的环氧粉末漆等。

这种涂料能抑制底漆或旧漆膜存在的打皱、开裂等缺陷，因此它不仅用作底漆，也大量用作面漆，近来还用于底、面两用型涂料。

（3）热固化型涂料：又叫做热固型漆或烘烤聚合漆，俗称烤漆。氨基烤漆、热固型丙烯酸树脂涂料等都属于热聚合涂料。这类涂料的特点是必须加热后才可聚合成高分子漆膜，加热温度一般要超过100℃。由于这一特点,烤漆涂料一般在汽车制造厂新车流水线上使用。国外一些有名的汽车修理厂为赢得顾客的信任,也采用了热聚合型涂料。

化学反应型涂料形成的涂膜呈网状结构(又称之为平面结构),一般来说,这类涂料的优点是形成的涂膜丰满度好、耐久性好;缺点是施工性能差。因为这类涂料的树脂分子在涂料状态下分子量较小,树脂黏度小,要兑制成使用所需黏度,加入的溶剂量相对较少,故形成的涂膜丰满度好。又由于涂膜呈网状结构,受紫外线的影响较小,所以涂膜耐久性好。

施工性能较差的主要原因有两个:一是干燥速度慢,影响作业效率;二是由于所需干燥时间长,干燥过程中若有灰尘或其他异物附着,必须待其干燥后才能打磨、修补,显然这也会影响作业速度。

**2)溶剂挥发干燥型涂料(喷漆)**

(1)特征和种类:这类涂料本身就是高分子溶液,在常温状态下溶剂挥发,即可干燥成膜,干燥过程中不存在分子间的连接。目前汽车修理中用得最多的是硝基醇酸清漆、硝基丙烯酸清漆、合成纤维素丙烯酸硝基漆。

(2)优缺点:溶剂挥发型涂料涂装前分子已具有直线状结构,成膜过程中没有发生分子间的连接,涂膜分子结构仍呈直线状。这类涂料的优点是干燥速度快、施工性能好、表面质量较好;缺点是涂膜耐久性差、丰满度欠佳。

3. 汽车常用修补涂料

汽车修补用涂料多为低温涂料,且绝大部分为双组分型,配合固化剂使用时在常温或低温烘烤条件下即可干燥并达到相当高的品质。它包括涂前处理用品、涂装修复用品、涂膜后期处理用品和其他一些专门涂料等。

**1)底漆**

直接涂布于物体表面的打底涂料称为底漆。底漆是被涂物面与涂层之间的粘结层,以使之上的各涂层可以牢固地结合并覆盖在被涂物体上。同时,底漆在钢铁表面形成干膜后,可以隔绝或阻止钢铁表面与空气、水分及其他腐蚀介质的直接接触,起到缓蚀保护作用。一旦面漆层破坏,钢铁也不至于很快生锈。

应根据涂装的要求和使用的目的,采用不同类型的底漆;根据工件表面状态和底漆的性质选择适当的涂装方法。底漆涂膜的强度和结合能力的大小取决于涂膜的厚度、均匀度及其是否完全干燥,底漆涂膜一般以15~25μm为宜(在汽车表面装饰性要求不高、底漆上直接喷涂面漆的情况下膜厚可以在50μm左右)。涂膜过厚则涂膜干燥缓慢,还容易造成涂膜强度不够和附着力不良;过薄会使底漆涂层的作用降低。

底漆的种类比较多,现在汽车涂装中以环氧树脂底漆和侵蚀底漆最为多见。

(1)环氧树脂底漆简称环氧底漆,是物理隔绝防腐底漆的代表。环氧底漆的优点:附着力极强,对金属、木材、玻璃、塑料、陶瓷、纺织物等,都有很好的附着力和粘结力;涂膜韧性好,耐挠曲,且硬度比较高;耐化学品性优良,尤其是耐碱性更为突出,对水、溶剂、酸、碱和其他化学品都有良好的抵抗力;良好的电绝缘性,耐久性、耐热性良好。环氧树脂类涂料也存在一定的缺点,比如表面粉化较快,这也是它主要用于底层涂料的原因之一。

环氧底漆使用胺类作为固化剂,胺类对人体和皮肤有一定的刺激性,因此在使用时要加以注意。

(2)侵蚀底漆是以化学防腐手段来达到其防腐目的的,主要代表为磷化底漆。磷化底漆在使用时与分开包装的磷化液按一定比例调配后喷涂。磷化底漆作为有色及黑色金属的防锈涂料，能够代替金属的磷化处理，在提高抗腐蚀性和绝缘性、增强涂层与金属表面的附着力等方面比磷化处理层更好，而且工艺和设备要求比较简单。但磷化底漆涂膜很薄（8～15μm），因此一般不单独作为底漆使用。所以，在涂装磷化底漆后，通常仍用一般底漆打底。

磷化底漆在使用时不能用金属容器调配，使用的喷枪罐也应使用塑料罐，在喷涂完毕后应马上清洗喷枪。磷化底漆施涂完毕后不要马上喷涂其他底漆，而应等待一段时间（20℃，2h）再进行下一步操作。环氧底漆与磷化底漆对底材都具有良好的防腐性，对其上的涂层也都具有良好的粘结能力。

**2）原子灰**

原子灰硬化时间短，常温下0.5h即可干燥硬化，随后即可以进行打磨；经打磨后的原子灰表面细腻光洁，表面坚硬，基本无塌陷，对其上的涂料吸收很少甚至不吸收；附着能力强，耐高温，正常使用时不出现开裂和脱落现象，因此现在广泛应用于汽车的制造和修补工作中的填补作业。

原子灰一般使用刮具刮涂于底材的表面（也有使用大口径喷枪喷涂的浆状原子灰，称为喷涂原子灰），用来填平补齐底材上的凹坑、缝隙、孔眼、焊疤、刮痕以及加工过程中所造成的物面缺陷等，使底材表面平整、匀顺，使面漆的丰满度和光泽度等能够充分地显现。

原子灰是涂料，所以也是由树脂、颜料、溶剂和填充材料等组成的。现在较为常用的原子灰树脂有聚酯树脂和环氧树脂等，环氧树脂原子灰具有良好的附着力、耐水性和防化学腐蚀性能。但涂层坚硬不易打磨，由于其附着力优良，可以刮涂得较厚而不脱落、开裂，多用于涂有底漆的金属或裸金属表面。聚酯树脂原子灰也有着优良的附着力、耐水性和防化学腐蚀性能，而且干后涂膜软硬适中，容易打磨。经打磨后表面光滑圆润，适用于很多底材表面（不能用于经磷化处理的裸金属表面。否则会发生盐化反应造成接触面不能干燥而影响附着力），经多次刮涂后，膜厚可达20mm以上而不开裂、脱落，所以是应用最为广泛的一种，现在常见的原子灰基本都是聚酯树脂原子灰。

原子灰中的颜料以体质颜料为主要物质，配以少量的着色颜料。填充材料主要使用滑石粉、碳酸钙、沉淀硫酸钡等，起填充作用并提高原子灰的弹性、抗裂性、硬度以及施工性能等。着色颜料以黄、白两色为主，主要是为了降低彩度，提高面层的遮盖能力。

原子灰多为双组分产品，需要加入固化剂后方能干燥固化，以提高硬度和缩短干燥时间。聚酯树脂型原子灰多用过氧化物作为固化剂，环氧树脂型原子灰多用胺类作为固化剂。

**3）中涂漆**

所谓中涂漆是指介于底漆涂层和面漆涂层之间所用的涂料，也称底漆喷灰，俗称二道浆。中涂漆的主要功用是改善被涂工件表面和底漆涂层的平整度，为面漆层创造良好的基础，以提高面漆涂层的鲜映性和丰满度、整个涂层的装饰性和抗石击性。对于表面平整度较好、装饰性要求又不太高的载货汽车和普通乘用大轿车在制造和涂装修理时，有时不采用中涂。对于装饰性要求很高的中、高级轿车则都采用中涂。

中涂漆具有以下特性。

（1）与底漆、面漆配套良好，涂层间的结合力强，硬度配套适中，不被面漆的溶剂所咬起。

（2）具有足够的填平性，能消除被涂底漆表面的划痕、打磨痕迹和微小孔洞、小眼等缺陷。

（3）打磨性能良好，不粘砂纸，在打磨后能得到平整光滑的表面（现在有许多品牌漆中都有免磨中涂，靠其本身的展平性得到平整光滑的表面）。

（4）具有良好的韧性和弹性，抗石击性良好。

中涂漆所使用的漆基与底漆和面漆使用的漆基相仿，并逐步由底向面过渡，这样有利于保证涂层间的结合力和配套性，常用的漆基有环氧树脂、聚酯树脂、聚氨酯树脂等。这些树脂所制成的中涂漆均为双组分低温固化（热固性），所得到的涂膜硬度适中，耐溶剂性能好，适宜与各种面漆配套使用。

中涂层的颜料多为体质颜料，具有良好的填充性能。中涂漆的固体成分一般要在60%以上，喷涂两道后涂膜的厚度可达60～100μm。着色颜料多采用灰色、白色和黄色等易于遮盖的颜色。

**4）面漆**

面漆的主要作用是对被涂物体提供防护作用的同时，提高被涂物面的装饰作用。优良的面漆必须具备相当高的保护性能和装饰性能。现在，汽车修补用面漆主要有素色面漆和金属面漆两大类型。

（1）素色面漆俗称瓷漆，是将各种颜色的着色颜料研磨得非常细小，均匀地分散在树脂基料中而制成各种颜色的油漆。素色面漆本身在涂装后即具备良好的光泽度和鲜映性，涂膜厚度在达到50μm后，即可显现完全的色调。素色面漆随着色颜料不同也具有不同的遮盖能力，遮盖能力比较强的颜料，会使涂膜在日光照射时光线只能穿透20μm左右就被反射出来；而遮盖能力较弱的颜料，往往需要比较厚的膜厚才能完全遮盖底层。因为素色面漆本身就具有良好的光泽度和鲜映性，所以在喷涂完毕后整个面漆层即告完成，所以又称单工序面漆。

（2）金属面漆具有不同的名称，如银粉漆、金属闪光漆、星粉漆、宝石漆等，不论何种名称，基本上都是以金属粉颗粒（以铝粉颗粒最为普遍）和普通着色颜料加入到树脂基料中而制成。

金属面漆中的着色颜料比一般素色面漆要少，若不加入金属粉颗粒，光线会直接穿透涂膜而达底层，涂膜的遮盖能力就不能完全发挥。金属粉同其他的颜料颗粒一样能反射光线，正是由于金属粉的大量存在，使金属面漆的遮盖能力比一般素色面漆要高很多，通常喷涂20～30μm的膜厚即可完全遮盖底层。涂膜中金属粉的排列并不是完全有序的，所以对光线的反射角度不同，也就造成金属漆本身的无光，因此必须在金属漆上面再喷涂罩光清漆后才能显现出光泽度和鲜映性，其金属闪光效果才能充分发挥出来。由于金属面漆必须由两步工序（金属漆层和清漆层）完成，所以又称为双工序面漆。

珍珠漆也被归为金属面漆一类，与普通金属面漆的区别在于它在树脂中加入的不是铝粉颗粒，而是表面镀有金属氧化物的云母颗粒。由于云母颗粒除可以反射一定的光线外还可以投射和折射部分光线，所以这种面漆可以使被涂物表面产生类似珠光的光晕，有的还可以产生从不同的角度观察得到不同的色相的特殊效果。珍珠漆的种类大致可以分为干扰型和不干扰型两种。干扰型珍珠漆即云母反射、折射和投射的光线相互干扰，可出现奇异的光晕。不干扰型珍珠漆一般使用高光泽不透明型云母颗粒，主要用于调色。

干扰型云母颗粒一般为半透明状，即在云母颗粒上镀上薄薄一层二氧化钛，镀层的薄厚程度决定了光线折射后的颜色效果。例如纯闪珍珠，微粒钛颜料呈半透明，有些正面反射的光为黄色，而侧面散乱光为蓝色；又如银状云母，是在一般纯闪珍珠的云母微粒表面再镀薄薄一层银，这种珍珠色偏光性强，可以得到立体性金属光泽，在微弱光线下也可以发出悦目的光泽。

不干扰型珍珠漆的云母多镀有不透明的金属氧化物如氧化铁、氧化铬等，会使其变为不透明色，通常这种珍珠漆多与普通的色母进行混合调色而不单独使用。

珍珠色面漆也同普通金属面漆一样需要在色漆层上再喷涂罩光清漆层来提高光泽度和鲜映性，同时来体现珍珠漆特有的光晕效果。因为珍珠色面漆的遮盖能力非常差，在喷涂时多需要首先做一层与面漆颜色相同或相似的色底来提高面漆的遮盖能力，然后喷涂面漆，之后还要喷涂清漆，所以这种面漆也称为三工序面漆。

**5）汽车塑料件用涂料**

现代汽车在车身及车内都应用了很多的塑料部件，为了提高其外表的装饰性（车身外装饰件的外观装饰性和耐候性要与车身涂层相同），消除表面缺陷和改善表面性能（提高耐候性和耐化学腐蚀性），对塑料制品也要进行涂装。但因塑料的材质、性能、软硬等不同，除部分品种外，一般不耐高温；另一方面，由于聚合系列塑料的表面能比较低，表面极性小，涂料的湿润性差，所以往往造成涂膜附着力不良。

较柔软的聚丙烯类塑料件和收缩、膨胀比较大的较软塑料件底材与汽车修补面层涂料的直接粘和能力并不是很好，经常会出现面漆层脱落的现象。这主要是因为一方面这些塑料制品在注塑成型的过程中要使用脱模剂，而脱模剂与涂料几乎没有任何附着能力，若在涂装修理时脱模剂没有完全清理干净（脱模剂在清除时比较困难，应使用专门的清洗液），则造成表面涂层脱落；另一方面，常用的面漆与塑料制品的附着能力并不是很强，在长时间的外界因素影响下，也会造成漆膜脱落。

在品牌漆中都有独立的塑料底漆，主要针对车上的聚丙烯类塑料制品和收缩、膨胀比较大的较软的塑料件在涂装修复时与面涂层粘结能力差的现象。塑料底漆的作用主要是增强塑料底材和面漆层的粘结能力。对于ABS等质地比较坚硬的塑料件，常用面漆与它们的粘结能力比较好，一般不使用塑料底漆也可达到令人满意的附着力。

塑料底漆通常为单组分，开罐即可使用，直接喷涂一薄层，等待10min左右（常温），待稍稍干燥后就能继续喷涂中涂层或面漆。除专用塑料底漆外，各品牌还有专门的塑料面漆，多为双组分聚氨酯基产品，性能优良，但颜色比较单一。为了达到良好的装饰效果，使车身外部塑料部件与车身没有色差，通常在使用塑料底漆的基础上直接使用普通的中涂和面漆。

### （二）漆面损伤的检查方法

从碰撞接触点开始环绕汽车一圈仔细地检视漆面情况（图1－4）。记下哪一块板件需要进行表面修整并列出特殊的措施，如浅色涂料、软化塑料零件和表面除锈。板件轻度损坏可能仅仅需要喷漆修复。有些修理可能需要喷涂一块或更多的板件。不管哪一种情况，都要花费时间进行调漆，使新的末道漆与车身上未损坏部分的颜色一致。严重损坏或油漆老化的车辆可能需要全部重新喷漆。

检查油漆是否为以前损坏的也很重要。保险公司不会为以前碰撞造成的凹痕、磕碰擦伤和油漆缺陷的修理支付费用。客户必须自己支付汽车碰撞前的所有修理费用。

图 1-4　检视漆面情况

**(三) 案例 1 的漆面损伤检查**

详细损伤情况如图 1-5 所示。

损伤情况:左后翼子板和后保险杠左侧漆面擦伤,板件没有变形。

图 1-5　案例 1 漆面损伤图

## 二、确定案例 1 的修理工艺与作业项目

**(一) 汽车涂装修补工艺**

1. 底材处理

在进行汽车喷涂修补之前需要对原车漆面或新部件进行必要的处理,以增加粘附能

力，减少喷涂缺陷，提高修补质量。

**1）表面状况的确定**

对于任何被修补的车辆，首要工作是正确地辨认表面和原有漆料系统的大致状况。这是确定修补涂装工艺的前提，如果辨认不当，则引起返工，甚至可导致需重新喷涂和“出白”全涂装。辨认的具体步骤如下。

（1）清理要检视的部分。

（2）细心地检视表面所有痕迹或漆膜破坏的形式，如脆裂、龟裂或湿气泡（痱粒）。横向表面最能显现出涂层的恶化情况；小心检视发动机盖、行李厢盖等部分，可作为原漆大体状况的良好指引。

（3）特别注意光泽度。漆膜失光通常由开裂、微细痱粒等缺陷所造成，需用放大镜对此部分做彻底检查。

（4）找寻碎裂和附着不良的迹象，通常由附着不牢的碎片可以看出，如有怀疑，可用小刀割除，以检查漆膜状况。

（5）辨明被修补车辆上原有的类涂层别，因为其特性可能会影响欲使用的修补涂料的类别。

① 清洁表面：在任何被喷涂的表面上，若有尘土、路面和交通产生的渣屑、蜡、硅化物、油和燃物等存在，皆能导致漆膜早损。为确保良好的耐久性和附着力，彻底清洁表面是极重要之事。一旦表面清理过后，绝不可用裸手触摸或用脏布擦拭。

② 辨识颜色：在开始涂装工作之前，应小心辨识其颜色。参考汽车制造厂的色号和原产国（一般载于车的标示牌上），涂料制造厂的颜色登记、批号及微缩胶片等。然后可尽快取得颜色，喷一试片与彻底清洁之原漆面作对比，若需要调色，应在喷面漆前先做好。

③ 辨识原涂层：通过表1-1所列的几个简单试验，即可协助辨识原涂层。

表1-1 辨别原涂层的方法

| 试验法 | 结 果 | 涂 料 性 质 |
|---|---|---|
| 用蘸有硝基漆溶剂的布擦拭漆面 | (1)原漆软化或溶解，而布上沾有原漆之色<br>(2)原漆受溶剂侵蚀<br>(3)原漆膜膨胀或皱缩 | (1)硝基喷漆或丙烯酸树脂喷漆<br>(2)高温合成树脂烤漆或老化和已完全干固的自干合成瓷漆<br>(3)未完全干固的自干合成瓷漆，老化的旧喷漆 |
| 用粗蜡打磨漆面 | 布上沾有漆色<br>布上未沾有漆色 | 单层面漆<br>双层面漆 |
| 用380～580号砂纸打磨漆面 | 打磨灰带有颜色<br>打磨灰呈白色 | 单层面漆<br>双层面漆 |
| 用340号砂纸打磨漆面 | 漆面有弹性，且砂纸被粘滞 | 未完全干固的烤漆 |

④ 辨识底材如下所示。

a. 钢板的判断：钢板机械强度较高，表面比较粗糙，未经加工的表面一般呈现灰黑色，有些部位会有铁锈存在。钢板表面经过粗糙砂纸打磨后会显露出白亮的金属光泽，但从侧面观察，颜色有些变暗；钢板耐强碱侵蚀的能力较强，使用强碱对经过打磨后的表面进行浸润或涂抹一般不会有太大的反应。

b. 镀锌板的判断:钢板表面经热浸涂或电镀的方法镀上一层锌,可以大大提高表面的防腐能力。未经加工的镀锌板表面常有银色的光芒,有些镀锌板表面有鱼鳞状花纹。使用中的镀锌板表面没有锈渍,裸露处常显现灰白色,经过砂纸打磨的地方比钢材表面更加白亮且侧光时变暗的程度也要轻一些;镀锌板不像钢板一样耐强碱的侵蚀,使用强碱浸润或涂抹时多会留下发黑的痕迹。

c. 铝及铝合金的判断:铝的机械强度较低,汽车上一般使用铝合金板材。铝合金板材的机械强度较好但较轻,板材表面比钢板和镀锌板都要光滑,不耐强碱,经处理后表面形成氧化膜,打磨后可显露白亮的内层金属。通过打磨后涂抹强碱的方法,可以比较准确地加以区分。

**2）底材处理方法**

在喷涂修复之前,首先要对原车需修补部位的底材、旧漆层进行必要的处理,一般为打磨、清洁、防腐处理和填平等操作,下面简要介绍针对不同的底材的处理方法。

（1）裸金属的处理:根据裸金属的不同情况采用不同的处理方法。

对于质量较好或经过表面钣金修复后的裸金属,进行表面打磨即可。表面打磨的目的是去除修复表面上的锈蚀、油渍等,增加与其他涂层的结合力。打磨以机动干磨为好,可以防止金属的二次锈蚀。打磨时多采用往复式磨头配合 P80 ~ P120 号干磨砂纸,将金属表面打磨到完全裸露出白亮的新层即可。打磨后用高压空气或吸尘器将打磨下来的锈渣和金属屑清理干净,准备下一道清洁工作。

经打磨后的金属需要用专用金属清洁剂进行清洁处理(由于金属清洁剂中含有溶剂成分,可以将裸金属表面的油渍或蜡渍等充分溶解,对锈渍等也有良好的清洁作用,此外有些种类的金属清洁剂中还含有磷化液,在清洁的同时对裸金属进行磷化处理)。清洁时两手各持一块干净的清洁布,一块饱蘸金属清洁剂,另一块为干布。清洁的方法:一手用蘸有金属清洁剂的布擦拭第一道,另一只手马上用干布将第一道擦拭的湿痕擦干,以吸附、去除锈迹和油渍。清洁工作的面积如果比较大,不要一次先用清洁剂擦拭整个表面之后再用干布擦拭第二遍,而应一道一道地清洁,确保第一道在没有挥发的情况下就马上用干布擦干,这样有利于完全清洁干净,若等第一道挥发之后再用干布擦拭,有些已经溶解的油渍、蜡渍等又会重新粘附在金属表面而不能完全清除。这种清洁方法在清洁处理其他表面时也同样适用。

对于表面质量较差、锈蚀比较严重的裸金属必须按照上面的方法除锈蚀。对于已经造成锈蚀成孔的部位,一定要打磨干净或用锉刀、专用工具将锈孔内及四周的锈迹清除干净,然后进行补焊,补焊部位同样要进行打磨。打磨完毕后用金属清洁剂进行一擦一抹式的清洁,彻底清除表面的油污、蜡点、汗渍。另外,对裸金属进行打磨后要尽快喷涂其他涂层,对钢板和镀锌板打磨后要喷涂磷化或封闭底漆以提高底材的防腐能力和附着力,对于特殊板材,如铝合金板材,需要进行钝化处理或喷涂专用底漆,这在进行喷涂时需要特别注意。

（2）良好旧涂层的处理:良好旧涂层的处理与裸金属的处理有些差异。裸金属上需要全套地进行涂装工作,而良好的旧涂层需要根据情况只进行部分涂装修复,往往不需要进行全套的操作,所以要根据情况进行必要的处理即可。

① 底材表面没有大缺陷的旧涂层。一般情况下,其面漆的下面涂层基本没有损坏或只有很少的地方需要修补,所以,只要将面层表面进行适当的打磨,磨掉已经氧化变差的一

层,露出良好的底层即可。

打磨时一般使用 P360 ~ P400 号干磨砂纸用打磨机干磨,或用 P600 ~ P800 号水砂纸手工湿磨,磨花旧涂层以提供良好的附着力。打磨时要尽量打磨均匀,尽量不要将涂层磨穿。如果需要磨穿至裸金属,就要对裸金属进行打磨,并将裸露金属的周围涂层向四周打磨开,使裸金属与原涂层的结合部形成很大的斜面(羽状边),像羽毛的边缘那样极其平顺地过渡,切不可出现台阶,否则在重新喷涂后会出现非常明显的痕迹。

② 表面有缺陷的旧涂层的处理。a. 对于小的缺陷,在缺陷部位进行打磨,直至没有受到损伤的涂层或裸金属出现。裸露的金属部分必须进行打磨、磷化或钝化处理,如果裸金属部分有锈蚀或穿孔的情况,还要进行除锈或补焊,将锈蚀清除干净以防止继续产生锈蚀或结合力变差的情况发生,并进行磷化或钝化处理。打磨时要将缺陷四周充分打磨开,即打磨出"羽状"斜边,使旧涂层的涂层结构分层显露,边缘平滑,这样进行其他涂层的修补时,可以获得好的结合力和平顺的表面。打磨时通常采用 P360 ~ P400 号干磨砂纸用打磨机打磨,或用 P600 ~ P800 号砂纸手工湿磨,需要注意的是,当打磨到裸金属时不要用湿磨,必须使用干磨砂纸进行干磨。b. 对于面积较大的缺陷可以用喷砂机进行喷砂除漆,或用打磨的方法将旧涂层脱漆。用喷砂机进行除漆时需要注意不要将缺陷周围良好的涂层也清除掉,这样将会增加修补工作。用喷砂机除漆时,只将缺陷部位和缺陷周围附着力下降的涂层清除掉,然后用 P360 ~ P400 号干磨砂纸用打磨机干磨,或用 P600 ~ P800 号干磨砂纸手工干磨缺陷周围附着力良好的旧涂层,将旧涂层打磨成羽状斜边,使涂层各层分层显露,边缘平滑。这两种方法都将使涂层完全脱落,直至裸金属,对于裸露的金属部分用 P360 ~ 400 号干磨砂纸用打磨机打磨,或用 P600 ~ P800 号干磨砂纸手工打磨。

经过打磨处理的旧漆层仍需要用清洁剂进行必要的清洁处理,所使用的清洁剂与金属清洁剂不同,用于旧漆层的清洁剂更加柔和一些,更偏重于对油渍、蜡渍等妨碍喷涂的有害物质的去除作用。清洁的方法与前面介绍的金属清洁剂的使用是相同的,都要一湿一干地进行。

对于打磨到裸金属的部分区域,需要进行如前面所述的对裸金属的处理,如磷化、钝化或喷涂防锈底漆等,根据裸露面积的大小适当处理。

2. 底层涂料的施工

底材处理完毕之后需要根据具体情况采用相应的处理,例如,裸金属需要喷涂底漆或用原子灰进行填补等;对于需要喷涂中涂层的底材需要喷涂中涂漆并进行打磨等。其目的主要是加强防腐处理和为面漆打下良好的基础。底层涂料施工主要包括底漆层、原子灰填补、喷涂中涂漆等。

**1）喷涂底漆层**

常用的底漆有环氧型底漆和侵蚀型底漆等,根据用途和防腐机理可分为隔绝底漆、磷化底漆和塑料专用底漆等类型。应正确选用底漆,否则底漆层使用不当将会影响面漆层的质量。选用原则如下:对大面积的裸金属通常先喷涂一薄层侵蚀底漆,然后再喷涂较厚涂层的隔绝底漆;对于良好的旧漆层或面积不大的裸露金属区域可以直接喷涂隔绝底漆;对于塑料件需要喷涂塑料底漆;在打磨时没有磨到底漆层的良好旧漆层时,可以不必喷涂底漆而直接喷涂中涂漆或面漆。

在喷涂底漆层之前,先将需要喷涂的区域用清洁剂清洁干净,去除油污、蜡脂及灰尘,经适当遮盖后进行喷涂。底漆层的喷涂膜厚可根据情况掌握，一般情况下如果底漆层上还要喷涂中涂层，则可将底漆喷涂得薄一些，只要能够达到防腐和提高粘附能力的目的就可以了；如果在底漆层上直接进行面漆的喷涂，则需要喷涂得厚一些，根据不同的要求可以进行打磨。总的喷涂膜厚以不超过 50μm 为宜。需要注意的是，在旧涂层修补喷涂底漆时，要选用与原涂层无冲突的底漆。

底漆干燥后要经过适当的打磨，为下一步喷涂工作做好准备。打磨时为更好地判断打磨的程度，应使用“打磨指导层”。打磨指导层即在需要打磨的涂层上薄薄喷涂或擦涂一层其他颜色的颜色层，意在使打磨时打磨到的区域与未打磨的区域在颜色上有一定的差异，以有利于观察打磨的程度——指导层被磨掉的地方即为高点，而未被磨掉的部位即为低点，指导层全部被磨掉后，需要打磨的区域即比较平滑了。可用于指导层的材料有很多，通常需要打磨的区域是漆膜，则用雾喷极薄的一层单组分硝基漆当作指导层，原子灰的打磨一般用擦涂碳粉来进行打磨指导。指导层的颜色以反差大一些为好，但尽量使用黑、灰、白等容易遮盖的颜色。

（1）对大面积裸金属喷涂底漆：大面积裸金属的底漆喷涂时，一般首先进行磷化处理后再喷涂隔绝底漆。磷化处理通常用喷涂磷化底漆的方法来进行，喷涂时要根据不同的底材选用不同的底漆。

对于钢板薄喷一层磷化底漆即可，对于铝合金板材需要喷涂含有铬酸锌的底漆进行钝化处理。对于镀锌板等底材通常不用喷涂侵蚀性底漆，直接喷涂隔绝底漆即可。

侵蚀性底漆一般不单独使用，在其上还要喷涂隔绝底漆共同组成底漆层，所以侵蚀性底漆的膜厚要薄一些，以 15μm 左右为好。喷涂侵蚀性底漆时需选用塑料容器，按照使用说明进行调配，喷涂所用的喷枪也最好使用塑料枪罐，并在喷涂完毕后马上进行清洗，避免枪身受到侵蚀。侵蚀性底漆的面积不宜过大，以可以遮盖住裸露金属区域即可。

待侵蚀性底漆干燥后就可以直接喷涂隔绝底漆了，其间不必进行打磨处理。隔绝底漆以环氧树脂型居多，因底漆的施工黏度比较大，在选择喷枪时需采用比较大的口径，以环保型喷枪为例，喷涂时选用 1.7～1.9mm 口径的底漆喷枪。隔绝底漆的喷涂方法：薄喷 1 至 2 遍，其间间隔 5 到 10min（常温），厚膜一般膜厚 30～35μm，只要将裸露金属覆盖住即可。底漆喷涂完毕后静置 5 到 10min，待溶剂挥发一段时间，然后加温 60～75℃烘烤 30min。

漆膜完全干固后，用 P240～P360 号干磨砂纸配合打磨机打磨，或用 P600 号水磨砂纸湿磨。打磨时尽量不要将底漆磨穿，如果磨穿则需要对磨穿部位重新喷涂底漆。

（2）对旧涂层喷涂底漆：旧涂层经过打磨后如果没有裸露出金属底材，可以不喷涂底漆，直接喷涂中涂漆或施涂原子灰；如果旧涂层打磨后有部分区域露出了金属底材，只需对裸露的金属部位喷涂底漆而不必全面喷涂，对小部分裸露金属的处理也可以适当简化，可以不必喷涂侵蚀性底漆。经过喷涂底漆的部位必须经过打磨后才能喷涂中涂漆或面漆，打磨时必须将所喷涂的底漆打磨平整、光滑，并打磨出羽状边。

**2）原子灰的施涂**

对于不平整的表面或经过钣金处理后的金属板需要使用原子灰进行填平工作。常用的聚酯原子灰具有良好的附着能力、填充性和弹性等，并具有一定的隔绝防腐能力。原子灰的刮涂应在喷涂完底漆后进行，若需要填补的区域范围比较小，在不影响其附着能力的基础上可以直接刮涂于裸金属上。有些原子灰的施工厚度可以达到 20～30mm，但仅限于特殊情况，且面积不可过大。施工原子灰的厚度一般为2～3mm，不可过厚。

(1) 原子灰的调配：原子灰有很多品种，在施工时可以根据不同的情况合理选用。施工的底材对原子灰的附着力也有一定的影响，在填平施工时要根据不同的底材选用不同的原子灰，比如镀锌板及铝合金板材、不锈钢表面等不可直接施涂普通聚酯原子灰，只能使用合金原子灰，否则会造成附着力不良，如要刮涂普通原子灰则必须首先喷涂隔绝底漆后方能达到理想的效果。磷化底材表面不能直接刮涂原子灰，必须首先喷涂隔绝底漆后才能施工。

在进行原子灰的施涂时，首先将需要施涂的区域进行打磨、清洁，然后将原子灰按使用手册标明的比例正确混合固化剂。聚酯原子灰通常使用过氧化物固化剂，其添加比例要严格遵照使用说明，不可随意添加或减少，而且混合一定要均匀。固化剂添加过量时，虽然可以促进干燥，但剩余的过氧化物会对其上面的涂层发生氧化反应，引起面漆的脱色等；添加量过少会引起原子灰层干燥不彻底，在喷涂时出现咬底等现象。原子灰的颜色通常为灰白色或淡黄色，但固化剂的颜色通常为鲜艳的红色或黄色，在调配时两种颜色均匀地混合后即可进行刮涂施工。

原子灰混合固化剂后其活化寿命很短，只有5～7min(常温)，在温度较高的季节，可施工时间会进一步缩短。所以，原子灰的调配和施工速度要快一些，要在其活化时间内尽快施工完毕。在寒冷的季节气温低于5℃时，原子灰和固化剂的反应将会减慢或停止，造成不易干燥，所以应采用升高施工场所温度的方法来促进固化，或用红外线烤灯进行加热，但烘烤温度不可超过50℃，加热温度太高时，原子灰在干燥时会产生应力，容易造成开裂、脱落等。

双组分原子灰的调配过程如图1-6所示。

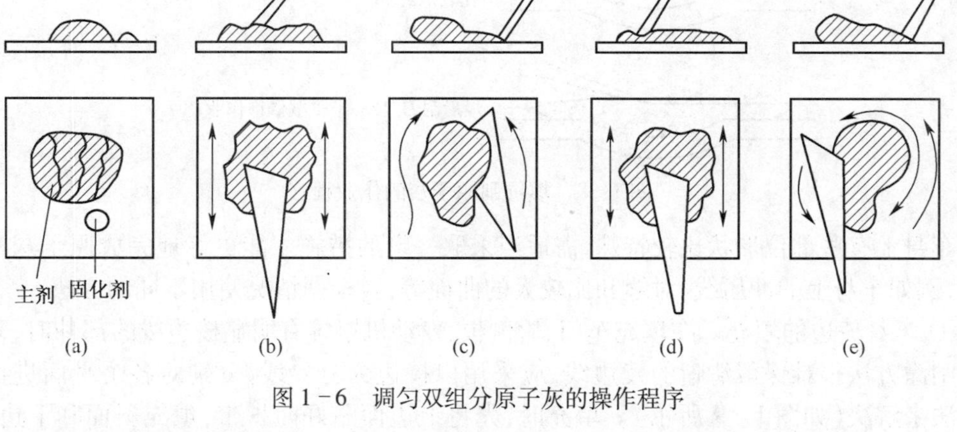


图1-6 调匀双组分原子灰的操作程序

(2) 原子灰的刮涂：施涂原子灰时，用两把铲刀，一把用来放混合好的原子灰，另一把用来施涂，施涂时将原子灰刮在施涂区域(随被涂面的面积形状不同刮原子灰作业程序如图1-7所示)。对于需要较厚的填补区域可以分几次进行填补，第一遍施涂的原子灰要薄，并用铲刀尽量压实、刮平，以防止有气孔或填充不实的情况产生。第一层干燥后可以直接刮涂第二遍，施涂的面积比第一遍稍大，施涂过程中同样要压实、刮平，在两端部位压得要紧一些，以获得薄而且平的效果，需要填补的中间部位力量稍稍放松，以获得良好的填补效果。如需要进行更多次的刮涂，方法同上。如果上一次刮涂得不平整，可以等干燥后稍稍打磨并清洁后再继续刮涂，直到填平（填坑刮原子灰的作业程序如图 1-8 所示）。

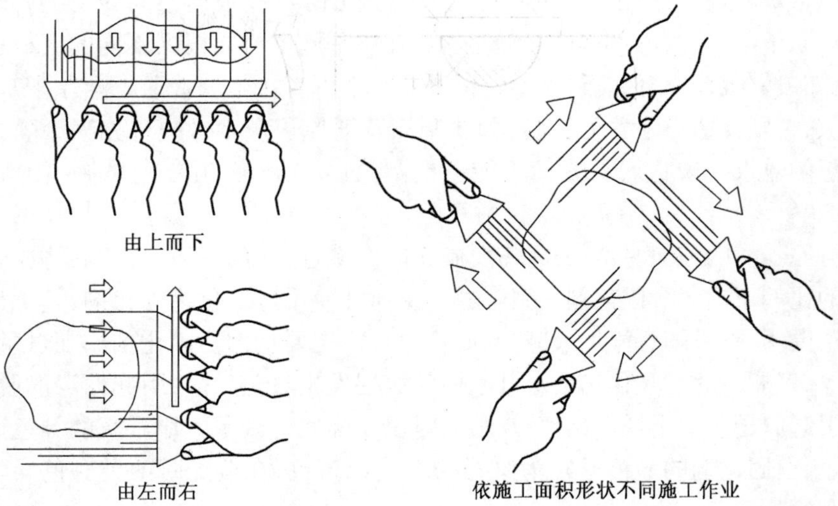


图 1-7　随被涂面的面积形状不同刮原子灰作业程序

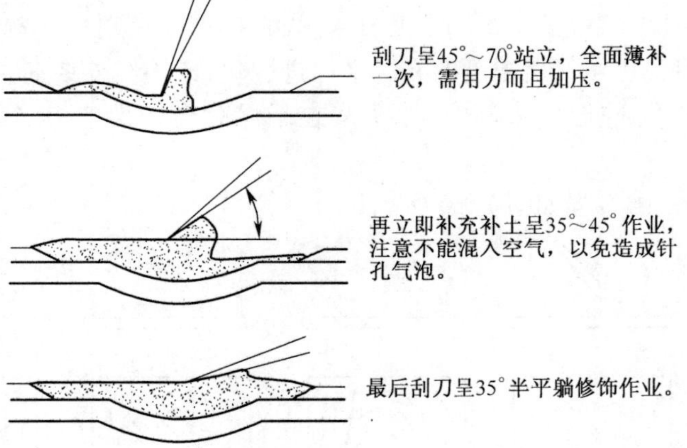


图 1-8　填坑刮原子灰的作业程序

车身上有些部位形状比较特殊，需适当采取一定的措施才能更好地完成原子灰的填平工作，例如车身上的冲压线、对缝和比较大的曲面等，要根据情况使用不同的方法。

① 车身棱边的填充。在填充车门、后侧板、发动机罩等有明显棱边线的部件时，采用一般的刮涂方法很难保留清晰的棱边线，应采用以棱边为分界线，分别对各个平面进行填充的方法来解决（如图 1-9 所示）。填充时，先将上边面贴好防护带，填充斜面和下边面。在原子灰干固之前，取下防护带，并清除上棱多余的原子灰。待原子灰干固后进行打磨。在下边面处理完毕后再在斜面上沿棱边贴防护带，对上边面进行填充，用相同的方法处理上平面，这样就能得到较清晰的棱边填充。在接缝处施涂原子灰的方法与对板件冲压线施涂的方法基本相同。

② 曲面上施涂原子灰。对于较大的曲面一般采用分段施涂的方法，即将一个曲面分成若干个较小的平面，由一边向另一边施涂，用防护带分割平面，当第一个平面干固后，将要施涂一侧的防护带取下，然后进行施涂，依次类推直到全部平面施涂完毕，干固后用打磨机

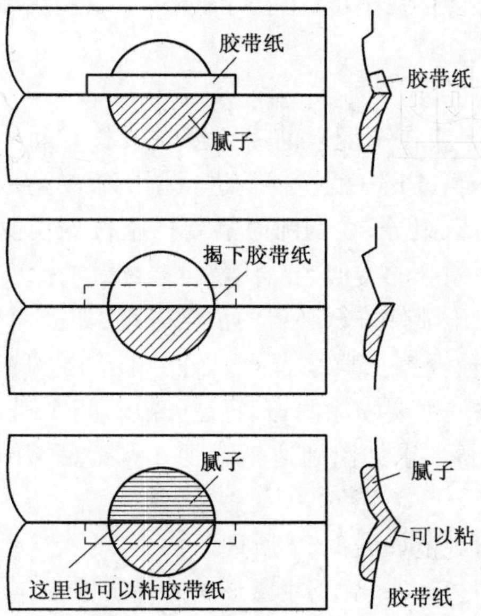


图1-9 有棱边部位的原子灰修补

或手工将平面之间的棱边打磨圆滑,即得到一个较平滑的曲面。

(3) 原子灰的打磨:原子灰干燥后的打磨以干磨为好,因为干燥后的原子灰涂层是一种多孔的组织,如果采用水磨的方法,原子灰层会吸收大量的水分而很难完全挥发掉,对以后的涂装工作会造成很多困难。

原子灰的干磨可以使用 P240 ~ P360 号干磨砂纸配合 $\phi$7mm 偏心振动打磨头来进行,打磨效果很好。若使用过粗的砂纸或运动轨迹过大的打磨头会留下明显的砂纸痕迹,影响其上面涂层的平整程度。打磨时应使原子灰涂层与原涂层以羽状边接合,不可留有台阶等填补痕迹。

打磨机的移动方向(图1-10):先如①所示左右移动;再如②~③所示斜度移动;然后再如④所示上下移动;最后再以左右移动,以达到最平滑的研磨面。

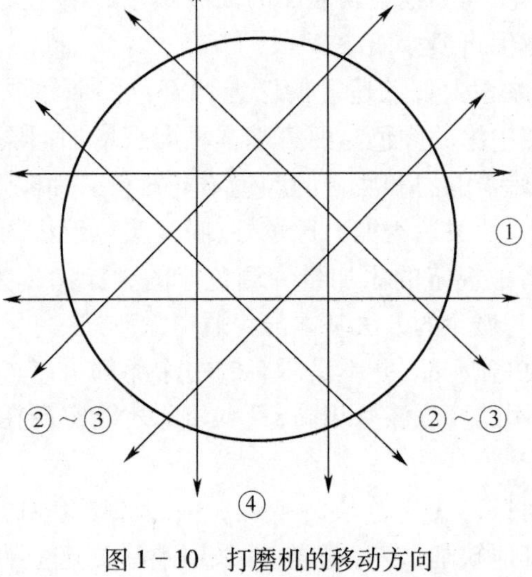


图1-10 打磨机的移动方向

经过打磨后的涂层有时会存在小坑、小孔等缺陷,可以使用填眼灰进行填补,然后再进行下一步的喷涂。

**3) 中涂漆层**

(1) 中涂漆层喷涂:中涂漆在调配以前需要经过较长时间的搅拌,因为其中的填料成分很多,沉淀比较严重,如不经过充分的搅拌就进行调配容易造成涂膜过薄,使填充能力变差。现在常用的中涂漆多为双组分,在调配时需要严格按照说明添加固化剂和稀释剂,不可随意改变添加量或以其他品牌的类似产品代替。调配好的涂料应在时效期内尽快使用。

在喷涂中涂漆以前要对施喷件进行必要的清洁处理,如前面所述用清洁剂首先进行清洁,喷涂之前还要用粘尘布轻轻擦拭喷涂表面。由于中涂漆的施工黏度比较大,所以应选用口径大些的喷枪。中涂漆一般要喷涂两道,每道间隔时间 5 到 10min(常温),全部喷涂完毕后,静置 5 到 10min,然后按要求加温到适当温度并保持足够的时间,待完全干固后即可以进行打磨处理。

常见中涂漆的参考喷涂规范如表 1－2 所列。

表 1－2　常见中涂漆的参考喷涂规范

| 中涂漆种类 | 喷枪类型与口径/mm | 喷涂的黏度(4 号福特杯测定) | 喷涂气压/kPa | 喷枪距离/cm |
|---|---|---|---|---|
| 硝基类 | 重力式:1.5<br>上吸式:1.8 | 16～20s | 247 | 15～25 |
| 丙烯酸类 | 重力式:1.2～1.3<br>上吸式:1.5 | 13～15s | | |
| 聚氨酯类 | 重力式:1.5<br>上吸式:1.5～1.8 | 16～18s | | |

(2) 可调色中涂漆:如果要喷涂的面漆遮盖能力比较差,但是底材颜色比较深的情况下需要喷涂可调色中涂漆。比如有些塑料保险杠本身为黑色,在修补喷涂颜色比较浅、遮盖能力比较差的面漆时,如果按照平常的方法处理,则喷涂上面漆后底材颜色有时会渗透出来使面漆的颜色发生变化,与其他金属表面的面漆颜色产生色差。此时可以采用可调色中涂漆对底材进行遮盖,然后再喷涂面漆。

可调色中涂漆即在中涂漆中加入适量的已经调好色的面漆或与面漆颜色相近的面漆色母来改变中涂的颜色,使中涂的颜色与面漆基本相同来增加面漆的遮盖能力。中涂中加入颜色的量要根据面漆的遮盖能力和底材的颜色不同对待。面漆遮盖能力差,底材颜色深的情况下,色母加入量要多,面漆遮盖能力比较好、底材颜色较浅的情况下色母加入量适当减少,但不要超过产品说明中规定的添加量。调色好的中涂漆作为一整份,按规定比例统一添加固化剂和稀释剂。其喷涂的方法基本与普通中涂一样。

可调色中涂漆是一种单独产品,并不是所有的中涂漆都可以进行调色处理。可调色中涂漆的漆基一般与配套使用的面漆漆基相同,只有如此才能实现在中涂漆中加入面漆色母进行适当的调色操作。

(3) 中涂层的干燥与打磨:①中涂层的干燥。中涂漆喷涂后,应仔细检查涂装表面有无砂纸打磨痕迹、气孔及其他缺陷(若有缺陷,可采用硝基类速干油灰修补。修补工作用木刮刀或塑料刮刀薄薄地刮涂，切忌一次填得过厚，若一次填不满，间隔5min左右再填）。修整完毕后，一定要充分干燥，再进行打磨工作，如果干燥不充分，不仅打磨时涂料会填满砂纸，使作业难以进行，而且喷涂面漆之后，往往会出现涂膜缺陷。常见中涂漆的平均干燥时间如表1－3所列，供使用参考。

表1－3　中涂漆平均干燥时间

| 中涂漆种类 | 自然干燥(20℃) | 强制干燥(60℃) |
|---|---|---|
| 硝基类 | 30min以上 | 10～15min |
| 聚氨酯类 | 6h以上 | 20～30min |

气温寒冷的冬天，需采用红外线灯和热风加热器进行强制干燥。这不仅能加速干燥、提高作业效率，还能提高涂膜质量。但不能骤然提高温度，应逐渐加热到60℃左右。如果旧涂膜有起皱现象时，加热到50℃左右为宜。

中涂层的干打磨。中涂层的打磨一般使用P400～P600号干磨砂纸配合$\phi$3mm偏心振动打磨头进行，或使用P800号水磨砂纸水磨。中涂层要打磨得非常光滑，表面不得留有粗糙的砂纸痕迹或其他的小坑或凸起等，因为中涂层上要喷涂的是整个涂层最关键的面漆层，任何微小的瑕疵都可能会影响到整个涂层的装饰性等，所以要格外的仔细。使用打磨指导层对最后的打磨工作会有很大的帮助。

中涂层在打磨时应注意：如果在打磨过程中将中涂漆磨穿，露出底漆或原子灰必须补喷中涂漆，并重新进行打磨；如果有些部位在打磨过程中出现凹陷、气孔等情况必须重新施涂原子灰，将补涂的原子灰打磨后再喷涂中涂漆，然后进行打磨。

3. 面漆喷涂

面漆喷涂是整个涂装工作最关键的工序。一旦面漆涂层出现不可弥补的故障，必须将整个面涂层打磨重喷。这样，既浪费了人工和材料，又延长了车辆的修理时间。所以，它不仅影响到涂装工作的装饰性，而且直接影响了企业的声誉。

**1）喷涂表面的准备**

由于面漆的喷涂很关键，所以在喷涂前要认真检查底涂层（中涂层以下），不能带有任何的瑕疵，因为这些微小的瑕疵在喷涂完面漆之后，在面漆光泽度的影响下会变得非常明显。喷涂面漆的准备工作包括以下几项。

（1）底漆层或中涂层要进行完全的打磨。用P400号或更细一些的干磨砂纸将底漆或中涂漆打磨到表面光滑的程度，不要留有桔皮和干喷造成的漆雾等，并尽量不要留有砂纸的打磨痕迹，这些将会影响面漆的流平效果。底漆或面漆打磨得越光滑，面漆涂层的平整和光亮程度越好。

（2）若底涂层上有划痕、小的凹坑等必须用原子灰进行填补的区域，应选用填眼灰或极细的细灰进行填补，干燥后打磨。若用原子灰填补的面积比较大，为防止原子灰对面漆的吸收，必须用中涂漆进行封闭。

（3）如果在打磨时不小心将底层磨穿而露出了金属底，然而因为金属底是平整的，所以不必刮涂原子灰，但需薄喷一层环氧底漆以保证底材的防腐能力。如果底涂层为底漆加中涂漆的双涂层，则在底漆干燥之后还要喷涂一些中涂漆。等修补的部位完全干燥之后，用细砂纸进行磨平，必须使打磨部位与未修补的部分完全平顺地结合，否则会在面漆上出现地图纹。

(4) 对不需要喷涂的部位进行适当的遮盖,以防止面漆的漆雾落到不喷涂的部位。

(5) 在喷涂之前,用清洁剂清洁喷涂表面上可能留有的油渍、汗渍和蜡点等。为保证干净,最好连续清洁两遍。然后用粘尘布擦拭喷涂表面,使喷涂表面不留有灰尘颗粒。清洁工作应在喷漆房内进行,清洁完毕后最好马上进行喷涂工作,以防止二次污染。

**2) 面漆的准备**

(1) 面漆的混合与搅拌:已经准备好的面漆在喷涂以前必须经过充分的搅拌,使各种颜料和添加剂充分地混合均匀,这是保证面漆涂膜质量很重要的工作。

(2) 添加剂的使用:涂料中往往需要加入一些添加剂来提高涂膜的性能、改善或适应喷涂环境等。例如双组分涂料必须加入固化剂才能干燥并保证良好的质量;为调节喷涂漆黏度需要加入稀释剂;为保证喷涂质量有时要加入稳定剂来消除颜料沉淀而造成的色差;为防止出现白雾,硝基漆中需要加入化白水;为加快醇酸树脂型涂料的干燥时间需要加入催干剂;为防止出现鱼眼等故障需要加入流平剂(走珠水);等等。这些添加剂有些是在喷涂之前就要加入并搅拌均匀后才开始喷涂的,如固化剂、稀释剂、催干剂等。有些则是在喷涂当中出现了问题需要加入的,如化白水和走珠水等。应严格按照说明进行操作,这样才能保证良好的使用效果和涂膜质量。

① 稀释剂的使用。稀释剂在涂装工作中是非常重要的添加剂,在使用稀释剂时需要注意根据施工条件和施工对象合理地选用不同的品种。例如,若施工环境温度比较高(35℃以上)或施工的对象面积比较大,则需要使用慢干型稀释剂或极慢干型稀释剂,以利于涂膜的流平和新涂层接口部位的融合;相反,在温度低(15℃以下)或修补面积比较小时,应选用快干型稀释剂,以避免流挂的产生和加快干燥速度。

稀释剂的主要作用是用来调节涂料的黏度,以利于涂装工作和保证涂膜厚度的均匀。故稀释剂和固化剂的使用量必须按照涂料的标准要求来添加,且其有固定的比例。这种固定的比例有的是用体积比,有的是用重量比。用体积比来衡量添加量时需要使用专用的比例尺配合直桶状容器来进行添加;使用重量比来衡量添加量时需要使用电子天平来进行称重。无论使用哪种添加的衡量方式,都必须严格控制添加量。

按照涂料的操作说明加入固化剂和稀释剂后,涂料基本都会达到要求的喷涂黏度。如果添加过量,则会引起涂膜表面失光等故障,尤其是清漆层。使用黏度杯可以进行比较精确的黏度测定。涂-4 黏度测量杯(四号黏度杯)是测量黏度时比较通用的工具。

测试时首先将被测试的涂料搅拌均匀并用 400 目以上的过滤网过滤,稍稍静置 1 ~ 2min 使空气泡逸出,然后将四号杯内外彻底清洗干净并在空气中自然干燥,尤其是漏孔要认真清洁。将黏度杯漏孔向下水平固定,用手指堵住漏孔,将测试涂料注入杯内与杯上沿齐平。移开堵住漏孔的手指使涂料自然地流出,同时用秒表记时,当流丝第一次中断时停止秒表,这样涂料从杯中以连续形式流出的时间即为该涂料的黏度,用秒(s)来表示。一般面漆的喷涂黏度在 16 ~ 20s 之间比较好,以 18s 左右最为适宜,既能保证有合适的膜厚,又有良好的流平性。

② 固化剂的添加。双组分涂料必须加入固化剂才能干燥并保证涂膜具有优良的硬度、韧性等机械性能。不同种类的涂料,由于使用的树脂不同所用的固化剂化学成分也不同,必须按照涂料的要求配套使用,切不可任意添加。不同厂家、不同品牌的涂料和固化剂通

常情况下不可穿插使用。例如,聚酯树脂类涂料使用过氧化物固化剂;环氧树脂类涂料使用氨基化合物固化剂;丙烯酸类、聚氨酯类和丙烯酸聚氨酯类双组分涂料的固化剂中含有异氰酸酯的化合物,等等。

固化剂添加的量同这种涂料使用的稀释剂一样,都有其固定的比例,或用体积比,或用重量比,需要严格按照规定添加,不可随意。如果添加的量过少,会导致成膜不良、涂膜过软等故障;添加的量过多,虽可提高涂膜的干燥速度,但过量的固化剂也会使涂膜变脆、失光或变色等。固化剂也同稀释剂一样分为慢干型、快干型和普通型等几种,用于配合不同干燥类型的稀释剂调节涂料的干燥速度,所以在选用时这个因素也应考虑在内。

固化剂也具有稀释涂料的作用,但切不可当作稀释剂使用。在涂料中加入固化剂后应进行搅拌,使固化剂与树脂分子均匀地分散。涂料在加入固化剂后即开始化学反应,产生交联固化作用。从加入固化剂并搅拌均匀到涂料结块固化仅需要几个小时的时间,称为活化寿命,所以加入固化剂的涂料应尽快使用,否则会因固化作用导致涂膜出现桔皮、颗粒等故障,或因固化反应导致涂膜交联结块而无法喷涂。涂膜加入固化剂后的活化寿命受环境温度的影响很大,较高的环境温度会加速化学反应致使活化寿命变短。所以在施工环境温度高时要随喷随调,尽量避免一次性在很多的涂料中加入固化剂,造成浪费。在环境温度比较低时,化学反应的速度会减慢,一般的涂料在温度低于5℃时化学反应基本停止,涂料基本不会干燥。所以在施工环境温度比较低时要采取一定的措施,促进固化反应的进行。常见措施:在加入固化剂并充分搅拌后静置比较长的时间,以使涂料充分地活化然后喷涂;用热水对已经加入固化剂的涂料进行加温和保温,等等。

在使用固化剂时还要注意安全操作,尤其是含异氰酸酯的固化剂,因异氰酸酯极具活性,所以如果使用不当会对人体造成危害。异氰酸酯可以同许多常见的物质发生反应,所以在使用、储存和处理的过程中要多加注意,尽量不使皮肤裸露部位接触到异氰酸酯,更不能使其进入眼睛、口腔和呼吸道,如发生上述情况,需马上用大量的清水冲洗并请医生处理。

③ 其他添加剂。使用以防止涂膜故障为目的的添加剂时,应根据当时的情况,结合产品说明进行添加。对于硝基涂料使用的化白水、醇酸基涂料使用的催干剂、在涂膜发生鱼眼故障时使用的走珠水等往往需要视情酌量添加,需要有一定的实际操作经验。

很多涂料在制造过程中已经添加了颜料稳定剂,在正常使用过程中不需要额外添加。例如高固体成分的双组分涂料,因固体成分占有量很大(达70%以上),所以颜料的稳定性显得非常重要,在涂料生产灌装时都已加入了稳定剂。有些涂料的稳定剂是单独罐装的,例如银粉漆,在色母中就有颜色稳定剂这一项,在调色配方中也将稳定剂作为必须添加的成分而计算出了适当的添加量,在调色时只需按照规定的量加入即可。

**3)喷涂的温度**

与喷涂有关的温度包括喷漆间的环境温度、车辆表面的温度和喷涂涂料的温度等。

喷漆间的环境温度一般以20~25℃最为合适。在寒冷的冬季,由于开动循环风后进入喷漆间内的多为寒冷的空气,所以此时需要加热喷漆间的温度(按动开关,烤漆房均具备自动调整房内气温的功能);夏季温房内温度与外界基本相同,所以此时一般通过选用较慢干的稀释剂、固化剂适当调整涂料的干燥速度来适应。

需要喷涂的车辆如果在喷涂之前放置在寒冷的室外,则车身表面需要喷涂的地方温度会很低,直接喷涂就会造成溶剂的挥发速度减慢,引起颜色的协调和硬化等方面的问题,所以在喷涂时应首先将其放置在喷漆间内加温烘烤一段时间以使喷涂表面达到合适的温度。

在冬季施工时,涂料的温度也是非常重要的,需要对调配好的涂料进行保温或用热水加热的方法使涂料达到适合喷涂的温度。

**4)面漆的喷涂**

面漆的喷涂要根据面漆的黏度选择适当口径的喷枪,以 HVLP 重力式喷枪为例,以 $\phi1.3\sim\phi1.5$mm 口径比较合适,喷涂黏度较大的面漆使用大一点的口径,喷涂黏度小的使用稍小的口径。

喷枪要用面漆稀释剂清洗干净,在枪罐内加入少量的稀释剂,接上高压气管,然后扳动枪机,以较大的气压使稀释剂喷出以清洁喷嘴部位,然后将剩余的稀释剂倒出。

将面漆加入枪罐时要用400 目以上的过滤网过滤,过滤网可以滤掉面漆中的小颗粒和灰尘等,使喷涂的面漆更加均匀。有些喷枪在漆罐与喷枪的导管部位安装有滤网,但是不要因为枪中有滤网就不过滤面漆,因为枪内滤网由于导管的通过面积很小,为保证供漆通常做得比较粗,通常在200 目左右,只能过滤较大的颗粒,对于一些小的颗粒没有过滤作用,有时还会因阻塞而造成供漆困难,所以面漆必须要经过大滤网的过滤。

在喷涂面漆以前要对喷枪的气压、出漆量和喷幅等做仔细的调整。为保证喷涂质量,还应首先做实验喷涂,以确定合适的喷涂距离、运枪的速度和喷幅重叠程度等。喷涂实验板时,要将枪机扳到最底,按喷枪规定的喷涂距离,以正常的运枪速度(约为 0.5 ~ 0.6m/s)用2/3 的喷幅重叠量喷涂一小条,然后观察漆膜的流平程度和有无喷涂缺陷,如果满意,即可进行正式喷涂;若不满意或有喷涂缺陷,须及时调整。正式喷涂时,应从被喷涂板材的上部开始,以均匀的运枪速度和喷幅重叠量依次向下直到喷涂完整个板材。因为喷漆间内的空气流动为自上而下,所以这样喷涂可以使漆雾向下扩散,对刚刚喷涂完毕的表面沾染较少,有利于保持涂膜的光滑和亮度。

喷涂时的起枪位置应从距离被喷涂表面 5 ~ 10cm 的地方开始。因为,若使用的是上罐枪,在重力的作用下,喷口处聚有较多的涂料,刚刚开始喷涂的时候会出漆较多而且雾化程度不良;若使用的是下罐枪,在刚刚开始喷涂时,因为涂料还没有被抽吸上来,所以出漆量比较少。从距离被喷表面的外面一段距离处开始喷涂,可以避免这些现象,保证喷涂质量。如果被喷涂的板材面积比较小,喷涂时应使喷枪移动到板材边缘以外 5 ~ 10cm 处再停止,并原地重新起枪以一定的喷幅重叠量返回。若被喷涂面积比较大,在运枪时应双脚分开略宽于肩,在保持枪身稳定的情况下,以能够保证喷涂质量的最大喷涂长度为准,不可以移动脚步的方式延长喷涂长度,否则会造成运枪速度不匀,从而引起涂膜的膜厚不匀或颜色差异。喷涂时,喷枪须沿直线移动,不要出现偏斜,喷口距离被喷涂表面的距离要始终保持一定,运枪的速度和喷幅重叠量保持均匀,这样才能获得均匀的膜厚、遮盖能力和一致的颜色效果及流平效果。

有些喷涂表面不仅仅是大平面需要喷涂,有些边边角角等也需要喷涂。例如车门,不仅大面需要喷涂,周围的小边和门口也要喷涂才能使涂膜保持一致。对于这种情况,习惯上的做法是首先喷涂这些地方,然后再大面积喷涂。这样做有一个缺点,即在喷涂边边角角等地方时会有大量的漆雾飞溅到需要喷涂的大表面上,这样就影响已经处理过的待喷表面的平整程度,对大面喷涂时涂膜的流平不利。所以在遇到这种情况时应首先对大面进行喷涂一层，在其表面未干时用比较小的气压和较小的喷幅对边边角角进行喷涂。这样，即使有少量漆雾飞到刚刚喷涂的表面，也由于大面上的涂膜未干，很容易将漆雾混合，不会留下颗粒。等大面上第一层涂膜稍干后再喷涂第二道就不会受漆雾的影响了，边边角角等地方也不需要喷涂第二道。

面漆涂膜的厚度一般要求在 50μm 左右，过薄会使涂膜显得干涩、不够丰满，装饰效果比较差；过厚容易出现开裂等涂膜故障。现在常用的高固体分双组分素色面漆由于具有较高的固体成分，喷涂一层即可以有较厚的膜厚和良好的遮盖能力，喷涂两层就可以达到所需的膜厚。在喷涂这种涂料时，应按照涂料的说明来操作，通常第一层喷涂要采用薄喷，涂膜不要太厚，但必须均匀并保证良好的流平。第二层喷涂得厚一些，以保证足够的膜厚和良好的平整度、鲜映度。两层喷涂间隔的时间以第一层稍干即可，一般为常温下 10min 左右，也可以用手轻触遮盖物上的涂膜，达到涂料不沾到手指上的程度就可以喷涂第二层。两层喷涂的间隔时间不宜过长，尤其是炎热的夏季，高固体分涂料中可挥发成分少、干燥快，如果第一层已经达到表干的程度再喷涂第二层，第二层中所含的溶剂成分不能很好地溶解第一层的表面，会造成两层之间不能很好的溶合。

**5）多工序面漆的喷涂**

单工序素色面漆喷涂完成后，面漆层即具有良好的光泽，一般不用再喷涂罩光清漆，所以称为单工序。由两道以上的喷涂工序完成的面漆称为多工序面漆或多涂层面漆。金属面漆中银粉漆的喷涂即为典型的双工序喷涂。

双工序面漆即先喷一层有颜色的面漆，然后在其上面再喷涂一层无色透明且具有很高光泽的罩光清漆来增加光泽度和保护底下的有色面漆，因这种面漆的喷涂是由两道工序——有色面漆和罩光清漆组成，所以称为双工序。金属面漆中的珍珠漆情况又比较特殊，珍珠漆中所含的云母颗粒通透性很高所以遮盖能力极差，因此在喷涂时需要先喷一层与底色漆颜色相近或相同的色漆底来提高遮盖能力，然后喷涂珍珠漆，在珍珠漆上再喷涂罩光清漆。这种面漆用 3 道喷涂工序完成。

双工序面漆以金属漆居多，也有纯素色的。颜色漆层一般为单组分型，喷涂后表面光泽度很低或没有光泽，且对大气中的有害物质抵抗能力很差，所以必须喷涂罩光清漆。罩光清漆为双组分型，固化后具有极高的光泽度和对外界有害物质的抵抗性，能够很好地突出底层的颜色和金属效果，对底层色漆还具有极好的保护性，两种涂膜共同组成面漆层，具有极好的装饰性和光泽度。

（1）双工序纯色色底的喷涂：底色漆层的喷涂如果是纯色的，在喷涂时只要按照正常的喷涂手法进行喷涂，并注意保证颜色和遮盖能力的均匀性即可。根据色漆的遮盖能力决定喷涂的层数，以完全显现出颜色为准，现在常用的高固体成分色漆一般喷涂两道或三道就可达到要求。

双工序面漆的色底涂料（也包括银粉漆和珍珠漆）一般要加入比较多的稀释剂，通常达到 50%，施工黏度很低，容易造成涂膜厚度和颜色的不均匀，所以在喷涂时更要格外注意喷枪口径的选择和出漆量、喷幅宽度的调整。喷涂时每层的间隔时间一般比较短，只要等到涂膜中的溶剂成分挥发到涂膜表面完全失光即可进行下一道的喷涂，不必等完全干燥。

（2）金属色漆底的喷涂：喷涂金属色漆底时，因为金属漆中含有铝粉等金属颗粒（银粉），这些金属颗粒在喷涂到施喷表面后的排列状况对颜色的影响非常大，所以在喷涂时需要格外注意颜色的均匀和正光、侧光情况下的颜色变化。在调金属漆时要注意：稀释剂的用量要按照使用说明严格操作，不可随意改变；金属漆通常需要加入银粉调理剂来控制金属颗粒的排列，银粉调理剂的用量是依据所调金属漆的量按比例添加的，且在调色的配方中有细致的规定，不允许随意添加；金属漆在喷涂前必须经过充分的搅拌，以防止金属颗粒沉淀而造成施喷表面颜色的差异；过滤金属漆的滤网细度要根据银粉颗粒的大小来决定；喷枪中的小滤网可以拆下不用，以防止一旦阻塞造成涂膜故障。

喷涂金属漆时还要注意运枪的速度、喷口的距离、喷幅的重叠程度等必须均匀，喷涂气压要保持稳定，否则会由于有的地方较湿，有的地方较干，而造成起云故障（俗称“喷花”）。喷花的表面颜色深浅不一，在喷涂完清漆后更加明显，是金属漆喷涂绝对不能出现的。

（3）金属色漆的喷涂方法：金属色漆正确喷涂的操作方法为“两实一干”的 3 道喷涂。“两实”即先用正常的喷涂手法对施喷表面喷涂两道，不可过湿或过干，目的是获得均匀的颜色和遮盖能力。两道实喷涂膜中的银粉颗粒排列是比较有序的，颜色和金属颗粒的反光效果都比较正常。为进一步提高面漆的金属效果还要对实喷表面进行一次雾喷，即“一干”。“雾喷”即使用较大的喷涂气压和略远的喷涂距离并以较快的喷涂速度喷涂。这样可以使涂料中的溶剂成分在到达施喷表面之前就大部分挥发掉，以致能够喷到施喷表面的是重一些的银粉颗粒和少量的颜料颗粒。这些银粉颗粒均匀地喷洒在施喷表面，但由于表面干燥所以排列比较凌乱，可以大大地提高其金属闪光效果。

喷涂双金属色漆底时，每道喷涂所需间隔的时间刚好可以使涂膜中的溶剂成分挥发，达到表面全部失光的程度。喷涂清漆也同样，等最后一道色漆表面失光即可进行喷涂。但要注意，应等待涂膜自行干燥，不要用吹气枪或喷枪对施喷表面进行吹干的方法加速其干燥，因为自然干燥可以给金属颗粒更多的排列时间，吹干会影响金属颗粒的排列，造成起云。

（4）珍珠型色漆底的喷涂：珍珠型色漆是金属漆的一个特殊的品种，喷涂方法与喷涂其他金属色漆底基本相同，只是需要先打一层与珍珠色漆颜色相同或相近的色底。色底一般都由双工序的纯色色母来调配，喷涂的方法也与喷涂双工序纯色底相同，一般喷涂两层或三层即可。在色底喷涂完最后一层且表面失光后即可继续喷涂珍珠层，珍珠层最后一层表面失光后即可喷涂清漆。珍珠层喷涂的道数越多，颜色越深，喷涂几道需根据涂料的使用说明或颜色配方的规定执行。

（5）清漆的喷涂：在色底涂层喷涂完毕后，同样地只要等到涂膜表面完全失光即可喷涂清漆，不必等色底涂膜完全干燥。清漆一般喷涂两道，膜厚在 $40 \sim 60\mu m$，喷涂手法同单工序面漆相同。清漆中稀释剂的用量要控制在 10% 以内，有时也可以不加稀释剂，因为如果稀释剂添加过多，容易引起清漆层表面失光，致使整个面漆层的光泽度不够。必须使被修补部位的面漆涂层无论在颜色、光泽度还是在表面流平效果等方面，都要与未修补的部位相同或极其相似，经过修补的区域必须达到不留修补痕迹的程度，否则会影响面漆的装饰效果。

面漆的修补喷涂必须根据原涂层选择正确的用料，对所修补的区域要进行准确的调色，根据所修补区域的特点采用相应的喷涂手法和处理措施等才能达到无痕修补的目的。按照原车面漆层的状况、需要修补的面积以及位置，一般将修补喷涂分为局部修补喷涂和整车喷涂。

**6）整车的重新喷涂**

对整车进行重新喷涂时，因为无需做颜色的过渡，所以显得相对容易一些。

整车喷涂时，如果是要对车身进行全面的从防腐到面层的涂层操作，最好是将车上的其他总成和零部件包括车窗等统统拆卸下来，只留下一个车壳，这样有利于整体的防腐处理和提高面层的装饰性。

如果需要就车进行整车喷涂时（通常只进行面层操作时采用就车喷涂）则对遮盖要求比较高，对不需喷涂或不能喷涂的地方一定要仔细地进行遮盖，例如车窗、发动机舱内的设施、车厢内的内饰、车标及车身装饰、门把手、轮胎等都要遮盖。有些能够拆卸的零部件，例如大灯、小灯、散热器格栅、前后保险杠等，应拆卸下来，喷涂完毕后再安装。

全车喷涂的顺序以各水平表面漆雾飞溅最少为原则，通常首先喷涂车顶，然后喷涂车后部，再围绕车身一圈最后在车后部完成接缝的方法来喷涂。如由两个操作人员共同完成整车的喷涂工作，效果会好一些，可以达到没有接口痕迹，但在喷涂金属面漆尤其是珍珠面漆时最好由一个人操作，不同的操作手法可能会引起颜色的差异。图1－11所示为整车喷涂的顺序示意图。

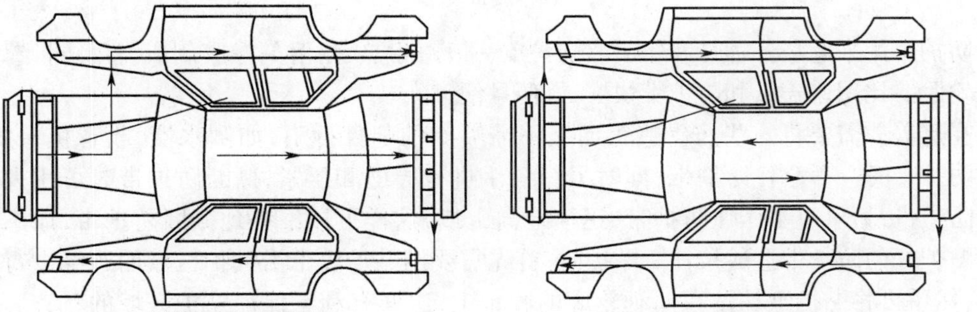


图1－11 整车喷涂的顺序

4. 局部喷涂遮盖与局部修补喷涂

**1）局部喷涂遮盖**

遮盖工作是在实施喷涂之前需进行的重要工作。对于局部修补涂装和整车涂装，那些不需喷涂的部位或部件都必须进行遮蔽，以防止喷涂过程中的污染。有时也用遮盖的方法对施工区域进行隔离以便操作，例如在打磨时对无需打磨的区域进行遮盖可以防止对良好部位的损伤等。

遮盖所用的材料主要有遮盖纸、塑料膜、防护带（胶带）以及各种防护罩等，各涂装设备生产厂商都有相应的产品可供选择，不可使用普通纸张、胶带等代替。

遮盖纸要求能够耐热、纤维紧密（不掉毛）、耐溶剂。汽车遮蔽用的专用遮盖纸的一面为紧密的纸层，另一面涂有一层蜡质物质，这层物质与基纸结合非常紧密并且耐热不熔化，抗溶剂性能优良。而有些工厂在实际生产中使用报纸或其他纸张代替遮盖纸进行贴护，虽然节约了部分成本，但在工作中往往会造成更大的损失。普通纸张或报纸在耐热程度、抗溶剂性等方面很差，而且沾染有油墨等物质，会对施喷表面造成一定的影响，尤其是吸收了大量的溶剂后会出现松散、纤维脱落等，严重的可能会使被遮盖底层出现失光、咬起、溶痕等故障，脱落的纤维会造成喷涂表面出现脏点等，因此应严格禁止使用。

防护带要求弹性小、耐热、耐溶剂、不掉胶、粘着性好且胶质所含溶剂成分低。专用贴护胶带多为纸基,在拉伸时变形小,胶面可耐溶剂,在喷涂时不会因为溶剂的影响而开胶。需要注意的是不要用绝缘胶布或其他种类的普通胶带代替防护带,如果使用不合标准的胶带,将会对修补增添不必要的麻烦。如果防护带弹性过大,那么在贴护时会出现拉伸变形,影响一些对棱边的贴护要求。如果防护带耐热差,在加温烘烤时会变形,甚至脱落破坏喷涂好的涂层;加热后胶质脱落很难清理,有时还会损伤涂膜。胶带的基本贴法如图 1 - 12 所示。

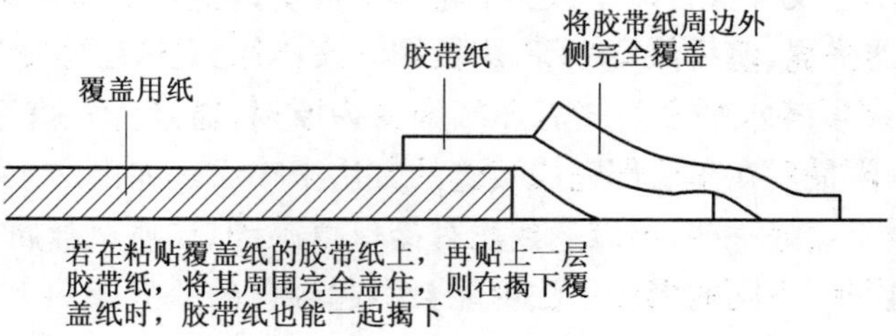


图 1 - 12　胶带的基本贴法

防护罩用来遮蔽各种灯和轮胎。防护罩一般由耐热、耐溶剂橡胶制成。用防护罩遮蔽灯及轮胎要比用遮盖纸和防护带快捷、方便且便宜。

在遮盖前需要将一些妨碍遮盖而又不需喷涂的部件拆下,如刮水器、收音机天线等。粘贴防护带时一手拿住防护带,同时另一只手进行导向和压紧,撕断防护带时可用大拇指夹住防护带,另一只手压住防护带,迅速地向上撕,这样可以整齐地撕断防护带,而不会对已经贴护好的防护带造成拉伸。贴护时,首先需要用贴护胶带沿贴护区域的边缘进行轮廓勾勒,然后再将贴护纸粘贴在勾勒轮廓的胶带上,这样有利于保证贴护区域的整齐。当然具体部位的遮盖还要根据具体情况有所改变,但是用最少的材料消耗完成工作是一成不变的原则。

遮盖时应注意:不要将防护带粘贴在需要喷涂的区域或未经清洁的表面;遮盖时不能将防护带粘贴在肮脏或潮湿的表面上;防护带不能粘贴在密封橡胶上;遮盖时应将防护带尽量压紧防护带的边缘;遮盖时,如果遇到曲面,可将防护带的内侧弯曲或重叠。

**2）局部修补喷涂**

局部修补即对车身的某一局部进行涂装修理。大多数需要进行涂装修理的车辆都属于这种情况。局部修补时最重要的是使修补区域与未修补区域颜色一致、表面流平效果相同,为达到这个目的,在底材处理和喷涂时需要采用一定的技术措施。

(1) 局部修补底材的处理:局部修补时要根据车身损伤的情况对底材进行必要的处理。如果需要修理的地方为车辆撞击所留下的凹陷、褶皱等,则需要进行钣金处理或用原子灰进行填平。在刮涂原子灰之前要对底材进行打磨来清除表面杂质和提高粘附能力,对于经过大面积的钣金操作的裸金属板还要先喷涂磷化底漆和环氧底漆等防腐处理,等干燥后再打磨。原子灰的刮涂区域以能够填平表面为准,且尽量控制在最小的范围,以防止扩大最终的修补面积。

原子灰的上层应该喷涂一层中涂层对底材进行封闭,防止原子灰对面漆的吸收而出现地图纹等面层缺陷。如果需要修补的部位仅仅是轻微的划伤,没有伤到金属板材且没有影响板材的平整程度,此时一般不需要用原子灰,只需对修补区域进行必要的打磨后喷涂中涂层即可。

在进行面漆的局部喷涂修补时,应采用反向贴护法来对不需喷涂的表面进行贴护,以圆弧面对着需要喷涂的方向,而且圆弧要尽量大些,这样进行贴护可以保证喷涂区域与未喷涂区域的良好过渡,而不会出现台阶。

(2) 面漆的调色:喷涂样板修补用的面漆的颜色需根据修理车辆的情况来定。如果维修车辆没有经过涂装修理,还是完好的出厂涂层,只要根据车辆提供的漆号,通过查阅涂料生产厂商提供的配方来调配就可以了。若查找不到原厂漆号或维修车辆需要重喷的部位在以前就进行过涂装修理,则要用涂料生产厂商提供的色卡来进行比对,从中选出最为接近的颜色来确定配方进行调配,用这种方法调配面漆往往需要进行人工颜色微调。

金属漆在进行比色时要从不同的角度进行观察,一般要看正面、侧面90°和侧面180°这3种方位角度下颜色的变化,以最为接近的为准。珍珠面漆的色底则必须按照原车漆号,通过查阅配方来调配,否则会引起珍珠面漆颜色上较大的差异。

在修补用的面漆调色好以后,不能马上进行修补喷涂,一定要先喷涂样板,这一点在金属漆的局部修补时尤为重要。喷涂样板的目的一是用于颜色的对比,二是为确定在修补喷涂时的喷涂手法先做一定的实验。

喷涂样板时要多准备几块,以不同的喷涂手法进行喷涂,记录下喷涂时的喷涂气压、运枪速度、重叠程度、枪口远近,以及涂膜的干湿程度等。样板喷涂完后需要与修补区域周围良好的旧漆层进行对比,看哪一块样板的颜色、光亮程度、表面纹理最为接近,在喷涂时就采用什么喷涂手法。喷涂样板还有利于确定驳口区域(新旧漆层的接口)的大小,对保证颜色的过渡有很大的帮助。用样板进行比色要等完全干燥后才能进行,因为涂膜在没有干燥前,内部的颜料颗粒会有沉淀、上浮等现象,在干燥后才能确定其最终的颜色。金属漆比色的样板要喷涂清漆并等完全干燥后进行。

(3) 单工序素色面漆的局部喷涂:单工序素色面漆在调色时要求的准确程度相对较高,但要达到完全相同也几乎是不可能的,为了在修补之后使修补部位与其周围的未修补部位达到视觉上颜色无差异,在喷涂修补时需要使颜色有一个逐渐过渡的区域,让颜色逐渐变化。喷涂颜色过渡的驳口区域一般要采用"挑枪"的方法,即在喷涂时以肘部为轴,或摆动腕部,使喷枪对喷涂表面的喷涂距离发生圆弧形的变化。对需要修补的区域距离近一些,喷涂比较实,而对驳口区域距离逐渐变远,喷雾逐渐变淡,这样驳口区域将形成一个逐渐过渡的颜色变化区域,最终与周围未修补的区域相融合,如图1-13、图1-14所示。

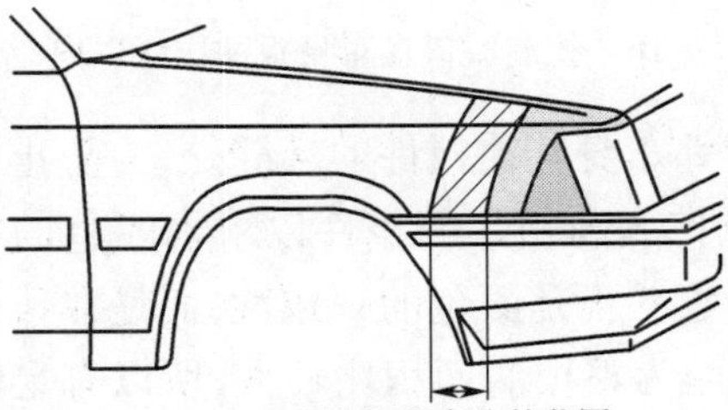


图1-13　用颜色过渡的方法达到颜色的协调

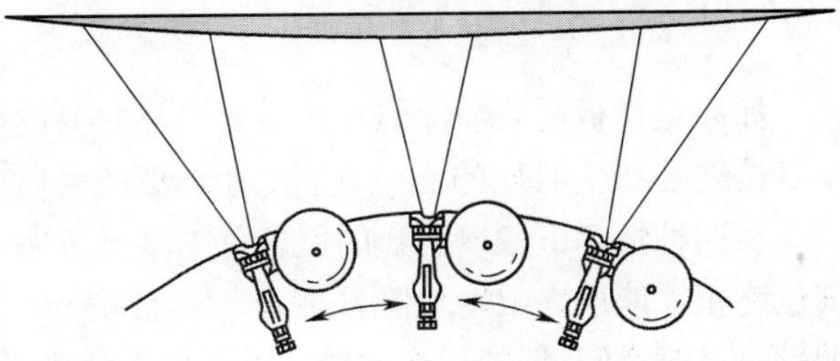

图1-14　运用挑枪喷涂驳口

驳口部位的过渡也可以采用其他的方法来实现，例如采用许多短的行程，从中心部位向外喷涂。采用这种方法喷涂时，需要逐渐扩大每一次的喷涂范围，以便能和上一次稍有重叠。每一次喷涂时都要适当地调整喷枪的气压和喷幅，使之逐渐变小，以达到喷雾逐渐变淡的目的，有时还要根据情况适当改变出漆量。

在用这些方法对驳口部位进行必要的修饰后，通常要用驳口水对整个驳口区域均匀地喷涂一遍。驳口水是一种极慢干的稀释剂，它可以保持驳口区域在很长时间内的湿润状态，更有利于颜色的过渡，同时可使底层的良好旧漆膜轻微溶解，使旧漆膜与新漆膜具有良好的结合能力。

驳口区域的大小没有具体的规定，以颜色逐渐变化到视觉上感觉不到明显的差别为好。通常颜色调得越准确，所需逐渐变化的驳口区域越小，反之则需要比较大的驳口区域才能进行弥补。

在喷涂以前需要对估计的驳口区域进行打磨以增强涂膜的附着能力，打磨要采用很细的砂纸（干磨 P1000 号以上）或用研磨颗粒比较粗的专门研磨驳口区域的驳口蜡进行，驳口区域要打磨得大一些，为可能加大的驳口区域做准备，即使驳口没有扩大，由于打磨痕迹很小也很容易在抛光时抛掉。打磨部位如图 1－15 所示。

小的局部喷涂，一般不要扩大到临近的板材，只对损伤的部位及其周围做小范围的修补即可，驳口尽量控制得小一些。如果被喷涂表面上有诸如车身板冲压线等特殊的部位，应在颜色能够充分融合的情况下尽量使驳口区域不超过冲压线，并以冲压线作为驳口的终止位置，这样可以避免在颜色和涂膜纹理等方面出现明显的变化，如图 1－16 所示。

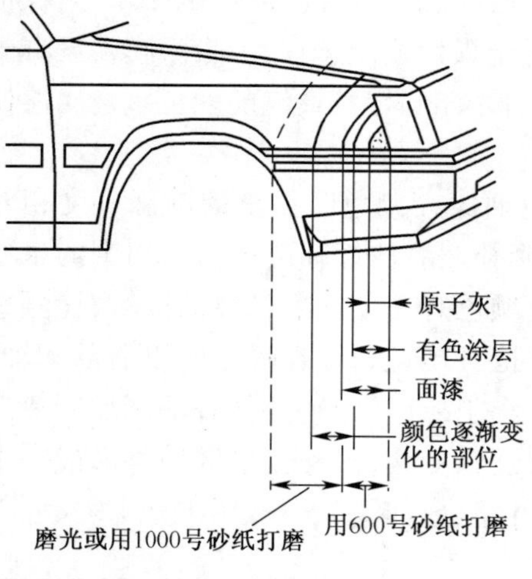


图 1－15　驳口部位的准备

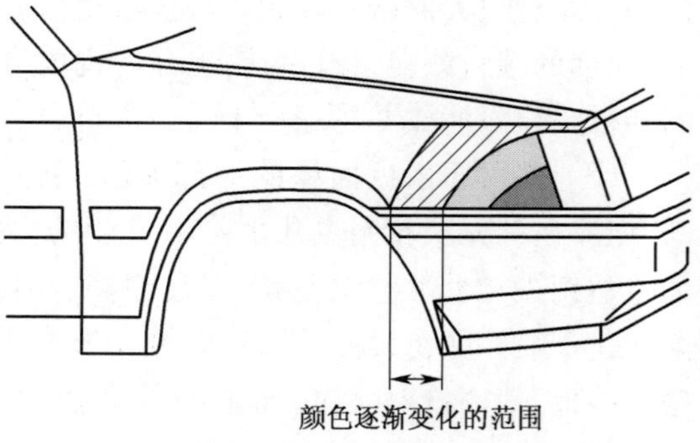


图 1－16　控制驳口在车身板冲压线以内

如果是整板需要喷涂修补或需要修补的部位在紧邻车身其他板件的接缝处，为防止在车身接缝处产生明显的颜色差异，通常要将驳口区域扩大到相邻的板件以求得颜色的统一。在这种情况下驳口终止的位置首先需要考虑的因素并不是颜色的一致性，而是在什么部位终止才能最大限度地隐藏驳口，不留修补痕迹。因为整板的面积比较大，所以有足够的颜色过渡空间，但如果在比较大的平面上做出驳口，会影响整个平面的整体流平效果，因为驳口区域毕竟是用喷雾的方法来完成的，流平效果要差一些。在整板上做驳口一般选择有特征线（例如车身板的冲压线、车身上的装饰条等）或车身形体过渡到面积比较小的地方来结束，这样的部位会使驳口不明显。图1－17所示为车身后翼子板部位修补驳口的终止位置。

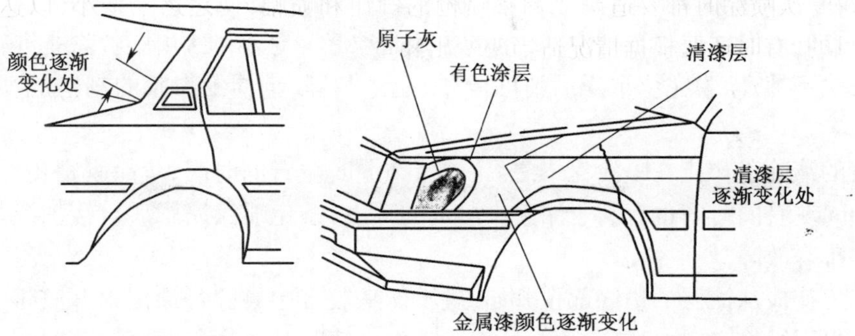


图1－17　选择较小的面积部位终止驳口

（4）多工序面漆的局部喷涂：如果是纯色底，多工序面漆的局部喷涂则与单工序面漆的局部喷涂方法一样，纯色底的颜色过渡到与未修补部位融合即可，驳口部位可以控制得比较小。如果是金属漆色底的局部修补，一般需要比较大的驳口区域才能将颜色过渡到视觉上没有差异的程度，驳口区域往往要比纯色底或单工序面漆扩大一倍以上。

喷涂银粉色底时需要特别注意的一个问题是会产生"黑圈"现象，即在修补部位与未修补部位的结合处出现一圈颜色较深的痕迹，使修补区域非常的明显。黑圈的产生主要是由于修补部位通常喷得比较湿，银粉颗粒排列比较有序，而结合部位由于比较干燥，银粉颗粒不能很好地排列，在光线折射下会显得颜色有明显的变化。

黑圈现象是可以消除的，在喷涂银粉色底以前，先取少量调配好的清漆加入9倍的清漆稀释剂搅匀后薄喷一遍需要修补的区域（喷涂的面积要大于需要修补的面积），这样可以使被修补区域形成一层湿润无色的底，然后再进行银粉色底的喷涂修补。因为清漆干燥得比较慢，修补区域边缘飞溅的银粉颗粒可以在比较湿的环境下得到充分的排列，即可消除黑圈现象。消除黑圈有时也可以用挑枪的方法来实现，但效果通常不好且需要一定的技巧。

珍珠漆色底在修补喷涂时是最困难的，因为很难达到颜色上的统一。所以对珍珠漆色底的喷涂除严格按照喷涂说明操作以外，往往需要更大的颜色过渡区域才能达到视觉上的一致，有时甚至需要对车身的一整个面进行过渡喷涂。

双工序面漆在喷涂清漆层时，因为清漆的光泽度很高，面层稍有瑕疵都会显露出来，所以一般对所修补的部位整板喷涂清漆以求得统一的流平效果，且不做驳口，如果必须要做驳口则应选择不易察觉的地方来做，而且驳口应尽量细小。

有些原厂双工序涂层的清漆层中也含有少量的金属漆，目的是在清漆中也能产生闪光效果以提高面层的立体装饰效果，在修补这样的清漆层时要按照配方中所要求的金属色漆添加量来操作，不要随意添加，否则会造成色差而且很难补救。

5. 补漆修饰

面漆的涂布结束以后，涂装的工作已经完成了一大部分，但还需要进行最后的修整工作。涂膜的修整主要包括清除贴护、修理小范围内的故障和表面抛光等。

**1）清除贴护**

喷涂工作完毕之后，不喷涂部位的胶带和贴护纸的封闭作用就已经完成，可以清除掉了。

清除遮盖的工作不要等到加温烘干以后才进行,因为加温后胶带上的胶质会溶解,与被粘贴表面结合得非常牢固,很难清除,而且会在被粘贴物上留下粘性的杂质。如果被贴护表面是良好的旧漆层,由于胶中溶剂的作用还会留下永久性的痕迹,除非进行抛光处理否则将去除不掉;涂膜完全干燥后清除胶带还会引起胶带周围涂膜的剥落,造成不必要的修饰工作等。

遮盖的清除工作应在喷涂完毕之后,静置20min左右的时间,待涂膜稍稍干燥后即可。静置20min左右的时间也有利于涂膜中溶剂的挥发,避免喷涂完毕后直接加温烘烤所造成的涂膜热痱等故障。

清除工作应从涂层的边缘部位开始,决不能从胶带中央穿过涂层揭开胶带。揭除动作应仔细缓慢,并且使胶带呈锐角均匀地离开表面。清除时要注意不要碰到刚刚喷涂过的地方,还应防止宽松的衣服蹭伤喷涂表面,因为这些表面尚未干透,碰到后会引起损伤,造成额外的工作。

**2)面漆的修理**

喷涂过程中常常会由于种种原因在面漆表面造成一些微小的故障,例如流挂、个别的涂膜颗粒(脏点)、微小划擦痕迹和凹坑等,影响装饰性,因此必须进行修理。

(1)流挂和涂膜颗粒的处理:在喷涂当中造成流挂是非常常见的故障,由于喷涂环境的影响,在涂膜表面有颗粒等也是不可避免的。若流挂的面积很小,涂膜表面颗粒很少,可以用单独修理的方法进行处理,修理必须是在涂膜完全干燥的情况下进行。处理过程为先平整流挂或颗粒部位,然后用抛光的方法使修理部位与其他部位的光泽一致,消除修理痕迹。

平整流挂和小颗粒多采用打磨的方法,但对于流痕或颗粒比较大的情况,往往先用刮刀将流痕或大颗粒削平,然后再用较细的砂纸打磨来加快工作的速度。打磨流挂部位一般使用P1200~P2000号水磨砂纸配合硬质打磨垫块(不可使用软打磨垫)来进行,因为较细的砂纸产生的打磨痕迹比较容易抛光,但有时需要打磨的区域比较大,为提高效率可以先用较粗的砂纸(如P800~P1000号)先打磨一遍,待基本完成后再逐级用细一级的砂纸打磨,直到打磨痕迹可用抛光的方法消除为止,注意不要跨级使用砂纸。

打磨时为防止磨到周围不需打磨的部位,可以用贴护胶带对不需打磨的区域进行贴护。打磨的手法应使打磨垫块尽量平行于面漆涂膜,手法要轻一些,用水先将水砂纸润湿,然后在打磨区域上洒一些肥皂水,这样可以充分润滑打磨表面,且不至于产生太大的砂纸痕迹。打磨时要非常仔细,经常用胶质刮水片刮除打磨区域的水渍来观察打磨的程度,只要流挂部位消除并与周围涂膜齐平即可,千万不要磨穿或使漆膜过薄,要给抛光留出余量,并保证抛光后仍有足够的膜厚。对于边角等涂膜比较薄且极易磨穿的地方尤其要小心。

对于颗粒等小范围的打磨,一般使用小型打磨块配合P1500~P2000号水磨砂纸来进行。国外有些涂装工具公司一般专门为这项工作配有小磨头和配套砂纸,如德国费斯拖工具公司就专门配有这种小型设备,国内的涂装工作人员一般使用砂纸包裹麻将牌来进行,效果很好。打磨时同打磨流挂一样,需沿涂膜水平运动并用肥皂水润滑,如图1-18所示。如果颗粒过大或流痕突出部位非常明显,可以先用刮刀刮除,然后再用上述的打磨方法进行打磨。用刮刀刮除工作效率比较高,但操作上要求一定的技巧,刮削时刀刃应略向上方倾斜,不可切削过量,如图 1－19 所示。

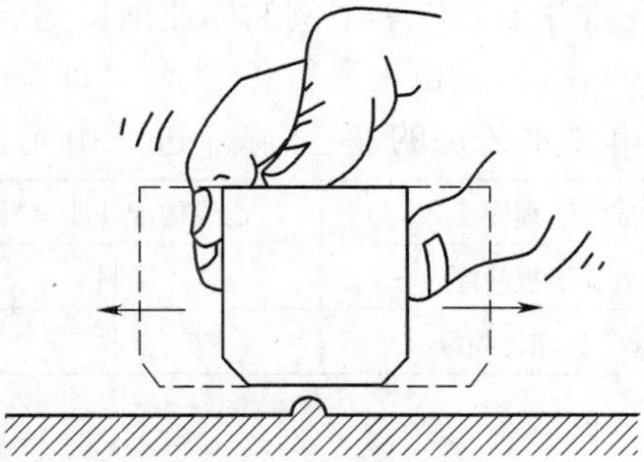

图 1－18　用小磨头打磨颗粒

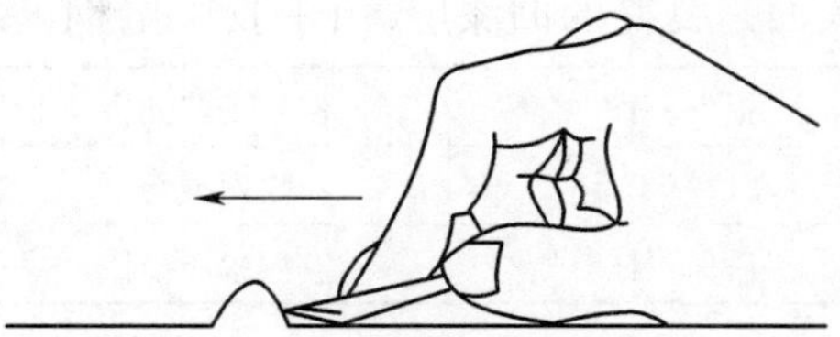

图 1－19　用刮刀进行表面修整

经过平整修理和打磨的区域必须进行抛光,对小范围修补区域一般使用手抛的方法即可,也可用机械抛光来提高效率。

(2) 涂膜凹陷的修理:在面漆喷涂完毕后,涂膜上常常会有因喷涂表面清洁不净,留有油渍、汗渍等造成涂膜张力变化而形成的小凹坑(鱼眼),或是清除贴护时造成的小范围涂膜剥落等现象,对这些地方进行补漆操作时若缺陷位置不明显,一般不需要用喷枪,使用小毛笔或牙签等对凹陷部位进行填补就可以了。但如果缺陷部位非常明显或所处位置是车辆极需要涂膜完美的地方,如小轿车的发动机盖或翼子板等,一般多需要采用点修补的方法(使用小型修补喷枪进行小局部喷涂)来修理。

用牙签或小毛笔填补凹陷最好在涂膜未干时操作,如果涂膜已经干燥将会造成填补部位附着不良和颜色的差异。具体操作如下。

① 若面漆漆膜已经基本干燥,则需要用清洁剂对需要填补的区域进行清洁。如有必要可用 P800 号以上的细砂纸进行简单打磨,但打磨区域切不可过大,只起提高附着能力的作用即可,然后用清洁剂清洁干净。

② 用牙签或小毛笔蘸上少许面漆(为保证没有色差,最好用富余的面漆。若为双组分涂料,则必须添加固化剂),并迅速地滴到故障部位(鱼眼)或描绘于需要填补的部位(剥落漏白),如图 1－20 所示。

图 1－20　用牙签和小毛笔进行表面修理

③ 用另一支小毛笔蘸取少许面漆稀释剂涂抹在修饰部位,以使修饰部位变得较为平整,并利用稀释剂的晕开和溶解作用使修补部位与其周围相融合。

④ 待完全干燥后可以稍稍进行打磨并进行抛光处理,方法同流挂及颗粒的修理。

### (二) 案例 1 的作业项目

漆面损伤检查后,应分析漆面损伤的修理工艺。案例中的损伤情况:左后翼子板和后保险杠左侧擦伤,已损伤到底漆层。分析修理工艺时需注意,后翼子板为金属件,后保险杠为塑料件,所以此处存在金属件和塑料件的两种涂装修补工艺。本案例的作业项目如表1-4所列。

表1-4 案例1修理工艺与作业项目分析表

| 损失项目 | 修理工艺分析 | 形成的修理作业 | 需要的配件或材料 |
|---|---|---|---|
| 左后翼子板 | 漆面损伤 | 左后翼子板喷漆 | 涂料 |
| 后保险杠 | 左侧漆面损伤 | 后保险杠左侧喷漆 | 涂料 |

## 三、确定涂装费用

涂装费用一般单独评估,它包括涂装工时费和涂装材料费两部分。在国外的评估指南中,涂装工时费和涂装材料费分开计算,而国内为了确定的方便性及可操作性,一般整体计算。

### (一)米切尔碰撞评估指南评估体系介绍

米切尔碰撞评估指南是车损报告编制和评估人员重要的使用工具,是由米切尔国际联合公司出版的。出版商不断更新和修订评估指南,以适应不断变幻的价格和修正劳动定额,删除已停产的配件并填补新型配件。

1. 评估指南中主要包含的内容

米切尔碰撞评估指南中包含了很多内容,诸如车辆识别信息、新件或回收件的价格、零件安装的工时数,从前保险杠到后保险杠之间几乎所有部件的识别和喷漆数据。主要信息总结如下。

(1)目录或索引中的车辆制造厂和车型列表。

(2)各种车型主要部件总成的部段索引。

(3)零件分解图。

(4)零件名称和零件号。

(5)工时。

(6)零件价格。

(7)其他信息。

碰撞评估指南的阅读可参考图1-21中的标注。

碰撞估损指南中所给出的零件价格可以用作零件定价的参考,但绝对不能用于确定最终的估损总额。评估估损指南中的价格是厂家建议的定价。已经停产的零件通常仍会列出并用字母D标注出来。指南中的价格是出版时能得到的最新价格。

2. 评估指南中的程序页介绍

碰撞评估指南中有程序页,有时称为P页,这些程序页中提供了以下重要的信息。

(1)指南中资料的安排布置。

(2)指南中所用符号的解释。

(3)指南中所用术语的定义。

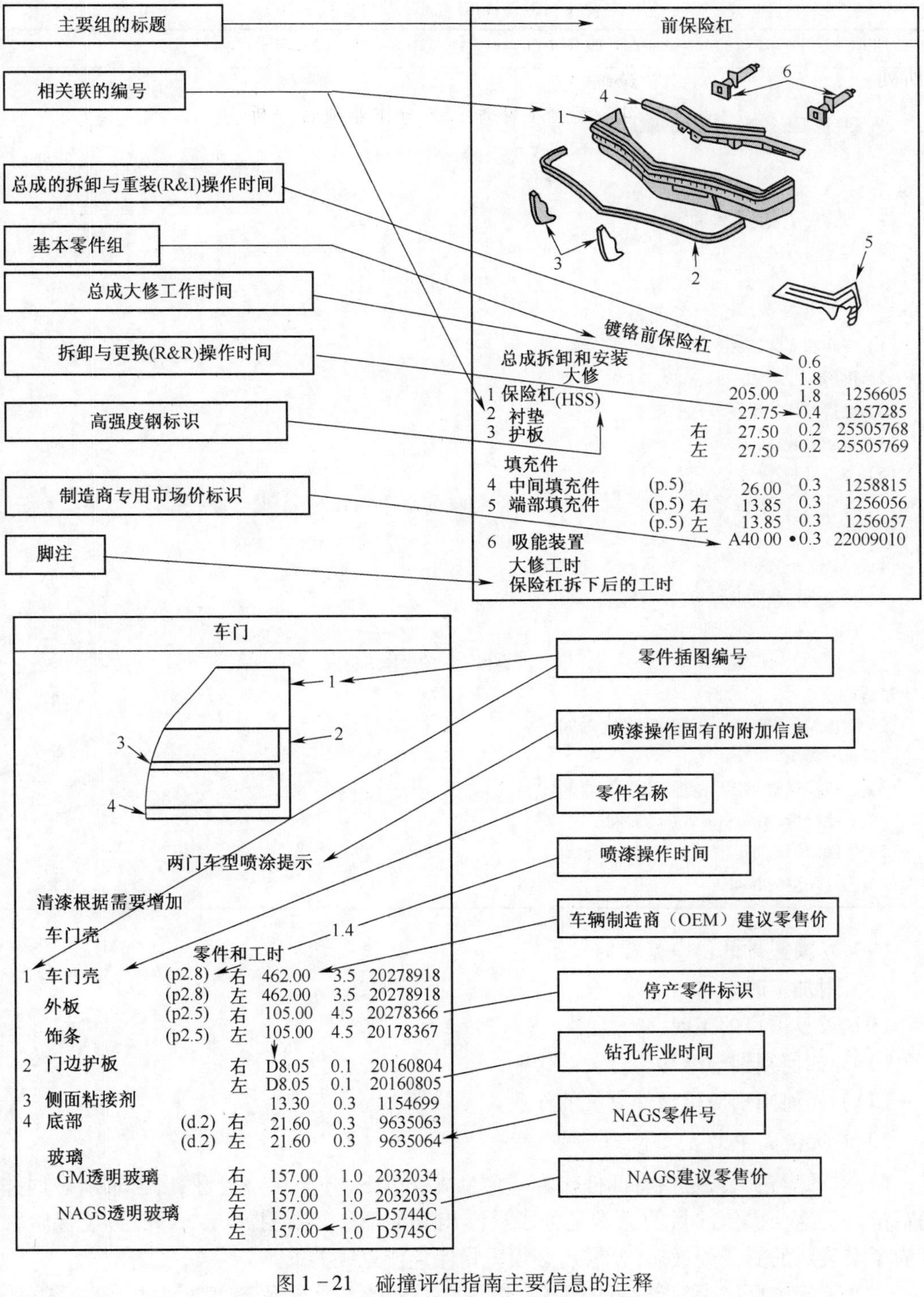


图1－21 碰撞评估指南主要信息的注释

(4) 如何阅读和使用零件插图。

(5) 工序注解,注明了包括哪些操作和不包括哪些操作(表1－5为保险杠的工序说明)。

(6) 停产零件的信息是如何显示的。

表1-5 保险杠的工序说明

| 保 险 杠 |
|---|
| 前杠或后杠 |
| 注:从吸能装置(支架)或支座位置拆开 |
| 总成拆卸和安装(R&I) |
| 包括:<br>(1)作为一个整体拆卸和安装<br>(2)与车身对齐 |
| 总成大修 |
| 包括:<br>(1)拆卸和安装总成<br>(2)拆解<br>(3)更换损坏的零件<br>(4)重新组装<br>(5)与车身对齐 |
| 保险杠的拆卸和更换(R&R) |
| 包括<br>(1)保险杠的R&R<br>(2)护板和衬垫的R&I<br>(除非另有文字说明) |
| 所有保险杠的操作 |
| 不包括:<br>(1)为冻结或损坏的卡子付出的额外时间<br>(2)重新喷涂<br>(3)选装的饰条、铭牌、徽标、装饰、气囊和灯<br>(4)去除胶带、贴釉和覆盖物的时间<br>(5)拆卸液力吸能装置的时间<br>(6)大灯调整的时间 |

(7)互换零件的信息是如何显示的。

(8)附加工时。

(9)重复项目的工时。

(10)如何判别与结构件有关的作业。

(11)如何判别与机械件有关的作业。

3. 评估指南中的主要修理作业

(1)拆卸与安装,是指将部件作为一个总成被拆下,并放在一边,然后再重新装回并正确定位好。这项操作的目的通常是为了显露出其他部件,以便操作。例如,拆装保险杠表示为了安装新的翼子板或后侧围板,必须先将保险杠总成拆下。

(2)拆卸与更换,是指拆下旧零件,将一些必要的部件转移到新零件上,更换零件,然后定位。

(3)大修,指将一个总成从车上拆下、分解、清洗、检查、视情况更换零件;然后重新组装、安装并调整(不包括车轮和悬架系统的定位)。只有当各个单个零件的修理工时(较少交叠)之和大于大修工时时,才会采用大修工时。

（4）切割，是指切割损坏钣金件并焊上一块新钣金件的作业，即焊接钣金件部分更换作业。

（5）其他修理作业。米切尔碰撞评估中还规定了钻孔和喷漆的工时定额。

4. 米切尔碰撞评估指南中的作业工时

米切尔碰撞评估指南中查到的作业工时是以汽车制造商提供的信息和工时研究为基础的。制造商提供在普通修理企业条件下可实现的时间定额。一般技师在平均劳动条件下和按照制造商修理手册规定的工序，应能在规定的时间内完成修理作业。作业工时研究包括准备作业时所花费的收集工具和材料的时间。

汽车制造商建议的作业工时，是指从新的、未损坏的汽车上拆卸和更换新的、未损坏的原装零件所用的时间。实际经验证明，制造商提供的作业时间有时与修理损坏汽车的实际不符。因此，碰撞评估指南的出版商不断地从碰撞修理企业中收集数据，将其所列出的工时与修理作业的实际时间进行比较。在实际车身修理企业环境中进行的时间研究以校验碰撞评估指南中所列的作业工时。这些实际经验以及行业调查和碰撞修理汽车的技术数据，都被用来研究碰撞评估指南的工时定额。

5. 利用米切尔碰撞评估指南确定作业工时的方法

要确定某项修理作业的作业工时时，可以从指南中直接查到某项作业的工时定额，比如图1-21中可以查到相应车型的保险杠总成拆卸与安装作业的工时定额为0.6h，但在实际评估中，不能将0.6h直接作为保险杠总成拆卸与安装作业的作业工时。因为米切尔碰撞评估指南中一个独立的作业，是以一个新的、未损坏零件的安装作业为基础来制定作业工时的。这种工时仅适用于标准原装库存零件。这种工时不适用于装备非汽车制造商提供零件的汽车，制造商也不把它作为常规产品选装来供货，如果其他零件或设备必须予以更换，作业工时就应该调整以弥补增加的劳动。例如，如果决定用市场配件或旧车拆解零件更换损坏零件，就会因调整和校正汽车零件而增加附加工时。

未列入工时定额的作业也可能需要附加工时。米切尔碰撞评估指南的出版商不能简单预见各种复杂的汽车状况和碰撞损失。然而，在计算作业工时时，就要考虑下列情况。

（1）准备时间。用切割、拉伸、推压等方法拆卸严重损坏的零件。

（2）防腐抗锈材料。拆卸或应用可焊的锌底漆、石蜡、面漆、底漆等。

（3）碎玻璃的清理。

（4）细节。将车辆清洗到事故前的状况。

（5）电气元器件。

（6）必要的拆卸和安装时间。包括接线、线束和计算机模块。

（7）在断电进行修理时，应重新启动记忆模块功能的时间。

（8）车架调整。

（9）清洗零件。清洗零件上的锈迹和腐蚀物所需的时间。

（10）测量和检验。承载式车身结构损伤。

（11）塞堵和修整孔。安装时塞堵零件上不需要的孔。

（12）修理和校准。相邻零件被更换时。

（13）修复零件适用于特定年款和车型（例如砖车灯孔，修改散热器支架）。

（14）润滑油和润滑脂。清洗这些或其他可能影响工作的材料。

(15) 移装时间。将旧零件上的支架、托架或加强件焊接或铆接到新零件上。

从以上分析可以看出,利用米切尔碰撞评估指南确定某项修理作业的作业工时时计算方法如下:

$$作业工时=工时定额+附加工时 \tag{1-1}$$

工时定额可以直接从评估指南中查出,附加工时由评估人员根据实际情况确定。

实际的评估工作中,往往要计算多项修理作业的工时,在计算多项修理作业的工时时不能简单地将几项修理作业工时相加得出,还要考虑以下情况。

**1) 重复作业**

重复作业是指一个零件的更换操作与相邻零件或紧固件的更换作业有部分工时重复。对于有重复作业的,必须考虑减少评估指南给出的工时。

**2) 包含作业**

包含作业是指那些可独立计算的但包含在另一项作业中的作业。如果该项作业已被包含在其他项作业中,则该项作业不应再单独计算工时。

**3) 作业准备时间**

作业准备时间在修理作业过程中涉及拆卸相邻零件及其修理作业。如果上一步拆卸的零件,可使下一步作业更加容易,则碰撞指南中所给出的工时就应该适当地减少。

从以上分析可以看出,利用米切尔碰撞评估指南确定某次碰撞损失修理作业的作业工时时计算方法如下:

$$\begin{aligned}作业工时=&\Sigma(某项目标准作业工时+附加工时)-重复作业工时\\&-包含作业工时-作业准备时间\end{aligned} \tag{1-2}$$

6. 工时费的计算

利用米切尔碰撞评估指南确定事故车工时费的计算公式为

$$工时费=作业工时\times工时单价 \tag{1-3}$$

作业工时可从米切尔碰撞评估指南中查出每项标准作业工时,再考虑附加工时、重复作业工时、包含作业工时等计算得出。

根据米切尔碰撞评估指南的说明,此处的工时单价即每小时的劳动报酬,取决于当地目前最新的汽车维修企业劳动报酬,即当地市场的平均工时单价。

### (二) 米切尔碰撞评估指南涂装费用评估体系介绍

1. 涂装作业工时

米切尔碰撞评估指南中,提供板件涂装作业工时的查询,例如图 1-21 中,可以查出,某款车型的车门壳的涂装作业工时为 2.8 工时,但指南中列出的涂装作业工时,仅是对未损坏的新钣金件外侧喷涂单级面漆所用的时间。包含的作业有溶剂清洗、板件打磨和清洗、遮蔽 90cm 范围内的相邻板件、打底或密封、最后的打磨和清洗、调配油漆、调试喷漆设备、喷涂彩色涂层、清洗喷漆设备。

此作业工时里未考虑其他潜在的问题。例如已损坏的板件喷涂面漆之前,必须刮原子灰;生锈的钣金件,必须经过防锈处理,等等。如果在评估时没有针对这些不可预料的问题额外增加一些工时,则最终将会得到一个不准确的评估报告。

一般情况下,以下操作没有包含在评估指南所查的涂装作业工时中:颜色匹配和调色、刮涂原子灰、平整焊缝、使新漆与相邻板件相融合、去除保护层、喷涂底漆、喷涂防腐材料、喷涂隔音材料、喷涂板件边缘、喷涂发动机罩或行李厢盖的底面、在喷涂前根据需要遮蔽整个车辆(包括车辆内部)、拆卸与安装影响涂装作业的零部件、板件维修。

另外,如前所述,评估指南中列出的涂装作业工时是以单级面漆涂装作业工时为标准的,但是目前大多数汽车采用两级面漆和三级面漆,相对于单级面漆,这两种面漆都需要增加很多额外的作业,同样需要增加额外的作业工时。

实际评估时这些未包含的作业都需根据实际情况,通过附加作业工时来体现,米切尔碰撞评估指南中,部分附加的工时数如表1-6所列。

表1-6 涂装作业需要增加的工时

| | |
|---|---|
| 喷涂防腐层 | 增加0.3h |
| 双级面漆:第一块板件 | 增加0.5h |
| 每增加一块板件 | 增加0.3h |
| 面漆抛光,每块板件每小时 | 增加0.3h |

当多块板件需要进行涂装作业时,应缩减涂装作业工时。第一块主要板件的涂装作业时间应选取评估指南所给出工时的100%,而相邻的板件应扣除0.4h,延伸件则应扣除0.2h。主要面板包括前面板、发动机罩、前翼子板、车门、门槛板、车顶、后侧围板、后车身板、行李厢盖、尾门等,而填充板、内板和窗框等不作为主要板件。

如果喷涂的板件不相邻,对于第一块主要板件还是计算评估指南中列出的全部工时,而其他板件应当每块扣除0.2h。虽然这些板件不相连,但每块板件的涂装作业都包含了配置油漆、清洗喷枪等操作,这些重复的工时应当减去。

从以上分析可以看出,利用米切尔碰撞评估指南确定几块板件的涂装作业工时时的计算方法如下:

涂装作业工时=第一块主要板件的标准作业工时+(第二块相邻主要板件的标准作业工时-0.4)+(第三块非相邻主要板件的标准作业工时-0.2)+…+附加工时 (1-4)

2. 涂装材料费用

评估指南中,涂装材料费用的一种计算方法是:用涂装作业工时乘以预先设定的每工时涂装耗材费用。例如,如果预先确定的每工时涂装材料费用为80元,车门的涂装作业工时为2.5h,那么喷涂车门的涂装材料费用就是:80元/h×2.5h=120元。每工时涂装耗材费用是维修站根据当地的涂料价格(增加一些利润)预先设定的。

另一种方法是,根据涂料指南中提供的各种涂料成本来确定。

3. 整车涂装

在对整车涂装工时进行估算时,有很多变量需要考虑,如当前车漆的状况,采用哪种涂装工艺等。如果是一辆漆面状况很好的新车,重新喷涂另外一种颜色的油漆可能需要10h。而对于一辆漆面退化的旧车,维修时需要拆除饰条和装饰物,甚至要做一些小的钣金工作,因此可能需要更多的工时。

因为整车涂装的变数很多,所以评估指南中无法给出标准的工时值。在估损时,估损人员需根据经验判断清洗车辆、维修损坏、遮蔽、打底和涂装等操作各需要多少工时。

### （三）工时定额法介绍

1. 汽车维修工时定额

GB 5624—85 规定了汽车维修平均工时的定义："报告期内，汽车某类维修作业所耗工时的平均值。"由于维修作业的施工时间取决于多个因素，如车型构造、作业项目、工艺设备、工人技术熟练程度及管理等，因此我国各地根据本地区实际情况颁布了地方性的《汽车维修工时定额和维修费用计算办法》。

所谓工时定额是指规定的该修理项目的工作量，其并不等于实际施工时间，它是汽车维修诸多技术经济定额的一种，是在一定作业条件下完成维修所消耗的劳动时间标准，是确定维修工时费的重要依据。

2. 工时费的计算

利用汽车维修工时定额计算维修费用的公式为

$$工时费 = 工时定额 \times 工时单价 \tag{1-5}$$

表 1-7 为某地区的《机动车辆维修行业工时定额和维修费计算方法》中部分维修项目的工时定额，其中规定一类维修企业工时单价 7.5 元，4S 店可以上浮至 15%（80 万以上的车辆在 4S 店维修可以上浮至 30%）；二类维修企业工时单价 6 元；三类以下维修企业工时单价 5 元。

表 1-7　部分维修项目的工时定额

| 序号 | 车型／项目 | 1 微型 | 2 普通型 | 3 中低级 | 4 中级 | 5 中高级 | 6 高级 | 7 豪华级 |
|---|---|---|---|---|---|---|---|---|
| 车型划分标准 | | 5 万以下 | 5 万～10 万 | 10 万～15 万 | 15 万～30 万 | 30 万～50 万 | 50 万～80 万 | 80 万以上 |
| 外观件 | | | | | | | | |
| 1 | 拆装前保险杠 | 3 | 4 | 5 | 7 | 10 | 12 | 15 |
| 2 | 拆装后保险杠 | 2 | 3 | 5 | 5 | 8 | 10 | 12 |
| 3 | 拆装前大灯 | 1 | 1 | | 3 | 4 | 5 | 5 |
| 4 | 拆装尾灯 | 1 | 1 | 1 | 2 | 3 | 3 | 3 |
| 5 | 换驾驶室（所有工种拆装） | 200 | 250 | 300 | 400 | 500 | 600 | 750 |
| 6 | 拆装前翼子板 | 4 | 3 | 6 | 6 | 8 | 10 | 12 |
| 7 | 拆装发动机盖 | 3 | 4 | 5 | 6 | 8 | 10 | 12 |
| 8 | 拆装车门 | 5 | 6 | 8 | 12 | 18 | 25 | 35 |
| 9 | 拆装电动后视镜 | 3 | 4 | 6 | 8 | 10 | 12 | 15 |
| 10 | 拆装后翼子板 | 25 | 30 | 35 | 45 | 70 | 90 | 120 |
| 11 | 拆装后厢盖／后背门 | 3 | 3 | 4 | 5 | 6 | 8 | 10 |
| 12 | 拆装前挡风玻璃（粘贴） | 8 | 12 | 16 | 25 | 30 | 40 | 45 |
| 13 | 拆装前挡风玻璃（挂胶） | 3 | 3 | 3 | 5 | — | — | — |
| 14 | 拆装后挡风玻璃（粘胶） | 8 | 10 | 14 | 20 | 25 | 35 | 40 |

根据《机动车辆维修行业工时定额和维修费计算方法》计算某个维修项目的工时费的

基本方法可按图1－22的流程进行。

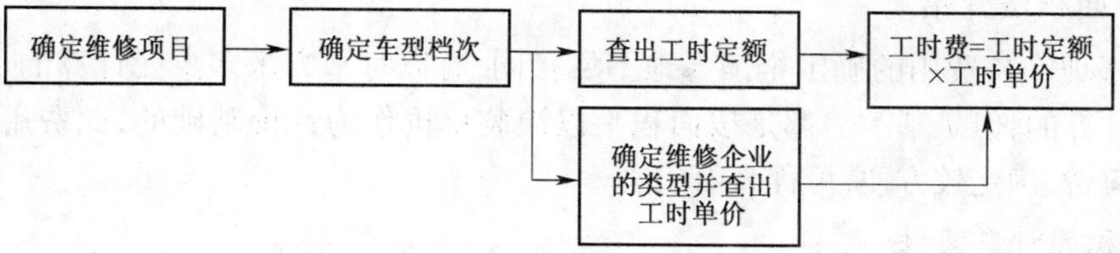


图1－22　利用汽车维修工时定额法计算工时费的方法

### 3. 工时定额法中的涂装费用的计算

各地区的《机动车辆维修行业工时定额和维修费计算方法》中，也有涂装费用的规定，主要有两种方式：一种是只提供工时查询，如表1－8所列；一种是包括工时费和材料费，如表1－9所列。

表1－8　某市车身小修喷漆工时定额（部分）　　单位：工时

| 序号 | 作业项目 | 数量 | 轿车 | | | | | | | | 备注 |
|---|---|---|---|---|---|---|---|---|---|---|---|
| | | | 1 | 2 | 3 | 4 | 5 | 6 | 7 | 8 | |
| 1 | 前翼子板 | 1 | 4.3 | 4.5 | 4.9 | 5 | 5 | 6.8 | 7 | 7.3 | 不包括材料费 |
| 2 | 发动机罩 | 1 | 6.3 | 6.5 | 6.8 | 6.9 | 7 | 8.2 | 8.5 | 8.7 | |
| 3 | 车门 | 1 | 4.8 | 5 | 5.5 | 6 | 6.5 | 7 | 7.4 | 7.7 | |
| 4 | 后翼子板 | 1 | 5 | 5.2 | 5.7 | 6.8 | 7 | 7.9 | 8.1 | 8.3 | |

说明：轿车栏目中，1—排量1L以下；2—排量大于1.0L～1.6L的标准级车型；3—排量大于1.0L～1.6L的豪华级车型；4—排量大于1.6L～2.2L的标准级车型；5—排量大于1.6L～2.2L的豪华级车型；6—排量大于2.2L～3.2L的车型；7—排量大于3.2L～4.0L的车型；8—排量大于4.0L的车型

表1－9　某地区（小客车）喷漆价格标准（部分）　　单位：元

| 序号 | 车型 / 项目 | 1微型 | 2普通型 | 3中低级 | 4中级 | 5中高级 | 6高级 | 7豪华级 |
|---|---|---|---|---|---|---|---|---|
| | 车型划分标准 | 5万以下 | 5万～10万 | 10万～15万 | 15万～30万 | 30万～50万 | 50万～80万 | 80万以上 |
| 1 | 整车 | 1500 | 2400 | 2600 | 3000 | 4000 | 6000 | 15 |
| 2 | 半车 | 800 | 1200 | 1300 | 1500 | 2000 | 3000 | 3500 |
| 3 | 前/后保险杠 | 220 | 280 | 350 | 400 | 500 | 800 | 850 |
| 4 | 前后/车门 | 240/220 | 300/280 | 350/300 | 400 | 450 | 700 | 800 |
| 5 | 前翼子板 | 180 | 250 | 280 | 330 | 440 | 500 | 600 |
| 6 | 后翼子板 | 200 | 280 | 300 | 380 | 550 | 700 | 800 |
| 7 | 发动机罩 | 300 | 400 | 450 | 550 | 700 | 900 | 1000 |
| 8 | 车顶（含侧框） | 350 | 450 | 500 | 600 | 750 | 900 | 100 |

说明：(1)3件及以上喷漆时，在半车价格内按照90%核定；喷漆部位超过半车时，应以需喷漆面积占整车面积的百分比计算。(2)局部喷漆按照整体喷漆的60%价格核定；当受损面积超过一半或者受损部位在中部时，应当采用整体喷漆；而当受损部位在线条、饰条以下或以上，或在边缘、其面积小于一半时，应当采用局部喷漆。(3)补漆按照整体喷漆价格的30%核定，当受损点在边缘且面积很小时采用补漆

### （四）面积法介绍

汽车修理涂装费用的确定全国各地不尽相同，有以每平方米多少元计算的，也有以每幅多少元计算的，但是基本上都是按面积乘以涂装单价作为计价基础的，此费用包含了工时费和材料费，确定较方便，可称为面积法。

1. 面积的计算方法

以每平方米为计价单位，不足 $1m^2$ 按 1 $m^2$ 计价，第 $2m^2$ 按 0.9 $m^2$ 计算，第 $3m^2$ 按 0.8 $m^2$ 计算，第 $4m^2$ 按 0.7 $m^2$ 计算，第 $5m^2$ 按 0.6$m^2$ 计算，第 $6m^2$ 以后，每平方米按 0.5 $m^2$ 计算。

2. 涂料单价的确定

**1）确定涂料类型**

整个涂装材料都是根据面漆的类型配套进行的，而且在整个涂装作业中所用的材料，面漆材料价格最高，所以在评估时，主要确定面漆的种类。

汽车修补用面漆从外观作用来分主要有素色面漆、金属面漆和珍珠面漆 3 种。素色面漆喷涂完毕后整个面漆层即告完成，所以又称单工序面漆或单涂层面漆，即米切尔碰撞评估指南中所说的单级面漆；金属面漆在施工时，先喷涂金属漆层，再喷涂清漆层，所以又称为双工序面漆或双涂层面漆，即米切尔碰撞评估指南中所说的两级面漆；珍珠面漆在施工时，先喷涂色底层，再喷涂珍珠漆层，最后喷涂清漆层，所以又称为三工序面漆或三涂层面漆，即米切尔碰撞评估指南中所说的三级面漆。

汽车涂料从成膜机理来分有溶剂挥发干燥成膜、氧化聚合型干燥成膜、热聚合交联型成膜、双组分聚合型成膜。这几种成膜对涂料性能的影响关系：热聚合交联型和双组分聚合型性能一致好于氧化聚合型，氧化聚合型好于溶剂挥发干燥成膜。

通过上述分析影响面漆的涂装费用的因素主要有两个：一是施工类型，二是面漆的性能与质量的好坏。影响面漆性能与质量的主要因素是成膜机理以及品牌。为了评估方便性根据以上分析可大致将面漆分为 4 类：溶剂挥发性成膜素色漆，目前主要是硝基漆；氧化聚合型干燥成膜素色漆，目前主要是醇酸树脂瓷漆；金属漆；珍珠漆。

**2）确定涂料的单价**

市场上所能购买的面漆大多为进口和合资品牌。世界主要汽车面漆的生产厂家，如美国的杜邦和 PPG、英国的 ICI、荷兰的新劲等，每升单价都不一样，估价时常采用市场公众都能够接受的价格。

每平方米的涂装费用中有材料费和工时费。在经济相对发达的地区，材料费较低而工时费较高；经济相对落后的地区，材料费较高而工时费较低，结合起来，每平方米涂装费用差别不大，表 1-10 可供评估人员参考。

表 1-10　汽车涂装费用参考表

| | 轿车 | | | | | 客车 | | 货车 | |
|---|---|---|---|---|---|---|---|---|---|
| | 微型 | 普通型 | 中级 | 中高级 | 高级 | 普通 | 豪华 | 车厢 | 驾驶室 |
| 硝基漆 | | | | | | 100 | | 50 | |
| 瓷漆 | 200 | 250 | 300 | 400 | 500 | 200 | 300 | | 250 |
| 金属漆 | 300 | 350 | 400 | 500 | 600 | | 400 | | |
| 珍珠漆 | | | 600 | 700 | 800 | | | | |

### （五）确定涂装费用的方法分析

如前所述，涂装费用由工时费和材料费两部分组成，在米切尔碰撞评估指南中工时费和材料费是分开计算的，因为不同品牌的材料价格差异较大，但对同一类型的材料涂装作业工作量基本是恒定的，所以分开算准确性较高。但目前国内对涂装标准作业工时的分析研究很少，没有可查的资料，所以评估时分开计算较困难，目前国内涂装费用的评估建议一起算。具体可选择面积法，对轿车也可以按幅计算，一幅算 $1m^2$。

### （六）确定案例1的涂装费用

1. 评估指南法

根据表1-4作业项目表，作业项目为左后翼子板喷漆、后保险杠左侧喷漆，每块板件的标准作业工时可参照图1-21中车门外板的标准单级面漆作业工时，即2.5h。另外后保险杠由于面积较小可定为2h左右。本案例为双级面漆，根据表1-6，第一块板件应增加0.5h，第二块板件应增加0.3h。

所以案例1利用米切尔碰撞评估指南确定几块板件的涂装作业工时时的计算方法如下：

涂装作业工时=第一块主要板件的标准作业工时+（第二块相邻主要板件的标准作业工时-0.4）+附加工时=（2.5+0.5）+（2+0.3-0.4）+0.2=5.1h

其中后保险杠为塑料件，底材处理与金属板有差异，所以取附加工时0.2h。

假设工时单价取80元，每工时涂装材料费用为80元，则案例1的涂装费用为

案例1的涂装费=工时费+材料费=工时×工时单价+材料费=5.1×80+5.1×80=816元

2. 工时定额法

采用工时定额法时，一定要参照所在地区的《机动车辆维修行业工时定额和维修费计算方法》中的涂装费用规定，这里采用表1-9中所列的方法举例说明。

案例1中车型为帕萨特，其车型按照表1-9中的方法为“4中级车”，根据损伤情况，左后翼子板属于长条型深划痕，所以应按照整体喷漆价格计算，查表1-9其价格为380元；后保险杠漆左侧损伤面积不大，按照局部喷漆价格计算，查表1-9其价格为400×60%=240元。

案例1的涂装费=380+240=620元。

3. 面积法

案例1的面积=1+0.9=1.9 $m^2$。

案例1涂料单价的确定：案例1车型为帕萨特，在表1-10中算中级车，根据漆面损伤检查情况判断其漆面为金属漆，查表1-10其单价为400元。

案例1的涂装费=1.9×400=760元。

## 四、制作案例1的损失评估表

前面已将评估的主要环节进行了详细分析，在此基础之上可形成一个损失评估表。除

了前述分析的一些问题,具体制作时还需考虑以下问题。

(1) 评估基准时点。通常评估基准时点为事故时点,本案例中发生事故的时间为2009年02月25日21时,所以评估基准时点为2009年02月25日。

(2) 是修理还是报废? 根据前面的损伤检查情况,可知损失远远低于报废的标准,所以应修理,同时评估时应选用修复费用加和法。

(3) 本案例中只涉及涂装费用,此处选用面积法。

(4) 残值的确定。本案例中无残值。

(5) 其他费用的确定。按照修复费用加和法中的计算方法还有期间费用(包括管理费用、财务费用和税费)、利润。但考虑到目前国内工时费用中已包含了这些费用,所以评估时应省略这些费用。

所以案例1的损失费用,参照"(六)确定案例1的涂装费用"中的"3. 面积法"得出其费用为760元,评估表如1-11所列。

表1-11 案例1的损失评估表

| 备注:被保险人信息以及标的信息略 | | | | |
|---|---|---|---|---|
| 序号 | 修理项目名称 | 工时 | 材料费 | 总费用 |
| 1 | 左后翼子板、后保险杠左侧喷漆 | | | 760元 |
| 2 | | | | |
| 3 | | | | |
| 小计 | | | | 760元 |

## 思 考 题

1. 请比较《米切尔碰撞评估指南》和我国《机动车辆维修行业工时定额和维修费计算方法》之间的异同。
2. 请描述汽车修补涂装工艺的流程。
3. 怎样判断汽车的涂层属于什么类型?
4. 请比较《米切尔碰撞评估指南》中的涂装费用评估方法与面积法的异同。

## 任务2:外板件变形的损失评估

**学习目标:**

(1) 能够用评估指南法、工时定额法、工时手册法评估外板件变形的损失费用。

(2) 熟悉外板件变形的检查方法。

(3) 熟悉外板件变形的修理基本知识。

(4) 熟悉外部板件变形后修理与更换的确定方法。

(5) 熟悉外部板件变形后修理作业工时的确定方法。

## 导入案例 2:一辆雪佛兰景程轿车左侧外板件损伤案例

外板件损伤图如图 1－23 所示。

图 1－23　外板件损伤图

## 一、外板件变形的损伤检查

### (一) 外板件变形的损伤检查方法

从碰撞接触点开始环绕汽车一圈仔细地检视外板件变形情况。检查变形是否为以前损坏的也很重要。保险公司不会为以前碰撞造成的凹痕、磕碰擦伤和油漆缺陷的修理支付费用。客户必须自己支付汽车在碰撞前的所有修理费用。

### (二) 案例 2 的外板件损伤检查

详细损伤情况如图 1－24 所示。

(a)　　(b)

(c)

(d)

图 1－24　外板件详细损伤图

损伤情况：左后车门面板和左后翼子板出现较大面积凹陷，其他板件没有损伤。

## 二、确定案例 2 的修理工艺与作业项目

### （一）外板件变形修理的基本知识

1. 车身用钢板的常用修复方法

车身用钢板目前常用的修理方法大致有 3 种：锤子和顶铁配合的锤击法、焊接介子拉拔法、收缩法，应用情况如表 1－12 所列。

表 1－12　钢板修复的方法及使用区域

| 修理方法 | 锤子和顶铁配合的锤击法 | 焊接介子拉拔法 | 收缩法 |
| --- | --- | --- | --- |
| 适用损伤区域 | 内侧可触及部位 | 内侧不可触及部位 | 刚性减弱部位 |
| 范例 | 前翼子板；后翼子板后段；后下围板；车顶钢板中段；发动机盖和行李厢盖 | 后翼子板轮弧部位；前后车门；车门槛板；前柱、中柱、后柱；车顶钢板的前侧、后侧及两侧；发动机盖和行李厢盖 | 延展的钢板；过度使用对位敲击作业的钢板 |

2. 锤击法

**1）工具的选择**

工具包括一些人们非常熟悉的普通金属加工工具和专门用于汽车车身修理的专用工具，其中钣金修复最为常用的工具是手锤和顶铁以及专用于特殊场合的各种匙形铁等。

（1）手锤：钣金修理应用到很多不同的锤，不少是专门为金属成形作业而制成特殊形状的。根据各种锤在钣金作业中的用途基本可以分为初整形锤、车身钣金锤和精修锤等几类。

初整形锤重量比较大，主要用于矫正弯曲的基础构件、修平重规格部件和在未开始使用车身锤和顶铁作业之前的粗成形工作。一般初整形锤的质量多在 500～2500g 之间，锤面较大而且较平，适合于较大面积的修整。初整形锤的材质主要有铁质、橡胶和木质等，如图 1－25 所示。铁质的初整形锤是复原损毁的较重金属构件必需的工具，重量较大且配以较短的把柄，能够在比较紧凑的地方使用。橡胶锤和木锤由于质地较软，多用于柔和地敲击

较薄的钢板,不会引起表面的进一步损坏,适用于薄钢板上较大面积损伤的初步修复。有些木锤的形状被制造成锥台形,大头为纯木质,作用与橡胶锤相同,小头为木质的锤芯外包铁箍,由于接触面积较小且质量轻,故也适用于金属薄板的精整形。

车身钣金锤是连续敲打钣金件恢复其形状的基本工具,用于初步整形之后的精整形阶段。它有许多种不同的设计,头部有扁头、尖头、圆头等多种,可以用于各种专门的用途;锤底部基本都是圆形且底部中央突起而四周略低,这样有利于将力量集中于高点或隆起变形波峰的顶端。车身钣金锤的重量要比初整形锤小很多,多在300~500g之间,这样的重量有利于进行精度较高的整形修复工作,同时对周围的二次损伤也较小。图1-26所示为常用的几种车身钣金锤。

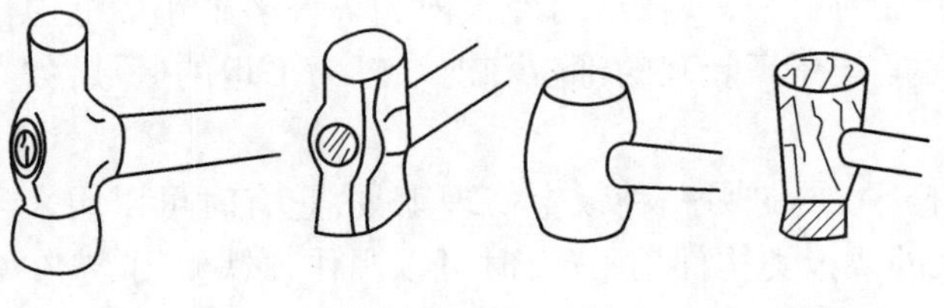

(a)　(b)　(c)　(d)

图1-25　初整形锤

(a) 球头锤;(b) 铁锤;(c) 橡胶锤;(d) 带有铁箍的木锤。

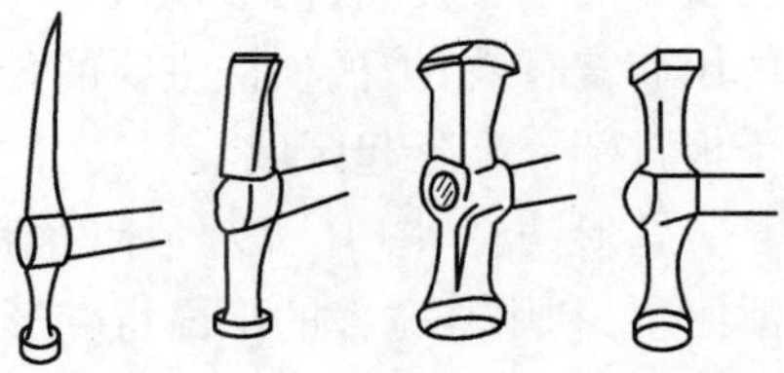

(a)　(b)　(c)　(d)

图1-26　车身钣金锤

(a) 尖头锤(撬镐);(b) 扁头锤;(c) 弧面锤;(d) 普通钣金锤。

尖头锤的尖端有的可以被制造得很长,兼有撬起凹陷部位的功能,故也称为撬镐,其主要用途是利用尖端对小的凸起部分进行修平,并可以利用长长的尖部进行撬起整形;扁头锤的扁头对于制筋等部位的轮廓修整非常有用,常用来修整板件上的制筋轮廓边缘;球头弧面锤的球头曲率比较大,适用于很多高隆起加强的板件的内部;常用的上方下圆钣金锤的方头一边接触面积较大,可以进行大面积整形,圆头的接触面积较小,多用于小范围的精整形操作。

精修锤与车身钣金锤在形状上没有太大的区别,只是重量上更轻一些,适用于精度较高部位的修整。

(2) 顶铁和匙形铁:顶铁是配合手锤进行钣金整形的常用工具,它的作用相当于一个小的铁砧,用手握持顶在需要用锤敲击的金属背面。用锤和顶铁一起作业,使高起的部位下降,使凹陷的部位提升。顶铁有许多不同的形状,各个面的曲率也不同,分别用于特定的凹陷形式和车身板件的外形。图1-27所示为常用的顶铁。

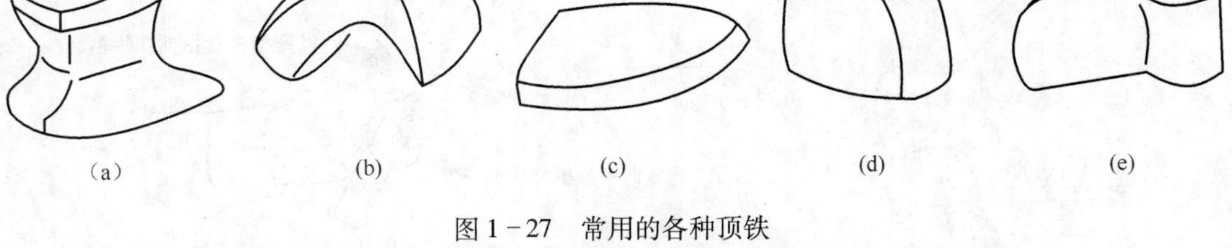

(a)　(b)　(c)　(d)　(e)

图1-27　常用的各种顶铁

(a) 万能顶铁;(b) 护板顶铁;(c) 足尖形顶铁;(d) 足跟形顶铁;(e) 楔形顶铁。

在选用顶铁时,顶铁使用面的曲率与面板外形的配合非常重要,假如在高隆起的表面使用了低曲率的顶铁,在加工中会造成更大的凹陷。所以在选用顶铁时要把握一定的原则,即使用隆起弧面略高于需要修整的板件隆起弧面的顶铁。随着板件的修整其外观逐渐得到恢复,所以要不断调整和更换不同隆起弧面的顶铁。如图 1－28 所示,顶铁平面端不可置于钢板的弧度面,因为顶铁的尖端将使钢板面留下伤痕,一般建议顶铁表面的圆弧度约为钢板原始弧度的 80%。

在各种顶铁中,万能顶铁有许多不同隆起的弧面,基本上可以适应各种隆起表面的板件,因此称为万能顶铁,但由于体积较大,在有些修理空间不够大的情况下无法得到施展,因此还要许多不同薄厚和形状的顶铁配合,足尖状顶铁和足跟状顶铁比较薄,适合加工空间较小的位置使用;楔形顶铁有一个尖锐的扁平头,在车门外板内侧等许多窄小的缝隙内使用非常有效;护板顶铁主要的使用面是其高高隆起的部位和前端较为平坦的区域,如翼子板背部等高隆起区域。

匙形铁(如图 1－29 所示,也称为修平刀)是另一种钣金修理工具,它有时可以用来当锤使用,利用其宽大的平面将变形较大的薄板类构件拍平;有时可以当作顶铁使用,垫在需要整形的金属板背面,正面用轻整形锤敲击恢复板件形状;更多的时候是用匙形铁深入到用手不能触及的地方撬起凹陷的金属,所以,匙形铁也称为撬板或拍板。

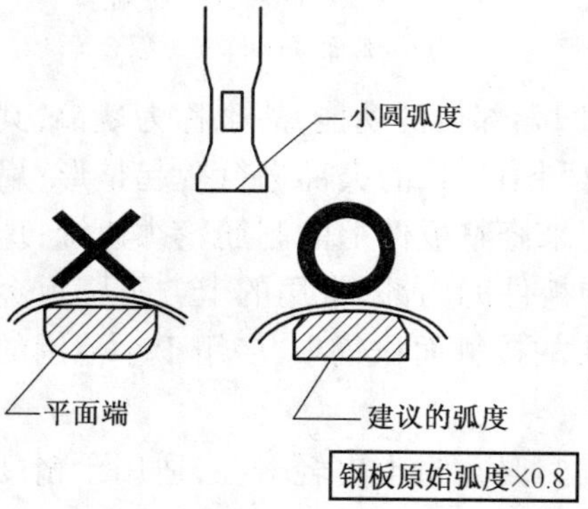


图 1－28　顶铁的选择

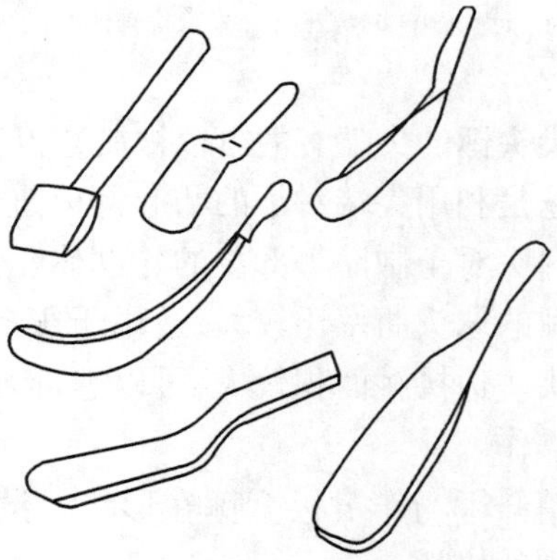

图 1－29　常用匙形铁

## 2) 工具的使用

(1) 手锤和顶铁的握持方式:手锤和顶铁的握持方式如图 1－30 和图 1－31 所示,锤击

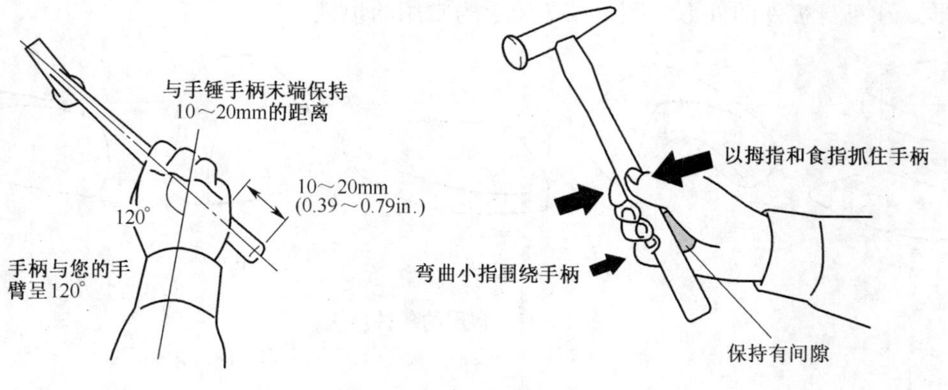


图 1－30　钣金锤的握持

方式如图1－32所示。如正确握持和敲击将在钢板表面留下平整的记号,否则会留下不均匀的记号,如图1－33所示。敲击时不要过于猛烈,因为很少的几次猛烈敲击对金属造成的延展比多次轻微敲击对金属造成的延展还要多。在敲打板件时,一个有经验的修理工每分钟内施行100～120次的轻微敲击。

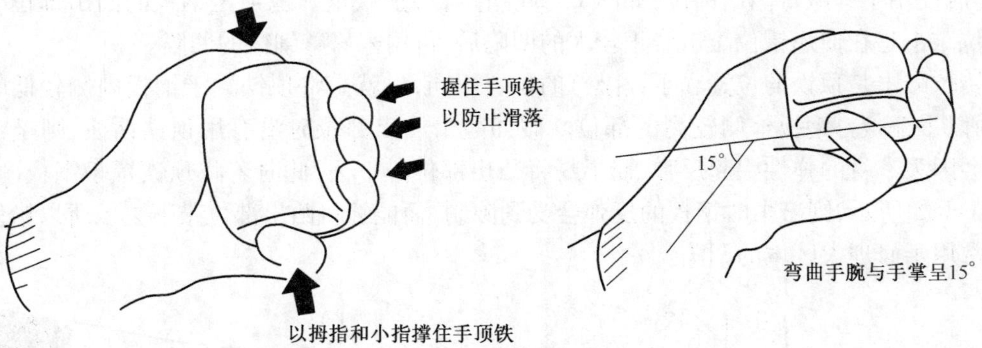


图1－31　顶铁的握持

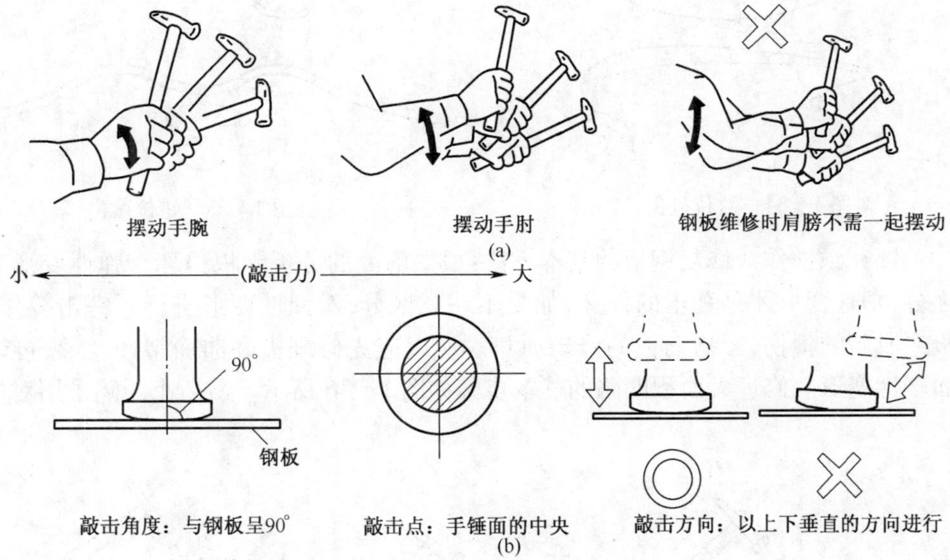


图1－32　锤击方式

(a)摆动的方式;(b)敲击的动作。

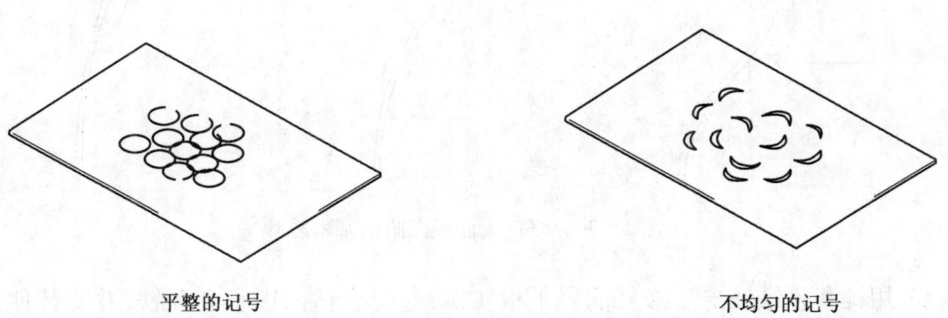


图1－33　敲击后钢板表面留下的记号

(2) 手锤和顶铁的敲击技巧。使用手锤与顶铁修理钢板可分为两种基本技巧:一种是对位敲击(又称实敲或正托法),另一种是错位敲击(又称虚敲或偏托法)。在修理作业中,有经验的钣金维修人员会根据钢板的损伤情况交替使用上述两种敲击技巧。

对位敲击是顶铁的位置和手锤敲打的位置相同,也就是将顶铁置于钢板凸出部位的内侧,然后使用手锤敲打凸出部位,如图 1-34 所示,将顶铁正确地顶至钢板的凸出部位。一般对位敲击是在使用错位敲击修正较大的凹陷后,再用来修整细微的凹陷。

错位敲击是顶铁的位置和手锤敲打的位置不同,也就是将顶铁置于钢板内侧较低的部位,而以手锤敲打钢板外侧较高的部位。假如敲击凸出部位时没有用顶铁顶住,则敲击时钢板会因为本身的弹性引起反弹,而不易将凸出部位敲下去,此时若将顶铁置于钢板内侧,如图 1-35 所示,则敲击时钢板的反弹会受到限制,而能够将凸出部位敲下去。所以错位敲击通常用于修理大区域的凹陷。

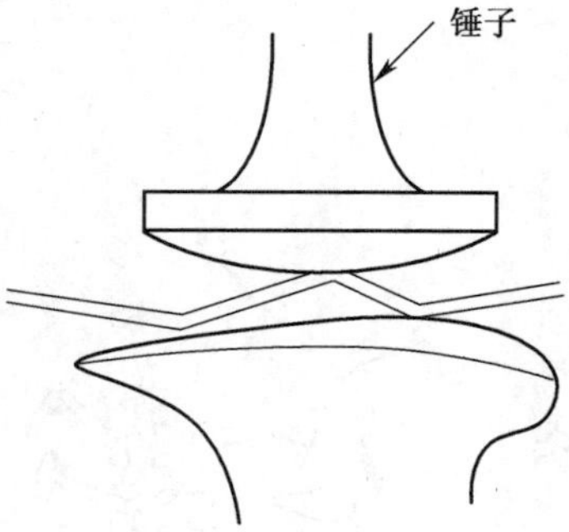

图 1-34　对位敲击

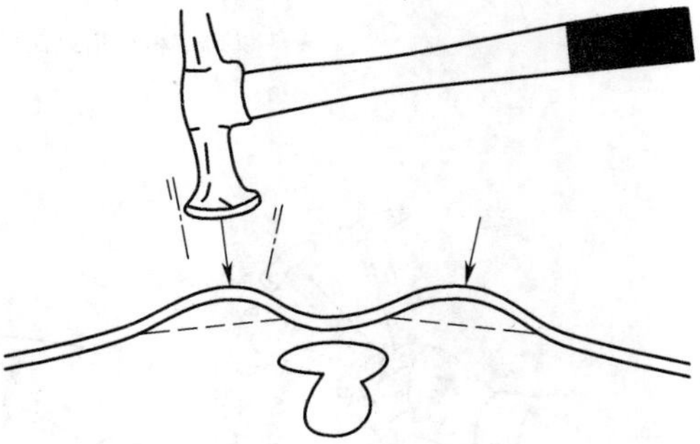
图 1-35　错位敲击

(3) 锤和顶铁作业修复钢板的基本方法:根据前面的分析钢板损坏有弹性变形和塑性变形之分,塑性变形才是真正的损坏,如果不注意区分,对弹性变形进行了锤击等作业,会对钢板造成新的损伤,影响钢板的修理质量。所以应先修理尖利曲面塑性变形,再修理微小曲面塑性变形。修理大面积凹陷的基本步骤如图 1-36 所示。最后小凹陷采用对位敲击成形。

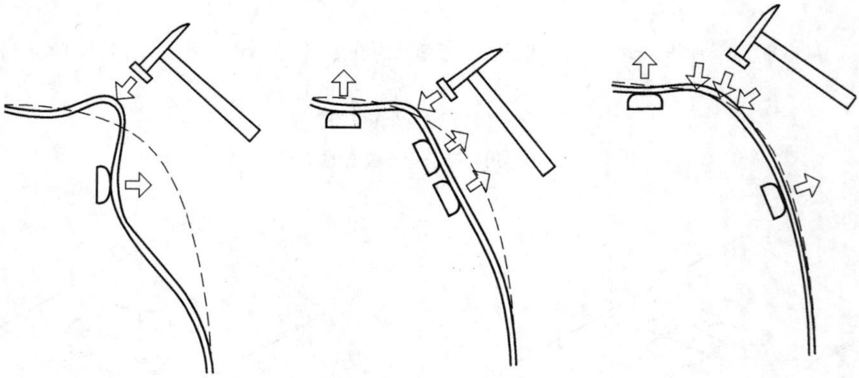
图 1-36　修理大面积凹陷的基本步骤

(4) 用锤和顶铁锤击法修复前翼子板实例:选择合适的锤子和顶铁,并交替使用错位敲击和对位敲击对车身钢板的变形区域进行整形。

图1－37(a)所示为前翼子板的典型凹陷卷曲折损，可以使用手锤和顶铁进行整形修复。在进行修复时，首先应分析板件损伤的受力情况和折损发生的先后顺序，辩证地进行矫正修复，一般情况下应按照与折损发生顺序相反的次序进行修整矫正。

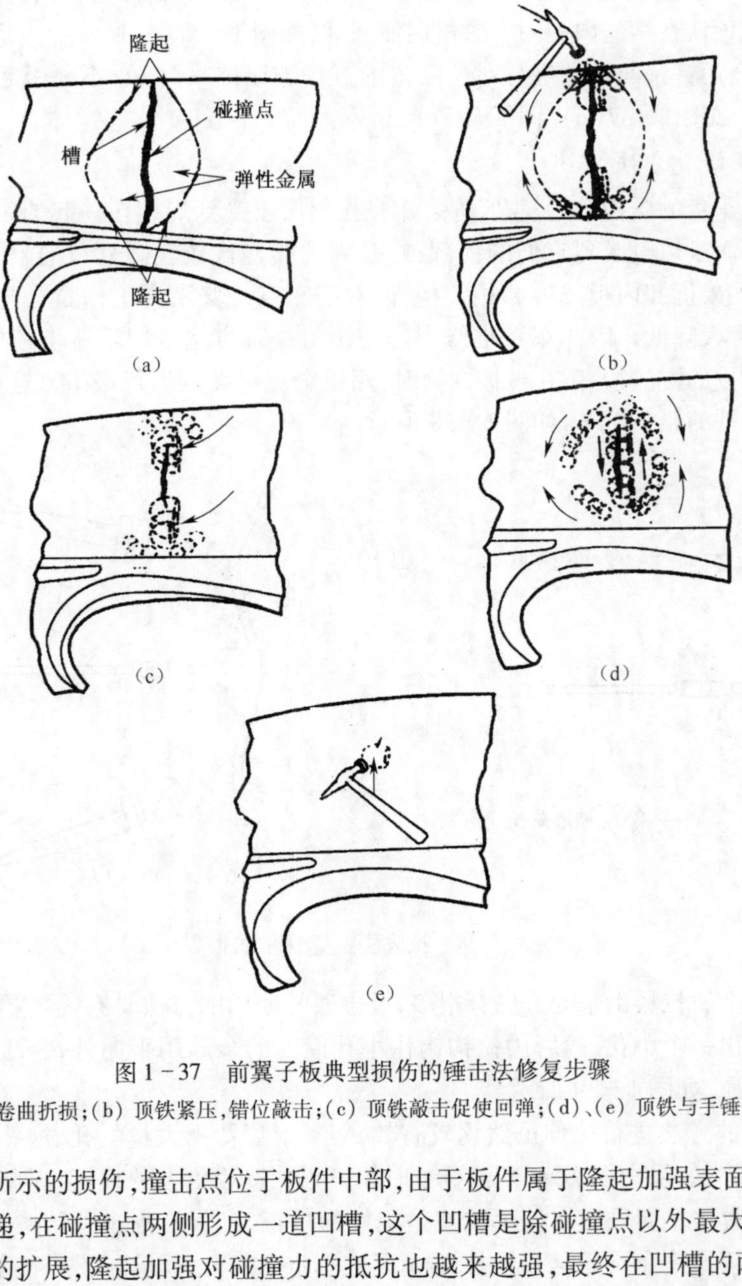


图1－37　前翼子板典型损伤的锤击法修复步骤

(a) 典型凹陷卷曲折损；(b) 顶铁紧压，错位敲击；(c) 顶铁敲击促使回弹；(d)、(e) 顶铁与手锤的对位敲击。

对于图中所示的损伤，撞击点位于板件中部，由于板件属于隆起加强表面，所以碰撞力沿隆起方向传递，在碰撞点两侧形成一道凹槽，这个凹槽是除碰撞点以外最大的变形区域。随着凹槽向外的扩展，隆起加强对碰撞力的抵抗也越来越强，最终在凹槽的两端形成新的压缩隆起(箭头)，箭头的两侧为单纯卷曲变形，凹槽部位实际上是弹性变形区域。

分析了具体情况后可以确定，这处损伤应先从折损的外端压平，逐渐向中心处(碰撞点)接近，按照与发生损伤相反的顺序进行。

先将顶铁紧压在槽端部箭头部位的内面，这里的弯曲程度最轻但压缩最严重且加工硬化程度最高，然后使用平工作面的钣金锤在隆起处的外端离顶铁最近的地方进行轻度到中度的错位敲击。敲击迫使隆起的部位逐渐下降，顶铁处上顶的力量迫使端部凹陷的金属向上抬升，形状逐渐得到恢复。在槽的另一端箭头部位和箭头部位的两侧也重复同样的过程，如图1－37(b)所示。

随着隆起处和槽内变形应力的释放，周围的弹性金属必然会返回到它们原来的位置。同时也可以用顶铁在槽的内面向上敲击促使回弹，如图1－37(c)所示。当折损处的形状基本恢复以后，再用铁锤与顶铁进行对位敲击的方法加以整平（注意不要引起过多的金属延展），操作顺序如图1－37(d)、图1－37(e)所示。

3. 拉拔法修复方法

由于现代车身的结构日趋复杂，许多车身板都由于受到焊接在一起的内部板件和车窗等结构的限制而难以触及到它们的内部；或是因为损伤比较轻微且只局限于金属外板，内板没有损坏，如果拆卸内板或拆卸相关构件，对于车身维修来讲工作量会无形之中加大很多，生产效率大大降低。因此车身维修中还使用另一种方法专门用于上述的情况，即将凹陷的金属用拉拔的方法抬高，在拉拔的同时，用钣金锤对高点进行敲击。这种方法，有些类似于手锤和顶铁的错位敲击，如图1－38所示。

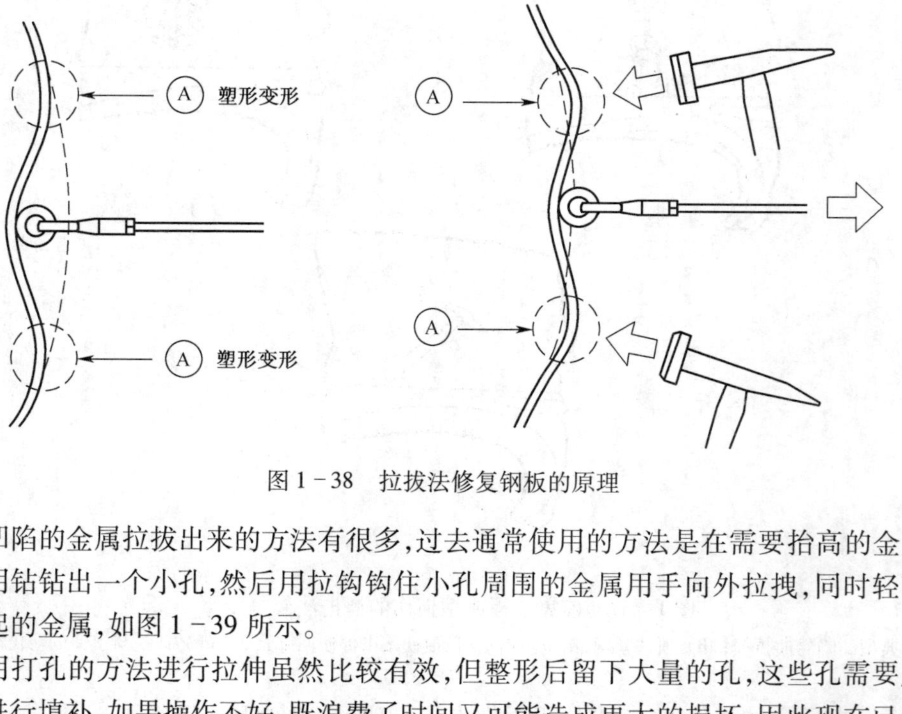


图1－38　拉拔法修复钢板的原理

将凹陷的金属拉拔出来的方法有很多，过去通常使用的方法是在需要抬高的金属凹陷最低处用钻钻出一个小孔，然后用拉钩钩住小孔周围的金属用手向外拉拽，同时轻敲凹陷周围隆起的金属，如图1－39所示。

采用打孔的方法进行拉伸虽然比较有效，但整形后留下大量的孔，这些孔需要用焊接的方法进行填补，如果操作不好，既浪费了时间又可能造成更大的损坏，因此现在已经不推荐使用了。用焊接垫圈采用惯性锤拉拽是很好的矫正方法，不论车身结构如何，都可以通过点焊将垫圈等拉拽介质固定于其上，避免了在车身上打孔，排除了潜在的腐蚀，应用非常广泛。如图1－40所示，垫圈焊接机为电阻焊的一种，其原理是利用夹于电极上的垫圈和钢板接触，再通以大电流，使其产生电阻热而将垫圈焊接于钢板上。在图1－40所示的回路中，电阻最大的部位位于垫圈和钢板的接触部位。当电流通过电阻最大部位时，因为高电阻消耗电能而产生高热能。

现在有很多车身维修设备制造厂商还专门针对车身板件的拉拔操作设计、开发、制造了多功能的车身整形机,俗称介子机,集焊接介子(供拉拽用的介质)、拉拽操作、单面点焊、电加热收火等功能于一体,给车身的整形带来了方便。介子机可以焊接的拉拔介子有很多,常用的有普通垫圈、小螺钉和销钉等,可以根据惯性锤的头部结构更换。车身整形机的详细使用及注意事项请参见相应设备的说明书。

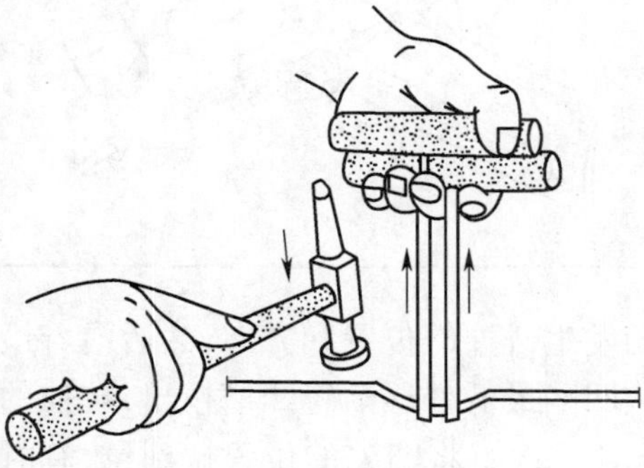

图1-39 利用拉钩修复凹陷

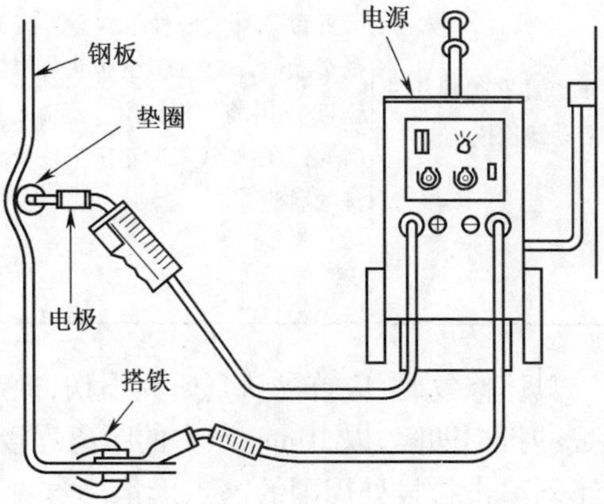


图1-40 焊接垫圈

目前拉拔的方法,可以分为4种,如表1-13所列。

表1-13 拉拔的方法

| 方 法 | 说 明 | 图 例 |
|---|---|---|
| 使用手拉拔器拉拔 | 使用手拉拔器拉拔焊接垫圈,然后用手锤敲击钢板凸起部位。此种方法使用于修理小的凹陷部位 | 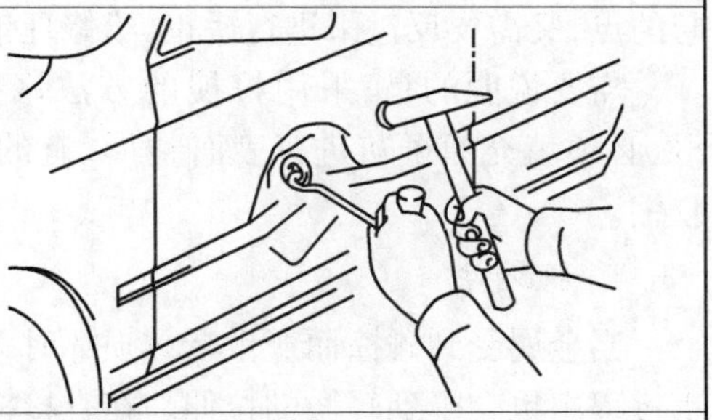 |
| 使用滑动锤拉拔 | 利用滑动锤的冲击力拉出焊接的垫圈来修理凹陷。此种方法用来做粗拉拔和在钢板强度高的部位修理凹陷 | 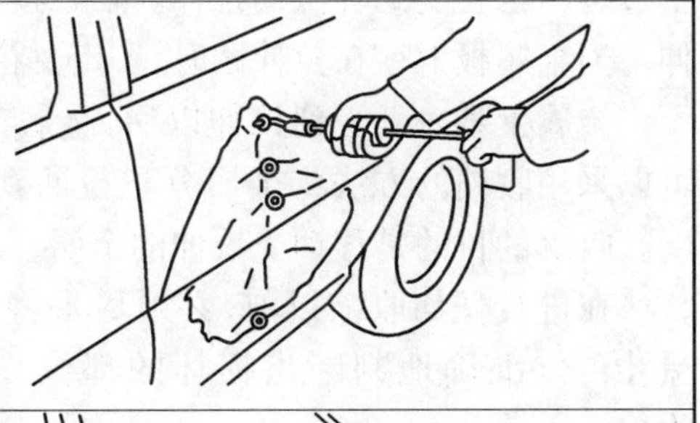 |
| 使用拉塔拉拔 | 此种方法用于修理大的凹陷,将众多的垫圈焊接于钢板上,并且用较大的力量将垫圈一起拉出;此外链条能够维持拉拔的力量,所以修理人员的双手能够空出来去执行其他作业,如敲击作业 | 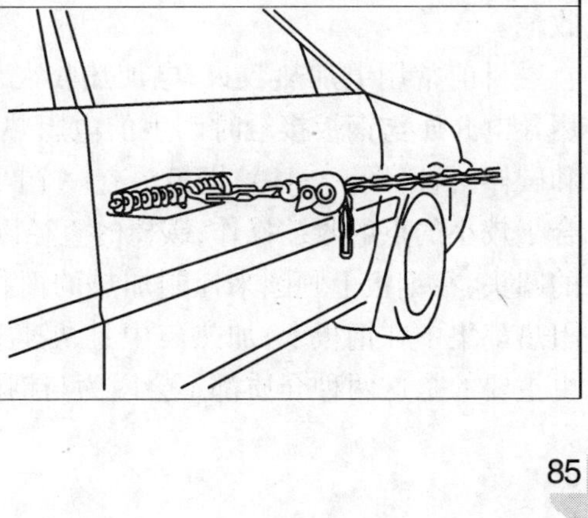 |

（续）

| 方　法 | 说　明 | 图　例 |
|---|---|---|
| 使用具有焊接极头的滑动锤拉拔 | 此种工具为一种包含有焊接极头的滑动锤，此种工具的极头可焊接于钢板上，并将钢板拉出。使用此工具时，必须将焊接机的正极头接于滑动锤的后侧 | 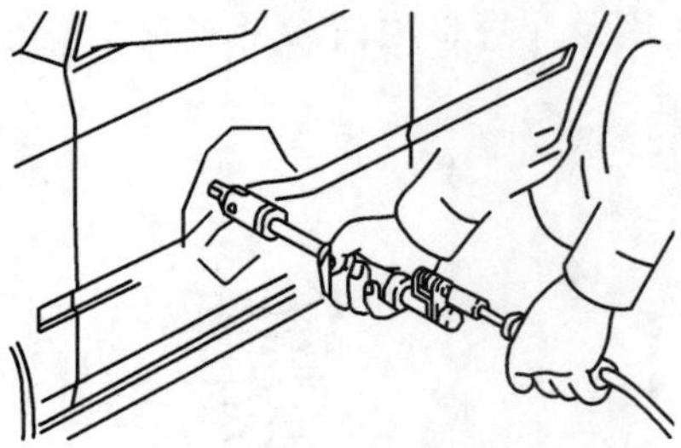 |

具体修复时，应首先认真研究损伤，确定出最初发生碰撞的位置和方向，然后沿着最初形成的折损凹陷，以10mm左右的距离焊接垫圈，从凹陷最低处逐渐将凹槽拉出，拉伸的同时不断敲击拉拔处周围的高点。采用这种方法，不要一次就将凹陷的位置拉到位，有时需要反复几次才可以达到理想的矫正效果。对于第一个拉拔的部位尤其要注意，只能向上稍稍拉出一点，就接着再拉下一个位置。这样做的原因：一是凹陷最低的地方加工硬化程度高，拉伸作用力又过于集中，力量过大可能会引起撕裂；二是随着周围金属的不断提升，凹陷中心部位也会不断升高，若一次升高过多，可能待修整完毕后凹陷最大的点反而成了鼓起的点，又需要反过来进行矫正，给修理带来麻烦。

需要说明的是，采用拉拽的方法修整的表面没有用手锤和顶铁修整的表面那样光滑，必须填充原子灰进行表面整形，有的时候还要用收火的方法对额外延展的金属进行收缩。

4. 收缩法

当金属受到碰撞而产生严重损坏时，在严重折损处通常会受到拉伸。同样的部位在矫正过程中也会受到轻微的拉伸。在直接损坏部位的隆起处、槽和折损处的金属容易受到拉伸。当金属板上存在拉伸区时，一定要将拉伸区矫正到原来的形状。

金属上某一处受到拉伸以后，金属的晶粒将互相远离，金属板变薄并发生加工硬化。可以采用收缩的方法将金属分子拉回到其原来的位置上，使金属恢复到应有的形状和厚度。收缩的目的是移动受拉伸的金属，但不影响周围的未受损伤的弹性金属。

在进行任何收缩以前，必须尽量将损坏部位矫正到原来的形状。然后，车身修理人员才可以准确地判断出损坏的部位是否存在受到拉伸的金属。如果存在，就要进行收缩。

目前常用电加热收火，电加热收火是车身修复机的常用功能之一，其工作原理也是利用导电介质与钢板接触时产生的电阻热来加热钢板的。电加热采用的导电介质有铜极头和碳棒两种（图1－41），铜极头有一个圆球头，端部接触面积较小，直径通常为5～8mm，适合于较小的点的收缩操作；碳棒的直径以8～10mm居多，使用时需要将端部磨削成较尖锐的圆头，在钢板上画圆来控制加热的面积。两种导电介质导电的性能都很优良，产生的电阻热都集中在钢板上，加热集中且快速（热能产生原理如图1－42所示），收缩效果良好。更主要的是这两种介质都不会因为与钢板发生接触而粘连。

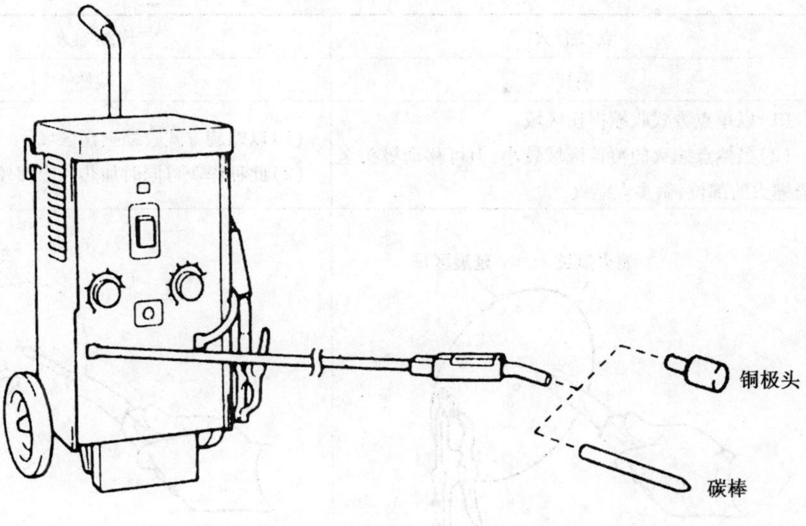


图1－41　铜极头和碳棒

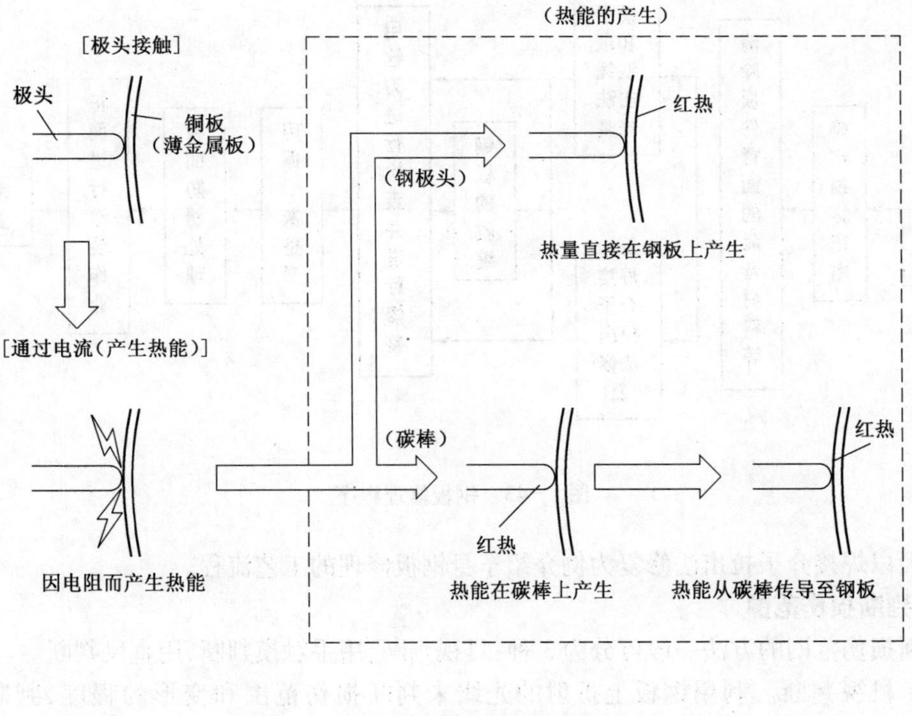


图1－42　热能产生原理

具体方法和特性如表1－14所列。

5. 车身钢板修理的工艺流程

车身钢板修理的工艺流程如图1－43所示。

表 1－14　收缩法具体方法和特性

| 缩火作业 | 点 缩 火 | 连续缩火 |
|---|---|---|
| 电极头 | 铜棒 | 碳棒 |
| 特性 | (1)以单点方式收缩损伤区域。<br>(2)虽然点缩火的覆盖区域较小,但可移动极头至需缩火的部位,做多点缩火 | (1)以螺旋方式收缩损伤区域。<br>(2)此种作业可同时加热和冷却较大的区域 |
| 外观 | 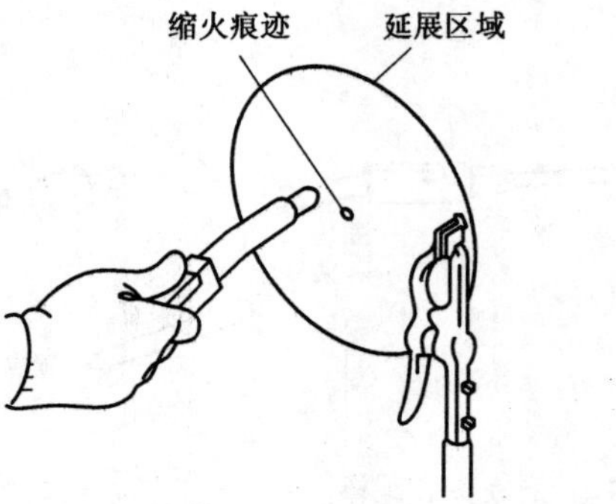 | 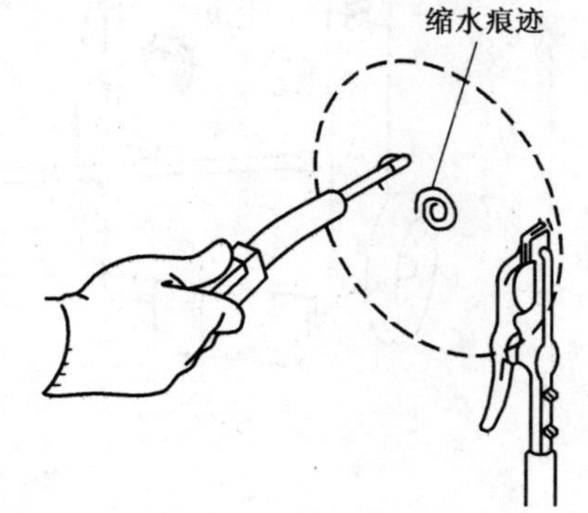 |

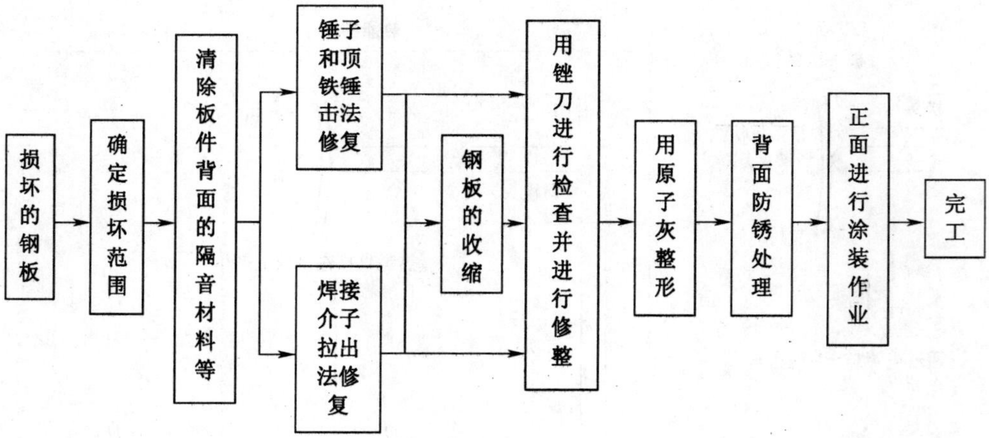


图 1－43　钢板修理程序

下面以焊接介子拉出法修复为例介绍车身钢板修理的工艺流程。

**1）判断损伤范围**

判断损伤范围的方法一般可分为 3 种:目视判断、用手触摸判断、用直尺判断。

(1) 目视判断。利用钢板上折射的光线来判断损伤范围和变形的程度,判断方法如图 1－44 所示。在此阶段检测操作区域和周围的零件是非常重要的,因为一旦实施修理之后,将很难判断正确的损伤区域。而且,若没有修理到真正的损伤区域,将造成喷涂面不平整。

(2) 用手触摸判断。从各个方向触摸损伤区域,不要施加任何力量于手上,并且要专心注意手的感觉。为了正确判断小的凹陷,手必须覆盖大的面积,亦包括未受损的区域。

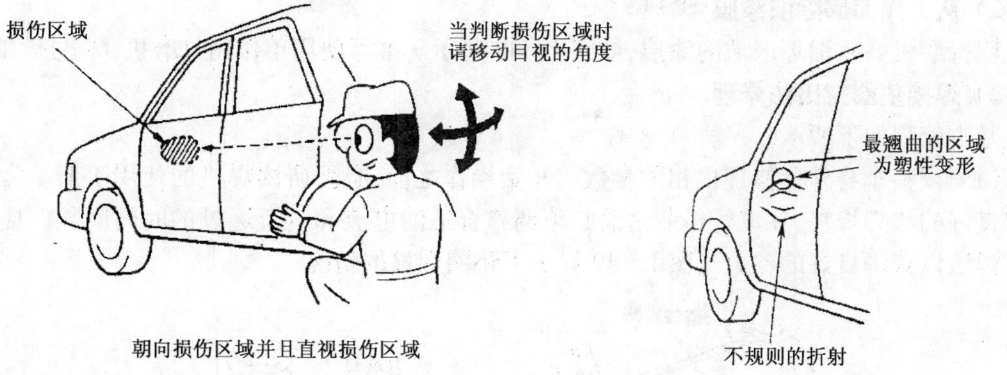


图1－44　目视判断

判断方法如图1－45所示。

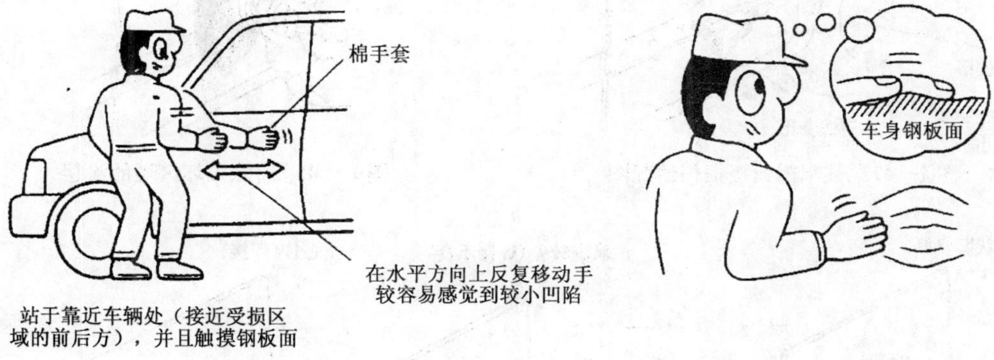


图1－45　用手触摸判断

（3）用直尺判断。先将直尺置于未受损的钢板面，检测直尺与钢板面的间隙；再将直尺置于受损的区域，以判断受损与未受损区域间隙间的差异。判断方法如图1－46所示。相对于其他方法而言，该方法更能定量地去判断损伤区域的损伤程度。某车门面板的损伤图，如图1－47所示。

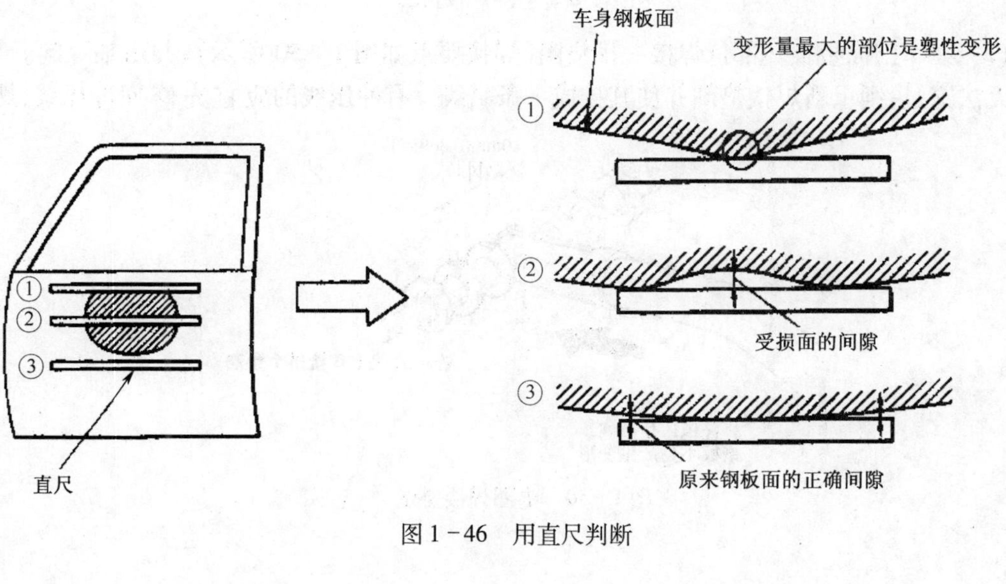


图1－46　用直尺判断

**2）从工作面磨除旧漆膜**

用打磨机磨除损坏区域的涂层，如图 1－48 所示。推荐使用单作用打磨机，60 号砂纸。

**3）焊接垫圈拉出法修理**

基本流程如下所示。

（1）调整车身外形修理机相关参数。开始操作之前，必须研读焊机的使用手册。为了获得良好的垫圈焊接，在进行作业之前必须调整合适的电流和电流通过的时间间隔。应采用试焊法以获得良好的参数。图 1－49 显示了垫圈焊接的情况。

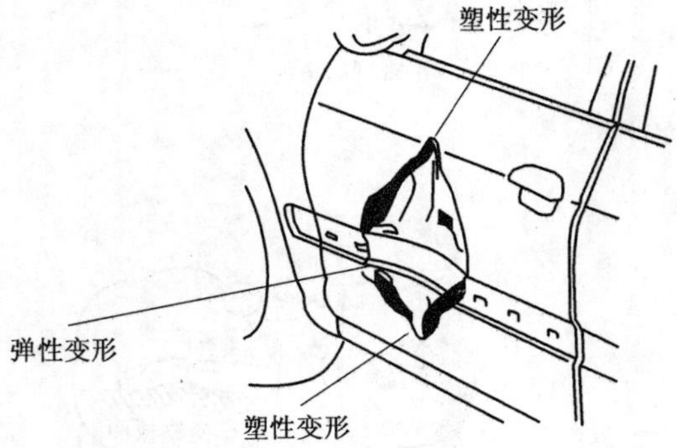


图 1－47　某车门面板损伤情况图

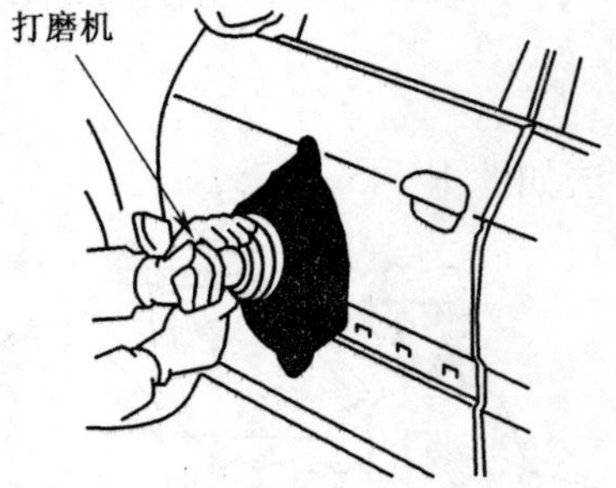


图 1－48　磨除损坏区域的涂层

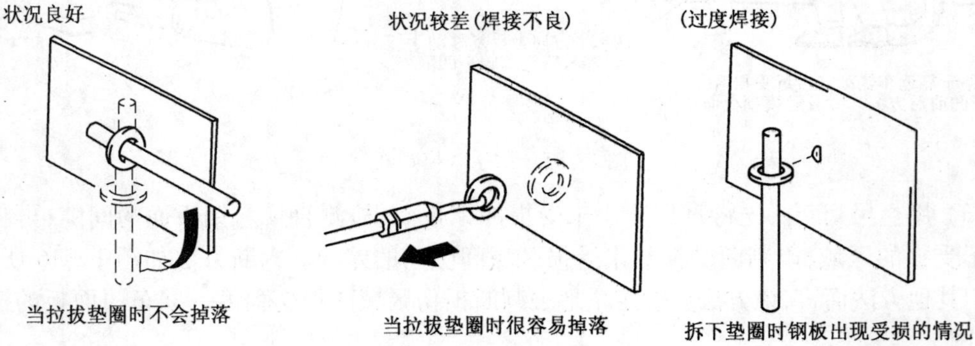


图 1－49　垫圈焊接情况

（2）在车门面板损坏部位焊接一排垫圈（焊接要点如图 1－50 所示），并用轴穿起。如果轴无法穿过，则重新焊接垫圈并使其排成一条直线。有冲压线的应首先修理冲压线，然

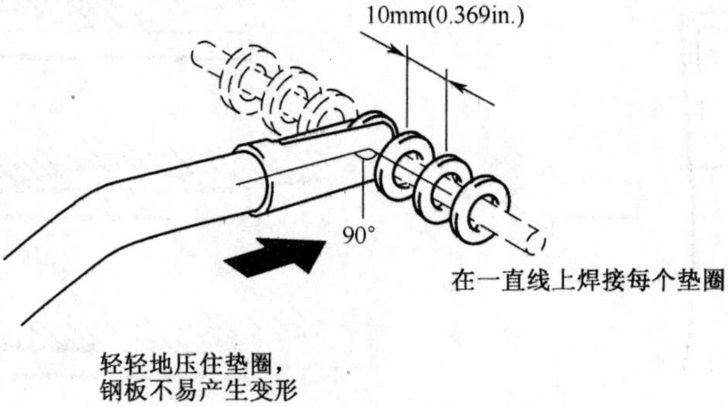


图 1－50　垫圈焊接要点

后再进行平面区域的整形。修理冲压线的垫圈焊接如图 1－51 所示,无冲压线的平面应将垫圈焊在最凹处如图 1－52 所示。

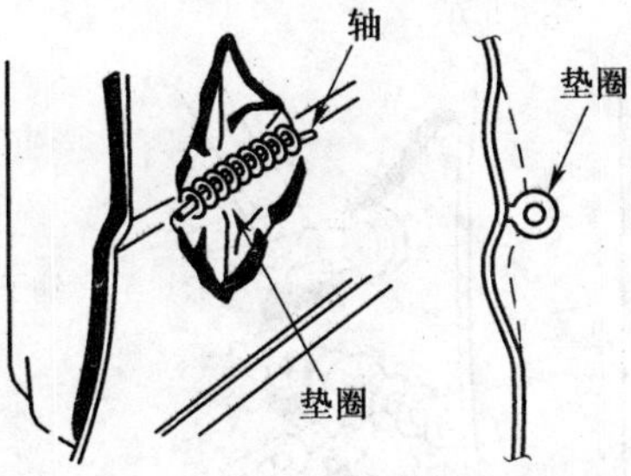


图 1－51　修理冲压线的垫圈焊接

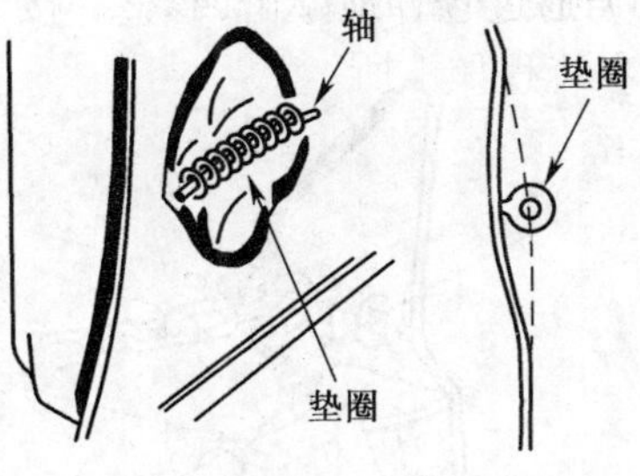


图 1－52　修整平面的垫圈焊接

(3) 将链条固定至轴的中间部位,然后外拉并保持,如图 1－53 所示。

注意:不要用力过猛。

拉拔的要领如下。

推荐使用拉塔进行拉拔,连接示意图如图 1－54 所示。拉拔具体步骤如下。

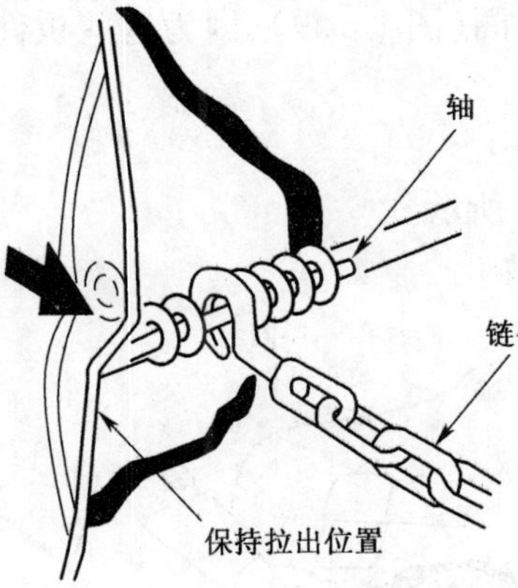


图 1－53　拉拔

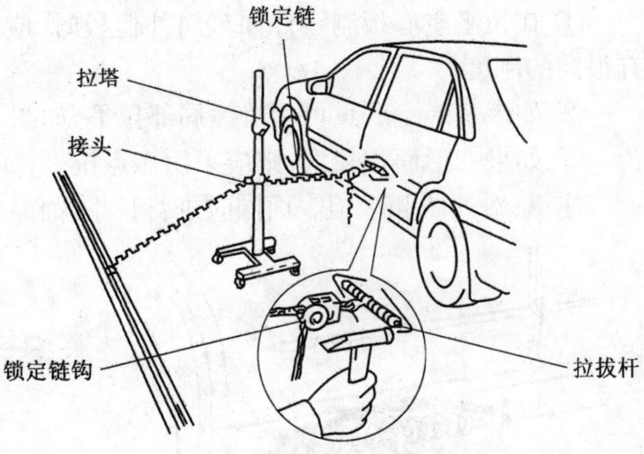


图 1－54　拉拔连接示意图

① 估算钢板原来位置。

② 通过移动接头调整角度,以 900°的角度从钢板面拉出垫圈。

③ 从原来的钢板面轻轻地向外拉出。每次拉拔量如图 1－55 所示。

④ 当拉紧链条时,轻轻地敲下凸出部位,如图 1－56 所示。

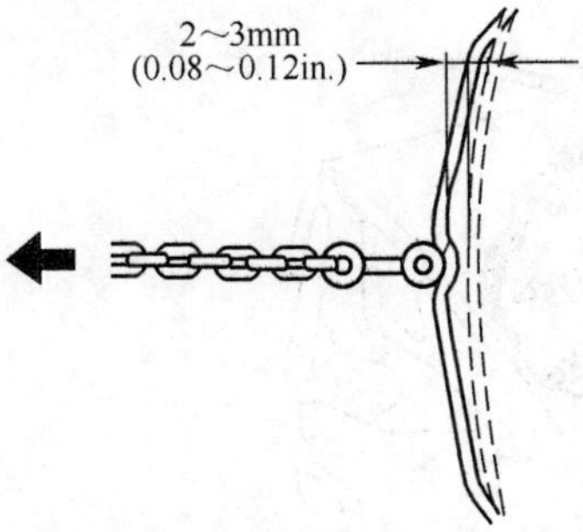


图 1－55　每次拉拔量

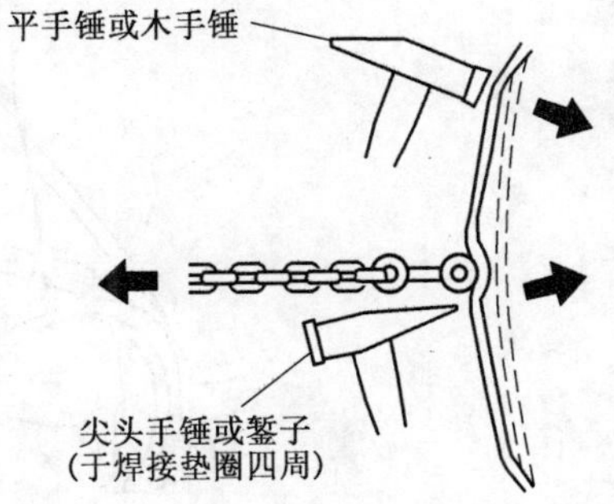


图 1－56　敲击点

⑤ 敲击后,确认拉拔量并视需要再次拉拔。

(4) 将冲压线上的凸起部位拉出用錾子修整冲压线,如图 1－57 所示。

(5) 通过轻轻地敲击,修整焊接垫圈周围,如图 1－58 所示。

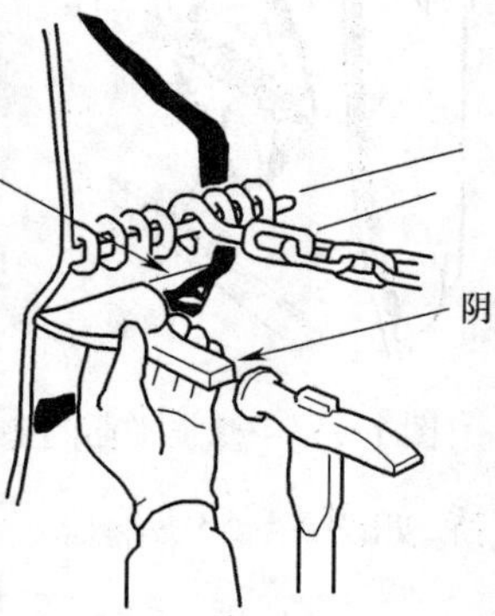


图 1－57 修理冲压线

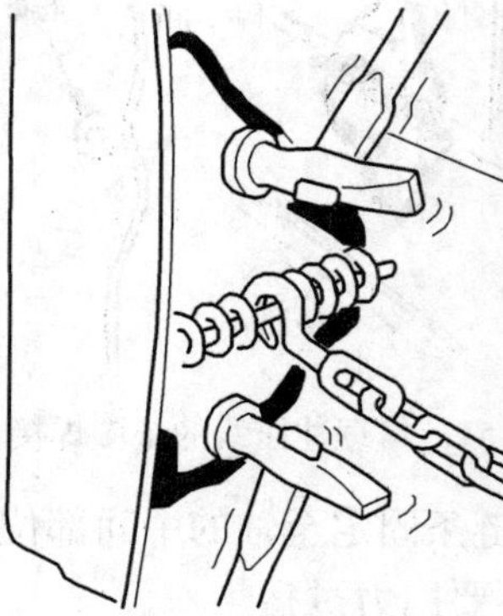


图 1－58 修整平面

其他板件进行拉拔修复时应注意的技巧如下。

① 在拉平空心板制零件如车门外槛板时,应多焊些垫圈(图 1－59),因为这些板件具有很高的刚度。

② 如果变形不严重可用滑锤局部拉平,如图 1－60 所示。

③ 如果变形面积较大,则应采用多点拉平,如图 1－61 所示。

注意:对冲线和平坦表面同时进行拉平操作将更为有效。

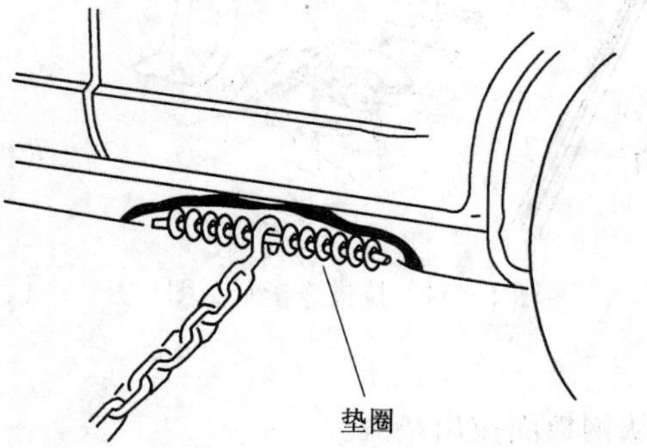


图 1－59 车门外槛板垫圈焊接

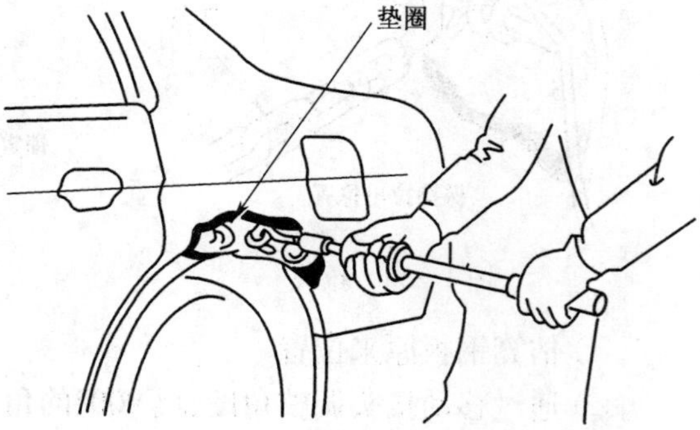


图 1－60 局部拉平

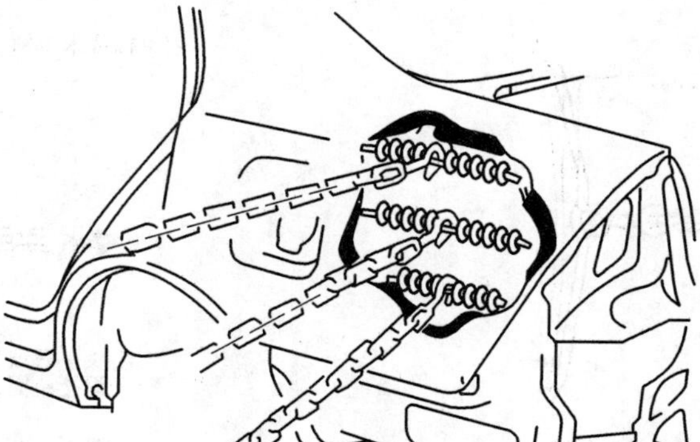

图 1－61 多点拉平

(6) 拉平后,拆卸垫圈。

(7) 在拆下垫圈后,研磨表面以去除易使钢板生锈的焊接痕迹(图1-62)。

**4) 钢板收缩**

(1) 判断钢板延展区域:通常钢板延展都会引起局部的凸起,而凸起的面积等于钢板延展的面积。图1-63所示为两种确认延展区域的方法。

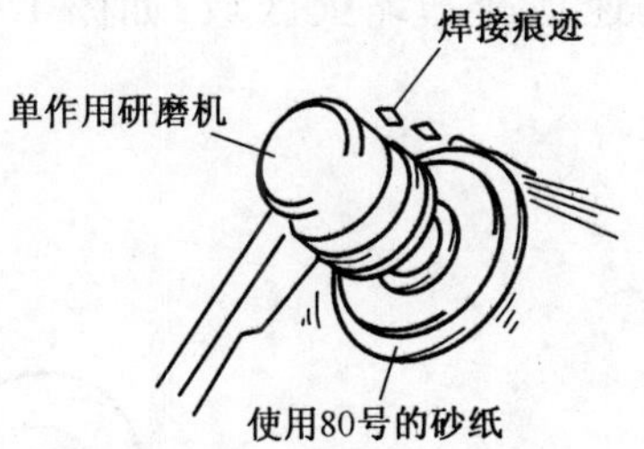


图1-62　研磨表面

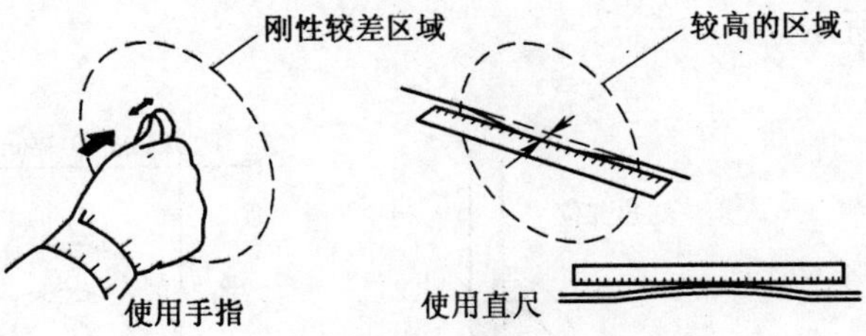


图1-63　判断钢板延展区域的方法

(2) 磨除旧漆膜:从延展区域磨除旧漆膜。推荐使用单作用打磨机,60号砂纸。

(3) 找寻缩火点:综合运用步骤(1)的两种方法,找寻延展区域的凸点。

(4) 缩火注意事项如下。

① 检查电极头:如果电极头脏污或受损,将不能完全使钢板加热和平顺地移动极头,所以当发现极头有脏污或凹痕时,必须用砂纸清洁极头,如图1-64所示。

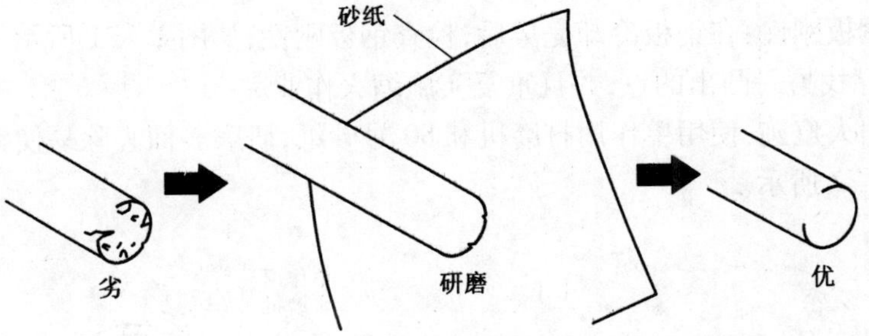


图1-64　检查电极头

② 点缩火:首先使用电极头对准最高点并轻轻地压下,使钢板轻微变形,如图1-65所示。接着按下开关,这时钢板将会产生一些反作用力,此时将电极头以一定的力量靠住钢板面1~2s,如图1-66所示。然后,使用空气枪迅速地冷却缩火区域,冷却的时间保持5~6s,如图1-67所示。

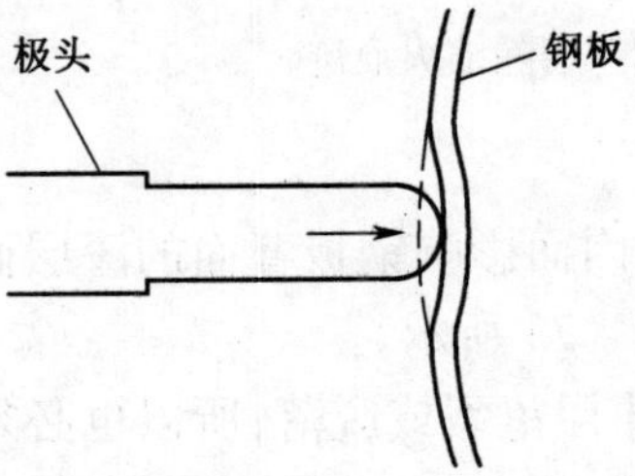


图1-65　定位

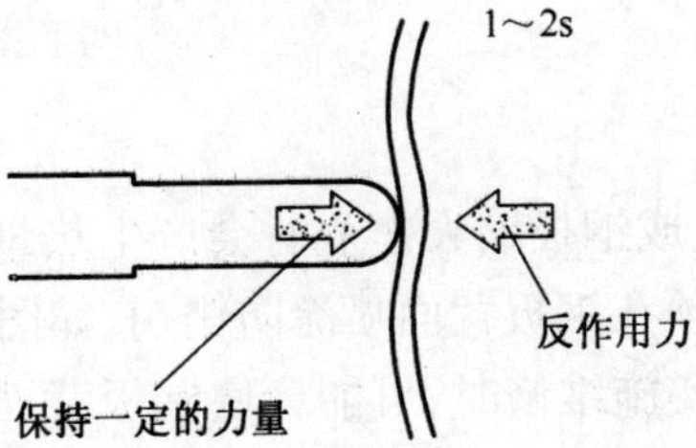


图1-66　保持

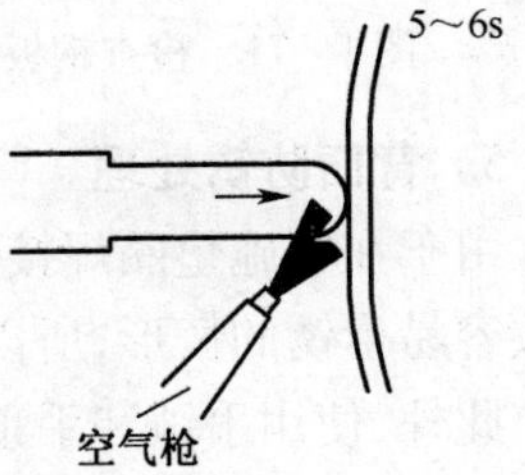


图1-67　冷却

③ 连续缩火：如果延展区域较大应使用连续缩火。

准备好碳棒极头，使其倾斜，并轻轻地接触钢板面，按下开关，极头将逐渐红热，如图 1－68 所示。

以直径 20mm 的间距，将极头由外侧往内侧以螺旋方向运行，并且逐渐增加运行速度，如图 1－69 所示。

松开开关，并将极头从钢板面移开，使用空气枪迅速地冷却缩火区域，如图 1－70 所示。

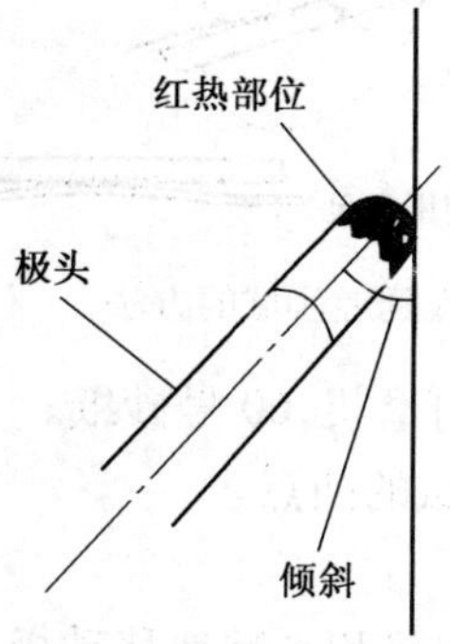

图 1－68　连续缩火产生热能

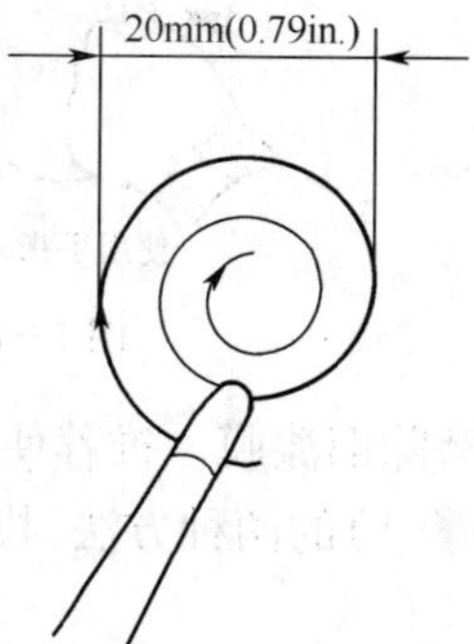

图 1－69　以螺旋方向运行

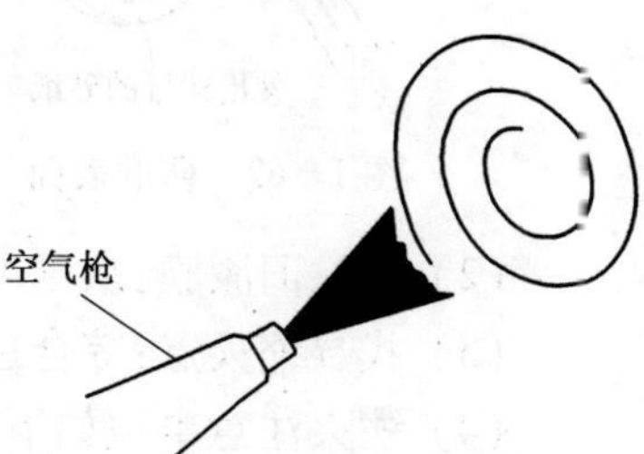

图 1－70　冷却

④ 检查钢板刚性：在钢板冷却完毕后，检查钢板刚性，如图 1－71 所示。假如钢板仍旧缺乏刚性，则寻找另一凸出的点，并且重复实施缩火作业。

⑤ 磨除缩火痕迹：使用单作用打磨机和 80 号砂纸，研磨表面去除易使钢板生锈的缩火痕迹，如图 1－72 所示。

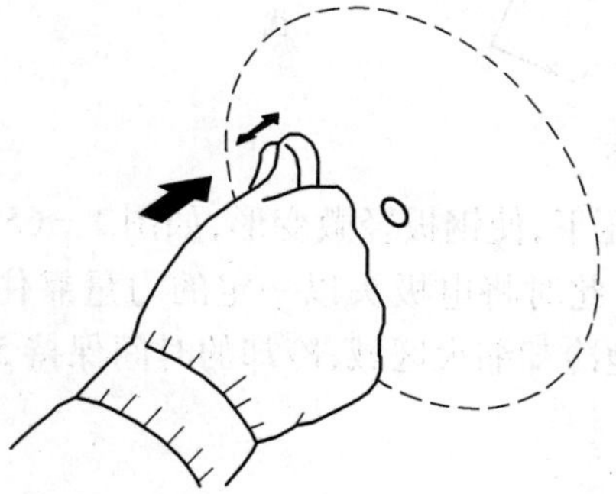
图 1－71　检查钢板刚性

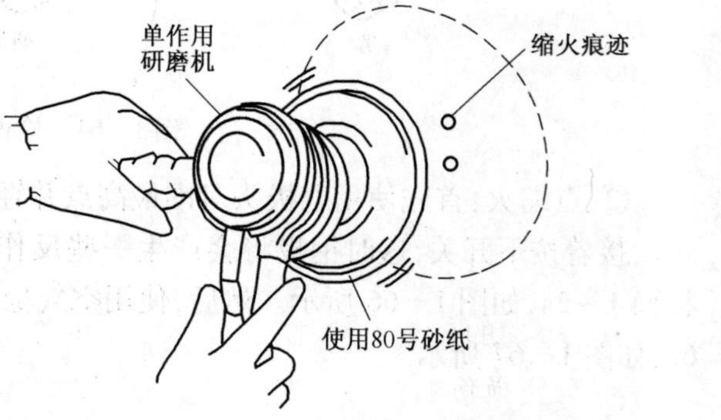

图 1－72　磨除缩火痕迹

**5）背面防锈处理**

由于在实施垫圈焊接作业或钢板缩火作业时会产生热量，因而影响钢板背面的漆层而导致容易生锈的情形，所以必须在钢板背面喷涂防锈剂，如图 1－73 所示。

此外，使用手锤和手顶铁实施维修时，可能会使钢板背面漆层龟裂或脱落，所以也必须在钢板背面实施防锈处理。

防锈处理注意事项请参考防锈剂产品标志上的指示。

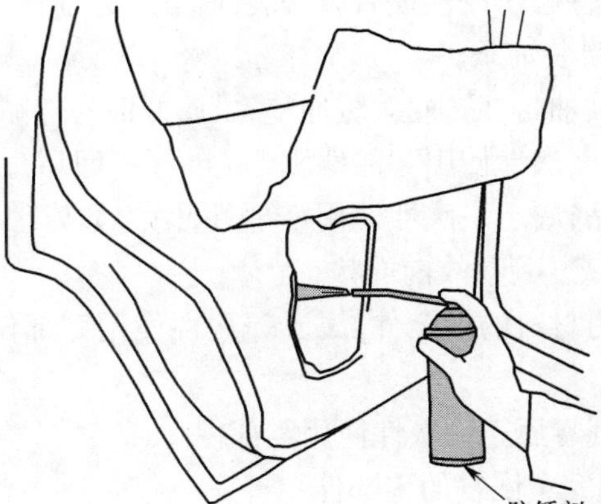

图1－73　车门面板背面防腐

## (二) 损伤零部件修理与更换的确定方法

1. 确定损伤零部件修理方案的基本原则

在确定碰撞事故损失时，当检查出所有损伤后，应根据零部件的损伤情况，确定其修理方案。在选择修理方案时，主要问题是损伤的零部件是修理还是更换，对同一损伤选择不一样的修理方案，往往会导致最后的修理费用差异很大，直接影响最后定损的准确性。

例如，假设某普桑轿车发动机罩(素色漆)发生轻度变形。如果选择更换发动机罩修理方案，主要的修理费用计算方法如下。

上海大众公司提供的发动机室盖单价为840.00元;《南京市汽车维修行业工时定额与收费标准》规定，更换发动机室盖的钣金工费为40.00元，喷漆费=360.00×1.5=540.00元，合计维修费为840.00+40.00+540.00=1420.00元。

如果选择修理发动机罩方案，主要的修理费用计算方法如下。

修理普桑轿车轻度变形发动机罩(素色漆)时，钣金工费约60.00元，做漆费约360.00元，维修费用约420.00元。

如前所述事故车定损应遵循修复为主更换为辅的原则，同时在保证汽车修理质量的前提下，用最小的成本完成受损部位修复是评估人员评估受损汽车的基本原则，这些原则即为确定损伤零部件修理方案的基本原则。

因此上述的普桑轿车发动机轻度变形的例子，就应选择修理方案而不是更换方案。

2. 影响损伤零部件修理与更换的因素

**1) 技术与安全性因素**

确定碰撞损伤零部件是修理还是更换，首先要考虑是否具有可修理性，如果可修理还要考虑是否难于修理，以及修理后质量是否可靠。对事故车修理质量的评价基本方法是，通过合理修理后，损伤部位(或零部件)有没有恢复到事故前的状态。

(1) 无法修理或一次性使用的零部件：汽车上有一些无法修理或设计时属于一次性使用的零部件，对于这些零部件一旦撞伤后都属于不具有可修理性，因此只能更换。

无法修理或一次性使用的零部件主要有以下几类。

① 碰撞易破碎部件，如车镜、灯具、车窗玻璃。

② 电镀饰品，该类零件碰伤或被损后失去装饰作用，目前修理企业都不提供电镀服务，无法修理，主要用各种电镀装饰条。

③ 橡胶制品，如软管、油封、防尘套、缓冲垫，虽属低值易耗品，但破损后无法修复。

④ 各种密封条，属于一次性使用零部件。

⑤ 无面漆的塑料制品，属于一次性使用零部件，因为如修理必在表面留下修理痕迹影响美观，即通过修理无法恢复到事故前的状态。

⑥ 以超高强度钢板为材料的钣金件，属于一次性使用零部件，因为超高强度钢板是不可修复材料。

⑦ 碰撞展开的安全气囊属于一次性使用零部件。

(2) 安全性能得不到完全恢复的零部件：

有关安全的零部件碰撞受损后，即使通过修理，也不能确保其安全性能够恢复到事故前的状态，对于这样的零部件受损后，只能更换。

安全性能得不到完全恢复的零部件主要有以下几类。

① 碰撞吸能区的钣金件。现代汽车车身设计时，在汽车前部和后部设计有防撞吸能区，一旦发生碰撞事故时用以吸收碰撞能量，从而减轻碰撞对乘客的伤害。

碰撞吸能区一旦变形后只能更换不能修理，因为修理后下次再发生碰撞事故时，吸能效果会减弱，破坏原车的安全性设计，只有更换才能恢复原车安全性能。

② 悬架系统、转向系统零部件。悬架系统与转向系统直接影响汽车的行驶和操纵稳定性，尤其在高速行驶时。

③ 座椅安全带，只要找到安全带有缺陷的就应更换。常见缺陷有破损、褪色、弓形、织物纤维断裂或拉脱。

④ 燃油箱有撞伤的应更换。

(3) 技术性能得不到完全恢复的零部件：有很多零部件虽可修理，但出现以下两种情况应更换：一是由于损伤严重，即使修理零部件的技术性能也达不到要求，即很难恢复到事故前的状态；二是修理困难，汽车制造企业建议采用换件修理。下面对一些常损零部件进行技术性分析。

① 车身钣金件。车身钣金件主要有车身结构件和车身覆盖件两类，车身结构件对车身整体性能影响较大，车身覆盖件主要体现外部形状。因此，对车身结构件的修理与更换，一定要慎重，且一定要确保修理质量。

车身钣金件属于可修理零件，但对于严重损伤的钣金件，如果是结构件，修理很难恢复到事故前的状态，应更换；对于覆盖件，严重损伤往往修复困难，也应考虑更换。目前车身钣金件以钢材为主，下面主要考虑钢质钣金件的修理与更换。

但是什么样的损伤算严重损伤，却不太好判断。美国汽车碰撞修理协会(I-CAR)经过大量的研究，终于得出关于损伤结构件的修理与更换的一个简单的判断原则，即“弯曲变形就修，折曲变形就换”。

弯曲变形的特点：损伤部位与非损伤部位的过渡平滑、连续；通过矫正可使它恢复到事故前的状态，而不会留下永久塑性变形。

折曲变形的特点：弯曲变形剧烈，曲率半径小于3.2mm，通常在很短的长度上弯曲90°以上，如图1-74所示；矫正后，零件上仍有明显的裂纹或开裂，或者出现永久变形带，不经

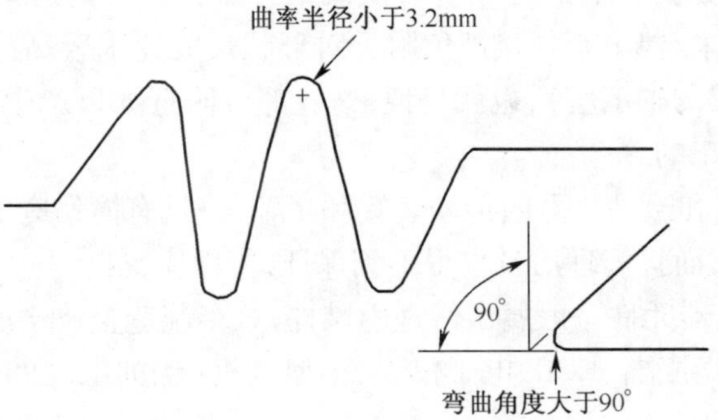


图 1-74　折曲变形

过调温加热处理不能恢复到事故前的状态。

具体确定车身钣金件是修理还是更换，除了以 I-CAR 提供的准则为基本依据外，还要根据零件的具体结构、修复难度、表面类型、损坏位置及范围、零件的功能和受力情况等几方面因素而定。下面提供一些判定准则可以供评估时参考。

如果损坏的位置靠近纵梁末端，碰撞挤压的范围对整体没影响，更换的要求就不像整体挤压损坏那么严格。但是，如果碰撞挤压范围内伴随折曲变形时则应考虑更换。

若损坏发生在发动机或转向装置的安装和支撑件范围内，考虑重复应力加载会使支撑件产生疲劳变形，故当这些安装部位发生折曲变形时，均应更换。

贴合式折叠在一起的构件，由于激烈的冲击而使局部金属变硬，应更换。

如果损坏是发生在车身覆盖件较平的表面上，它将比一个尖锐的折叠或转角处的弯曲容易修复。而沿尖锐形状的边缘发生的折损或扭曲，确属修理难度大或不容易保证质量时可以考虑更换。

前翼子板判断依据：损伤程度没有达到必须将其从车上拆下来才能修复，如整体形状还在，只是中部的局部凹陷，一般不考虑更换；如果每米长度超过 3 个折曲、破裂变形，或已无基准形状应考虑更换。

车门判断依据：如果门框发生塑性变形，一般来说是无法修复的，应考虑更换。车门面板的修与换判断依据同前翼子板，另外车门面板必须更换的，可单独更换车门面板。

发动机罩与行李厢盖判断依据：目前绝大多数汽车的发动机罩与行李厢盖，是用两个冲压成形的冷轧钢板经过翻边胶粘制成，可修性不好。因此应判断是否需要将两层分开进行修理，若需要一般应更换。

后翼子板判断依据：侧面凹陷无论大小都具有可修复性，应给予修复。如果每米长度超过 3 个折曲、破裂变形，或已无基准形状应考虑更换。

② 壳体类零件。汽车的发动机缸体、变速器、主减速器和差速器的壳体常用球墨铸铁或铝合金铸造而成。在遭受冲击载荷时，往往会造成裂纹、固定支脚的断裂损伤。

在汽车修理标准中，壳体类零件属于可修复件，即对发动机缸体、变速器、主减速器和差速器壳体的断裂是可以进行焊接修理的。

具体判断时主要看修理质量能否满足要求。

一般固定支脚的断裂损伤可以通过焊接修理，其强度、刚度和使用性能都可以得到满足，比如发动机缸体上固定发电机、空调压缩机的固定支座。

壳体有裂纹的应更换。不论是球墨铸铁或铝合金铸件,焊接都会造成其变形,这种变形通常用肉眼看不出来,但由于焊接部位附近对形状尺寸要求较高(如发动机汽缸壁、变速器、主减速器和差速器的轴承座),也就是说,这些部位附近如果产生断裂,用焊接的方法是恢复不到事故前的状态的。

③ 万向传动装置和半轴。万向传动装置和半轴,一旦有撞伤应更换,如发生变形、裂纹甚至断裂时修理困难,而且修理质量也得不到保证,所以应更换。

④ 电器元件。电器元件一般属于修理困难件,汽车制造企业建议采用换件修理。比如各种传感器、继电器、熔断器、ECU、电子仪表、小型电机(例如电动的座椅、刮水器、车窗、后视镜等使用的电机)等。

⑤ 塑料件。损坏严重或残损的应更换,比如整体破碎的。损坏不严重,但损坏部位属于应力集中部位时,修理不能保证质量,应更换,比如富康车尾门铰链、撑杆锁机处。

另外,如塑料件作为安全性部件的损伤应更换(安全性要求)、表面无漆的应更换(如前述属于一次性部件)。

**2）经济性因素**

在确定了可修理性之后,接下来便要决定损坏的零部件是换新还是修理。从经济、实用的角度考虑,不应将所有发生弯曲、扭曲、磨损、折损或开裂的零部件统统换掉。尽管将所有损坏的配件换新便于操作,但是从经济性角度出发这种做法欠妥。

此时应比较修理总费用和更换总费用,如果修理总费用接近或超过更换总费用的,可认定该件是无修理价值的,应更换。

首先来看一下传统的修理理论——价格与寿命比。

涉及以下几个因素。

价格(费用):旧件修复费用($S_{修}$)、新件价格($S_{新}$)。

寿命(质量):修复后的使用寿命($L_{修}$)、新件的使用寿命($L_{新}$)。

$$S_{修}/S_{新} \leqslant L_{修}/L_{新} \text{或} S_{修}/L_{新} \leqslant S_{新}/L_{新}$$

若某机件新件价 1000 元,修理费 600 元,则价格比 $S_{修}/S_{新}=600/1000=0.6$。

$S_{修}/S_{新}$也称为经济效益,常用 $\alpha$ 表示,上例中 $\alpha=0.6$。

若该机件新件可使用 10 万 km,修复后可使用 8 万 km,则其使用寿命比 $L_{修}/L_{新}=8/10=0.8$。

$L_{修}/L_{新}$也称为抗磨系数,常用$\chi$ 表示,上例中$\chi=0.8$。

公式换算,即

$$S_{修} \leqslant \chi \times S_{新}(600<0.8\times 1000) \text{或} L_{修} \geqslant \alpha \times L_{新} \quad (8\text{万}>0.6\times 10\text{万})$$

实践证明,一个机件的修复使用寿命应不低于新件使用寿命的 80%,否则即认为不合理,即

$$L_{修} \geqslant 0.8\, L_{新} \quad (\chi=0.8)$$

如果 $L_{修}<0.8\, L_{新}$即为不合理。

既然

$$S_{修}/S_{新} \leqslant L_{修}/L_{新}$$

$$S_{修}/S_{新} \leqslant 0.8$$

即

$$S_{修} \leqslant 0.8\, S_{新}$$

那么 $S_{修}>0.8\, S_{新}$是不合理的。

在上例中，如果新件价格为 1000 元，其修理旧件费用不能高于 800 元，否则应换新件。新件使用寿命为 10 万 km，如果旧件修复后使用寿命达不到 8 万 km，也应考虑换新件。

从传统的修理理论可以得出，如果修理总费用超过更换新件价格的 80%，损坏的零部件应予以更换，修理是不经济的。

具体操作时，还应考虑零部件的情况以及保险公司的相关规定，比如下面为某保险公司的参考标准。

(1) 价值较低的，一般修理费用应不高于新件价格的 20%。

(2) 中等价值的，一般修理费用应不高于新件价格的 50%。

(3) 总成的修理费用，不可大于新件价格的 80%。

但哪些零部件属于价值较低，哪些属于中等价值，判断标准很难把握，另外有时换件还存在大量的拆装费用，即换件费用，如不考虑换件费用有可能出现不经济的情况。

例如，更换一辆桑塔纳普通型轿车的后翼子板(单涂层烤漆)。上海大众公司提供的后翼子板单价为 752.00 元;《南京市汽车维修行业工时定额与收费标准》规定，更换后翼子板的钣金工费为 360.00 元，做漆费 = 360.00 ×1.0 = 360.00 元，合计维修费为 752.00 + 360.00 + 360.00 = 1472.00 元。

修理一辆桑塔纳碰撞车的后翼子板(普通漆)，从轻度变形至严重变形钣金工费 = 50.00 ~ 450.00 元，做漆费 = 360.00 ~ 480.00 元，维修费用 = 410.00 ~ 930.00 元。

如取后翼子板中度变形，修理费用取 600 元。此时修理费用约为新件价格的 80%，如果按照上述判断标准应更换后翼子板，而更换后翼子板的费用高达 1472.00 元，从成本角度去考虑当然不经济。

所以应比较修理总费用和更换总费用，比如，米切尔碰撞评估指南推荐，如果修理总费用超过更换总费用的 75%，损坏的零部件应予以更换。此数值可供参考。

在刚才的例子中，如后翼子板可修复，最高修理费用 930.00 元，是更换总费用的 63%，即后翼子只要可修复，修复是最经济的。

**3) 客户满意度因素**

考虑修理还是更换零部件，除了上述要素外还应从客户角度出发加以考虑。

(1) 零部件的订货周期：有时候尽管更换零部件比较合理，但是如果受到订货条件的限制使周期过长时，就应该考虑通过就车修理来解决。虽然可能为此付出较多的维修工时，但毕竟可以缩短在厂时间。反之，如果零部件的供应十分便利且价格因素的影响又不是主要矛盾时，为了提高效率也可以将更换作为优先考虑的方案。

(2) 用户方面的要求：有些用户希望降低成本，而有些用户则希望更换新件，即使多出一些费用也有换新件的愿望，这时应从用户的要求出发来确定换件与否。如果是保险公司支付费用时，对有明显差别的项目，还应做出由用户补偿部分差价的说明。

3. 损伤零部件修理与更换的评价方法

在前面分析了影响损伤零部件修理与更换的因素，具体判断时为了便于准确评价损伤零部件是修理还是更换，可根据系统图来判断，如图 1 - 75 所示。

### (三) 案例 2 的作业项目

案例中的损伤情况：左后车门面板和左后翼子板出现较大面积凹陷。分析修理工艺时

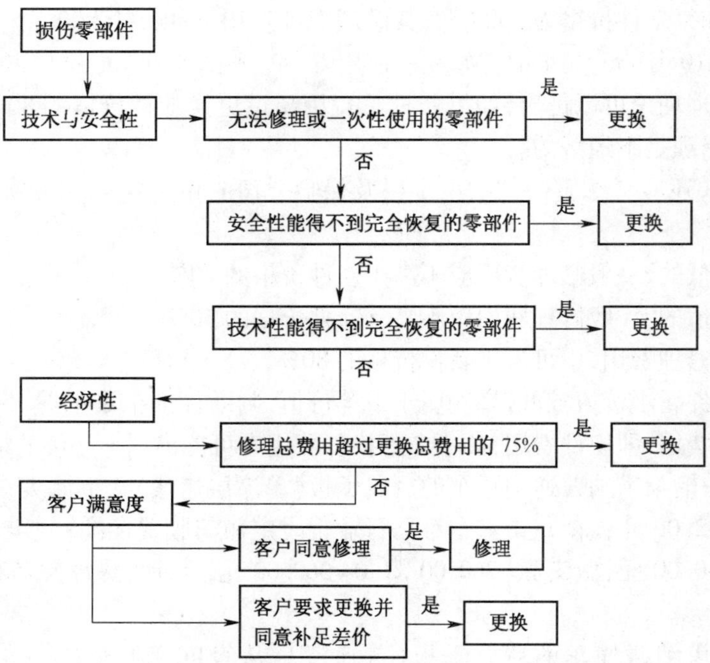


图1－75　损伤零部件修理与更换评价方法

需考虑是修理还是更换。根据板件损伤情况(见损伤图),以及前面讲述的知识可以判断出此处应采用修理的方案,所以本案例的作业项目如表1－15所列。

表1－15　案例2修理工艺与作业项目分析表

| 损失项目 | 修理工艺分析 | 形成的修理作业 | 需要的配件或材料 |
|---|---|---|---|
| 左后车门面板 | 凹陷,应修复 | 左后车门面板整形 | |
| | | 左后车门面板喷漆 | 涂料 |
| 左后翼子板 | 凹陷,应修复 | 左后翼子板整形 | |
| | | 左后翼子板喷漆 | 涂料 |

## 三、外板件变形工时的确定方法

修理项目工时,在修理过程中存在各种易变因素,如碰撞损坏程度、维修设备种类、配件的提供等,所以评估指南和工时手册中一般也不提供修理项目工时查询,需要评估人员通过经验以及当地实际情况估算。

### (一)估算法

具体估算时,为了提高准确性,应熟悉本次修理作业的基本步骤和方法。将一个较大的修理项目按照修理程序,分解成若干作业步骤,然后再估计每个作业步骤所需的时间,并将所有作业步骤时间相加,即为修理项目的大致工时,然后再根据实际情况做些调整。

### (二)日本作业指数法介绍

日本作业指数法中对修理项目工时可以进行查询,以作为参考。

1. 作业指数法概念

针对车型和各类作业，预先制定出工时消耗的评估标准，使评估作业既合理又简单，这就是作业指数法产生的根源。众所周知，相同的作业会因操作者的技术熟练程度、操作习惯、使用工具和设备等的不同，使消耗的时间存在很大差别。比如，初次经历的作业与有过几次操作经历相比，在实际消耗时间上就会存在区别。加之评估人员未必对汽车的每个结构和每种作业都那么熟悉，并且不可能仅仅局限于有经验的人评估。

作业指数与作业时间并非同一种概念，它与国内流行的工时定额也有一些区别。如相同作业所需要的时间因主、客观条件的不同而存在很大差别。为解决这一问题，对每一项作业都按标准技能和标准作业环境设定，再通过多组作业的考核得出标准作业时间，并以此作为指数法的计算依据。这里，标准作业时间与国内流行的工时定额十分相似。

但是，人并非机器。直接将标准作业时间作为工时定额，实际上还有许多勉强之处。如工具的准备、适度的休息、生理需要等，都需要消耗一定的时间。作业指数正是在考虑了这些合理因素之后得出来的。维修指数手册便成了维修企业和用户共同遵守的准则。

作业指数是衡量作业量（即工时多少）的一个基准，它使标准工时更接近实际情况。作业指数计算公式为

$$（标准作业时间+准备时间+富裕时间）÷系数=指数 \tag{1-6}$$

2. 3项时间分析

3项时间是指标准作业时间、准备时间、富裕时间。

标准作业时间是维修所需要的基本时间，它因工具、设备、操作者的技术熟练程度、作业顺序等的不同而不同。因此在确定标准作业时间时必须考虑这方面因素的影响。对于钣金、喷漆考核时要求相当于中级工的水平，并且有从事维修及其拆装作业的实际经验3年以上。而对于发动机、底盘、电气等总成的拆装与调试作业能力，应相当于初级工水平。演示作业按中等速度进行。

准备时间是针对车辆移动、场地、工具、备件、材料等的准备和竣工后整理作业提出来的，确定时间指数时应加以考虑。

富裕时间是针对人的生理需要提出的，其中包括查阅技术资料、稍作休息、饮水、去洗手间等。

除此之外，对于维修对象——汽车，在新旧程度和技术状况方面也有相应要求。如，使用年限为1～2年且行驶里程为$(2\sim3)\times10^4$km，不属于过度严重损伤程度，使用的配件和修竣后的验收，均按原厂规定的技术要求进行。考核过程中要求作业人员合理使用工具、量具和设备，按规定的工艺过程和技术要求操作，达到合理、经济、效率、质量等方面的要求。表1－16为日本钣金修理作业指数法的基本评价条件。

表1－16　日本钣金修理作业指数法的基本评价条件

| 主要作业项目 | | 主要作业内容 | 主要工具和材料 |
|---|---|---|---|
| 前期作业 | (1)损伤部位的确认<br>(2)作业准备<br>(3)拆卸相关附件<br>(4)小零件的拆卸 | (1)详细了解损伤范围、程度、结构和关联件的情况<br>(2)准备所需的工具、零部件及材料<br>(3)从便于内侧作业考虑确定拆卸装饰件等的范围<br>(4)拆除其他影响作业的零件 | 风动工具 |

（续）

| 主要作业项目 | | 主要作业内容 | 主要工具和材料 |
|---|---|---|---|
| 粗加工 | (1)粗切割结构加工<br>(2)初步矫正<br>(3)去掉涂层<br>(4)用压缩空气清洁 | (1)去掉不需要的覆盖件和构件<br>(2)通过牵引或顶压等方式对变形做粗略矫正和修补<br>(3)去掉其余损失部位的涂层<br>(4)对修复表面进行检查和清洁 | (1)切割工具和气割<br>(2)各种矫正和钣金工具<br>(3)电动打磨机<br>(4)压缩空气式高速吸尘机 |
| 精加工 | (1)精加工<br>(2)砂磨加工表面<br>(3)再次吸尘 | (1)对修补表面进行精加工,使之平滑、流畅<br>(2)确认修复质量,为下道工序做好准备<br>(3)对修复表面进行最后清洁和检查 | (1)各种矫正和钣金工具<br>(2)电动打磨机<br>(3)压缩空气式高速吸尘机 |
| 表面处理 | (1)表面精修<br>(2)涂前准备<br>(3)表面清洁<br>(4)防锈处理 | (1)用钣金锤对修复表面进行精整和找细处理<br>(2)用油灰和软金属添补表面缺陷<br>(3)对修补及周边区域进行打磨和清洁<br>(4)对竣工表面进行防锈处理 | (1)各种矫正和钣金工具<br>(2)往复式磨光机<br>(3)压缩空气式高速吸尘机<br>(4)防锈处理剂 |
| 扫尾作业 | (1)零部件的安装<br>(2)附件和装饰件的安装<br>(3)竣工后的检查 | (1)安装拆除的所有零部件并进行必要的调整<br>(2)安装其他附件和装饰件<br>(3)对修复及装配质量再次检查并试验各部件机能 | 各种拆装专业工具 |

3. 有关作业介绍

作业指数法中涉及的主要作业及含义分别如下。

**1）拆装和点检**

拆装作业指数中涉及拆装和点检作业时,主要是指对组合件及其附件的拆解、点检(检查其技术状态)和安装作业。其中也包括安装过程中的调整作业。

**2）更换和调整**

对于需要更换配件的拆装作业,内容包括旧件的拆下、新件的安装和调整作业。其中也包括对关联附件的拆装和点检作业。

**3）拆解和组装**

对于较大的总成件还会有拆下、解体、点检、组装、调整等作业过程,因此凡是涉及总成的拆解和组装作业,便包括了对总成所涉及的全部零件拆解及关联件的分解作业。

**4）分割作业**

有些部件需要对其按适当的部位和形状进行分割,其中也包括划定分割线和分割后接口的处理。

**5）检查与调整**

主要指竣工后需要对车身整体进行检查、测量和调整。该项作业应对照原厂规定的测量参数和技术要求进行,对于各部配合间隙、位置准确度、高度和对称度等,均需进行合理的调整。经调整仍不合要求时,应返回上道工序进行矫正。

参照与作业指数表对应的拆装示意图,可以明确拆装部位及其所包含的作业内容,其示例如表1－17、表1－18所列(注:图中箭头为必须拆解的部位或螺栓等)。

表1－17　保险杠拆装作业指数表

<table>
<tr><th>示意图</th><th>作业指数表</th></tr>
<tr><td>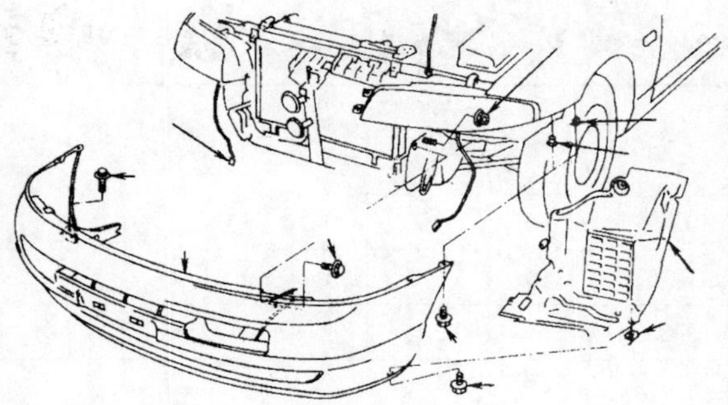</td><td>
<table>
<tr><td>作业代号</td><td>B020</td><td>数量</td><td>1</td><td>指数</td></tr>
<tr><td rowspan="6">作业项目与要求</td><td colspan="3">(1)拆装前装饰栅</td><td>0.1</td></tr>
<tr><td colspan="3">(2)拆装左右前照灯</td><td>0.2</td></tr>
<tr><td colspan="3">(3)拆装左右护板</td><td>0.3</td></tr>
<tr><td colspan="3">(4)拆装左右防雾灯</td><td>0.1</td></tr>
<tr><td colspan="3">(5)拆装左右转向灯</td><td>0.2</td></tr>
<tr><td colspan="3">(6)拆装保险杠(含与之连接的各个关联部分)</td><td>1.5</td></tr>
</table>
</td></tr>
</table>

表1－18　翼子板更换作业指数表

<table>
<tr><th>示意图</th><th>作业指数表</th></tr>
<tr><td>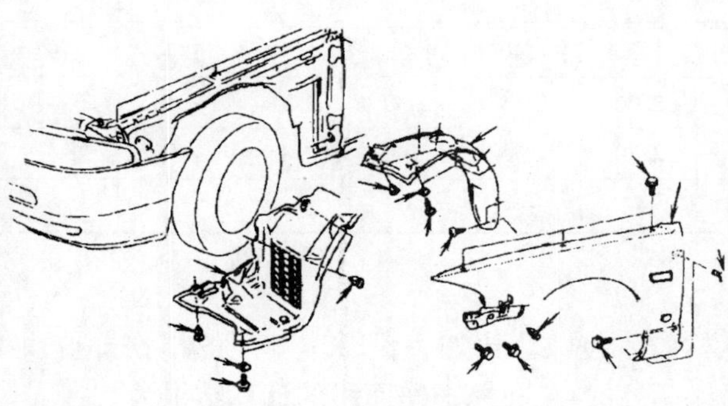</td><td>
<table>
<tr><td>作业代号</td><td>B100</td><td>数量</td><td>1</td><td>指数</td></tr>
<tr><td>作业项目与要求</td><td colspan="3">翼子板(不含拆装前照灯、格栅、防雾灯、转向灯、保险杠及与之连接的各个关联部分)</td><td>0.6</td></tr>
</table>
</td></tr>
</table>

4. 钣金修复作业指数

钣金修复作业指数是评价损伤修复作业量的主要指标。它与难度系数和损伤面积相关。

**1）难度系数**

难度系数是根据损伤程度、结构的复杂性和关联件的多寡确定的。损伤程度较轻时，取难度系数0.5，若损伤程度较重时，则取难度系数1.0。此外，还要根据损伤构件的复杂程度和关联部位的影响来决定难度系数。如，便于作业且无拆装关联作业时可取难度系数0.5；反之，作业较为困难并且有拆装关联件的作业时，则取难度系数1.0。将难度系数合并相加，最低取1.5、最高取3.0。显然，作业难度系数越高时，得出的钣金修复作业指数也越高。

难度系数不同所选用的修复作业指数表1－19中的栏目也不一样。规定难度系数小于1时查表1－19中的A栏；难度系数大于1且小于2时查表1－19中的B栏；难度系数大于2且小于3时查表1－19中的C栏。

**2）损伤面积作业指数**

损伤面积作业指数表中以平方分米($dm^2$)为单位列出修复作业指数，使用时可以根据测量得到的实际损伤面积查出相应的修复作业指数。损伤面积修复作业指数表的式样如

表 1－19 所列。

凡钣金维修作业中涉及关联部件的拆装和调整作业的，可从另外的拆装作业指数表中查出，然后合并计算后得出总的作业指数。

表 1－19　损伤面积修复作业指数速查表

| | 十位＼个位 | 0 | 1 | 2 | 3 | 4 | 5 | 6 | 7 | |
|---|---|---|---|---|---|---|---|---|---|---|
| A | 0 | … | 0.60 | 0.70 | 0.80 | 0.90 | 1.00 | 1.10 | 1.20 | … |
| | 10 | 1.60 | 1.65 | 1.70 | 1.75 | 1.80 | 1.85 | 1.90 | 1.95 | … |
| | 20 | 2.10 | 2.15 | 2.20 | 2.25 | 2.30 | 2.35 | 2.40 | 2.45 | … |
| | … | … | … | … | … | … | … | … | … | … |
| B | 0 | … | 0.80 | 0.90 | 1.00 | 1.10 | 1.20 | 1.30 | 1.40 | … |
| | 10 | 1.95 | 2.10 | 2.51 | 2.20 | 2.25 | 2.30 | 2.35 | 2.40 | … |
| | 20 | 2.55 | 2.60 | 2.65 | 2.70 | 2.75 | 2.80 | 2.80 | 2.90 | … |
| | … | … | … | … | … | … | … | … | … | … |
| C | 0 | … | 1.00 | 1.10 | 1.30 | 1.40 | 1.50 | 1.60 | 1.70 | … |
| | 10 | 1.95 | 2.10 | 2.15 | 2.20 | 2.25 | 2.30 | 2.35 | 2.40 | … |
| | 20 | 2.55 | 2.60 | 2.65 | 2.70 | 2.75 | 2.80 | 2.85 | 2.90 | … |
| | … | … | … | … | … | … | … | … | … | … |

**3）计算实例**

损伤面积指数表的横栏为个位数，纵栏为十位数。比如一辆轿车车门的损伤部位（图 1－76）宽 20cm、高 40cm，并且损伤在内外侧两处共存，故总损伤面积的计算结果为

$$(20\times40)\times2 = 1600\text{cm}^2 = 16\text{dm}^2$$

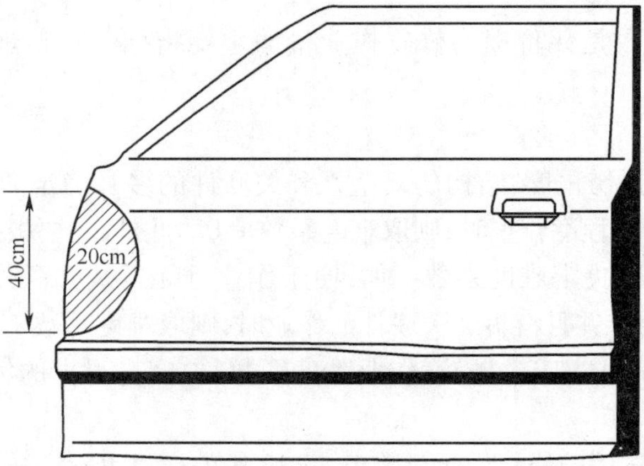


图 1－76　钣金损伤范围实例

然后再从作业难度系数角度去考虑。由于损伤属于凹陷加皱褶，难度系数为 1.0；位于车门边缘折损涉及到折边的处理，难度系数取 1.0；损伤位于铰链一侧，使该作业不便操作也取难度系数 1.0。三者合并后的难度系数为 3.0，故选择修复面积作业指数中的 C 栏。方法是：先从速查表 1－19 的 C 栏中看纵栏 $10\text{dm}^2$、从横栏中看 $6\text{dm}^2$，表中相交处数字为

2.35，查得的修复作业指数即为2.35。

由于该项作业还要关联到车门内饰板和车门密封条的拆装，可从另外的作业指数表中，查得车门内饰板及密封条的拆装作业指数为0.3。将两指数相加后得出总的作业指数为2.65。

5. 工时费的计算

作业指数法的工时费计算公式为

$$工时费=工时单价\times作业指数 \tag{1-7}$$

维修企业在计算维修费用时，指数方式所使用的工时单价，是由企业根据自身的经营与实际成本情况确定的，其中也要考虑市场竞争方面的因素。一般，实际工时费单价是固定资产折旧费、人员工资、企业管理费等总成本加上企业预期利润再除以计划有效工时数得出的。计算公式为

$$工时单价=(企业总成本+目标利润)/计划有效工时数\pm价格浮动 \tag{1-8}$$

其中：

$$计划有效工时数=生产人员数\times有效出勤天数\times法定工作时间\times目标工时利用率(一般为85\%) \tag{1-9}$$

价格浮动是根据市场或与用户交涉得出的微调量。

但作为保险事故车评估时的工时单价应取当地最新维修企业的平均值。

## 四、确定案例2的工时费和材料费

1. 估算法计算案例2的修理工时

采用拉出法修复的钢板损伤，一处较小损伤估算工时为0.8左右。

案例2中左后车门面板损伤面积较大，损伤面为曲面，又有车身线，这些都增加了修理难度，所以估算工时在2.5工时左右，此处取2.5工时。

案例2中左后翼子板有两处损伤，损伤面为曲面，又有车身线，这些都增加了修理难度，所以估算工时在3工时左右，此处取3工时。

所以案例2的车身板件整形作业工时为2.5+3=5.5工时。

2. 案例2的涂装费用

方法同案例1采用面积法。

案例2的面积$=1+0.9=1.9m^2$。

案例2涂料单价的确定：案例2车型为雪佛兰景程，在表1－10中算中级车，根据漆面损伤检查情况判断其漆面为金属漆，查表1－10其单价为400元。

案例2的涂装费=1.9×400=760元。

## 五、制作案例2的损失评估表

前面已将评估的主要环节进行了详细分析，在此基础之上可形成一个损失评估表。除了前述分析的一些问题，具体制作时还需考虑以下问题。

(1) 评估基准时点。通常评估基准时点为事故时点，本案例中发生事故的时间为2011年03月25日16时，所以评估基准时点为2011年03月25日。

(2) 是修理还是报废。根据前面的损伤检查情况，可知损失远远低于报废的标准，所以应修理，同时评估时应选用修复费用加和法。

(3) 工时单价取目前某地市场平均水平80元/工时。

(4) 残值的确定。本案例中无残值。

(5) 其他费用的确定。按照修复费用加和法中的计算方法还有期间费用(包括管理费用、财务费用和税费)、利润。但考虑目前国内工时费用中已包含了这些费用，所以评估时应省略这些费用。

将"四、确定案例2的工时费和材料费"中的计算结果转化为评估表，评估表如1－20所列。

表1－20　案例2的损失评估表

<table>
<tr><td>序号</td><td colspan="2">修理项目名称</td><td>工时</td><td colspan="2">材料费</td><td>整包费用</td></tr>
<tr><td>1</td><td colspan="2">左后车门面板整形</td><td>2.5</td><td colspan="2"></td><td></td></tr>
<tr><td>2</td><td colspan="2">左后翼子板整形</td><td>3</td><td colspan="2"></td><td></td></tr>
<tr><td>3</td><td colspan="2">左后车门面板、左后翼子板涂装修补</td><td></td><td colspan="2"></td><td>760</td></tr>
<tr><td colspan="2">材料费总额:0元</td><td colspan="3">工时费总额:5.5×80=440元</td><td colspan="2">涂装费总额:760元</td></tr>
<tr><td colspan="2">修理费用总额:1200元</td><td colspan="5">残值:0元</td></tr>
</table>

## 思　考　题

1. 车身用钢板常用哪几种修复方法，分别应用在车身上的哪些区域？

2. 请描述钢板修理的工艺流程。

3. 怎样确定外板件修理的工时？

4. 影响损伤零部件修理与更换的因素有哪些？怎样确定一个损伤零件是修理还是更换？

# 学习情境 2

# 中度损伤事故车损失评估

在事故车修理行业中，事故车按照受损情况可分为两种形式：轻微损坏的车辆（即小事故车）和严重损坏的车辆（大事故车）。

轻微损坏的车辆，损坏部位主要是指车身外板件的变形，所进行的修理工作，主要是对外板或外部安装件进行整形。

严重损坏的车辆，除了车身的外部板件的变形外，车身的结构件也发生了弯曲、扭曲等变形，非车身零部件也会有损伤，一般需要上矫正平台，才能完成修理工作。

本学习情境中所说的中度损伤事故车，应属于严重损坏车辆大类中损伤偏轻的类型。人们一般将轿车分为前部（发动机室）、中部（乘客室）、后部（行李厢室）3 部分，中度损伤事故车指损伤一般局限在某一部分（比如前部），没有扩散到其他部分（比如中部和后部）的事故车。

## 任务 1：前部中度损伤事故车损失评估

**学习目标：**

（1）能够评估典型前部中度损伤事故车的损失费用。

（2）能够编制一份完整的评估报告。

（3）熟悉分区检验法和目前常用的损伤检查步骤和方法。

（4）熟悉大事故车修理的基本知识。

（5）熟悉汽车前部零部件的评估要点。

（6）熟悉车险理赔零配件价格确定方法。

## 导入案例 3：一辆伊兰特轿车前部损伤案例

案例详情：一辆伊兰特轿车左转时，为避让对面来行的电动三轮车，撞上路边的树，前部损伤较严重，主副气囊打开，如图 2－1 所示。

图 2-1　某伊兰特轿车前部碰撞图

# 一、损伤检查

## （一）分区检验法简介

进行碰撞损伤检查时，评估人员必须具有一个系统的检查方法。一套系统的检查模式或顺序是非常重要的。碰撞损坏可能非常复杂，尤其是严重碰撞损坏的车辆，损坏的零件可能有几十个，很容易遗漏和重复。如果采用粗心大意、随意的检验方法，则评估过程将变得非常混乱，并且会不可避免影响最后定损的准确性。

因此有序的检验可以最大限度地减少损坏零件漏检的可能性，同时避免在修理过程中遗漏必须拆卸和更换的漏检零件。遵循预定的系统分析有助于评估员避免重复记录零件和检查同一处损伤。按照预定的检查顺序，每次记录一项评估，从而可制作一份完整而准确的评估报告。

美国汽车制造商和汽车工业协会汽车碰撞修理分会提出对损坏进行“分区”检验的方法，该系统按照经验把汽车分为 5 个合理的区域，5 个区域如下。

区域 1：指直接碰撞区。注意该区包含一次损坏。

区域 2：车身残留损坏定义为二次损坏。

区域 3：包括机械零件、所有动力传动系统零件和附件的损坏。

区域 4：乘员舱。车厢的各种损坏，包括内饰、灯、附件、控制装置和装饰层。

区域 5：车身外部零部件和外饰。

当使用检验区概念或其他后续方法时，应遵从下列原则。

（1）检查应从车前到车后（在追尾碰撞的情况下，从车后到车前）。

（2）检查应从车外到车里。首先列出外板、装饰板，然后列出外板下的构件和附件的损坏。

（3）首先列出主要总成，然后列出比较小的部件以及未包含在总成里的附件。

1. 区域 1：一次损坏

该区域主要检查方法是检视，然后列出汽车碰撞直接接触点的车身一次损坏，如图

2-2 所示。一次损坏区域是多种多样的;一次损坏是可见的不需测量。

区域1的检查首先是检查直接碰撞区的车身外板、塑料镶板、玻璃、漆面和外板下的金属构件。诸如弯曲和皱褶的金属板件、开裂的涂层和密封部位,崩开的点焊和撕裂的金属等都是检查的重点。

图2-2 区域1:包含直接碰撞点附件车体的所有一次损坏

下面将不同碰撞情况下,区域1检查时需要注意的部件总结在表2-1中,以供参考。

表2-1 区域1检查时需要注意的部件

| 碰撞部位 | 检查时需要注意的部件 |
|---|---|
| 前部碰撞 | 前保险杠系统;散热器格栅;发动机罩;前翼子板;前部车灯;前部车轮;前风窗玻璃;车门;油液泄漏 |
| 后部碰撞 | 后保险杠系统;后翼子板;后行李厢盖;后部车灯;后部车轮;后风窗玻璃;油液泄漏 |
| 侧面碰撞 | 车门;顶盖;侧窗玻璃;A、B、C柱,车门槛板;油液泄漏 |
| 举升车辆检查车辆底部(各种碰撞都需检查) | 车底板、发动机托架、纵梁等 |

如发现有油液泄漏,应检查是哪个地方泄漏,从而发现泄漏损伤部件。

2. 区域2:二次损坏

车身残留损坏定义为二次损坏,即发生在区域1:一次损坏之外,并离碰撞点有一段距离的损坏,如图2-3所示。这部分区域的损坏原因如下。

(1) 碰撞力的传递,因此吸能区是二次损坏的多发区。

(2) 动力系统、传动系统以及乘员和货物的惯性造成,因此必须检查悬架、车桥、发动机和变速器的固定点,所以也称为间接损伤。

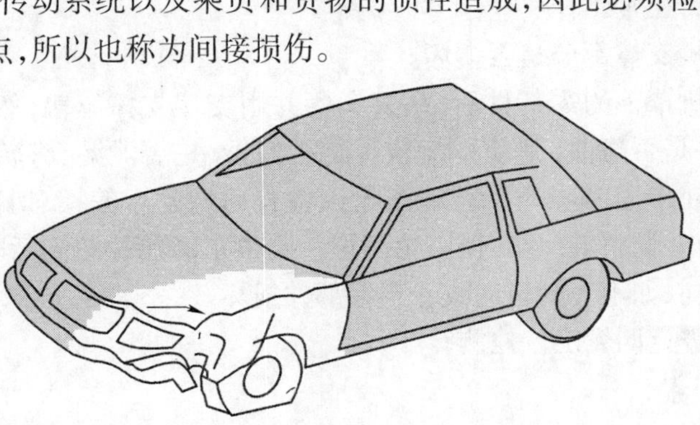

图2-3 区域2:二次损坏

二次损坏有时不容易发现,但它仍有一些可见迹象,一些明显的标志可以提醒我们存在隐蔽的二次损坏,主要有钣金件皱曲、漆面褶皱和伸展、钣金件缝隙错位或不均匀、接口撕裂、开焊等。

所以区域2的检查首先进行外观的检查,观察车辆车身的总体线型、外部板件之间的相互关系(缝隙是否均匀一致)、车辆四角的离地高度等,车门、行李厢盖、发动机罩是否能方便开启等,来判断是否存在二次损伤。

当然准确判断二次损坏程度,应通过精确的测量来判断,应对怀疑的地方测量关键点的尺寸,并与车身尺寸图的标准进行比较来判断,这些关键点的误差的国家标准是3mm。

3. 区域3:机械零部件

完成车身一次损坏和二次损坏的检查后,应进行区域3:车辆机械零部件的检查,如图2-4所示。

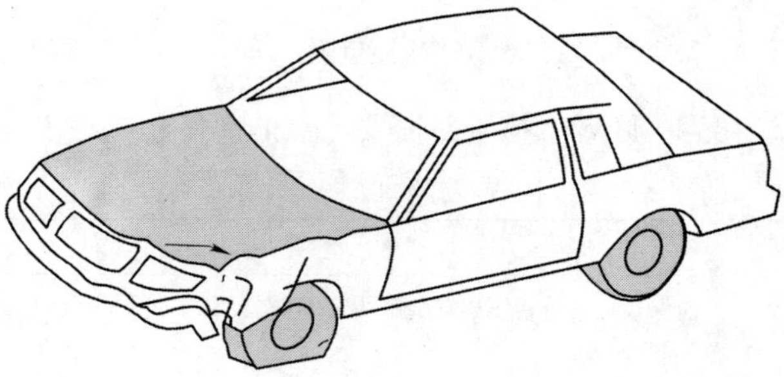

图2-4 区域3:机械零部件

主要检查方法:检视和功能检验。下面以正面碰撞为例介绍区域3的检查顺序和方法。

(1) 检查发动机罩下的散热器、风扇、动力转向助力泵、空气滤清器、发电机、蓄电池、燃油蒸汽吸附碳罐、风窗刮雨器除液罐以及其他机械零部件及电气元件是否损坏;检查液体是否泄漏,带轮和传动带是否对正,软管和线束是否错位以及是否存在凹痕和裂痕等损坏迹象。

(2) 如果碰撞严重,发动机和变速器也可能损坏。检查方法:若有可能将汽车举起,启动发动机,暖机到正常工作温度,使发动机在各挡运行,注意是否存在任何不正常的噪声,是否存在干涉现象。

(3) 打开空调看是否工作正常;检查仪表灯、充电指示灯、机油压力表等,及其他系统的自检指示灯看是否正常工作。

(4) 检查发动机支撑部位是否损坏。

(5) 检查发动机罩下的零部件后,举升车辆并用支架支撑车辆,然后依次检查转向系统、悬架系统零部件是否弯曲,制动系统软管是否弯折、是否泄漏;将转向轮从一端转到另一端并检查是否存在卡阻和噪声。转动车轮以检查它们是否偏摆、切口、划伤和撞伤。放下车辆使轮胎落地,并调整转向盘,使车轮摆正。测量车辆前轮毂到后轮毂的距离,左侧和右侧测量值完全相同,如不等则转向或悬架零部件损坏。

如有需要还应进行四轮定位检测。

4. 区域4:乘员舱

区域4的范围:乘员舱,如图2-5所示。乘员舱的损坏可能是碰撞损坏造成的直接结

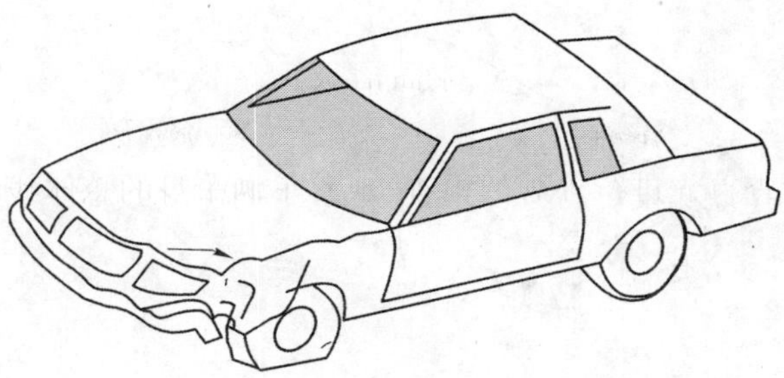

图 2-5　区域 4:乘员舱

果,如侧面碰撞;也可能是由车厢内的物体和乘员造成的。

具体检查时应检查在区域 3 检验中未检查的零部件状况,检查的主要程序和方法如下。

(1) 检查转向盘是否损坏。检查其固定硬件、倾斜和伸缩特性、喇叭、前照灯、转向信号开关、点火开关和转向盘锁。将车轮指向正前方并保证转向盘处于正中的位置。如果转向盘是吸能型的,应确定它没有被压溃。

(2) 检查把手、操纵杆、挡风玻璃和内饰是否损坏。打开再关上并锁上门锁,检查它是否被撞歪。检查制动踏板是否弯曲、卡滞或软绵无力。移开地毯并检查底板和底壳上的铆钉是否松动和焊缝是否开裂。

(3) 检查座椅是否损坏。在从前向后的碰撞中,乘员身体因被安全带约束在座椅上可能造成对座椅调节器和安装硬件的损坏。在后部碰撞中,座椅铰链点可能被损坏。检查座椅调节器的整个行程,以确定它是否完好。

(4) 检查车门是否损坏。扶手、内饰板和门内板可能因乘员撞击损坏。如果碰撞发生在侧面,则门锁和窗户调节器可能已损坏。在前部正面碰撞中,车窗玻璃可能完全损坏并脱落,这时应返回检查是否存在卡滞和干涉现象。摇低车窗几厘米并确定车窗与车门平行。确定所有的配件,如电子门锁和防盗系统、车窗控制器、中央控制门锁和后视镜控制器的工作是否正常。

(5) 检查乘员约束系统。如果汽车装备了被动约束系统,则应确定安全带收紧和释放是否完全自如,有无粘滞或滞后现象。检查座椅安全带锁紧装置是否安全可靠。确定主动系统中的腰带和肩带是否容易扣紧和解开。确定卷收器、D 形环和卡环是否损坏。有些座椅安全带有拉紧感应标签。如果在碰撞中使用了安全带而且安全带上的张紧力超过设计界限,标签破裂。标签破裂的安全带必须予以更换。标签上可以看见画着安全带从护板上完全断开的图样。

5. 区域 5:车身外部零件和外饰

区域 5 是最后检查的区域。它包括所有的外部零件和装饰件及漆面,如图 2-6 所示。实际上,区域 5 包括了前 4 个区域没有包括的所有外部项目。

具体检查时,应在彻底检查车身、机件、内饰和配件之后,再环绕汽车转一圈并列出装饰件、漆面、轮罩、车灯和车身其他配件的损坏。

接通车灯并检查前照灯、尾灯、转向信号指示灯和闪光灯。因为碰撞造成的振动经常会导致灯丝损坏,尤其当碰撞发生在车灯亮着时。

如果漏检了区域 1 或区域 2 的减振器,则现在应该检查它们。检查装饰板和防尘罩是

图 2-6　区域 5：车身外部零件和外饰

否开裂、碰撞吸能器是否遭受碰撞或是否泄漏以及橡胶缓冲垫是否损坏。

### （二）碰撞车辆损伤检查的常用步骤与方法

对碰撞损伤较重车辆的检查，应参考 I-CAR 的分区检验法，结合实际情况进行。首先应通过目测判断车身及其他机械零部件损伤的大致情况，对车身的前部和下部等精确度要求高的部位必须通过精确的测量，才能评价其损度程度。损伤检查一定要注意合理的顺序，这样才能不致于遗漏损伤，为后面的定损准确性打下坚实的基础。下面主要以正面碰撞为例来分析损伤检查的步骤与方法。

1. 了解碰撞情况

了解碰撞事故发生情况，有助于全面、准确、迅速地检查所有损伤。因此评估人员可通过与司机交谈、现场观察等，对车辆进行基本的了解，并且要非常注意以下几个方面。

（1）事故车辆的车型结构、车辆基本尺寸等。

（2）碰撞时的车速和碰撞位置等。

（3）碰撞的准确位置、碰撞力的方向和角度等。

（4）车辆的载重情况、人员或货物的数量和位置等。

2. 确定损坏部位

观察整个车辆的具体方法从碰撞点开始，环绕汽车一圈（图 2-7），并统计撞击处数，评价其幅度，确定其损坏顺序。

3. 检查外部损伤和变形

从车辆的前部、后部和侧部观察车辆，并从侧面检查横向和垂直弯曲、扭曲、变形的线条，以及车身上的隆起和凹陷如图 2-8 所示。同时，检查外板变形或其他与碰撞部位相关联的部位。

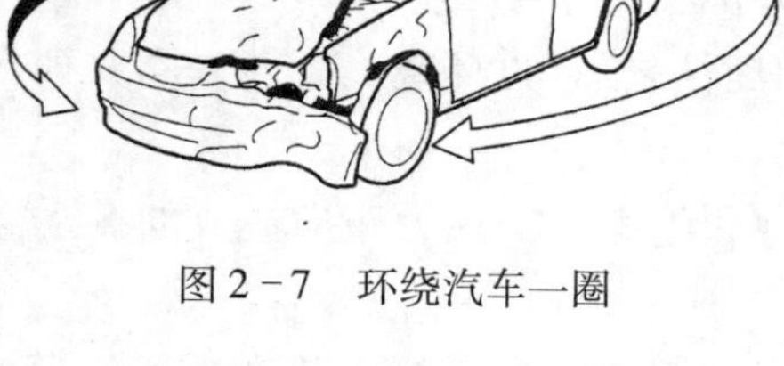

图 2-7　环绕汽车一圈

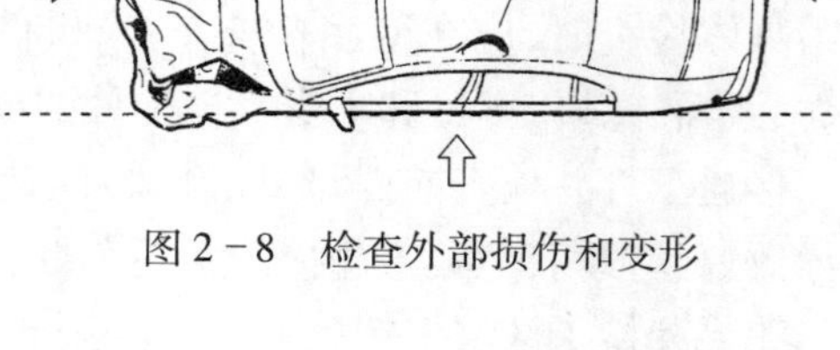


图 2-8　检查外部损伤和变形

4. 检查外部车身板件的定位情况

仔细检查所有带铰链部件（如发动机盖、车门、行李厢盖或后备舱门）的装配间隙和配合状况是否正常（图2-9）、开启与关闭是否正常。通过这些检查除了可以判断覆盖件的变形情况，还可以判断安装这些覆盖件的结构件的变形情况。例如，车门是通过铰链安装在车身门柱上的。通过开关门和观察门边缘与车身二者间的曲面是否吻合及装配情况等，即可确定车门或支柱是否受到损伤（图2-10）。

图2-9　检查外部车身板件的定位情况

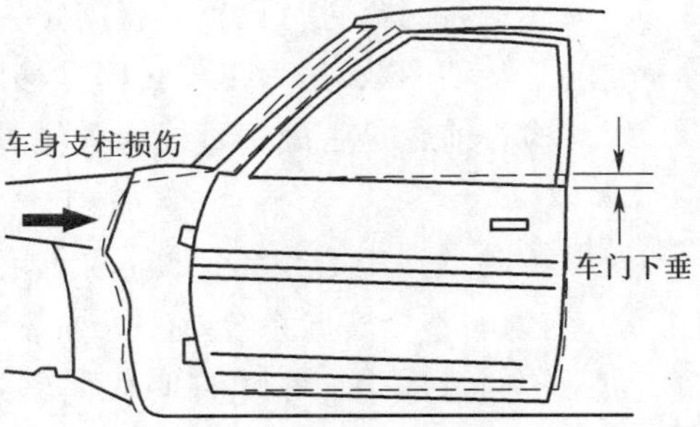


图2-10　车门和支柱的检查

5. 检查发动机室

检查发动机支承以及变速箱支座的变形、辅助系统与底盘以及线束与底盘间的接触情况。检查车身各部分的变形以及焊缝密封胶的剥落。

6. 检查乘客室和行李厢室

检查乘客室和行李厢室内撞击力造成的间接零件损坏。检查转向柱、仪表板、内板、座椅、座椅安全带以及其他内饰件上因驾驶员或货物而导致的损坏。

7. 检查车身下部

检查发动机机油、变速器油、制动液或散热器冷却液的泄漏情况。检查车身底部各部分的变形以及焊缝密封胶的剥落，如图2-11所示。

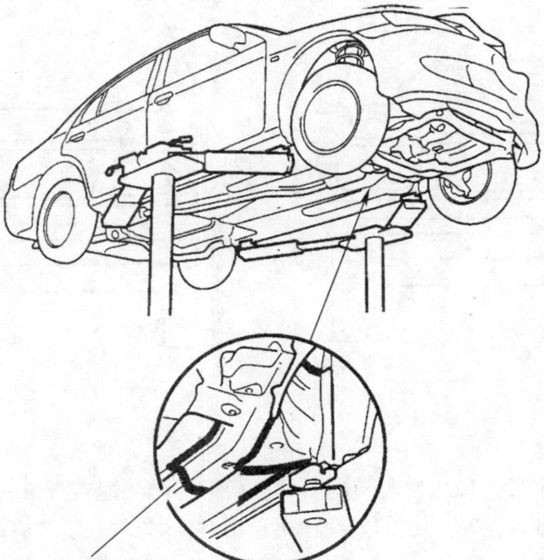


图2-11　检查车身下部

8. 对前轮转向装置进行性能检查

转向性能检查结果可以用于分析车身、转向和悬架装置的故障,为测量和鉴别行驶装置的性能提供帮助。

**1）转向操作装置的检查**

转向盘中心位置的检查,包括确定转向轮直行时是否在转向器分量的中心位置并由此判断机件是否正常。可按下述方法操作。

(1) 确定转向盘直行位置。将前轮架起使之离开地面,转动转向盘并计量从一端转到另一端的总转动圈数,然后再将转向盘移回到总圈数 1/2 的位置。

(2) 检查前轮是否处于直线行驶位置。观察转向前轮所处位置,并依此做出相应分析(图 2 - 12(a))。

如果转向盘在中心位置,并且两前轮均指向正前方,且车轮能够随转向盘的转动而自由摆动,则说明整个转向系统基本无损坏。

如果转向盘居中而车轮有明显偏离,或其中某一车轮偏离直线行驶方向,则说明转向操作系统有一定程度的损坏。

如果转向盘处于中间位置,而两前轮却没有指向正前方,并且不能随转向盘的操作而转动时,则说明转向操作系统损坏严重。

**2）转向器性能的检查**

拆下汽车前部或后部,给悬架加载然后迅速释放,同时观察转向器、转向器柱以及联动机构的技术状况:

(1) 在转向盘居中位置做记号。按前述方法使转向盘居中,用一块胶带在转向盘边缘上端做出中间位置标记。

(2) 观察转向盘是否有运动。在车前部连续做加载、释放的振动、回跳试验,同时观察转向盘的位置是否发生明显的移动或转动变化。如果转向盘在连续几次振动、回跳试验过程中有明显变化,则说明转向器或联动机构可能损坏,对此,需进一步检查(图 2 - 12)。

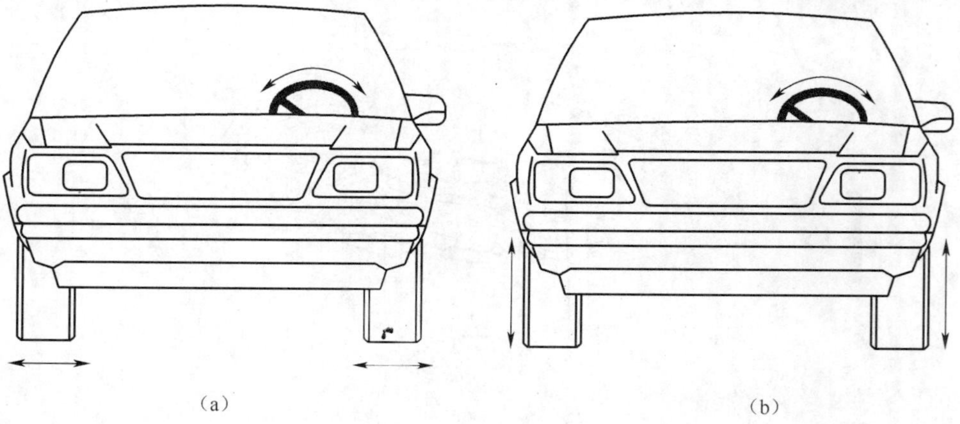


图 2 - 12　发现转向器和悬架损坏的快速检查方法

(a)将转向盘放在极左和极右位置的中点,然后检查轮胎是否指向正前方,如果有一个没指向正前方,则说明一定有损坏;(b)当从一个方向向另一个方向转动转向盘时,从车身前部观察,如果车身有轻微抬起和落下,则表明一定有机械损坏。

将转向盘放在极左和极右位置的中点，然后检查轮胎是否指向正前方，如果有一个没指向正前方则说明有损坏。

从一个极限位置向另一个方向转动转向盘时，从车身前部观察，如果车身有轻微抬起和落下，则表明确有机械损坏。

**3）四轮定位检查**

如果经初步诊断前轮转向装置工作正常，有条件时还应进行前轮定位检查，以确认碰撞是否对前轮定位参数产生了不良影响。

9. 功能检查

如果一些机械零部件检查完好的话应进行功能检查。主要项目如下。

启动发动机，检查是否有异常的振动噪声或接触噪声存在；操作离合器、制动器、驻车制动杆以及换挡杆，检查车辆功能是否正常；检查电气系统的功能，其中包括灯光和附件的开关功能。

10. 主要尺寸的测量

检查评估汽车的损坏程度，用测量法检测是必不可少的手段之一，按维修手册给出的技术参数，测量车架、车身各指定部位点对点的距离，并将测量结果与已知数据比较，即可以查出损坏范围和方向，这样有助于对损伤程度进行分析。

11. 完成损伤检查报告

完成所有检查后应认真完成损伤检查报告。

**（三）案例3的损伤检查**

伊兰特轿车前部碰撞的全景图如图2－13所示，因与树木正面碰撞，损伤严重的部位主要集中在前部。

图2－13　伊兰特轿车前部碰撞的全景图

在损伤检查时，应根据上述介绍的基本方法，全面细致地检查损伤。对于这样的损伤，具体可按下述的方法进行检查分析。

1. 检查汽车外部损伤及车身外部板件的定位情况

首先应环绕汽车一圈检查汽车外部损伤，以及车身外部板件的定位情况。从碰撞点开始，逆时针环绕汽车一圈，损伤记录及分析如下。

（1）前部保险杠组件损伤严重，面罩已撞掉，安装在上面的两只雾灯也撞碎，里面的保险杠骨架弯曲严重，缓冲泡沫被撞断，如图2－13所示。

（2）发动机罩变形严重，如图2－13所示。

（3）格栅左侧一半已破碎，如图2－13所示。

（4）左前照灯总成左下部灯罩破裂，如图2－13所示。

（5）散热器支架以及副车架的前梁严重弯曲，如图2－14所示。

（6）左前翼子板前部上端有轻微变形，如图2－15所示。

图2－14　散热器支架损伤图

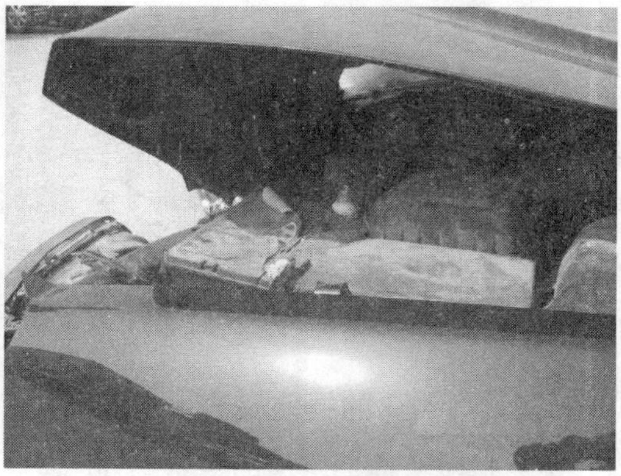

图2－15　左前翼子板损伤图

（7）左前轮轮胎以及轮毂损坏，如图2－16、图2－17所示。

图2－16　左前轮轮胎损伤图

图2－17　左前轮轮毂损伤图

（8）左侧、后侧、右侧其他板件没有变形，板件之间缝隙均匀，定位情况良好。左侧板件情况如图2－18所示，前部右侧板件情况如图2－19所示。

通过上述检查可以发现，此车车身板件的损坏主要集中在前部，通过“左侧、后侧、右侧其他板件没有变形，板件之间缝隙均匀，定位情况良好”，可以判断中部、后部的内部结构件没有变形。

图2-18 左侧板件情况

图2-19 前部右侧板件情况

2. 检查发动机室

因主要碰撞发生在前部,发动机室损伤严重,所以除了正常检查外,还应配合拆检,全面检查发动机室的损伤情况,损伤记录及分析如下。

(1) 冷凝器、散热器及散热器风扇损坏,如图2-20~图2-23所示。

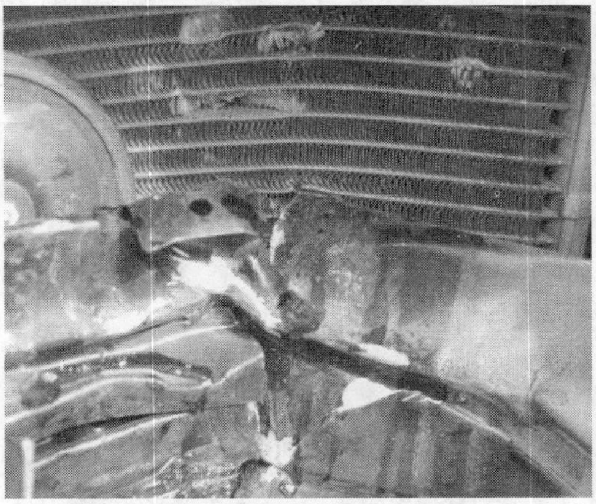

图2-20 冷凝器损伤图

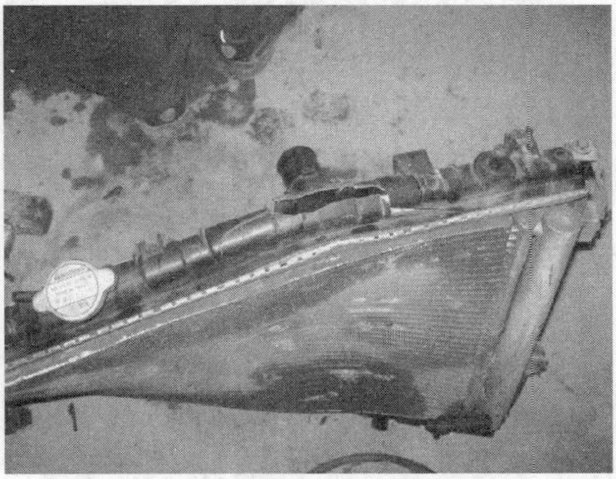

图2-21 散热器损伤图

图2-22 左散热器风扇损伤图

图2-23 右散热器风扇损伤图

（2）蓄电池托板损坏，如图 2－24 所示。

图 2－24　蓄电池托板损坏图

（3）散热器下支架、副车架前梁与发动机前部连接支架损坏情况如图 2－25 所示，另外从图 2－25 中还可看出，左前纵梁向右发生弯曲变形。副车架的另外一处纵梁损伤如图 2－26 所示。另外发动机的右支架和左支架也发生损坏，如图 2－27 和图 2－28 所示。

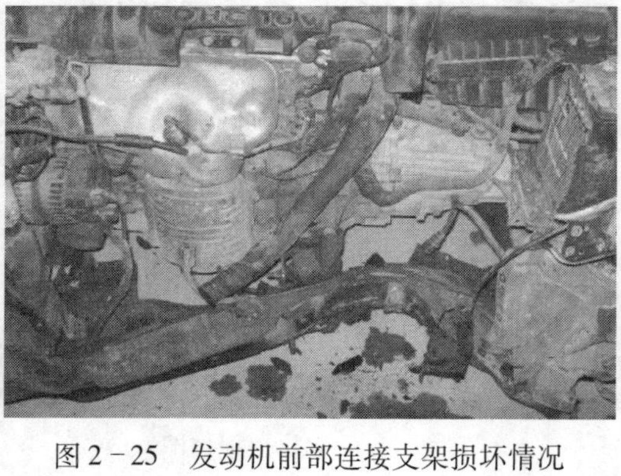

图 2－25　发动机前部连接支架损坏情况

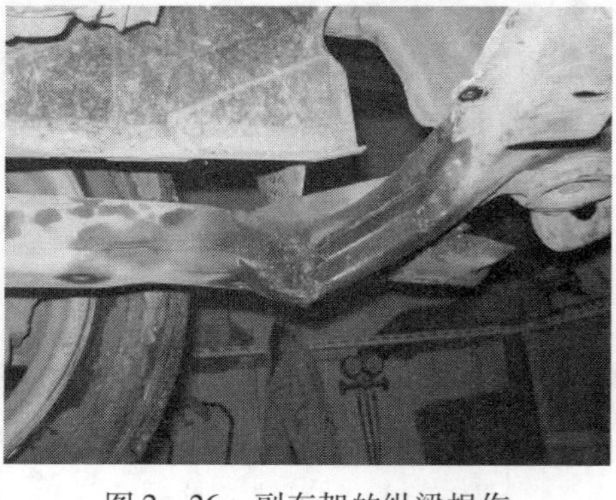

图 2－26　副车架的纵梁损伤

图 2－27　发动机右支架损伤图

图 2－28　发动机左支架损伤图

(4) 凸轮轴位置传感器损坏,如图 2－29 所示。

发动机室的其他部件良好。

3. 检查乘客室和行李厢室

认真检查乘客室的每个部件,损伤分析及记录如下。

(1) 前风窗玻璃严重损伤,如图 2－30 所示。

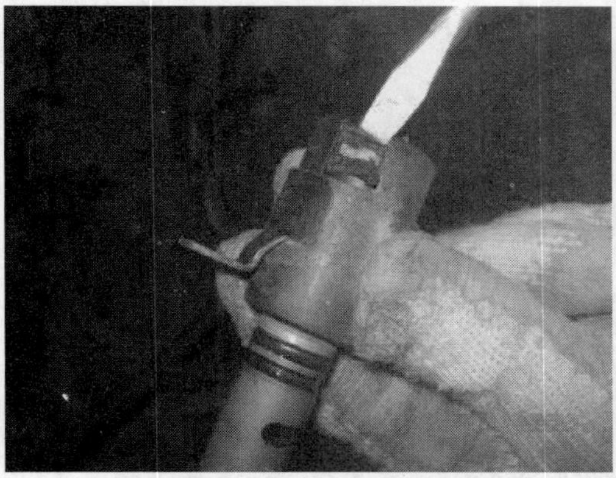

图 2－29　凸轮轴位置传感器损伤图

图 2－30　前风窗玻璃损伤图

(2) 主副气囊打开,如图 2－31、图 2－32 所示。

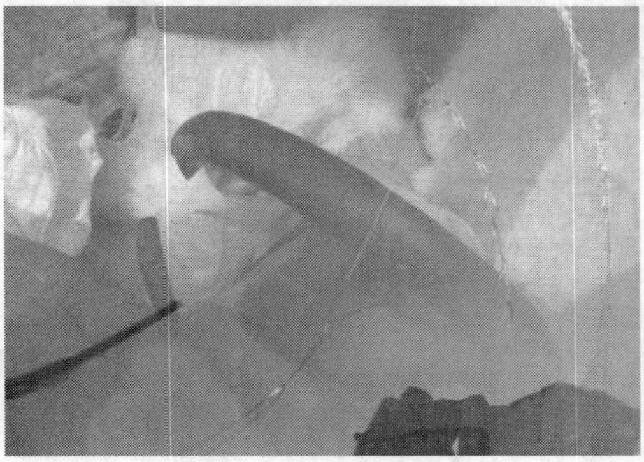

图 2－31　主气囊

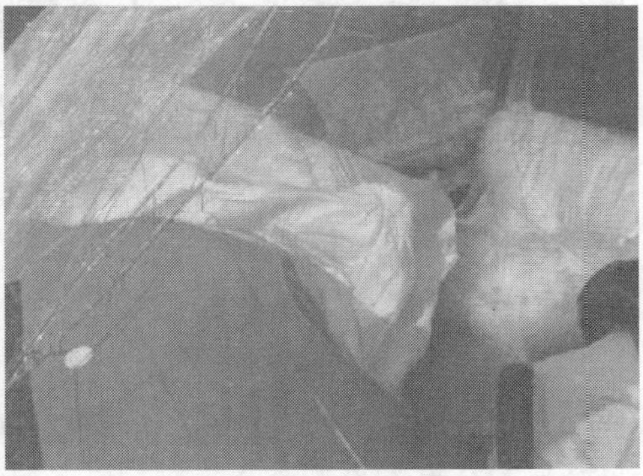

图 2－32　副气囊

(3) 前排两座椅后背壳损伤,如图 2－33、图 2－34 所示。

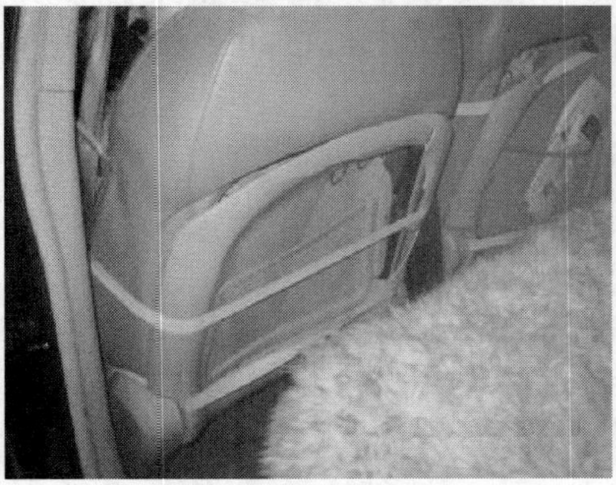

图 2－33　驾驶员座椅后背壳

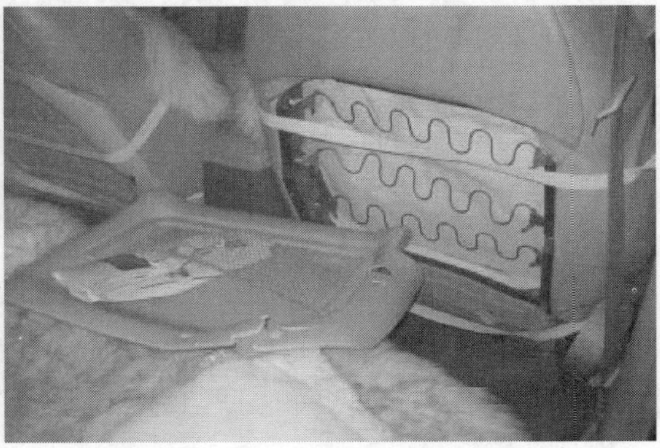

图 2－34　副驾驶座椅后背壳

（4）仪表板有多处擦伤。

行李厢室良好，没有零部件损伤。

4. 其他部分的检查

车身下部良好，如图 2－35 所示。转向系统、制动系统、前后悬架等情况也良好。

图 2－35　车身下部情况良好

## （四）车身变形测量的知识

车身维修的主要任务是，维持或恢复车身的正常工作能力、延长使用寿命并使其处于良好的技术状态。同时，这也是高质量的车身维修所追求的目标。如果由于车身变形导致车身整体定位参数发生变化，对行驶性、稳定性、平顺性、安全性、使用性等都有至关重要的影响。所谓整体定位参数，是指那些对汽车发动机、底盘、车身主要构件的装配位置，有着直接影响的基础数据，如汽车的前轮定位、轴距误差和各总成的装配位置精度等。而这些可以定量测得的表征车身外观和性能的参数值，恰恰又是原厂技术文件中有明确规定的重要技术数据。

车身维修时对这些参数进行测量，一方面用于对车身技术状况的诊断，另一方面用于指导车身维修。因此，车身测量在车身维修中非常重要。

1. 车身测量的主要工作

（1）可以测量被怀疑变形部位的两点尺寸数据，再与车身尺寸图上标注的两点尺寸进行比较以判断该处的变形情况。车身上大多数的控制点都是孔洞，而测量两点尺寸，是中心点到中心点的距离。如果所测的孔不是同一尺寸，通常也是同一类型的圆孔、方孔、椭圆孔等。

（2）可以测量汽车车身上的控制点三维尺寸与车身尺寸图上的三维标准数据进行比

较，以判断该点的变形情况，从而判断车身变形情况。

2. 车身尺寸图

正如上面所述，通过测量车身上特定的点并借助车身尺寸图，就可以完成精确的损伤诊断。车身尺寸图给出了各种车型的测量点和规范尺寸。必须根据所修的车型使用相应厂家和车型的尺寸图，利用图中的数据，就可以将损坏车辆的测量尺寸与正确的尺寸进行比较。

图 2-36 为配合测量两孔中心距常见尺寸图的样式，表 2-2 为对应两点的标准数据。比如在图 2-36 中量取的 A—C 的距离应是 901mm，如果不是则说明该处有变形。

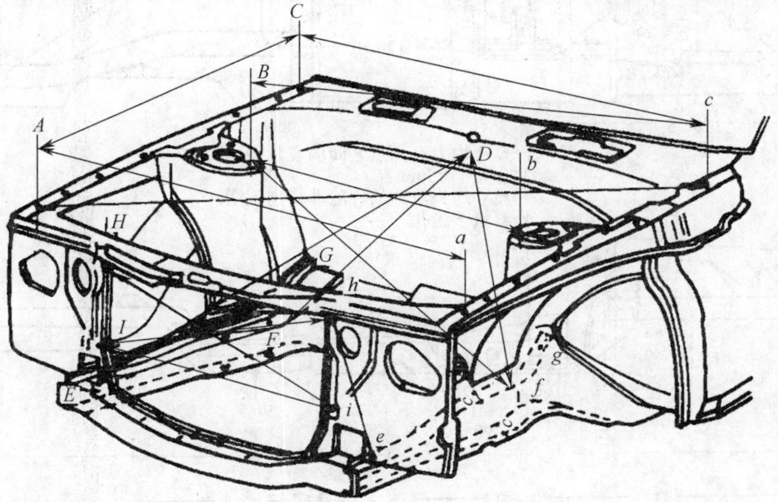


图 2-36　某承载式轿车前车身尺寸图

表 2-2　某承载式轿车前车身尺寸图名称及数值示例　　　单位：mm

| 测定方向 | 前车身测定部位 | 参数示例 | 测定方向 | 前车身测定部位 | 参数示例 |
|---|---|---|---|---|---|
| 发动机室长度方向上的测定 | A—C | 901 | 发动机室对角线的测量 | A—c | 1557 |
| | a—c | 901 | | a—C | 1557 |
| | B—C | 454 | | B—c | 1168 |
| | b—c | 454 | | b—C | 1168 |
| 发动机室宽度方向上的测定 | A—a | 1256 | | B—f | 921 |
| | B—b | 901 | | b—F | 921 |
| | C—c | 1284 | 水箱支架宽度方向上的测量 | H—h（KE 系列） | 762 |
| 发动机室高度方向上的测定 | D—G | 561 | | H—h（TE、AE 系列） | 538 |
| | D—g | 561 | | I—i（KE 系列） | 758 |
| | D—E（四门轿车） | 978 | | I—i（E、AE 系列） | 538 |
| | D—e（两门轿车） | 980 | 水箱支架对角线的测量 | H—i（KE 系列） | 779 |
| | D—F（四门轿车） | 652 | | H—i（TE、AE 系列） | 580 |
| | D—f（两门轿车） | 653 | | I—h（KE 系列） | 783 |
| | H—E（KE 系列） | 287 | | I—h（E、AE 系列） | 580 |
| | h—e（TE、AE 系列） | 297 | | | |

图 2－37 为另一种样式的尺寸图，可配合两孔中心距和控制点的三维数据的测量。要识读该图，首先要弄清车身的三维测量基准。

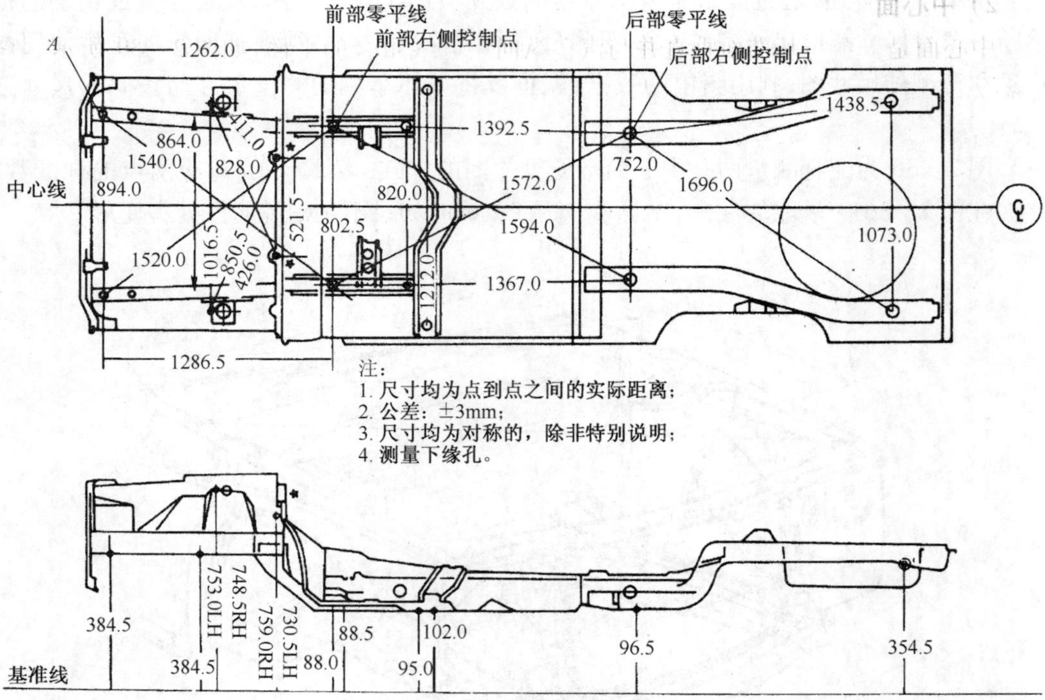


图 2－37　某承载式车身底部尺寸图

**1）基准面**

设计汽车时，为了便于测量车身高度尺寸，而假想一个平滑的平面，该平面称为基准面，如图 2－38 所示。该平面与车身中心水平面平行并与之有固定的距离。生产厂家测得的汽车垂直（高度）尺寸都是以它为基准；它也是在维修检测过程中的主要参考平面。

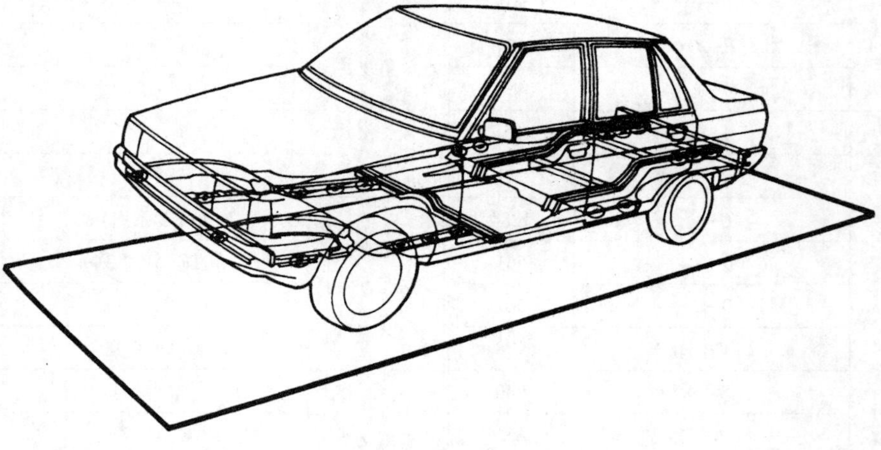

图 2－38　基准面

因为基准面是一假想平面，所以与车身地板之间的距离可以增加或减小，以方便测量。如果测量中以设定的基准面安装测量仪器困难，可以调整基准面的高度，选取合适的安装位置。但要记住最后的测量结果应减去调整值。

基准面在车身尺寸图上投影为基准线，如图2－37中所标注的。

**2）中心面**

中心面是一个与基准面垂直并与汽车纵向中心线重合的平面，如图2－39所示。它也是一个假想的平面，在长度方向将车辆对称分开。车身所有宽度方向的横向尺寸都是以中心面为基准测得的。通俗地说，从中心面到车身右侧特定点的尺寸与中心面至车身左侧同一对称点的尺寸，应该是相同的。

中心面在车身尺寸图上投影为中心线，如图2－37中所标注的。

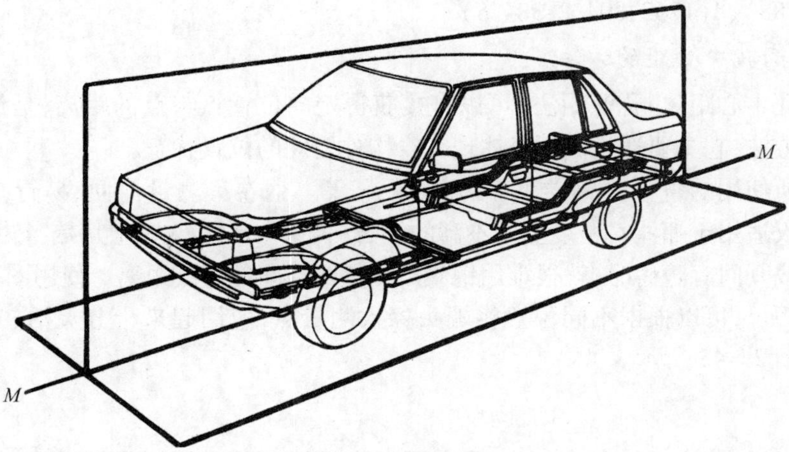


图2－39　中心面

**3）零平面**

为了正确分析车身的损伤程度，有必要将汽车看作一个方形结构并将其分成前、中、后3部分，如图2－40所示。分割3部分的基准面称为零平面。

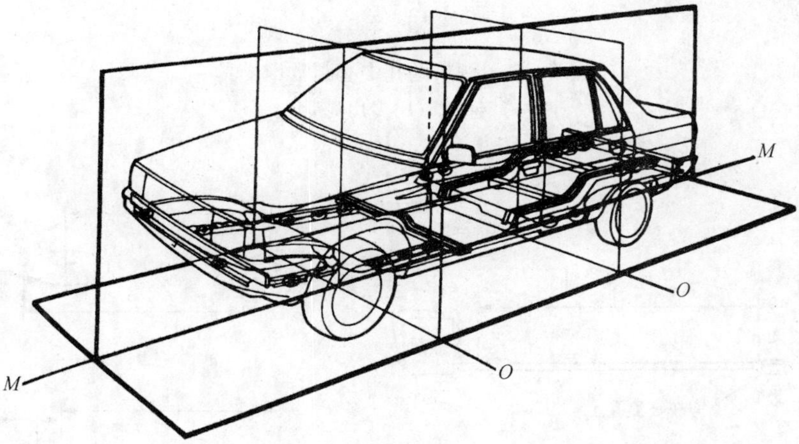


图2－40　零平面

汽车撞伤时往往影响到很多部位，但车身中部被制造得很坚固用于保护乘客，所以不会轻易地弯曲。通常把这部分作为测量基准来测量不同零部件的宽度和长度。在这个部分的边缘上定义了两个零平面，前面的零平面从地板部分到前横梁，后面的零平面从后门到后横梁。它可以用作检测车身沿长度方向的变形测量基准,车身上各道横梁与零平面的相对位置,是衡量其相对于零平面有无变形的重要参数,是车身测量和矫正的主要部位。

相对于零平面的检测,表示车身上所有结构是相互平行的。这里所指的平行与任何外界参照物(如地面)无关。

零平面在车身尺寸图上投影为零平线,如图 2-37 中所标注的。

具体读图时,一般将基准面作为高度方向上的基准;中心面作为宽度方向上的基准;零平面作为长度方向的基准,比如在图 2-37 中,以前部零平线作为长度方向上的零点,并且前部零平线之前的为负,之后的为负,那么图中一些点的长、宽、高尺寸为前部右侧控制点(0,802.5/2,88)、*A*(1262,894/2,384.5)。

3. 测量两孔中心距的方法

测量两孔中心距(也称测距法)可以直接获得定向位置点与点的距离,是最简单、实用的一种测量方法,它主要通过测距来体现车身构件之间的位置状态。

测距法所使用的量具是钢卷尺、专用测距尺等。钢卷尺测量简便、易行,但测量精度低、误差大,仅适用于那些对精度要求不高的场合(图 2-41(a))。尤其是当测量点之间不在同一平面或其间有障碍时,就很难用钢卷尺测量两点间的直线距离。使用图 2-41(b)所示的专用测距尺,可以根据不同位置将端头探入测量点,应用起来十分灵活、方便,用法如图 2-42 和图 2-43 所示。

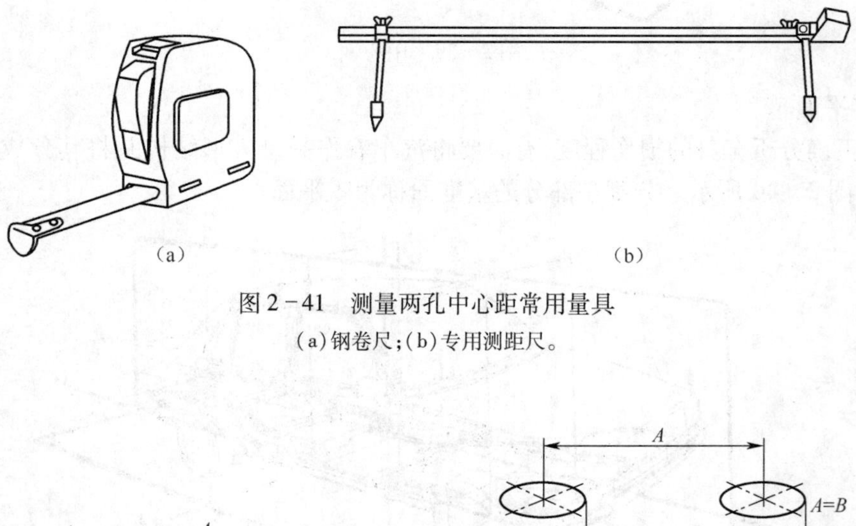


图 2-41　测量两孔中心距常用量具

(a)钢卷尺;(b)专用测距尺。

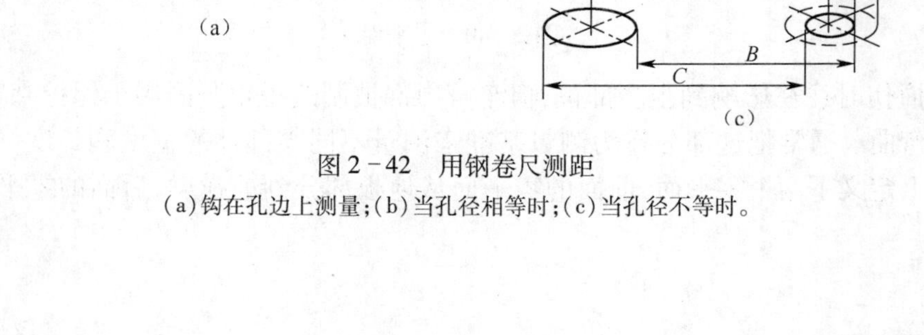


图 2-42　用钢卷尺测距

(a)钩在孔边上测量;(b)当孔径相等时;(c)当孔径不等时。

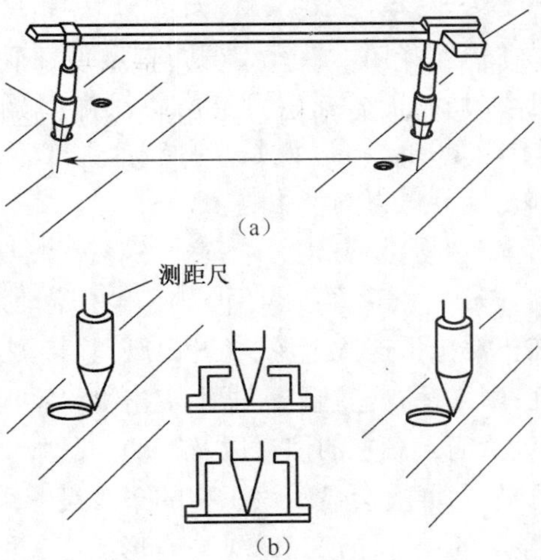


图2－43　用测距尺测量

4. 车身关键点的三维尺寸测量方法

如前所述，对于影响汽车前轮定位、轴距误差和各总成的装配位置精度的关键点必须进行精确测量，变形误差应控制在3mm以内，达到这样的要求必须借助先进的测量设备进行三维尺寸的测量。常用的是通用测量系统，该系统是最有效应用轨道式量规、中心量规技术的一种测量装置，它使大部分的测量工作更为简易、更为精确，但需熟练掌握操作技术，并对一些细节加以注意。通用测量系统具有同时测量所有控制点的能力，但要得到正确的测量结果，还必须依据生产厂家的规范将其调整好。

目前常使用的通用测量系统有机械测量系统和电子测量系统。

**1）机械测量系统**

在大多数机械式通用测量系统中，机械指针都装附在精密的测量桥上，如图2－44所示。根据车辆厂家规定的水平和垂直规范，在测量桥上定位好测量系统的指针。

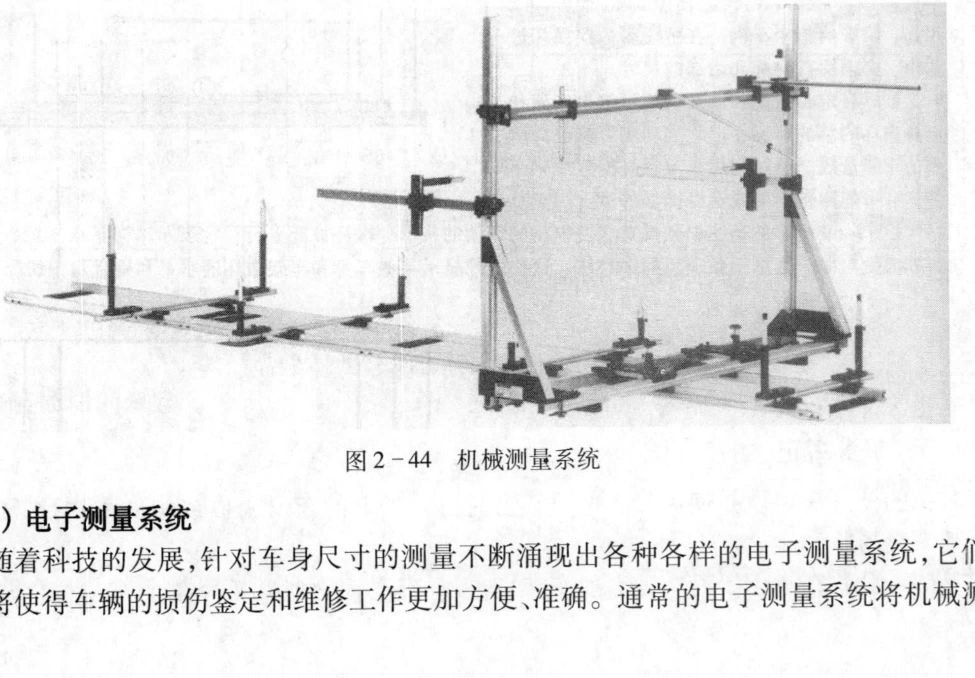

图2－44　机械测量系统

**2）电子测量系统**

随着科技的发展，针对车身尺寸的测量不断涌现出各种各样的电子测量系统，它们的出现将使得车辆的损伤鉴定和维修工作更加方便、准确。通常的电子测量系统将机械测量系统的测量指针变为电子测量头，通过传感装置将测量头测得的车身数据直接传输到电子计算机中。由于计算机中已经预先存储了各种车型的大量车身数据，所以利用计算机强大的计算能力对测得的数据进行分析和比对，经计算后直接得出车身的变形量，有的还可以给出修复的建议。因此，电子测量系统可以说是一种智能的车身测量系统，对于损伤鉴定人员和维修操作人员来讲都是十分得力的帮手。

目前常用的电子测量系统主要有超生波测量系统、机械臂测量系统、激光测量。

下面以烟台奔腾公司的 Shark3 测量系统为例，介绍电子测量系统的大致步骤。

（1）电子测量系统的准备常包括连接电源、打开电脑、连接测量设备的相关数据线。

（2）进入电子测量系统：用鼠标在电脑显示器上双击测量系统图标。

（3）进入工单界面：常包括输入车主的信息以及车辆的品牌、型号等信息。

（4）进入测量界面：电脑显示屏上会显示该车型的车身尺寸图。

（5）定基准：一般参照显示的尺寸图选择两对未变形的点，并连接相关设备，将这两对点的位置告知电子测量系统。电子测量系统会根据这两对点的信息自动确定测量三维坐标体系。

（6）控制点的测量及变形情况判断：选择要测量的点，并连接相关设备，将该点的位置告知电子测量系统，系统会自动测量该点的三维数据，并与系统中的标准数据进行比较，而且在屏幕上显示比较结果。

## 二、大事故车修理的基本知识

发生大事故的车辆，除了车身的外部板件的变形外，车身的结构件也发生了弯曲、扭曲等变形，非车身零部件也会有损伤，一般需要上矫正平台，才能完成修理工作。严重损坏的车辆修理工艺流程如图 2－45 所示。

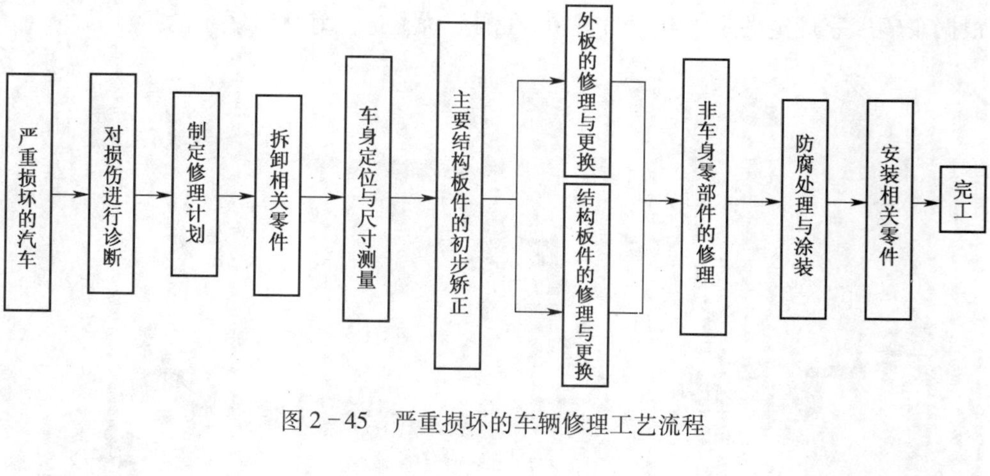


图 2－45　严重损坏的车辆修理工艺流程

### （一）车身矫正

车身的变形矫正就是使用较大的矫正力对已经变形的车身壳体或构件采用拉、压等方法使其恢复形状和尺寸。

整体承载式车身由于没有独立的车架，所以在经受撞击时几乎全部的车身构件与板件都参与承载。撞击力沿车身构件和板件进行传递，引起车身广泛部位的变形。车身主要结构件等这些刚度和强度非常高的部件或车身整体产生变形都是非常大的力综合作用的结果，必须使用更大的力才能对这些变形进行矫正，由于不能像非承载式车身那样可以对车身进行分解，所以针对承载式车身的变形矫正必须整体进行。经过多年的探索和实践，人们开发了专门针对承载式车身进行整体矫正的设备和相应的操作工艺，矫正的方法与单纯矫正非承载式车身的车架基本一样，使用大型液压牵拉设备配合专门用于车身整体的矫正平台来操作。为了保证车身矫正工作的精度要求，专用的车身矫正平台往往配有车身三维尺寸测量系统，在进行车身牵拉矫正时控制各部位的尺寸，直到矫正完成。图2-46为目前常用的配备车身三维尺寸测量系统的车身矫正器。

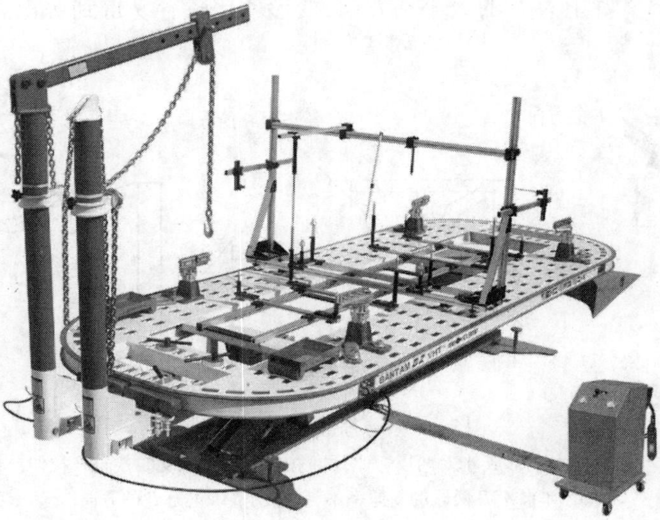

图2-46 目前常用的配备车身三维尺寸测量系统的车身矫正器

对整体车身的变形进行矫正的主要目的是消除车身整体的变形量和变形应力，使车身的总体轮廓和主要的定位尺寸恢复原状，当然也包括对变形的板件进行整形。

对于车身上的主要结构件，例如车身梁等重型构件的损坏和变形，也需要使用车身矫正设备进行矫正。这些主要的构件即使需要进行更换处理，也要在车身整体矫正完成后才能进行拆换，因为车身的总体控制尺寸没有被修复之前，需要更换的构件是没有相对尺寸根据的，所以必须首先进行车身的总体矫正，然后才能进行更换。

对车身的矫正工作是车身维修的基础工作，它要完成的不仅仅是车身变形的简单整理，更主要的是矫正时必须完成车身上所有主要控制尺寸的修正。矫正之后的车身构件和板件的具体轮廓和相对尺寸在进行车身矫正时不必过多地考虑，因为在完成总体的矫正之后，需要将车身分为若干个小的区域，进行局部的整形或更换修复。

1. 车身矫正的原理

车身变形的矫正原理可描述为：充分利用力的性质（合成、分解、可移性和平行四边形法则等），按与车身碰撞力大致相反的方向拉伸或顶压变形部位，使受损伤的构件得以修复。

对于碰撞程度较轻的局部变形，一般运用较为简单的拉伸方法，就很容易使变形得到矫正。但对较为严重的车身碰撞变形，由于其受力的严重性和复杂性，便不能简单地依靠这类矫正方案了。如图2-47所示，当车身构件受到来自$F$力的重度角碰撞时，就会形成图2-47(a)所示的变形。如果矫正过程中，仍然简单地用与$F$力相反方向的力$P$进行拉伸(图2-47(b))，就会很容易形成图2-47(c)所示的那一种结果，将$A$段拉直但$B$段仍处于弯曲状态。

究其原因，复杂的冲击过程使车身构件的变形程度很不匀称，金属材料的强度也因此发生了变化，如皱褶多的一侧加工硬化现象就严重些。再用同一方向上的力加以矫正时，受损伤构件表面上存在的强度差异，也必然会影响到矫正的复原率，这就是简单拉伸难以奏效的缘由。如果灵活地运用力的性质，对损伤状况做出进一步的细致分析，按图2-47(c)所示的方案，调整矫正力$P$的大小和方向，变形就比较容易得到矫正。

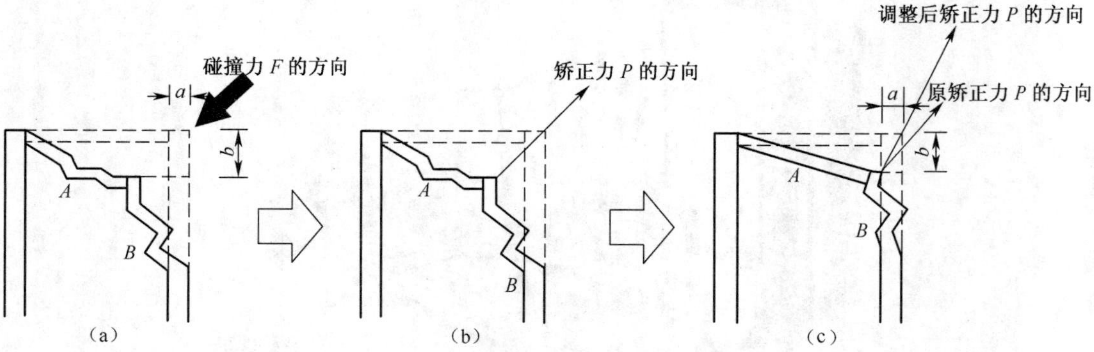


图2-47　矫正力方向分析

(a)碰撞力$F$形成$A$、$B$两段弯曲；(b)按与碰撞力相反的方向$P$拉伸；

(c)如果$A$、$B$两段的复原率不等，应调整矫正力$P$的方向。

对局部损伤已经基本得到修复的构件，应以其轴线的延长线作为拉伸的施力点一次性完成矫正，如图2-48所示。

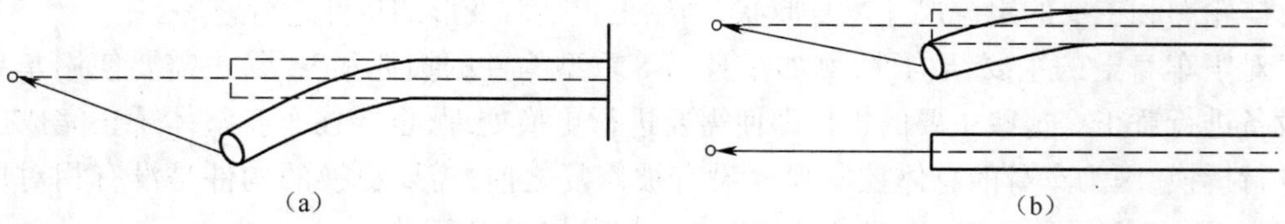


图2-48　基本拉伸方向

(a)假设构件的局部变形已经得到矫正；(b)在其轴线的延长线上设定一点作为拉伸施力点。

事实上，由于车身构件多属于立体刚架式结构，这就决定了其碰撞时的受力状态多为空间力系。即作用在车身构件上的冲击力由于分解的结果，使力的作用线(即分力方向)不在同一平面内。尽管大多数场合，也可以将空间的受力简化为平面力系来对待，但总不如在详尽分析的基础上进行矫正来得更好。这里并不需要对构件的受力做更专业化的分析，只需建立起关于空间力系的概念，就可以按照后面推荐的方案矫正各类复杂的变形。

当然，许多变形都很难通过一次矫正来完成，而是需要不断修正力的大小和方向，有时甚至还要调整矫正力的作用点或者从多点进行同时拉伸。

例如，矫正图 2-49 所示的严重弯折，由于受拉伸条件的限制而不能按理想方向施加矫正力时，也可以将拉伸力分解成两个或两个以上的分力，进行多点拉伸。垂直和水平两个方向同时拉伸纵梁，就比较容易使变形恢复到正常工作位置。另外对于这样的厢式梁，应夹注内侧弯曲（图 2-49 的 *A* 面）表面拉伸，拉伸方向应施加在一条假象部件原位置的延长线上。

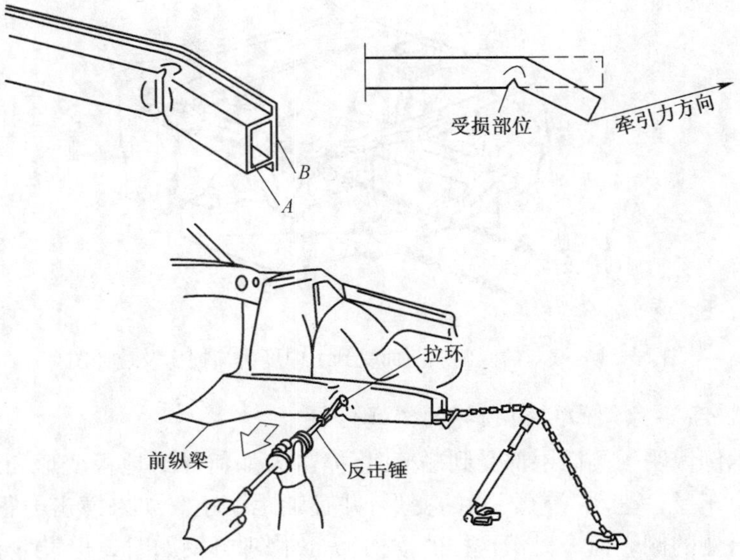


图 2-49　厢式梁的矫正

2. 车身的固定

对于承载式车身具体固定时必须用多点固定的方式。一般需要 4 个点，对于前部受损的汽车，定位夹具应该安放在汽车的中部或后部。对于后部受损的汽车，定位夹具应该放在汽车的中部和前部。当然，根据拉伸力及其方向的不同，有时要增加辅助固定点，如图 2-50 所示。

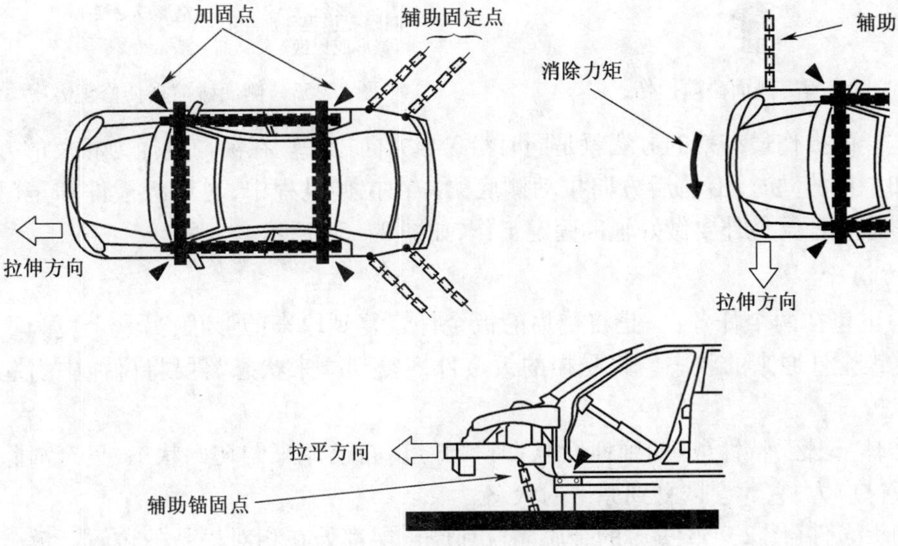


图 2-50　车身的固定

3. 承载式轿车车身前端碰撞损坏的矫正修复

以一辆汽车的一侧从前面受到了中度碰撞为例进行分析，如图 2－51 所示。

图示损伤确定的拉力方向正如图中所示，慢慢拉伸，拉伸过程中需要测量尺寸和确定拉伸位置，对于这样的损伤推荐测量的尺寸如图中的 *A*、*B*，进行对角测量。

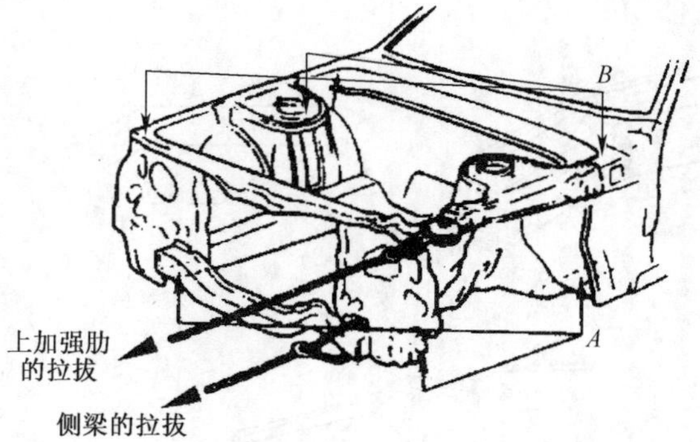


图 2－51　汽车的一侧从前面受到了中度碰撞损伤及拉伸图

4. 承载式轿车车身侧面碰撞损坏的矫正修复

图 2－52 示例说明了侧面中部受到碰撞时，撞击力如何导致地板变形和侧底梁及中间立柱弯曲。整个车身会呈现“香蕉”状的变形，并且轴距缩小。如果撞击力很大，则扭曲变形将延伸至相对侧的侧表面。对于这样的损伤，大致修理方案如图 2－53 所示。

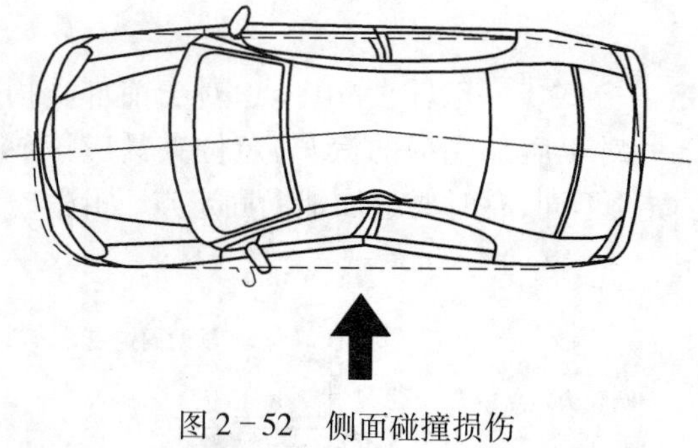

图 2－52　侧面碰撞损伤

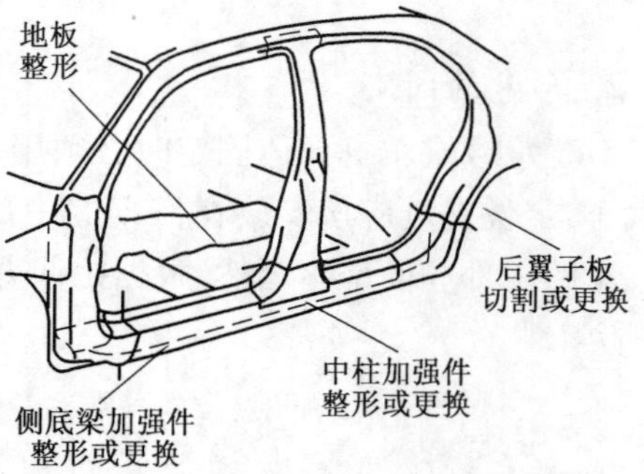


图 2－53　侧面碰撞损伤修理方案

对于这样的损伤最有效的方法就是同时沿 3 个方向拉平。在沿与碰撞力相反的方向拉出侧底梁和中柱的同时，沿前后方向拉动侧底梁。在拉伸过程中，对地板板件和车门开口部位进行整形处理。另外要做好辅助固定工作，如图 2－54 所示。

5. 应力消除

车身矫正包括两个任务：一是将受损的钣金件恢复到原来的形状；另一个更为重要的任务是恢复钣金件原来的状态。将受损的钣金件恢复到原来状态需要将碰撞中引起的金属应力消除掉。

金属具有“记忆”特性（或叫弹性性能），它“知道”自己原来的初始状态，只有消除由事故引起的板件应力，它才会恢复到原来的状态。

平直的钣金件（图 2－55（a））的金属晶粒和原子层都处在相对松弛的位置。钣金件弯

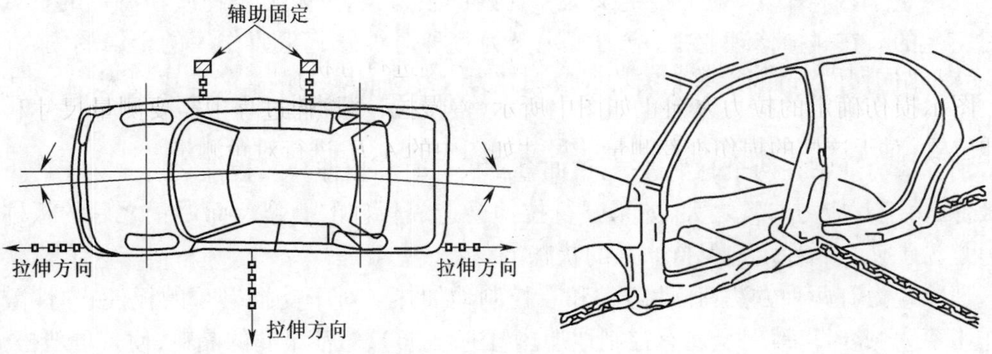


图 2-54　侧面碰撞损伤的拉伸

曲时(图 2-55(b))这些晶粒就会产生轻微的变形,从而产生应力。如果钣金件有足够的弹性,一旦压力消除后,晶粒可以立即恢复到原来的状态;如果钣金件在碰撞中弯曲程度严重,则在弯曲的钣金件的外层的晶粒在剧烈张力的作用下产生严重的变形,而内层则在压力的作用下产生同样的变形(图 2-55(c))。这些力引起晶粒变形,改变晶粒结构,而这种结构比受损前更坚硬(加工硬化)并且缺少弹性,同时应力被固定在金属内部。

如果试图在不消除应力的情况下把钣金件拉伸恢复到原来的形状,金属将出现图 2-55(d)所示表现的撕裂或变薄。这个形状接近原始形状,但是晶粒结构中仍保留着变形并且有新的变形区域产生。

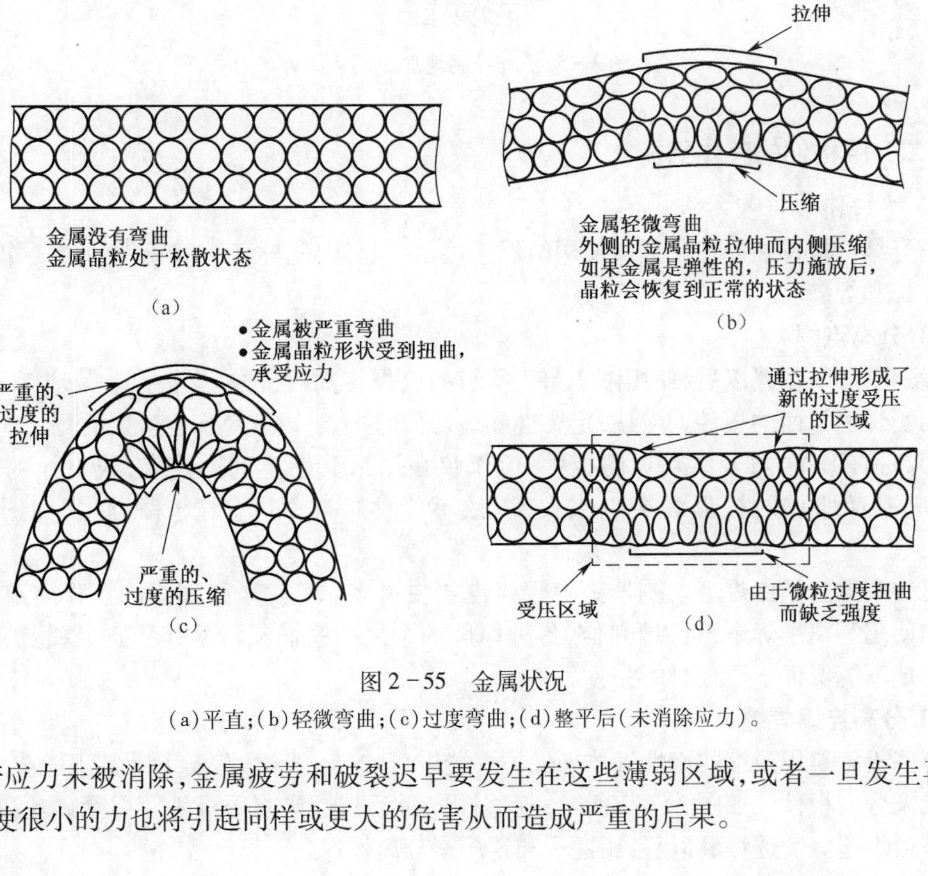


图 2-55　金属状况

(a)平直;(b)轻微弯曲;(c)过度弯曲;(d)整平后(未消除应力)。

若应力未被消除,金属疲劳和破裂迟早要发生在这些薄弱区域,或者一旦发生再次碰撞,即使很小的力也将引起同样或更大的危害从而造成严重的后果。

在冶金学教科书上,应力被定义为一种内部阻力,这种阻力是物质在特定的负载下变形时产生的。在碰撞修理业中,应力可定义为一种对维修起阻碍作用的金属的内在阻力。造成这种阻力(应力)的主要原因有变形和开裂、过度加热、不正确的焊接技术、不理想的应力集中等。

消除应力通常在两个时刻进行:拉伸金属板件时和拉伸金属板件之后。对于严重变形的板件,由于其应力非常之大,如果强行拉伸会造成板件的撕裂。而矫正之后的板件消除应力是为了使金属稳定地保持原来的状态。

消除应力有两种方法:弹性敲击和有控制地加热。对于受损严重的板件,弹性敲击可能作用不大,此时可以对金属有控制地加热(图2-56),激活金属的晶粒,使其重新松弛,恢复到原来的状态。所谓有控制地加热是指加热的温度和时间不能超过厂家的规定值,因为过度的加热会破坏晶粒结构,导致金属变软、强度降低,尤其是对于承载式车身的高强度钢和结构件。

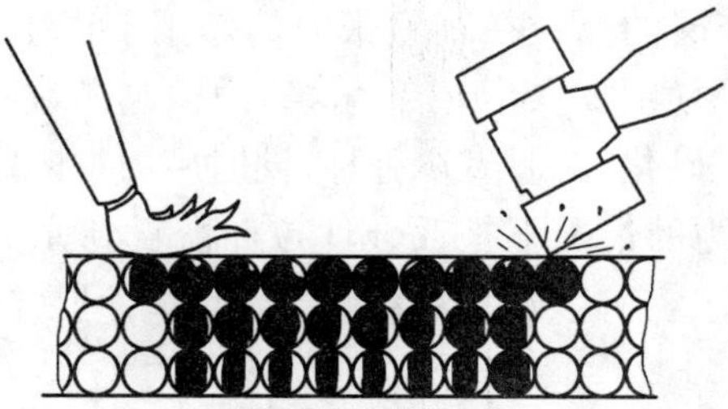


图2-56　有控制地加热消除应力

### (二)结构件的整体更换

1. 结构件的拆卸方法

车身结构板件在制造厂里主要用组焊连接在一起,因此拆卸结构板件的主要作业就是分离点焊和焊缝。

**1)分离点焊**

确定点焊的位置以后,使用图2-57所示的点焊切割器,钻掉焊接点。分离时要小心,不要切割焊缝下面的板件,并且一定要准确地切掉焊接点,以避免产生过大的孔。

用高速砂轮也可分离点焊的板件,但仅仅在用钻头够不到焊接点,或更换的板件是在上部,或者那里的柱形焊接点太大,以致不能钻掉时,才采用这种方法,如图2-58所示。

另外用等离子弧焊炬切割器去掉焊接点要快得多。等离子弧焊炬的工作有点像乙炔焊炬。使用等离子焊炬,可以同时在各种厚度的金属中吹洞来清除焊接点。显然,使用等离子焊炬不能保证下层板材的完整。

**2)分离连续焊缝**

有些板件是用连续的惰性气体来保护焊缝连接的。由于焊缝长,因此要用砂轮或高速砂轮机来分离板件。如图2-59所示,割透焊缝而不割进或割透板件。握紧砂轮以45°角进入搭接焊缝。磨透焊缝以后,用锤子和錾子来分离板件。

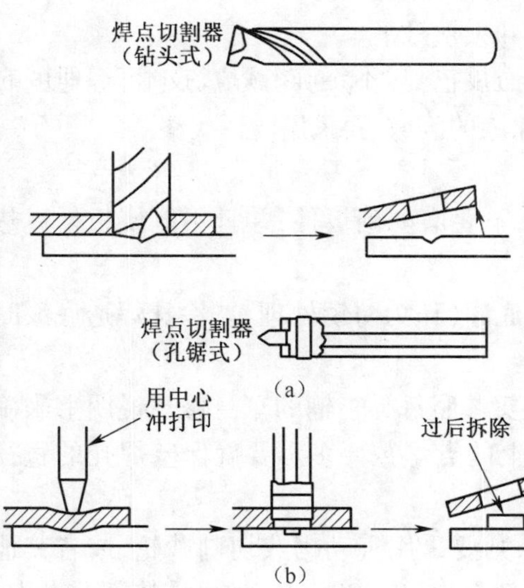


图 2－57　点焊切割器

（a）转头式；（b）孔锯式。

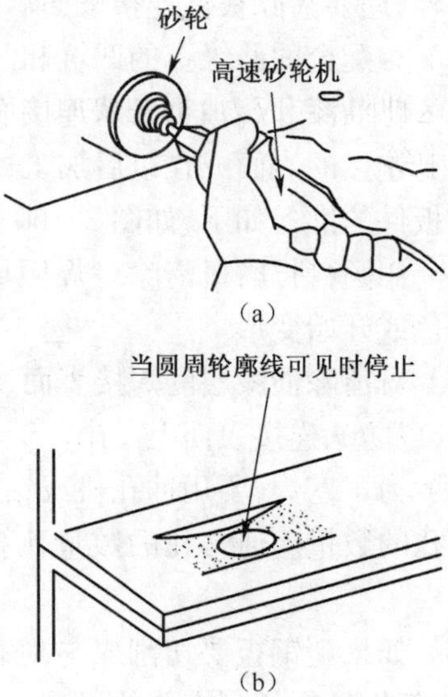


图 2－58　用砂轮机清除焊点

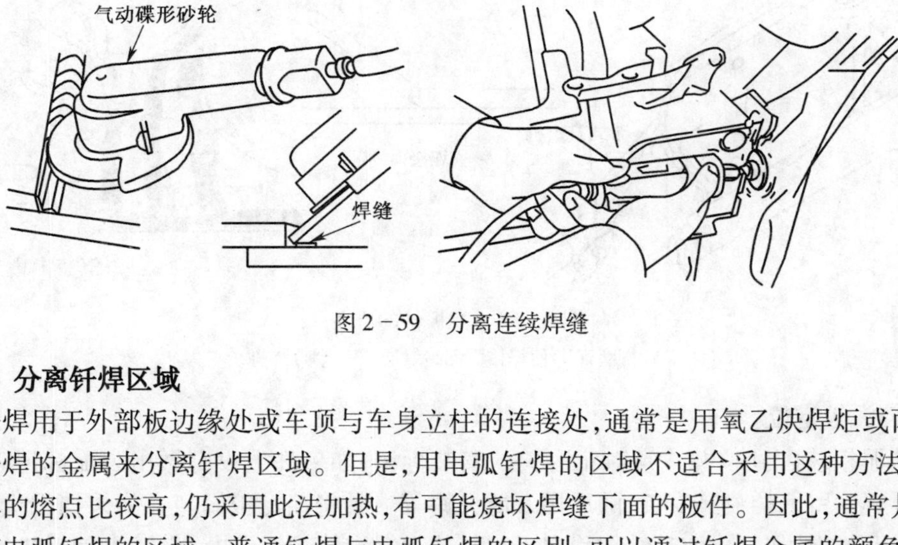


图 2－59　分离连续焊缝

**3）分离钎焊区域**

钎焊用于外部板边缘处或车顶与车身立柱的连接处，通常是用氧乙炔焊炬或丙烷焊炬熔化钎焊的金属来分离钎焊区域。但是，用电弧钎焊的区域不适合采用这种方法，因为电弧钎焊的熔点比较高，仍采用此法加热，有可能烧坏焊缝下面的板件。因此，通常是采用磨削分离电弧钎焊的区域。普通钎焊与电弧钎焊的区别，可以通过钎焊金属的颜色来识别。普通钎焊区域是黄铜色的，而电弧钎焊的区域是淡紫铜色的。

2. 承载式轿车车身一侧前挡泥板的更换

下面以前挡泥板的更换为例介绍结构件的整体更换方法。

**1）拆卸挡泥板**

主要作业就是分离点焊和焊缝。

**2）准备工作**

拆卸损坏的板件以后，待修理的汽车要做好准备以安装新的板件。工作步骤如下。

（1）从点焊区域磨掉焊缝的痕迹。用钢丝刷从连接表面上清除掉油泥、锈斑、油漆、保护层及镀锌层等。不要磨削结构钢板的边缘，否则将磨掉金属，使截面变薄并削弱连接强度。此外,还要清除板件连接表面后面的油漆和底漆,因为这些部位在安装时要点焊。

(2) 相配合的凸缘上的凹坑和凸起,要用锤子和顶铁敲平。

(3) 将油漆和腐蚀物已从连接面上清除,基体金属已经暴露的区域应涂上可焊透的底漆。对于连接的表面或在以后加工过程中不可能涂漆的区域,要采用防锈底漆。

新板件的准备如下,如图 2-60 所示。

(1) 用圆盘打磨机清除点焊区域两边的油漆,不要磨削到板件,并且不能使板件过热变成蓝色或开始变形。

(2) 对清除油漆层的焊接表面,要施用可焊透底漆(作为防锈处理)。涂抹焊透底漆时要小心,以防从连接表面上渗出。

(3) 为了塞焊,要用冲孔机或钻头钻孔。一定要参照每类车辆的车身修理说明书来确定塞焊孔的数量。通常孔的数量比在工厂总装线上的点焊数要多。要确保塞焊孔的直径合适。

(4) 如果新钢板要切割成与现有的钢板搭接,则要采用气动锯或切割砂轮,或者其他工具,将新钢板粗切到需要的尺寸。钢板的搭接宽度应为 20~30mm。如果搭接部分太大,装配时板件的配合调整比较困难。

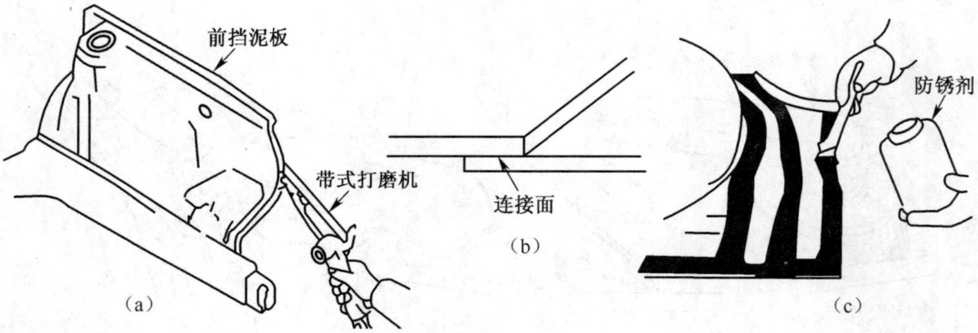


图 2-60　新板件的准备

(a)打磨;(b)使焊接面无绝缘层;(c)涂防锈剂。

**3) 挡泥板定位**

将挡泥板装配到位并注意对正有关的安装标记;如新件上没有做出装配标记时,可比照旧件拆解后留下的痕迹安装;随后用万能夹钳等夹具将挡泥板固定。如果挡泥板的前端不便使用万能夹钳时,为使其结构稳定可与其他相邻构件暂焊(如前横梁),然后进行长度、高度、宽度 3 个方向的调整定位。

**4) 焊接作业**

挡泥板实现正确定位后,即可转入焊接作业。与构件的定位一样,焊接也与整体质量密切相关。挡泥板采用点焊与气保焊结合的方式焊接,能用点焊机焊接的尽量用点焊机焊接。点焊机无法焊接的用气保焊焊接。

(1) 气体保护焊:焊接的原理是以焊线为电极,使电极和母材之间产生电弧(放电),再利用电弧产生的热能将焊线和母材熔化而结合成一体。作业时焊线是以一定的速度自动输送,所以此种形式又称为半自动电弧焊。另外,在作业中,储气筒会供应保护气体来隔绝焊接部位与空气接触,以防止氧化或氮化,如图 2-61 所示。

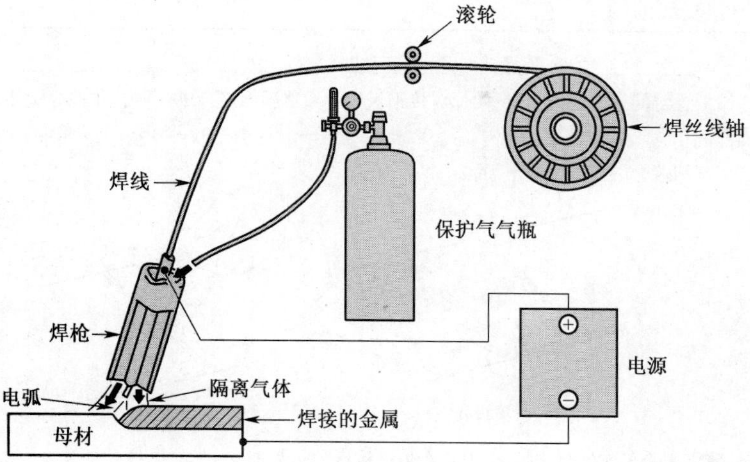


图 2－61　气体保护焊

下列所示为维修车身时，使用气体保护焊时比较常用的几种焊接方法，如表 2－3 所列。

表 2－3　车身修理中常用焊接方法及特性

<table>
<tr><th>焊接方法</th><th>特性</th></tr>
<tr><td>填孔焊</td><td>填孔焊接是在车身修理中使用最频繁的焊接方法之一，应用于无法实施点焊的特殊部位，或是使用点焊接不能达到理想强度的部位。<br>对两块或两块以上重组在一起的钢板的上板钻孔，用熔融金属将孔填满。<br>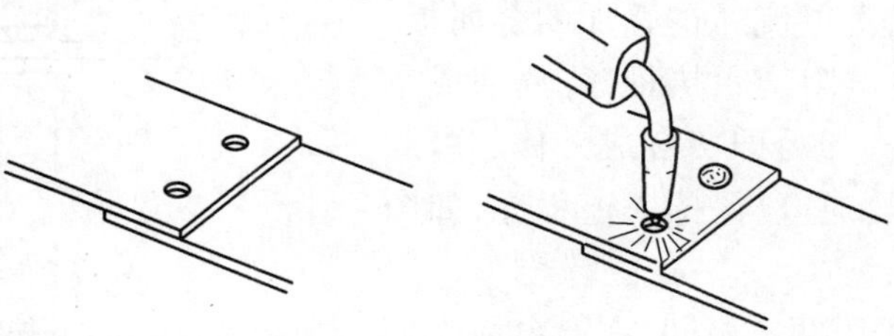<br>若焊接的钢板厚度非常厚，则填孔的孔径必须加大。<br>
<table>
<tr><th>板厚/mm</th><th>孔径/mm</th></tr>
<tr><td>1.0</td><td>至少 5</td></tr>
<tr><td>1.0～1.6</td><td>至少 6.5</td></tr>
<tr><td>1.7～2.3</td><td>至少 8</td></tr>
<tr><td>2.4 以上</td><td>至少 10</td></tr>
</table></td></tr>
<tr><td>搭接焊</td><td>搭接焊是在重叠两片钢板的边缘实施焊接，使钢板结合成一体的焊接方法。<br>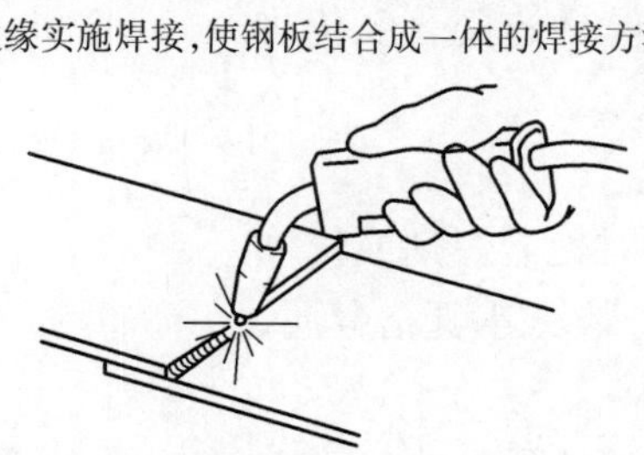<br>使用于车身上无法实施点焊或填孔焊接的部位。<br>此种方法通常使用于制造大梁时的焊接</td></tr>
</table>

（续）

| 焊接方法 | 特性 |
|---|---|
| 对接焊 | 将两片钢板置于同一平面上，并把两片对接钢板的缝隙填满而接合成一体。此种方法使用于无法实施重叠焊接的部位<br>使用于切割和接合的焊接钢板上。<br>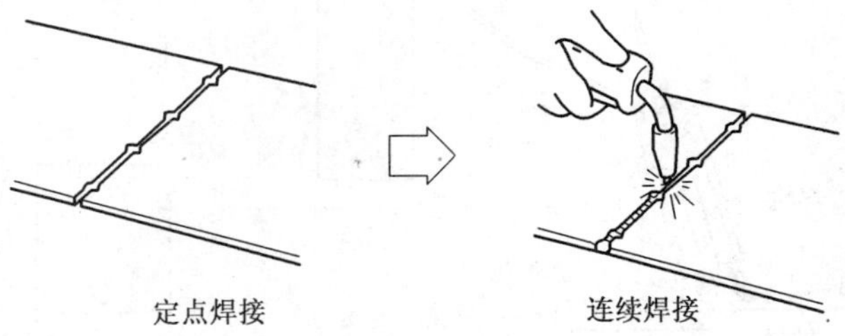<br><br>虽然厚、薄钢板都可实施对头焊接，但是在焊接较厚的钢板时，为了提供较佳的渗透性，必须如下图所示将开口研磨成斜面。<br><br> |

（2）电阻点焊：点焊属于压力焊中的电阻焊接类，其原理是对被电极加压的叠加钢板进行焊接。以大电流通过叠加的金属板，利用金属本身之电阻产生热量，待局部成半熔融状态加压、冷却后即接合成一体。由此可知点焊有加压、通电、保持3道程序，如图2－62所示。

加压：母材置于两电极间，在通电前先加压，使大电流能集中由某一小区域通过。

通电：在电极上通以大电流，当电流流经两片母材时，接合部位（此处电阻最大）产生焦耳热，使该部位的温度急剧上升；再继续通以电流，使母材的接合部位熔化并由于电极所加的压力而接合成一体。

保持：当停止通电时，母材的接合部位将逐渐地冷却，然后形成焊点。

电阻点焊有下列特性。

① 焊接成本低。焊接时无需焊剂或气体保护，也不需要使用焊丝、焊条等填充金属，便可获得质量较好的焊接接头。

② 由于热量集中、加热时间短故热影响区小，变形和应力也小。通常焊后不必考虑

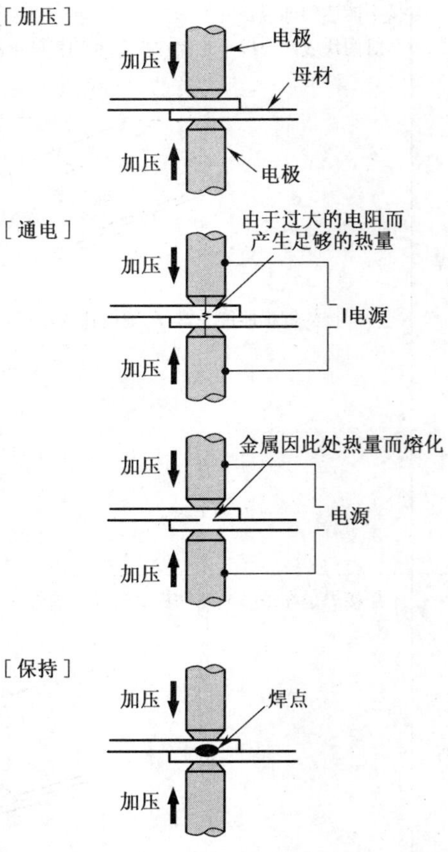


图2－62　电阻点焊

矫正或热处理工序。

③ 操作简单,操作者不需要很熟练的经验。

④ 因为需要大电流,电缆直径较大所以点焊机的重量较重。

⑤ 因为是在母材的重叠面结合,所以很难以外观判断接合状况的好坏。

### (三) 结构件的分割更换

受损伤的整体式车身部件,一般在生产时的接缝处进行更换。但当许多必须分离的接缝处于车辆未受损伤的区域内部时,这样做是不现实的。在这样的修理中,如对梁、立柱和车门槛板、地板进行分割,可使昂贵的修理费用降低。分割结构件,使修理区域的强度像撞击以前一样,同时保持了防撞挤压区。这样,当再遇到碰撞时就具有吸收碰撞的能力。

根据研究可进行分割作业的结构件主要有车门槛板、后侧围板、地板、前侧梁、后侧梁、行李厢地板、B 柱以及 A 柱,如图 2－63 所示。

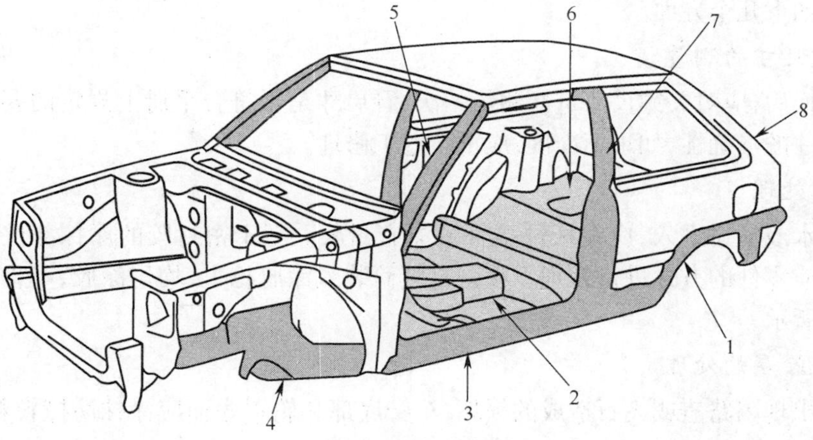


图 2－63 车身可分割板件

1—后侧梁;2—地板;3—车门槛板;4—前侧梁;5—A 柱;6—行李厢地板;7—B 柱;8—后侧围板。

为了保证分割不危害车辆结构完整性,对切割部位、切口走向、切换范围等都有一定要求,应视车身构件的结构强度、组焊方式、断面形状等因素而定。为此,在进行车身构件的切换作业时,一定要按汽车维修手册中推荐的方案选定切割位置,或在弄清具体构造的基础上,按以下基本原则选位。

1. 避重就轻

所谓避重就轻,就是要求切口位置一定要避开构件的强度支撑点,而选择那些不起重要支撑作用的位置切割。同一构件上强度大小的区别在于,是否有加强板等结构在起辅助增强作用。

2. 易于修整

构件切换后还需要对接口、焊缝等进行修整,如果按修整工作量的大小选择切口,就可以简化构件更换后的作业,如所选切口正好位于车身内、外装饰件的覆盖范围内,其接口或焊缝的表面处理就显得容易得多。

3. 便于施工

选位应兼顾到切换作业的难易程度,如需要拆装的关联件的多寡与作业难易程度,以及是否便于切割和所选的切口是否易于对接等。

4. 避免应力集中

应力集中会使构件发生意想不到的损坏,切口的选位应避开车身构件的应力集中区。否则,将影响构件的连接强度并诱发应力集中损伤。

另外还应注意,要尽量避开防撞挤压区进行切割分离,否则就会改变设计安全目的,应避开支承点,如悬架支承点、座椅安全带在地板中的支承点,以及肩带 D 环的支承点。例如,当切割 B 柱时,应环绕着 D 环面做偏心切割,以避免影响支承点的加固。

### (四)修复后的检查与防锈处理

严重损伤的汽车经过板件更换作业后,钣金作业的主要工作已经完成,剩余的工作可大致总结为如下几个方面。

1. 关键尺寸的测量

板件更换后,应对关键尺寸重新测量一次,看尺寸是否符合手册上规定的要求,以确保车身几何尺寸的准确性,如果不准确,应重新返工修理。

2. 密封处理

为防止水或铁锈进入,应在板件接合处涂密封胶。至于密封胶的涂抹部位,可根据车辆另一侧相应零件的方式进行处理。将密封胶筒装入涂胶枪上,均匀涂胶,不得留下缝隙,如图 2-64 所示。

3. 车底涂层的处理

为防止出现因路渣或飞石造成的损坏,车身底部和轮罩表面应涂抹防撞粒粒胶。至于防撞粒粒胶的涂抹部位,应查询相关车型的维修手册。

常见涂抹部位如图 2-65 所示。

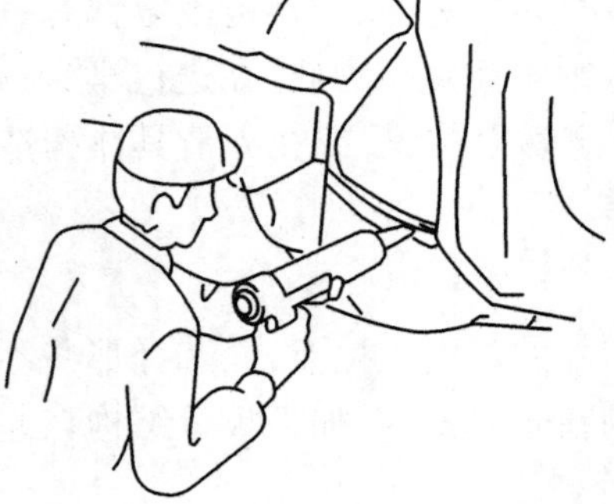

图 2-64　密封胶应涂抹均匀

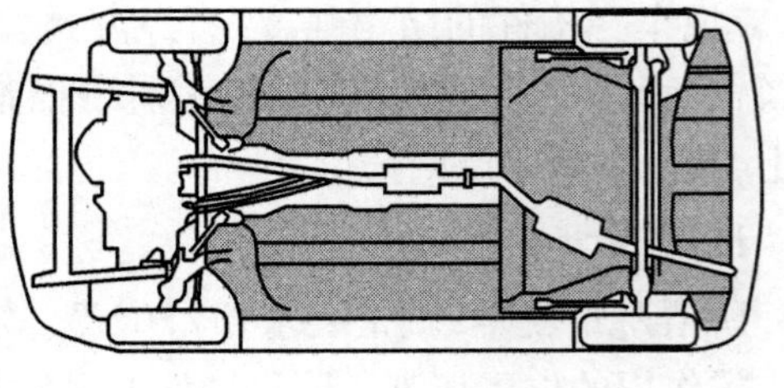

图 2-65　常见涂抹部位

4. 内部防锈处理

因为大部分车身构件均为厢型断面,所以侧底梁和车架的内部不可有空气流。此外,由于拉伸和焊接操作,板件内表面的漆层极有可能发生腐蚀或生锈。为防止生锈,应涂以足够数量的防锈剂。考虑到维修性质,涂防锈剂的范围应比维修区域稍大一些。

此项操作一般在涂装后进行，可通过零件安装孔、内部板件开口、扣眼和其他现有的孔进行，如图2－66所示。

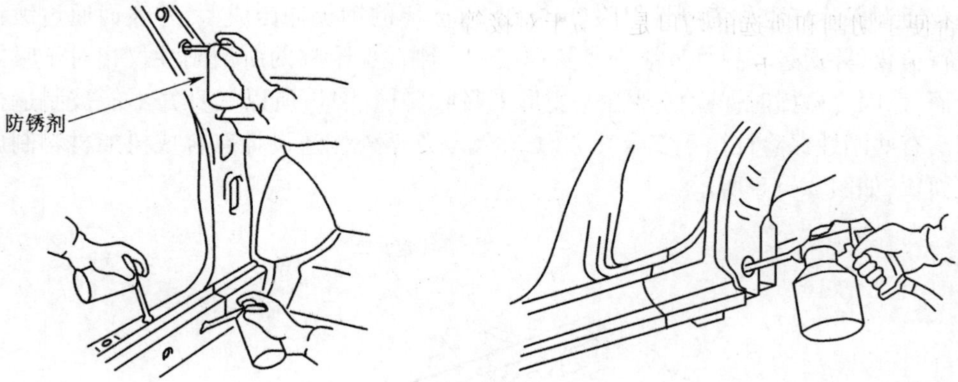


图2－66 内部防锈处理

5. 外部附件的安装与调整

为保证与车身之间具有正确的间隙和台阶，或为了消除车身与其他附件间的间隙，应正确调整带铰链附件的位置，如车门、发动机罩、行李厢盖或背门，并应保证其开启和关闭功能正常，如图2－67所示。

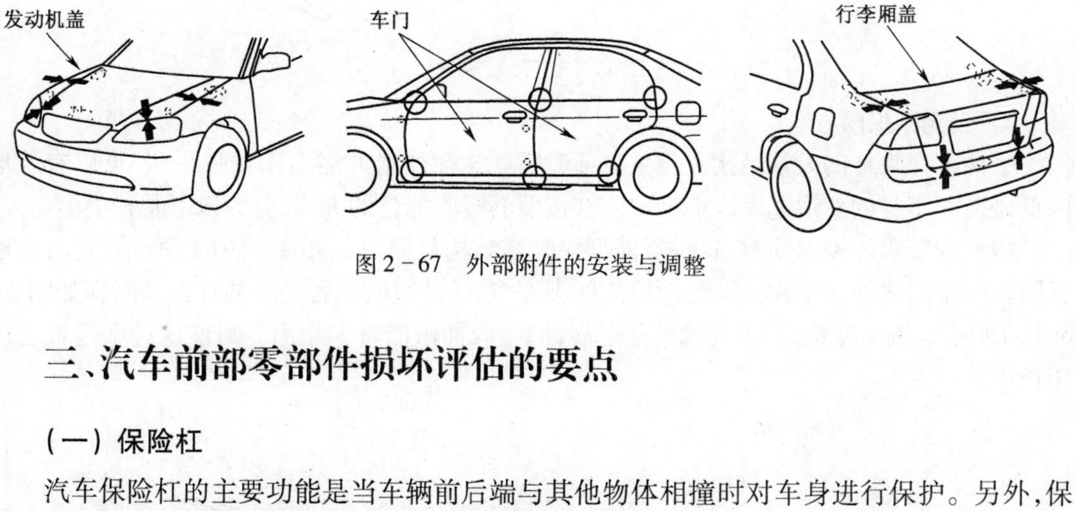


图2－67 外部附件的安装与调整

## 三、汽车前部零部件损坏评估的要点

### （一）保险杠

汽车保险杠的主要功能是当车辆前后端与其他物体相撞时对车身进行保护。另外，保险杠还作为车身外部装饰件，起到美化轿车外形的作用。

轿车保险杠基本上都安装于车辆的前、后侧梁上，在车辆发生碰撞事故时，碰撞点的冲击能量可以被保险杠分别传递给两侧的侧梁，从而分散了撞击力，对减少车身的变形具有一定的作用。现代轿车的保险杠结构可以分为两层：内部衬板由高强度钢制造，主要用于分散碰撞力和抵抗车身变形；外部面板由吸能效果良好的工程塑料制成，在发生碰撞时可以发生较大的变形来吸收碰撞能量，对车身起到保护作用。另外，这种变形吸收碰撞能量的设计还有利于减轻被撞人或物的伤害程度，也更容易制造得与车身线条相融合，因此得到广泛应用。

1. 保险杠的结构

保险杠可以分为普通型和吸能型两类，普通型保险杠结构简单、质量轻，而吸能型保险杠的安全保护性能好,且与车身造型协调性好,因此吸能型保险杠多应用于高级轿车。

**1）普通型保险杠**

普通型保险杠也称为刚性保险杠,常以 2mm 厚的钢板冲压成型,外表面通过镀铬或喷涂进行美化,并通过支撑柱安装在车身框架上。刚性保险杠的所谓刚性仅相对于吸能型保险杠而言,因为碰撞时保险杠要首先变形来吸收碰撞能量,所以杠身并不能被制造得十分坚固。有些刚性保险杠出于安全性考虑,在钢制支架外侧还设计有合成树脂材料制成的保险杠面罩,如图 2－68 所示。

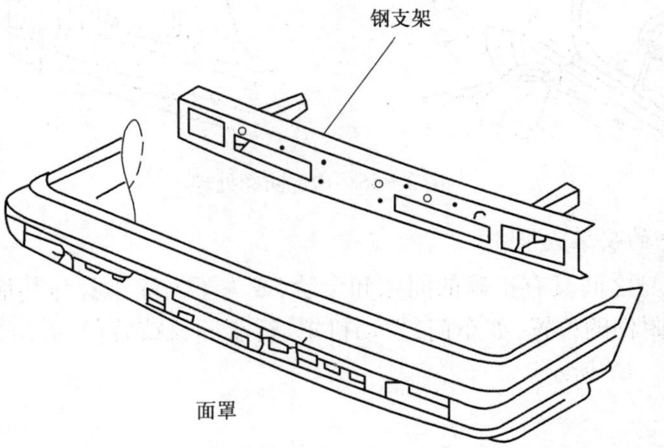


图 2－68　普通保险杠

**2）吸能型保险杠**

吸能型保险杠的设计结构在发生碰撞时吸收碰撞能量的能力比较强一些,可以有效地降低碰撞时车身的变形量。吸能型保险杠按照其吸收能量的方式,分为以下几种类型。

(1) 橡胶吸能型保险杠:这种吸能型保险杠结构最简单如图 2－69(a)所示,它与普通保险杠的不同之处在于钢支架与面罩之间夹有多孔橡胶块,三者之间的连接及断面如图 2－69(b)所示。汽车碰撞时,多孔橡胶块起缓冲、吸收冲击能量的作用。目前这种保险杠已应用极少。

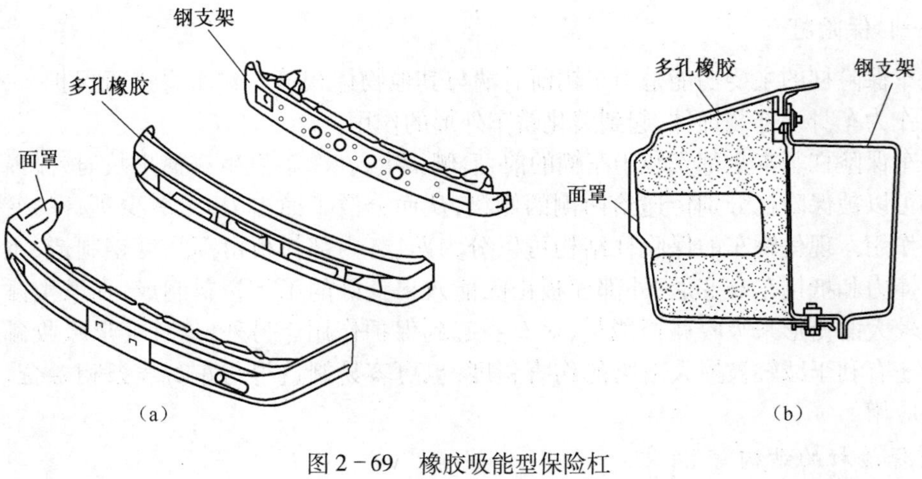


图 2－69　橡胶吸能型保险杠

(2) 吸能单元保险杠:这种吸能保险杠的持点是在保险杠挡杆的后端装有吸能装置(吸能单元)吸收碰撞时的动能。现常用带有压溃箱形式的吸能装置(图2-70),在碰撞时以可控的方式压溃,与车身结构板的碰撞区相同,伴随褶皱的压溃变形吸收冲击能量。

对图2-70中采用的压溃箱形式吸能装置,在碰撞时以可控的方式压溃,与车身结构板的碰撞区相同,伴随褶皱的压溃变形吸收冲击能量。当检视这些吸能器时,比较两个吸能器的长度就可确定是否已有变形。如果吸能器弯曲、开裂或压碎,则需要更换吸能器。

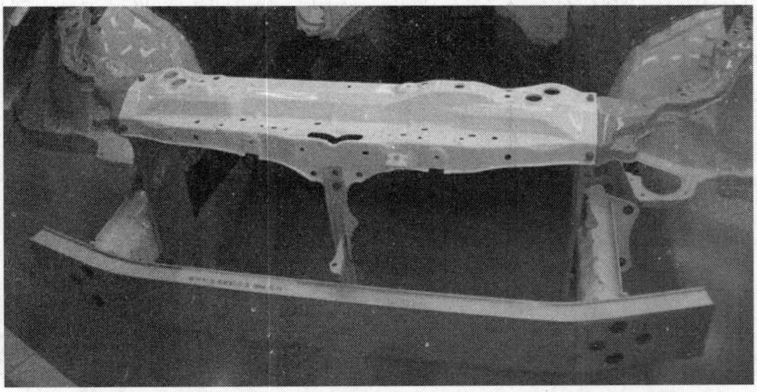

图2-70 丰田皇冠轿车保险杠吸能装置采用压溃箱的形式

(3) 直接吸能式保险杠:图2-71(a)为最典型的直接吸能式保险杠,这种形式的吸能保险杠结构简单,无需独立的吸能单元,只是在保险杠的面板与隔板之间填充吸能能力强的合成泡沫或发泡橡胶。图2-71(b)为硬橡胶和加强筋组合的吸能保险杠。

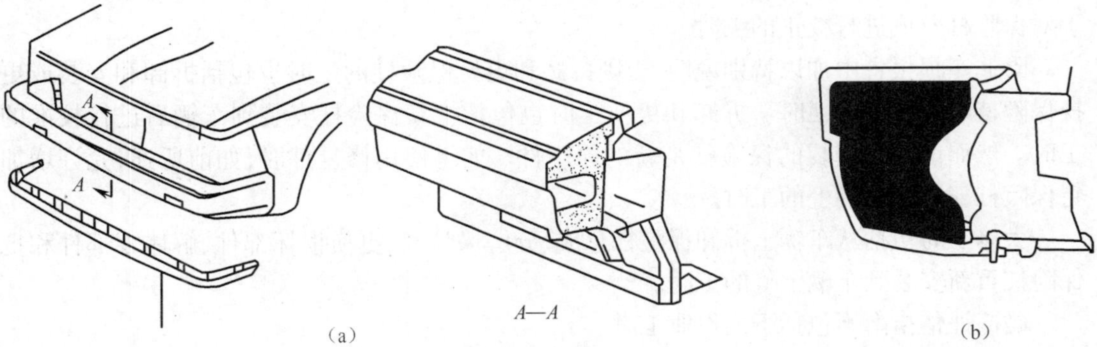


图2-71 直接吸能式保险杠

(a)直接吸能式保险杠结构;(b)硬橡胶和加强筋组合的吸能保险杠。

2. 保险杠的评估要点

(1) 镀铬保险杠损坏时,通常应予以更换。镀铬装饰件承受冲击时容易破裂、碎裂。损坏的保险杠经常需要重新镀铬,这种保险杠恢复修理作业只有专业保险杠修理厂才能胜任。

(2) 钢制保险杠可用碰撞修复设备矫正和修复。铝制保险杠轻微碰撞时也可被矫正。擦伤和轻微刮伤的铝制保险杠常常可以经抛光来恢复铝的光泽。但是,当着漆的钢制或铝制保险杠的修复费用超过换新原厂件的50%时,许多保险公司则会要求用修复件或LKQ

(同类同品质)件更换。

当用修复的保险杠更换保险杠时,评估员和理赔员应允许额外增加将部件安装到车辆上的时间。这也可能包括更换新的固定螺钉所必需的费用。这些螺钉因为经常处于潮湿环境和路面融雪盐而产生锈蚀。

(3) 塑料保险杠面罩损坏时可以用原厂件、拆车旧件或 LKQ 件更换。然而,如果撕裂或破洞很小时,损坏部分可以用塑料焊接或环氧修复剂修复。如果聚碳酸酯保险杠损坏深及加强件(厢式内部区域)时就必须更换。加强件即使微小损坏也不可修复。

塑料也可用于保险杠的其他部分,例如扰流板、壁板和其他嵌板。这些部件也可用塑料焊接修复。这些件一般很便宜,可以简单更换。

如果塑料保险杠面罩是无漆面的,则具有不可修复性损坏后应更换。

(4) 保险杠的各种加强件损坏后应更换。

(5) 各种吸能器若损坏应以更换为主。对于图 2-70 中采用的压溃箱形式吸能装置,当检视这些吸能器时,比较两个吸能器的长度就可确定是否已有变形。如果吸能器弯曲、开裂或压碎,则需要更换吸能器。

另外,对于用厚甲酸酯泡沫垫以夹层的形式装在保险杠和塑料护罩之间的吸能材料,当检视这种保险杠时,要查找吸能垫和护罩是否有凿孔和撕裂,如果吸能垫和护罩不能用塑料焊接技术或塑料修补材料修理时,则必须加以更换。

(6) 拆卸和更换作业工时参考如下。

① 米切尔碰撞评估指南工时:碰撞评估指南包含拆卸和更换工时、拆卸和安装工时以及保险杠总成大修工时(表 2-4)。拆卸和安装工时包括拆卸和重装保险杠总成的时间。拆卸和安装是更换吸能器或修理车身围板所必需的作业。拆卸和安装工时也包括在车辆上对保险杠总成进行校正的工时。

除非车损报告中加以特别说明,否则拆卸和更换保险杠的工时也包括拆卸和安装或更换保险杠吸能装置的工时。拆卸和更换工时也包括把新保险杠安装到车辆后进行校准的工时。然而前提是安装的保险杠是新的原厂件。如果使用修复件时,如前所述,允许增加将保险杠安装到车辆上的工时。

大修工时包括从车辆上拆卸保险杠总成、分解保险杠、更换损坏部件、解体零部件和把保险杠重新安装到车辆上等的工时。

碰撞评估指南不包括下列作业工时。

a. 松开腐蚀或破损的嵌条增加的工时。

b. 拆卸和更换吸能器。

c. 修理保险杠或塑料面罩。

d. 拆卸和安装备选嵌条、铭牌、车标和饰件。

e. 拆卸和安装气囊。

f. 拆卸和安装备选附件,如车灯、安全防护和充气吸能器。

g. 调整前照灯的工时。

h. 校正或调整修复件或同类同品质保险杠所需求的工时。

② 王永盛高级评估师根据《米切尔碰撞评估指南》编制了前保险杠换件工时,参考值见附录 1。

表 2-4　某款汽车保险杠

**前 保 险 杠**

下文结合工序 2 和 28 条使用。

保险杠护罩表面修整____2.6

拆装前护罩总成____1.4

大修前保险杠总成____2.0

增加保险杠总成大修

装雾灯____2.0

注：(1) 保险杠护罩拆装、拆换或大修时，要求使用包括固定铆钉的专用护罩。
(2) 除非特别说明，本章包括所有部件修理。

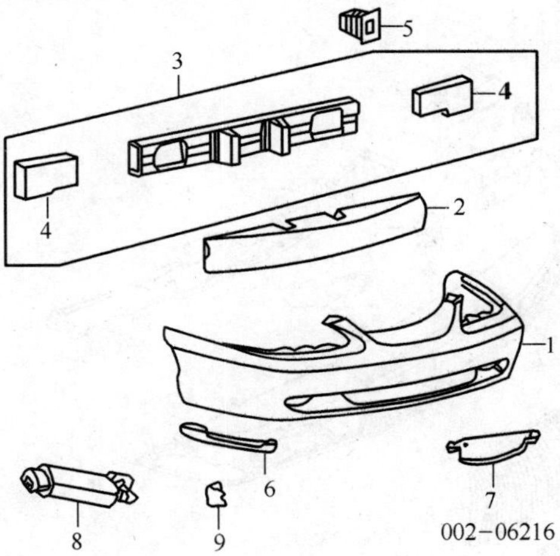

002-06216

| | | | |
|---|---|---|---|
| 1. 前保险杠护罩 | | | |
| 装备 Cobra 护罩　94-95 年款 | F4ZZ 17D0957B | 1.6 | 520.08 |
| 96-97 年款 | F6ZZ 17D0957AA | 1.6 | 700.00 |
| 未装 Cobra 护罩 | F4ZZ 17D0957A | 1.6 | 572.10 |
| 2. 加强件吸能器 | F4ZZ 17C947A | 包括大修 | 75.58 |
| 3. 保险杠中央加强总成 | F4ZZ 17757A | | 95.33 |
| 4. 加强件嵌块 右/左 包括保险杠中央加强总成 | F4ZZ 17C817A-B | 包括大修 | 11.52 |
| 5. 碰撞吸能器 参见前部内结构剖面图 | | | |
| 6. 前围护板　右/左 | F4ZZ 17626A-B | 0.3 | 53.70 |
| 7. 雾灯护罩　右/左 | F4ZZ 17E810-1A | 0.1 | 5.10 |
| 8. 吸能器，减振 敞篷汽车　右/左 | F4ZZ 7611074A | #0.3 | 166.93 |
| 9. 吸能器托架 敞篷汽车 | F4ZZ 7611082A | #0.3 | 28.43 |

# 完全拆换，不包括大修

### （二）格栅

格栅固定于车辆前部中央。依照车辆设计结构，格栅可能固定在保险杠装饰板上或固定在前护板上（表 2-5），也可能固定在散热器支架或发动机罩上。

格栅既美观又实用，它用于隐藏散热器和导入空气。格栅可由铝、灰铸铁、ABS 塑料、氨基甲酸酯等几种材料组成。

格栅有多种结构形式。一些格栅由多块组成，这些格栅块可单独进行更换，而无需更换整个格栅。格栅上的厂标、车标、支架、托架、嵌条、加强筋和填料都可单独更换。塑料或甲酸酯格栅受轻微碰撞时，可用塑料焊接技术或塑料修补方法修复。若不能维修时，则需要以新件更换。

表 2-5　某款车型的格栅

**格 栅**

整修前照灯固定板 ________ 1.8
镶边 ________ 0.5
拆卸和安装前护板 ________ 1.2
拆卸和安装格栅 ________ 0.2
拆卸和安装饰件 ________ 0.2

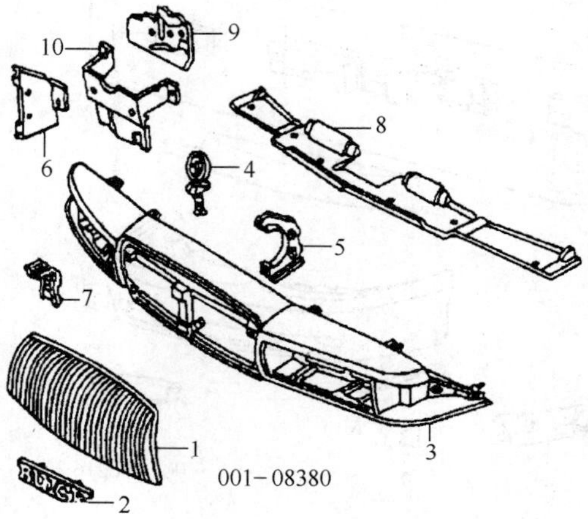


| | | | |
|---|---|---|---|
| 1. 格栅 | | | |
| 1988-90 年款 | | | |
| 基本型，数量有限 | 140877960 | 0.3 | 75.75 |
| 运动型 | 14101732 | 0.3 | 73.75 |
| 1991-94 年款 | | | |
| 基本型，数量有限 | 10200021 | 0.3 | 103.00 |
| 运动型 | 10200024 | 0.3 | 103.00 |
| 1995-96 年款 | 10244771 | 0.3 | 103.00 |
| 列成空表，根据应用订购 | | | |
| 2. 车名标牌 | | | |
| “别克” 84-94 年款 | 14101727 | #0.2 | 16.15 |
| 95-96 年款 | 10242357 | 0.2 | 11.00 |
| “别克 GS”型 88-94 年款 | 1.133606 | #0.2 | 7.55 |
| # 包括在拆卸和更换格栅中 | | | |
| 3. 钣金件，前照灯支座 | | | |
| 88-94 年款 | 10146028 | #2.0 | 288.00 |
| 95-96 年款 | 1025405 | #2.0 | 288.00 |
| # 调整车灯增加 0.4 个工时，包括拆装格栅和前照灯总成 | | | |
| 4. 车标 88 年款 | 14101730 | 0.2 | 19.35 |
| 89-96 年款 | 12395304 | 0.2 | 23.95 |
| 5. 前护板托架 | 14100477 | | 5.70 |
| 6. 托架加强板 | 14102224 | | 3.65 |
| 7. 支架板 88-89 年款 右 / 左 | 14111478 | | 7.85 |
| 托甲板 右 / 左 | 16508108-7 | | 78.25 |
| 8. 护罩，便于前照灯作业 | 10253824 | 0.2 | 12.95 |
| 9. 锁扣，发动机罩基础件 | 10157899 | 0.3 | 15.15 |
| 10. 支架，发动机罩锁扣 | 10130430 | #0.3 | 12.00 |
| # 包括前护板拆卸 | | | |

评估员必须认识到，一些车型的驻车灯和一些嵌条也是格栅的一部分；这些部件也要计入拆卸和更换工时之内，而不应单独列入事故损伤报告。嵌条、厂标和车标等标准件也应包含在修理作业的工时之内。在碰撞评估指南中，经常参考事故评估指南中的探索性观点，确认必须单独定购部件，以避免在车损报告里重复。

碰撞评估指南中格栅拆卸和更换工时（表2－5）不包括下述修理作业。

（1）在车损报告里单独列出。

（2）更换镶条和印花。

（3）更换选装嵌条、厂标和车标。

（4）更换选装车灯。

（5）调整前照灯。

王永盛高级评估师根据《米切尔碰撞评估指南》编制的格栅换件工时参考值见附录1。

### （三）前护板

前护板通常连接在散热器支架前面，护板可由薄金属、玻璃纤维、硬塑料、甲酸酯或铝等制成。当护板受损坏不重时，塑料或玻璃纤维护板可由塑料焊接技术或环氧修理组件修理（修理玻璃纤维护板时，应记住将修理材料费载入损坏报告里）。

如果前护板需要更换时，评估员需要参考指南，以决定修理和更换工时是否包含格栅和前照灯总成。如果不包括，允许额外工时用于拆卸和安装这些部件。一些车辆在拆卸前护板前，必须先拆卸格栅。前护板可以从制造商、配件市场购置，作为修复件使用。

在原装新前护板安装时，需要考虑原有孔是否与嵌条和标志匹配。若不匹配，则允许额外增加钻孔工时。通常钻圆孔需0.2工时，扣除为满足额外嵌条安装要求钻孔的0.1重复工时。安装饰件需要钻方孔时，应额外增加工时。除非在文本或脚注中特别注明，否则前护板修理和更换工时包括拆卸和安装格栅、前照灯总成、填料和延伸部件，作业工时也包括车辆护板的调整。

碰撞评估指南中前护板作业工时不包括以下所列。

（1）拆卸保险杠总成。

（2）拆卸和安装装饰条、厂标及其覆盖。

（3）拆卸和安装粘接型嵌条、厂标和车标。

（4）必要的钻孔时间。

（5）调整前照灯的时间。

王永盛高级评估师根据《米切尔碰撞评估指南》编制的前护板换件工时参考值见附录1。

### （四）前照灯及角灯

前照灯及角灯由前照灯、前角灯等组成，如图2－72所示。

现代汽车灯具表面多为聚碳酸酯（PC）或玻璃制成，支撑部位常用丙烯睛-丁二烯-苯乙烯共聚物（ABS）制成。最常见的损坏为调节螺钉损坏，只需更换调节螺钉，重新校光即可。ABS塑料属热塑性塑料，可用塑料焊接。表面用玻璃制成的，如果破损，且有玻璃灯片供应可考虑更换玻璃灯片。对于价格较昂贵的前照灯，并且只是支撑部位局部破损的，可采取塑料焊接的方法修复。

王永盛高级评估师根据《米切尔碰撞评估指南》编制的前照灯及角灯换件工时参考值见附录1。

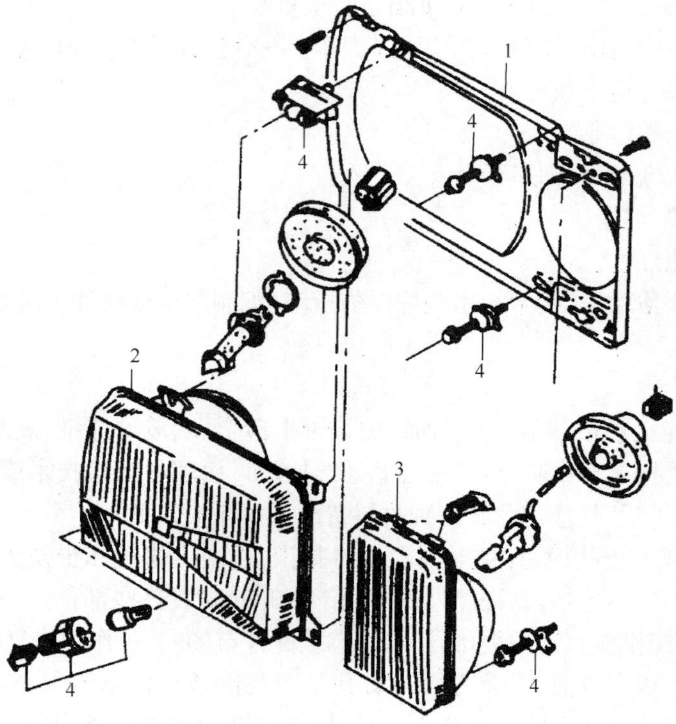


图2-72　普通桑塔纳轿车前照灯分解图
1—前照灯总成;2—前照灯;3—雾灯;4—灯光调节螺丝。

### （五）散热器支架

现在使用的结构中,散热器支架(图2-73)焊接在挡泥板和前纵梁上形成车辆前板。在一些车架式车身结构的车辆中,散热器支架用螺栓固定在翼子板、车轮罩和车架总成上。除了提供前部钣金件的支承外,也支撑散热器以及相关冷却系统零部件。

损坏的散热器支架可由普通车架矫正设备和技术矫正和修理。如果支架损坏严重而不能修复,可更换新件或修复件。如果支架部分损坏,例如上横梁或隔板损坏,只需更换相应损坏部件。当支架是一个整体板时,阅读原装件技术说明,考虑是否允许切割。切割可以节省大量劳动时间,可以避免钻掉所有焊点和再度焊接整个护板。螺栓固定的散热器支架不能切断而应该整个更换。

当更换散热器支架时,参考米切尔碰撞评估指南,应检查碰撞评估指南的顶注和脚注,决定作业是否已包含在作业工时内。散热器支架的设计和更换有许多不同之处。作业工时包括损坏护板的拆卸、新护板的调整和所有必要的焊接。在米切尔碰撞评估指南中,修理和更换工时包括拆卸散热器(除了文本中标注之外),而不允许拆卸螺栓固定件,例如把风窗清洗液罐或冷却液罐从旧板移装到新板件上的时间未包括在指南中的作业时间内。汽车指南修理和更换工时也包括拆卸螺栓紧固的翼子板以便进行散热器支架接缝操作的

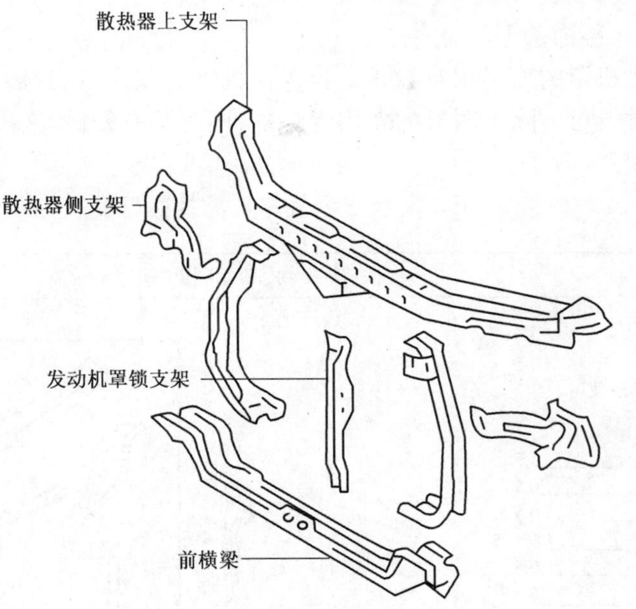


图2－73 散热器支架总成

时间(相关作业工时如表2－6所列)。

除非文本特别表明,否则碰撞指南不包括以下所列。

(1) 排放和填充空调制冷剂。

(2) 拆卸和安装空调器零部件。

(3) 拆卸和安装保险杠、格栅、前照灯、前板、翼子板和延伸件。

(4) 修整(一些散热器支架需要喷漆)。

(5) 进行涂漆或防腐蚀处理。

(6) 校准前照灯。

王永盛高级评估师根据《米切尔碰撞评估指南》编制的散热器支架总成换件工时参考值,见附录1。

### (六) 发动机罩

发动机罩位于发动机舱两侧翼子板之间,用于保护发动机免受灰尘和湿气侵袭,也能吸收发动机噪声。发动机罩通常由冷轧板材制成,现代车辆上也用铝制玻璃纤维和塑料罩。

典型的发动机罩(图2－74)由一块外板和内板构成,内外板外部边缘通过点焊连接,内外板的结合面用粘接剂粘接到一起。一个枢轴或闩眼固定在发动机罩前缘的下面,发动机罩关闭时起到锁止作用。在大多数车辆上,这个锁扣安装在散热器支架上。

当从驾驶室内拉动操纵缆索时,枢轴或闩眼从锁扣上脱开。发动机罩装备安全锁扣,如果锁扣突然与闩眼脱开,安全锁扣可防止发动机罩开启。发动机罩用两个铰链安装在前围板或挡泥板内裙上。当发动机罩开启时,铰链利用弹簧或扭杆维持发动机罩向上开启。有些发动机罩利用分离连杆开启。许多发动机罩内侧涂有降噪层;降噪层由人造纤维制成，有助于减少发动机噪声，也隔绝发动机罩板与发动机舱内的高温。发动机罩配备许多嵌条、车标、进气口、装饰条等。

双板结构发动机罩的变形很难校正。当发动机罩必须予以更换时，原厂件、修复件配件或同类同品质件皆可。除了明显的费用优势外，同时装有铰链、嵌条和闩眼的旧发动机罩还可作为总成使用。

表2-6　某款宾利轿车用的散热器支架

**前 车 身 内 部 结 构**

下文结合工序 8 和 28 条使用。

前部
整修支架总成 ______________ 1.5
整修上横梁 ______________ 0.5
整修前板 ______________ 0.5
整修侧板 ______________ 右 / 左 0.5
整修下横梁 ______________ 0.5
整修锁扣支架 ______________ 0.3
增加拆卸和更换支架总成以及机油散热器 ___ m#0.3
# 包括拆卸和更换机油散热器
调整灯光 ______________ 0.4
泄放和加注系统 ______________ m1.4
加注制冷剂 ______________ m0.3

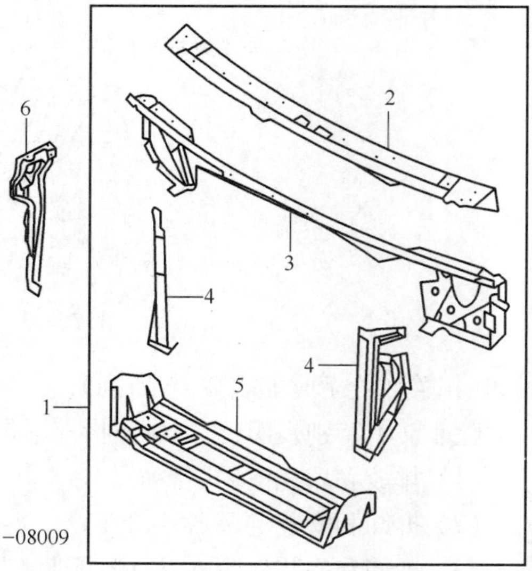


01-08009

| | | | |
|---|---|---|---|
| 1. 支架总成 | 25650047 | s #8.9 | 101.00 |
| # 包括根据需要拆卸和更换散热器、风扇罩、电动机和风扇总成、碰撞吸能器、前照灯总成、前照灯安装板、锁扣支架、发动机罩锁、发动机罩开启弹簧、前保险杠、前气囊传感器、发动机罩微开开关或托架、吸气管、空调冷凝器、隔板、托架、卡箍、扣件、发动机罩开启释放拉索以及线束 | | | |
| 2. 上横梁　92—96 年款 | 25650050 | s2.0 | 39.50 |
| 97 年款 | 25650050 | s2.0 | 39.503 |
| 3. 前板 | | | |
| 1992—93 年款 | 25615653 | s#4.8 | 34.00 |
| 1994—97 年款　维修支架总成 | | | |
| # 包括拆卸和更换上横梁，根据需要连接或断开线束，拆卸固定件及总成 | | | |
| 4. 加强板　92—93 年款　右 / 左 | 25615656 7 | s2.0 | 17.50 |
| 5. 下横梁 | 25630889 | s2.5 | 73.50 |
| 包括　支架总成 | | | |
| 6. 支架，门锁 | 25630768 | 0.3 | 6.71 |
| 传感器、前气囊系统参见有关气囊章节 | | | |
| 开关，发动机罩微开时 | 25620933 m | #0.4 | 8.95 |
| 托架，微启开关　92—94 年款 | 25559981 m | #0.4 | 1.95 |
| Λ位于散热器支架上，# 包括完成拆卸和更换开关和托架 | | | |

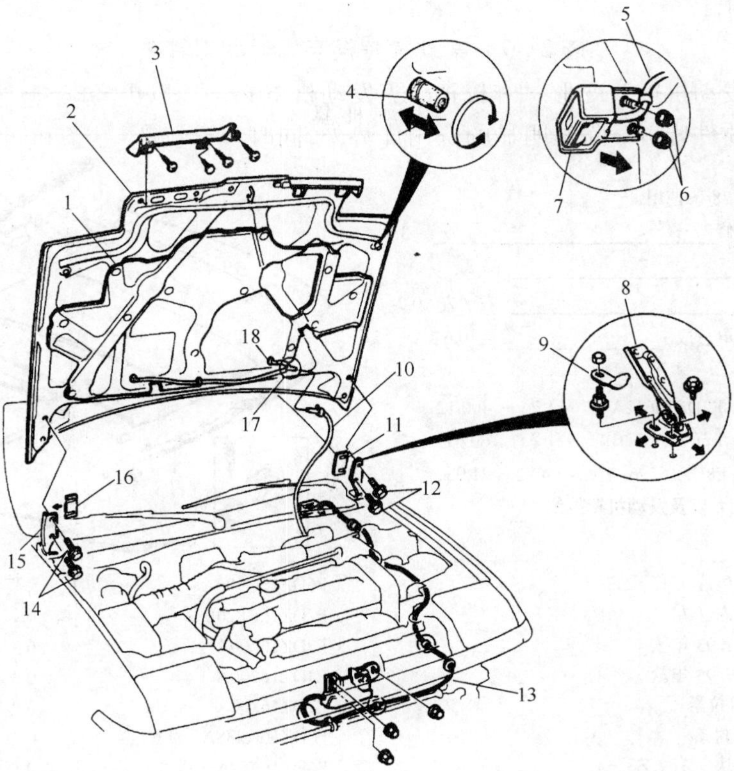


图2-74　发动机罩构造(美国本田发动机有限公司提供)

1—发动机罩消声层;2—发动机罩;3—发动机罩边缘护条;4—发动机罩边缘缓冲垫;5—发动机罩开启拉索;6—紧固螺母;7—发动机罩开启手柄;8—机罩铰链;9—固定组件;10—风窗清洗液软管;11—铰链垫片;12—发动机罩铰链螺杆;13—发动机罩开启拉索;14—发动机罩铰链螺杆;15 —发动机罩铰链;16—铰链垫片;17—Y 形接头;18—风窗清洗液喷嘴。

米切尔碰撞评估指南中发动机罩的拆卸和更换工时(表2-7)包括拆卸和更换发动机罩、拆卸和安装发动机罩降噪层以及将发动机罩装到铰链上加以调整。(如果发动机罩没有损坏而只是移位,则调整工时为0.5h。)

闩眼和降噪层包括在发动机罩拆卸和更换工时内。但是,不包括发动机罩锁扣、安全锁扣、释放缆索、嵌条,这些作业必须单独记录。闩眼、锁扣和安全锁扣属于安全项目,损坏时必须予以更换而不是修理,缆索损坏时也必须更换。

铰链轻微损坏时可以修理,而当铰链严重歪曲或扭曲时就需要更换。如果同时更换发动机罩和铰链,则应从作业工时内减去重复时间,除非脚注中注明。铰链拆卸和更换工时是在假设发动机罩已拆卸的情况下计算的。

发动机罩嵌条(图2-75)由以下几种材料构成:镀铬灰铸铁、不锈钢、铝、塑料或橡胶。现在依照气动力学原理设计的发动机罩优于20世纪80年代制造的车辆,最常见的嵌条是装饰在泼动罩后边缘。纵贯发动机罩长度的中央嵌条也是常见的。一些发动机罩可能有横贯前边缘的嵌条。嵌条可能是一条或3条(中央条、左条和右条)。当多个嵌条损坏时,仅需更换损坏的嵌条。由于嵌条造型和应用存在许多差别,所以嵌条作业未包含在拆卸和更换发动机罩的工时内。这些工时必须单独录入车损报告。如果碰撞评估指南允许,应加入钻孔所用工时。

表2-7 某款福特汽车工时和部件

| 发动机罩 | | | |
|---|---|---|---|
| 下文结合工序4和28条使用。 | | | |
| 发动机罩外部整修 | | 3.0 | |
| 增加下侧 | | 1.2 | |
| 修理铰链 右/左 | | 0.2 | |
| 拆卸和安装发动机罩总成 | | 0.6 | |
| 1. 发动机罩板件 | | | |
| L、GL、LX、SE车型 | F2DZ16612A | 1.2 | 400.12 |
| SHO 车型 | F2DZ16612B | 1.2 | 602.72 |
| 2. 铰链 | F8DZ16796-7A | #0.2 | 21.93 |
| # 以及发动机罩拆卸 | | | |
| 3. 铰链防溅密封垫片 右/左 | F6DZ16C902A | 5.37 | |
| 4. 举升液压杆 右/左 | F2DZ16C826B | 0.2 | 33.40 |
| 5. 锁扣 92——93年款 | F2DZ16700A | 0.3 | 16.55 |
| 94——95年款 | F4DZ16700A | 0.3 | 17.93 |
| 6. 发动 机罩开启拉索 | F2DZ16700A | 0.9 | 28.33 |
| 7. 散热器支架密封条 | F6DZ16A238A | 0.2 | 23.67 |
| 8. 发动机罩减振块 右/左 | F6DZ16758A | 0.1 | 4.55 |
| 9. 发动机罩减振垫 | F4DZ16740A | 0.2 | 16.60 |
| 10. 发动机罩降噪层 | | | |
| L、GL、LX、SE车型 | F2DZ16738A | 0.3 | 36.70 |
| SHO 车型 | F2DZ16738B | 0.3 | 76.08 |
| 降噪层保持夹 | | | |
| 卡箍 | 385595 S | | 0.42 |
| 销钉 | 386553 S | | 0.36 |

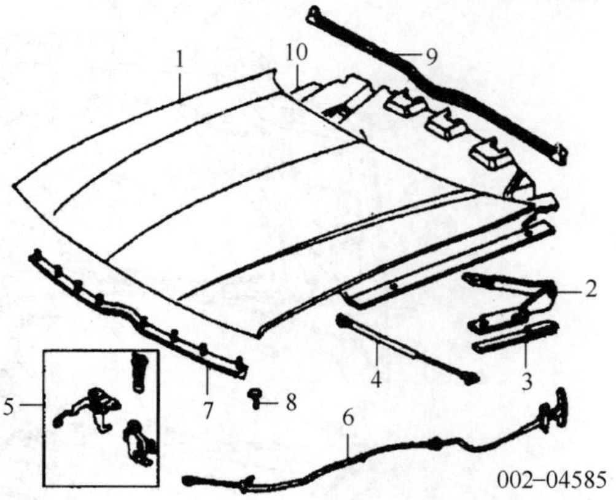


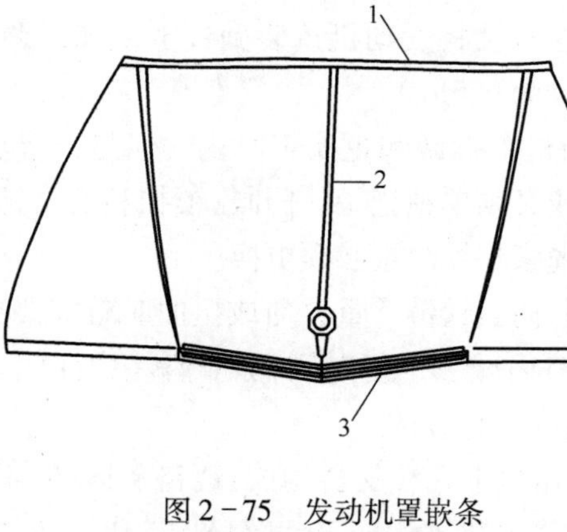


图2-75 发动机罩嵌条

1—后嵌条;2—中心嵌条;3—前嵌条。

评估员或理赔员必须仔细检查以免遗漏发动机罩饰件、印花、条纹带、车标、排放控制标签和密封件,车损报告应填入更换这些部件的工时以及修理钣金件的工时。

王永盛高级评估师根据《米切尔碰撞评估指南》编制的发动机罩及附件换件工时参考

值见附录1。

### （七）前翼子板

车辆前翼子板用螺栓固定在临近的支撑结构板上。对于承载式车身，前翼子板固定在散热器支架以及挡泥板上。翼子板与发动机罩、前板和保险杠总成一起形成车身前端的外表面轮廓。图2-76所示为翼子板及其附件分解图。编写车损报告时，应考虑每个零部件。

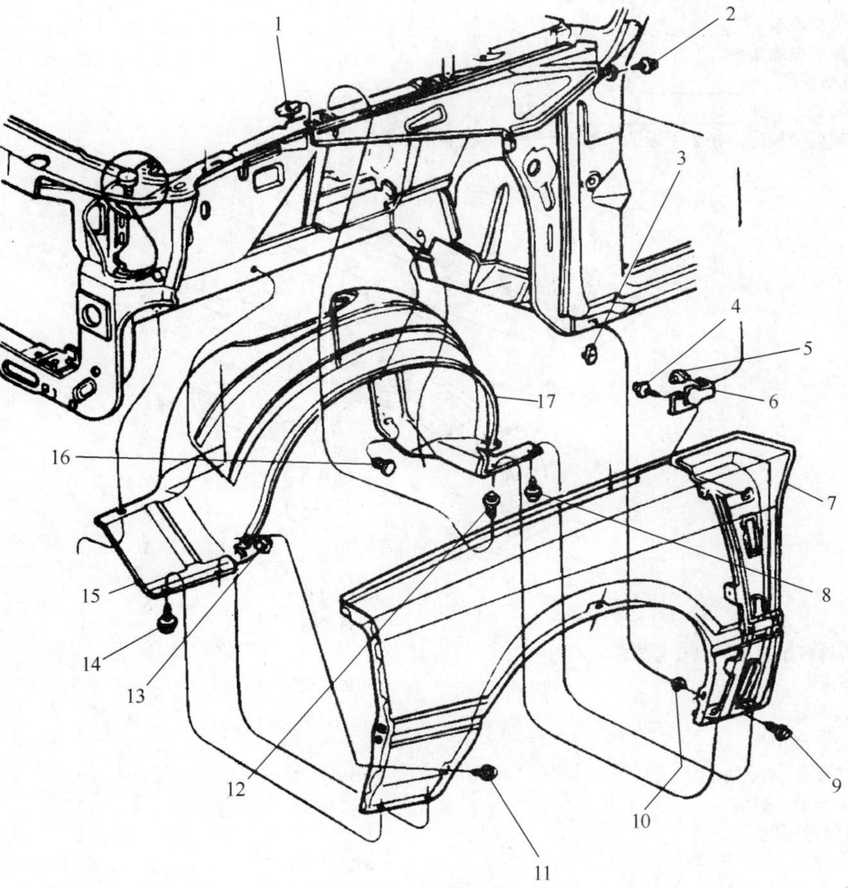


图2-76 典型前翼子板总成

1—U形螺母；2—螺钉和垫片总成；3—U形螺母；4—螺钉和垫片总成；5—U形螺母；6—后上固定托架；7—前翼子板总成；8—螺钉；9—螺钉和短片总成；10—垫圈；11—圆头螺钉（需要3个）；12—螺钉和垫片总成；13—U形螺母；14—螺钉（需要3个）；15—挡泥板；16—自攻螺钉；17—挡泥板。

尽管过去的许多翼子板由冷轧钢制成，但是玻璃纤维和塑料在翼子板上的应用逐渐增加。凹陷的翼子板可利用普通金属加工技术修复，除非经过过度的金属硬化处理而无法加工。凿孔和破碎的玻璃纤维板件可用玻璃纤维修补剂（环氧树脂和玻璃纤维）修复或装配。塑料板件可用塑料焊或点焊修复。

翼子板损坏更换时，可用原装件、修复件或同类同品质件。列在碰撞评估指南里的拆卸和更换工时（表2-8）包括如下作业。

表2－8　某款汽车的作业工时和零部件价格(由米切尔国际公司提供)

| 前 翼 子 板 | | | |
|---|---|---|---|
| 下文结合工序7和28条使用。 | | | |
| 修理挡泥板外侧 ________ 右／左 | | | 2.2 |
| 增加翼子板边缘 ________ 右／左 | | | 0.5 |
| 拆卸和安装翼子板总成 ________ 右／左 | | | #1.0 |
| #包括摇杆修饰钣金件和前保险杠拆卸 | | | |
| 拆卸和安装侧嵌条 | | | |
| #包括拆卸和安装、拆卸和更换挡泥板 | | | |
| 拆卸和安装挡泥板 ________ 右／左 | | | 0.2 |
| 增加拆卸和更换翼子板 | | | |
| 应用砂砾防护板 ________ 右／左 | | | 0.3 |
| 为摇杆饰件安装钻孔 ________ 右／左 | | | 0.3 |
| 注意：安装翼子板时，在翼子板的挡泥板上使用硅橡胶密封胶 | | | |

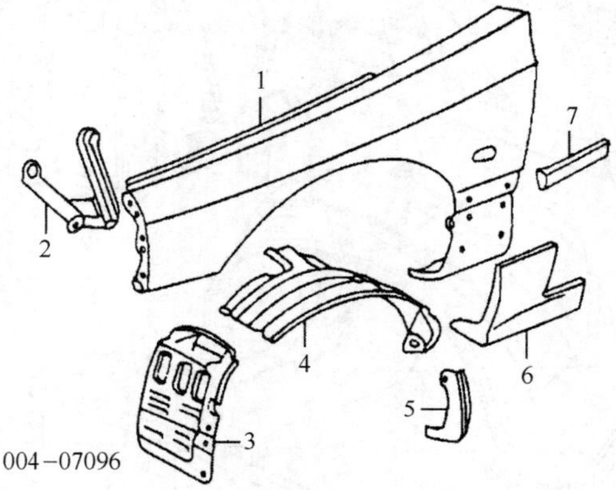


| | | | |
|---|---|---|---|
| 1. 翼子板　右 | MB637536 | #1.3 | 295.00 |
| 左 | MB637535 | #1.3 | 295.00 |
| #带摇杆饰件板和前保险杠总成拆卸 | | | |
| 2. 翼子板托板，右／左 | MB637520－19 | | 13.50 |
| 3. 翼子板延伸板 | | | |
| 基本型、ES类型 | | | |
| 1991——93年款 右／左 | MB861146－5 | #0.2 | 23.75 |
| 1994——96年款 右／左 | MR124476－5 | #0.2 | 23.00 |
| R/T,R/T 涡轮增压型 | | | |
| 1991——93年款 右／左 | MB861148－7 | #0.2 | 24.25 |
| 1994——96年款 右／左 | MR124478－7 | #0.2 | 23.00 |
| 4. 挡泥板　右／左 | MB698864－3 | #0.3 | 25.50 |
| 拆卸和更换每侧需0.4工时 | | | |
| 5. 挡泥板保护件 | | | |
| 基本型　右／左 | MB641474－3 | 0.2 | 18.75 |
| 6. 门槛板饰件 | | | |
| 检查门槛板、支柱、底板部分 | | | |
| 7. 侧嵌条总成 91——94年款　右／左 | MB698894－3 | #0.2 | 21.25 |
| 95年款　右／左 | MR124074－3 | #0.2 | 24.75 |
| 96年款　右／左 | MR273132－1 | #0.2 | 23.75 |

(1) 翼子板的拆卸和更换。

(2) 松开保险杠和装填板件(必要时)。

(3) 与翼子板相连接的所有部件的拆卸和安装(除了在表2－8中未列入作业工时内的

项目)。

(4) 标准配备车灯(辅助标志等)的拆卸和安装。

米切尔碰撞评估指南也允许将卡式嵌条从旧板件拆装到新板件上。除了碰撞评估指南文本中有说明之外,下列这些作业未包含在翼子板拆卸和更换工时之内。

(1) 表面修整。

(2) 从损坏件上拆下粘接嵌条、商标、厂标和车标,然后装到新件上。

(3) 胶带、图案或覆盖层作业。

(4) 安装天线。

(5) 拆卸和更换内板件和轮罩。

(6) 调整前照灯。

(7) 为安装嵌条、商标、天线钻孔。

(8) 拆卸和安装后视镜。

(9) 涂漆和防腐材料的作业。

王永盛高级评估师根据《米切尔碰撞评估指南》编制的前翼子板及附件换件工时参考值见附录1。

### (八) 防护挡板

现代承载式车身防护挡板的功用是,为悬架提供安装基体,形成保护发动机免受路面污泥飞溅的车轮罩,提供各种发动机舱零部件的固定面以及支撑翼子板上缘。防护挡板也是承载车身结构的一个集成件,又称翼子板内板/隔板、挡泥板。但应注意人们也习惯将防护挡板外面的塑料挡板称为挡泥板。

防护挡板通常焊接在散热器支架、前纵梁以及前围板上。防护挡板通常由几块钣金件构成(表2-9)。其中一些是冷轧钢板,其他是高强度钢板。例如,麦弗逊滑柱塔座是承载部件,通常由高强度、低合金钢板制成。纵梁和加强件也常由高强度钢制成。防护挡板可由一块钣金件或几块单独钣金件构成,最好在制造缝处进行切割。但是,若在滑柱塔座前进行切割且不通过碰撞吸能区,防护挡板也可以切割。检查原装件说明,确定是否允许切割。

仔细诊断防护挡板损伤报告非常重要。评估员和理赔员必须检查拼接缝、点焊和防护挡板的其他损坏标志。必须测量发动机罩下的控制点以确定悬架紧固钣金件是否失准。

当钣金修理不能使钣件恢复到碰撞前状况时,可用原装件或同类同品质件(LKQ)予以更换。

碰撞评估指南所列的护挡板拆卸和更换的工时包括钻掉原装件焊点,拆卸旧钣金件,将新钣金件紧固和安装到车辆上以及在适当位置焊接防护挡板。拆卸和更换工时包括拆卸和安装内置地毯、隔音材料和前围板装饰条。由于将新钣金件焊接到前围板时要产生高热,因此这些卸装是必要的。

所列的拆卸和更换工时不包括在车身矫正平台上调整车辆或测量和检测相邻钣金件所必需的工时。这些工时也不包括拆卸和安装固定在防护挡板上的零部件,例如翼子板、散热器支架、麦弗逊滑柱以及其他机械和电子元件;拆卸和更换防护挡板上零部件的工时必须在车损报告里单独列出。无论何时更换或修理防护挡板,车损报告里必须包括调整悬架的工时。

王永盛高级评估师根据《米切尔碰撞评估指南》编制的防护挡板换件工时参考值见附录1。

表2-9 某汽车防护挡板劳动工时(由米切尔国际公司提供)

**侧 围**

| | | |
|---|---|---|
| 整修前纵梁/防护挡板总成 | 右/左 | 2.0 |
| 整修前侧纵梁总成 | 右/左 | 1.0 |
| 整修前侧后纵梁 | 右/左 | 0.5 |
| 整修前侧前纵梁 | 右/左 | 0.5 |
| 整修前轮罩总成 | 右/左 | 1.0 |
| 整修滑柱塔座 | 右/左 | 0.5 |
| 整修前轮罩 | 右/左 | 0.5 |
| 切割纵梁 | 右/左 | #4.0 |

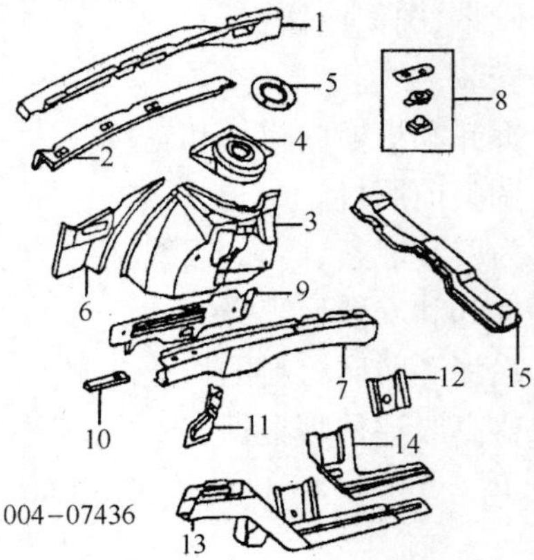


# 在横梁上转向齿轮前缘64mm(2.5in)处切割，包括切割前侧梁以及拆卸和更换保险杠加强件。

注意：切割步骤参考Tech—cor信息公告

#95-5程序参考第三页关于作业工时的说明。

| | | | |
|---|---|---|---|
| 钣金件，上纵梁(高强度低合金钢) | | | |
| 1. 内侧 94年款 右/左 | 4696718-9 | s #4.5 | 42.50 |
| 95—96年款 右/左 | 4696718-9 | s #4.5 | 42.50 |
| 97年款 右/左 | 4580718-9 | | 42.50 |
| 2. 外侧 94—96年款 右 | 4624514 | s #4.5 | 77.50 |
| 左 | 4624514 | s #4.5 | 87.50 |
| 97年款 右/左 | 481514-5 | s #4.5 | 64.50 |
| # 拆卸和更换包括侧边组件，车灯安装、拆卸扣除1.0工时 | | | |
| 3. 钣金件，滑柱塔座 | | | |
| 高强度低合金钢 93—96年款 右/左 | 4583100-1 | s #9.0 | 85.00 |
| 97年款 右 | 4583100 | s #9.0 | 85.00 |
| 左 | 4805155 | s #9.0 | 75.50 |
| # 包括拆卸和更换前内侧和外侧纵梁钣金件、前防护挡板钣金件、滑柱塔座盖和滑柱盖板以及散热器支架拆卸减少0.工时，前侧后纵梁拆卸减少2.5工时。 | | | |
| 4. 滑柱座钣金盖 | | | |
| 低合金高强度位金钢 右/左 | 4583098-9 | s 2.5 | 30.50 |
| 5. 滑柱的盘状 右/左 | 4646004 | #0.5 | 7.10 |
| # 包括在滑柱座盖拆卸和更换工时之内。 | | | |
| 6. 钣金件，前轮罩 | | | |
| HSLA 93—96年款 全部 | 4580664 | s #2.0 | 16.00 |
| 左 | 4696575 | s #2.0 | 16.50 |
| 97年款 右/左 | 4580664-7 | s #2.0 | 16.00 |
| # 支柱座钣金件拆卸减少1.0工时，前照灯座钣金件拆卸减少0.5工时。 | | | |
| 7. 纵梁，前侧围板 | | | |
| 高强度低合金钢 右/左 | 47f6706-7 | s #8.2 | 33.50 |
| # 滑柱座钣金件拆卸减少3.5工时，包括拆卸和更换前侧前纵梁和保险杠支座加强件。 | | | |
| 8. 加强件，悬架加强支座 右/左 | 4624476-7 | | 13.50 |
| 9. 梁，前侧围(高强度低合金钢) 右/左 | 4583944-5 | S | 47.25 |
| 10. 保险杆嵌条加强件 右/左 | 4696540-1 | S | 2.85 |
| 11. 纵梁(HSLA)支架 | | | |
| 车灯座 右/左 | 4624310-1 | s #1.0 | 9.60 |
| 12. 低板加强件 右 | 4624526 | s #1.0 | 78.00 |
| 左 | 4624527 | s #1.0 | 76.50 |
| # 前侧后纵梁拆卸扣除0.5工时，车灯座钣金件拆卸扣除0.5工时 | | | |
| 13. 纵梁，前底板，见摇板/支柱/底板剖面 | | | |
| 14. 边盖，前底板梁，见摇板/支柱/底板剖面 | | | |
| 15. 加强件，转向器(低合金高强度合金钢) | | | |
| 1994—96年款 | 4696946 | #2.0 | 82.00 |
| 1997年款 | 4756926 | #2.0 | 70.50 |
| # 每一个前侧纵梁拆卸扣除1.0工时 | | | |

## （九）梁和车架

承载式轿车的车架指的是车身的纵梁和横梁，是支撑发动机、变速器和悬架的主要部分。在一些承载式车身上，前部横梁是散热器支架的一部分，侧纵梁是防护挡板总成的一部分。这些梁可以单独使用。

承载式车辆的车架损坏可以进行矫正，当可以修理时，车损报告应包括举升车辆到工作台上，测量损坏和调整车架的工时。也可以切割纵梁和横梁，但在用焊接方法进行修理时，必须小心观察可以在哪里分割。

整个车架损坏而不能恢复到碰撞前状态时，必须予以更换。

相关作业及参考工时如表2－10和表2－11所列。

王永盛高级评估师根据《米切尔碰撞评估指南》编制的梁和车架换件工时参考值见附录1。

## （十）冷却系

大多数汽油发动机的冷却方法是将冷却液流经气缸体和气缸盖进行循环（图2－77）。因为水冷发动机比空冷发动机噪声小，并能较好地保持缸体恒温，所以液体冷却是比空气冷却更可取的一种冷却方法。液体冷却可使发动机更有效率地运行，并且热的冷却液可为采暖器提供加热乘员舱的热源。

冷却系由以下各部件组成。

（1）水泵：它使冷却液在系统内循环。冷却液是水和防冻液的混合物，参见冷却液。

（2）水套：是冷却液在气缸体和缸盖里的主要通道，使冷却液在气缸和燃烧室周围循环。

（3）散热器：当冷却液流过其管道时，就将冷却液的热量散发到大气里。

（4）风扇：通过风扇叶片的转动将外部冷空气吸入，流经散热器带走热量。

（5）散热器盖：保持冷却系中的压力，以提高冷却液的沸点。同时也可释放过高的压力或真空度。

（6）软管：连接冷却系内的各个零部件。

（7）节温器：当系统温度低于预定温度时，节温器能够阻断大循环，以使发动机加快暖车速度。它也可以将发动机控制在预定温度下运转。

（8）水温表：当冷却液过热时，对驾驶员提出警告。

（9）风扇罩：引导空气流的塑料壳。

（10）水泵：通常由发动机曲轴通过传动带带动运转。

发动机冷却风扇可以安装在水泵上或者由电力驱动。水泵从散热器下储水室底部抽吸冷却液，并使冷却液流经缸体或缸盖内部通道而循环。这些内部通道通常被称为水套。水泵抽吸冷却液通过节温器到达散热器上储水室。冷却液通过散热器上储水室缓慢流过冷却风扇周围散热器中扁管系统。这些扁管被称为散热器芯。当冷却液到达散热器下储水室时，则循环过程将重新开始。当节温器开启时，冷却液将会始终在发动机与散热器之间循环。当冷却液流过发动机缸体和缸盖时，燃烧产生的热量传递给冷却液。同样，当冷却液流过散热器芯时，热量将会传导给由风扇带来的流经散热器的空气。在汽车行驶中，如果发动机不运行或者缓慢运行，风扇将使空气流过散热器。这样确保低速时有充足的空气流通，确保热量的充分散发。冷却系统有以下两个主要功能。

表 2－10　某汽车前部结构件的劳动工时（由米切尔国际公司提供）

**前 部 内 部 结 构**

下文结合工序 8 和 28 条使用

**前　部**

| | | |
|---|---|---|
| 修整散热器支架 | | 1.5 |
| 　修整上横梁 | | 0.5 |
| 　修整侧上支架 | 右/左 | 0.5 |
| 　修整侧下支架 | 右/左 | 0.5 |
| 　修理下横梁 | | 0.5 |
| 拆卸和更换散热器支架 | | #7.2 |

#包括拆卸和安装前照灯总成，拆卸和更换散热器和风扇罩、气囊传感器、刮水器储液罐、蓄电池、发动机罩锁扣以及接通或断开电缆和操纵拉索

增加拆卸和更换散热器支架

| | |
|---|---|
| 　装备空调 | m0.2 |
| 　装备自动变速器 | 0.2 |
| 　装备雾灯 | 0.2 |
| 　调整前照灯 | 0.4 |
| 　泄放和填充系统 | m1.4 |
| 　制冷剂填充 | m0.3 |

004-06179

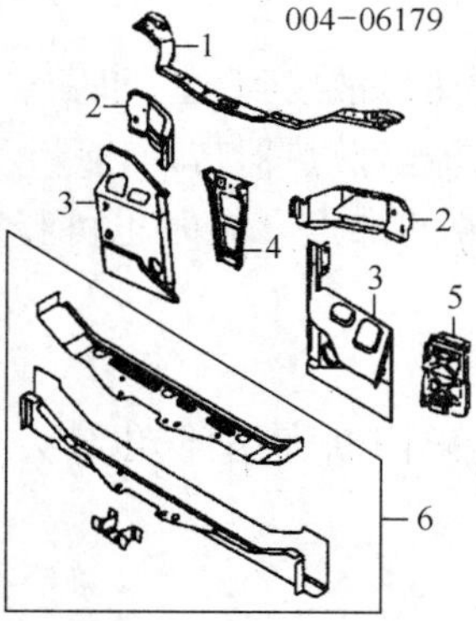


| | | | |
|---|---|---|---|
| 1. 上横梁 | 4655390 | s2.5 | 60.00 |
| 　护罩，上横梁 | 4495886 | s | 7.35 |
| 2. 支架，下侧纵梁 右/左 | 4655520－1 | s#1.0 | 23.50 |

#上横梁拆卸扣除 0.3 工时

| | | | |
|---|---|---|---|
| 3. 支架，下侧纵梁 右 | 4655214 | s#2.0 | 20.00 |
| 　　左 | 4655215 | s#1.0 | 17.50 |

#以及上横梁杠和下边支架拆卸，板销、气囊传感器

修理气囊传感器—见气囊系统相关章节

| | | | |
|---|---|---|---|
| 4. 托架，支架 | 4655474 | s0.5 | 33.75 |
| 5. 空调隔板 | | | |
| 　装备空调　95—96 年款 | 4546761 | | 9.85 |
| 　　97 年款 | 5278075 | | 9.85 |
| 6. 下横梁 | 4741415 | s#3.0 | 55.00 |

#底部侧支架拆卸扣除0.3工时

**侧围板**

| | | |
|---|---|---|
| 整修前纵梁/防护挡板总成 | 右/左 | 2.0 |
| 　整修纵梁总成 | 右/左 | 1.0 |
| 　　整修防护挡板总成 | 右/左 | 1.0 |
| 　　整修上纵梁板 | 右/左 | 0.5 |
| 　　整修滑柱座板 | 右/左 | 0.5 |
| 　　整修防护挡板 | 右/左 | 0.5 |

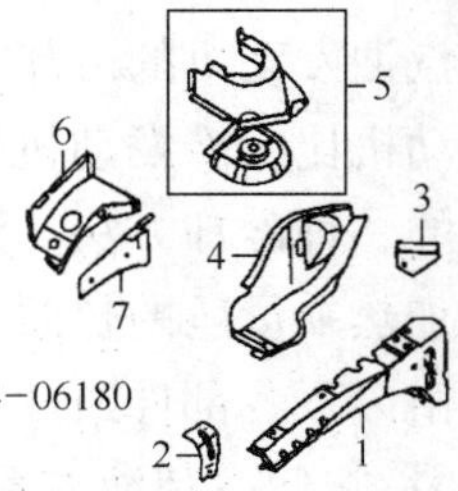


004－06180

| | | | |
|---|---|---|---|
| 1. 钣金件，上纵梁 右/左 | 5256930－1 | s#2.5 | 52.50 |

#散热器支架拆卸扣除0.5工时

| | | | |
|---|---|---|---|
| 2. 支架，钣金件 右/左 | 5256918－9 | s0.5 | 20.50 |
| 3. 钣金件，铰链支柱 右 | 4655650 | | 9.25 |
| 　　左 | 4655651 | | 16.50 |
| 4. 挡泥板 | | | |
| 　仅右侧 | 4655092 | 0.3 | 9.20 |
| 5. 钣金件，滑柱座 | | | |
| 　95—96年款 右/左 | 4741418－9 | s#2.5 | 96.00 |
| 　97年款 右/左 | 4863854－5 | s#2.5 | 97.00 |

#上纵梁钣金件拆卸

| | | | |
|---|---|---|---|
| 6. 钣金件，前防护挡板 | | | |
| 　95—96年款 右 | 5256922 | s#3.0 | 28.50 |
| 　　左 | 4655099 | s#3.0 | 28.50 |
| 　97年款 右/左 | 5256922－3 | s#3.0 | 28.50 |

#上纵梁钣金件或散热器支架拆卸扣除0.5工时

| | | | |
|---|---|---|---|
| 7. 延伸部件，护板 右/左 | 4655104－5 | s | 10.25 |

表 2-11　福特皮卡车车架的更换工时部分

| 车架 | | | |
|---|---|---|---|
| 下文结合工序 9 条使用。 | | | |
| 增加车架拆卸和更换工时 | | | |
| 装备空调________________m　0.5 | | | |
| 装备自动变速器________________m　0.6 | | | |
| 装备动力转向(仅适用于两轮驱动起汽车)____m　0.6 | | | |
| 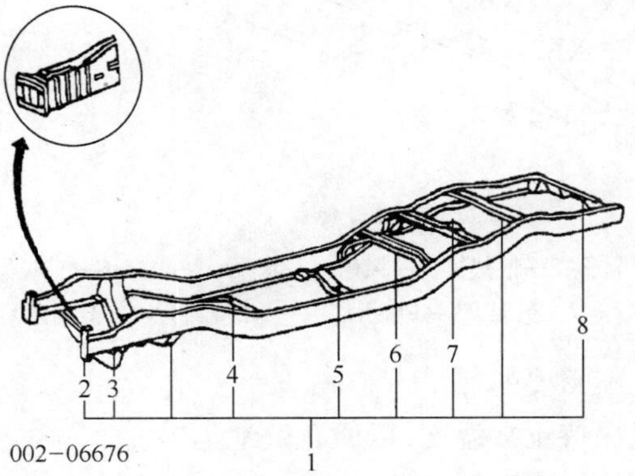002-06676 | | | |
| 1. 车加总成 | | | |
| 两轮驱动 | | | |
| 108”轴距 | F67Z　5005RA | 22.0 | 747.92 |
| 114”轴距 | F57Z　5005B | 22.0 | 1 326.68 |
| 125”轴距 | F57Z　5005E | 22.0 | 1 326.68 |
| 四轮驱动 | | | |
| 108”轴距 | F77Z　5005RC | 24.8 | 808.25 |
| 114”轴距 | F77Z　5005RD | 24.8 | 671.83 |
| 125”轴距 | F57Z　5005F | 24.8 | 1 326.68 |
| 2. 延伸构件，车架 | | | |
| 普通驾驶室 | | | |
| 右侧 | F37Z　5B117B | #5.0 | 599.90 |
| 包括 D 和 C 稳定杆 | | | |
| 左侧 | F37Z5N117A | #6.0 | 678.15 |
| 包括 D 和 C 稳定杆以及拆卸和安装转向器，装备动力转向增加 0.5 工时 | | | |
| 高级驾驶室 | | | |
| 右侧 | F37Z　5B117D | #5.0 | 678.15 |
| 包括 D 和 C 稳定杆 | | | |
| 左侧 | F37Z5N117C | #6.0 | 678.15 |
| 包括 D 和 C 稳定杆以及拆卸和安装转向器，带动力转向另加 0.5 工时 | | | |
| 3. 保险杠横梁 | F2TZ　5C128C | #0.5 | 76.58 |
| # 螺栓紧固件工时，零件为焊接时，增加必要的工时。 | | | |
| 4. 横梁，变速器支座 | | | |
| 4 缸发动机 | E9TZ6A023E | #0.4 | 154.22 |
| V6 发动机 | | | |
| 3.0L 发动机 | | | |
| 两轮驱动 | E9TZ6A023E | #0.4 | 154.22 |
| 四轮驱动 | F0TZ6A023A | #0.4 | 66.57 |

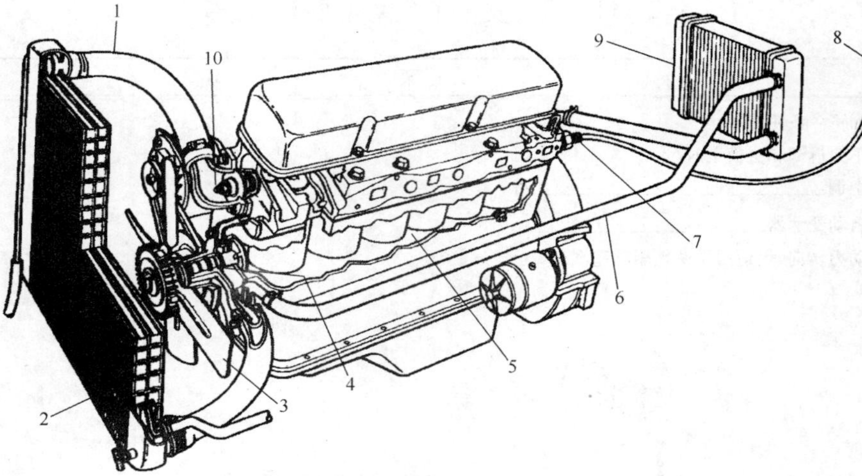


图2-77　水冷却系

1—软管;2—散热器;3—风扇;4—水泵;5—水套;6—采暖器水管;
7—感温塞;8—指示灯;9—采暖器芯;10—节温器。

(1) 可以将发动机不需要的热量带走。

(2) 必须使发动机保持正常温度,以便有效地运转。

前轮驱动汽车在散热器后面至少要装备一台电动风扇。风扇总成是由电动机、风扇和塑料风扇罩等零件组成的(表2-12),电动风扇的开关工作由发动机温度所控制。当汽车前部受到冲撞时,冷凝器、散热器以及风扇总成等都会被推向发动机。

警告:只要冷却系处于正压状态,冷却液温度就会明显高于沸点温度但冷却液并不沸腾。当发动机为热态,并且系统处于正压时,若开启散热器盖,将会引起冷却液迅速沸腾,同时很有可能伴随着强有力的喷发,甚至溅到发动机、翼子板以及散热器盖开启者的身上。

冷却系损坏诊断

对于碰撞修理来说,冷却系中最容易损坏的零件是散热器,这是由于它位于散热器格栅与发动机之间。散热器在碰撞中会遭受各种各样的损坏,但最常见的是散热器芯的损坏。风扇可能仅仅打坏散热器芯表面(一般容易修复),也可能彻底损坏散热器芯,这取决于碰撞的严重程度。碰撞中被挤压扁的散热片可以用专用工具进行矫正,对不是太难矫形的扁管可通过焊接修复。但是,如果散热片出现大面积的松动或许多扁管被压瘪或破裂,则建议更换一个新散热器芯。通常修复一个散热器的费用是更换一个新散热器费用的50%。碰撞指南列表中未将散热器芯修复费用列入。

注意:有时散热器似乎在碰撞中没有任何可见的损坏。但是,碰撞很可能使软管接头沿着卷边或芯座产生细微裂纹。如果怀疑存在隐蔽损坏(散热器中的冷却液液位低时不会有明显的损坏),应加压测试散热器是否泄漏。

应注意,碰撞评估指南中给出的更换散热器的作业工时不包括风扇、带轮和传动带的拆卸和安装时间。然而,列出的工时包括如下时间。

(1) 排放冷却液,检查和重新加注冷却液(仅适用于发动机评估指南)。

(2) 拆卸和重新连接软管。

(3) 拆卸和重新装配电动风扇总成。

表2－12 某汽车散热器组件(由米切尔国际公司提供)

**冷 却 系**

下文结合工序5和28条使用。

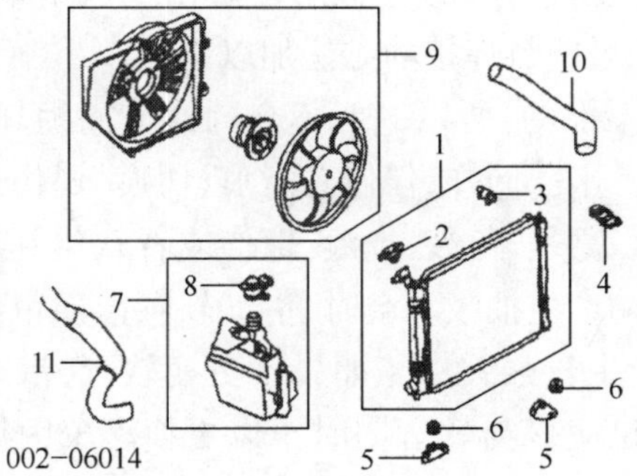


| | | | | | | | |
|---|---|---|---|---|---|---|---|
| 1. 散热器总成 | | | | 8.低液位传感器 | | | |
| 1.8L发动机 | | | | 1.8L发动机 | FOFZ10D968C | 0.3 | 32.66 |
| 手动变速器 | FOCZ8005D | 1.1 | 350.32 | 1.9L发动机 | F5CZ10D968AA | 0.3 | 30.21 |
| 自动变速器 | FOCZ8005A | 1.3 | 347.42 | 支架、冷却液储水室 | | | |
| 1.9L发动机 | | | | #包括储水室拆卸 | | | |
| 手动变速器 | | | | 9. 风扇总成 | | | |
| 装备空调 | FOCZ8005D | 1.1 | 350.32 | 1.8L 发动机 | | | |
| | | | | 1991—92年款 | | | |
| 未装务空调 | FOCZ8005C | 1.1 | 330.58 | 手动变速器 | | | |
| 自动变速器 | FOCZ8005A | 1.3 | 350.32 | 至1990年12月 | F5CZ8C607D | #0.3 | 242.89 |
| | | | | 从1990年12月起 | F5CZ8C607F | #0.3 | 242.89 |
| 2. 散热器盖 | E92Z8100B | | 6.52 | 自动变速器 | | | |
| 3. 散热器溢流阀 | E8BZ8115A | | 2.67 | 至1990年12月 | F5CZ8C607C | #0.3 | 266.66 |
| | | | | 从1990年12月起 | F5CZ8C607E | #0.3 | 253.39 |
| *包括散热器总成 | | | | 1993年款 | | | |
| 4. 上支架 | | | | 手动变速器 | F5CZ8C607B | #0.3 | 257.50 |
| 1.8L发动机 | 右 F1CZ8A193C | 0.1 | 41.85 | 自动变速器 | F5CZ8C607A | #0.3 | 275.48 |
| | 左 F5CZ8A193BA | 0.1 | 19.50 | 1994年款 | | | |
| 1.9L发动机 | 左/右 F5CZ8A193AA | 0.1 | 45.83 | 手动变速器 | F5CZ8C607B | #0.3 | 257.50 |
| 5.下支架1991—92年款 | | | | 自动变速器 | F5CZ8C607A | #0.3 | 275.48 |
| | 右 FOCZ8V068A | 0.1 | 13.03 | 1995—96年款 | | | |
| | 左 F1CZ8B068A | 0.1 | 13.03 | 手动变速器 | F5CZ8C607B | #0.3 | 257.50 |
| 1993—96年款 | 左/右 F3CZ8B068A-B | 0.1 | 10.30 | 自动变速器 | F5CZ8C607A | #0.3 | 275.48 |
| 6.支座隔热垫 | | | | 1.9 L发动机1991—92 | | | |
| 至1994年6月 | 左/右 FOCZ8125A | | 7.85 | 年款 装备空调 | | | |
| 从1994年7月起 | 左/右 F5CZ8125A | | 不适用 | 至1990年12月 | F5CZ8C607C | #0.3 | 266.66 |
| 7.冷却液储水室 | | | | 从1990年12月起 | F5CZ8C607E | #0.3 | 253.39 |
| 1.8 L发动机 | F1CZ8A080A | 0.3 | 39.22 | 不装备空调 | | | |
| 1.9 L发动机 | F1CZ8A080B | 0.3 | 36.25 | 至1990年12月 | F5CZ8C607D | #0.3 | 242.89 |

（4）拆卸和重新连接传输管路。

（5）拆卸和重新安装风扇罩。

（6）此外,应记住冷却液费用也未包括在给定的费用中。

请不要重新修复或者使用一个已弯曲或损坏的风扇叶片。已损坏或者弯曲的叶片应该用一个新叶片予以更换。

已损坏或弯曲的风扇离合器同样也要予以更换。这是一个不可修复的零件。如果水泵叶轮轴或轮毂已损坏,它也同样应该予以更换。由于风扇罩通常由塑料制成,如果风扇罩损坏不严重,通常可以采用塑料焊接的方法加以修复。

由于传动带和软管是柔性的,所以一般不会因碰撞而损坏。然而,有时需要将完好的传动带从损坏的带轮上剪下来。同样,任何有裂痕、切痕、划伤或者磨坏的传动带都应予以更换。如果软管撕裂、扎破、割裂、龟裂、烧痕、擦伤或者软化,应予以更换,应特别注意散热器下软管。当水泵高速转动产生抽吸真空时,借助软管内部帘线强化以避免塌陷。如果下软管被挤压瘪,软管内会产生较强弹力。如果不更换软管,汽车高速行驶时将会发生过热现象。原车配套软管卡箍也应该与软管同时予以更换。聚丙烯风扇罩裂纹可以采用塑料焊接法予以焊接。

王永盛高级评估师根据《米切尔碰撞评估指南》编制的冷却系换件工时参考值见附录1。

### (十一)空调系统

空调装置是依据液体转换成气体时从周围环境吸收热量的原理而工作的。当制冷剂从气态重新转化为液态时,释放出热量。空调系统由以下几部分组成(图2-78)。

(1) 压缩机。

(2) 冷凝器。

(3) 储液干燥器、集液器。

(4) 制冷控制器。

(5) 蒸发器。

制冷剂在蒸发时吸收热量,在液化时释放热量。现在汽车上应用的制冷剂有以下两种。

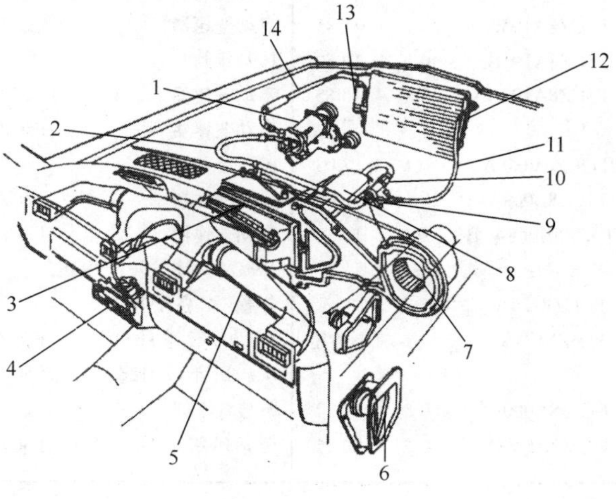


图2-78 空调系统的组成

1—压缩机/离合器总成;2—吸入管;3—送气系统;4—控制总成;5—空气分布导流管;6—循环气窗;7—风机总成;8—蒸发器及壳体总成;9—膨胀阀;10—STV卡箍;11—液管;12—冷凝器;13—储液干燥器;14—流注管路。

(1) R12 制冷剂。1994 年之前,美国汽车使用 R12 制冷剂。现在已经不再制造 R12 制冷剂,因为氯氟甲烷对臭氧层有损坏作用。

(2) R134a 制冷剂。从 1994 年到现在一直使用 R134a 制冷剂,我国目前也只允许使用 R134a 制冷剂。它并不比 R12 的冷却效率高,且它必须在高压系统中使用。但是,它却不像 R12 那样破坏环境。

这两种制冷剂不能兼容使用。一个设计使用 R12 的空调系统不可使用 R134a 运行。从法律上讲,全部制冷剂必须予以回收并循环使用。空调系统的碰撞修复设备主要由两个各自分开的系统来分别回收和储存两种制冷剂。

压缩机负责收集汽车空调蒸发器内的制冷剂,并对其进行压缩。当不需要使用时,电磁离合器可将压缩机关掉。

制冷剂被低压定量地排泄到位于汽车内防火墙上的冷却蛇管(蒸发器)中。这时,制冷剂以液态形式存在。在低压条件下,制冷剂沸点仅比冰的溶点稍高。因此,制冷剂沸腾蒸发,从而可以从蛇管吸取热量。

根据不同的设定,风机驱使内部或外部空气流过蒸发器。然后,空气进入乘员舱。当空气通过蒸发器时,空气的热量和湿气被带走,空气温度降低。

制冷剂在蒸发器内沸腾成气体,然后以气态进入压缩机,使得其压力增加。当制冷剂离开压缩机时为高压。然后制冷剂进入凝结器,它是一个热交换蛇管式散热器,通常位于汽车散热器前面。由压缩机产生的高压可以使制冷剂在高压环境下工作,以提高其沸点。当外界空气通过冷凝器的扁管和叶片时,制冷剂被冷却并液化成液体,散失的热量都是从汽车内部吸收的。

然后液态制冷剂回流到储液干燥器中,它是一个位于冷凝器旁或翼子板腔上的小罐,具有将液态制冷剂从由冷凝器出来的气态制冷剂中分离出来的功能,并且也过滤和吸收制冷剂中的潮气。

然后,制冷剂以液态形式流过一段管线到达膨胀阀。该阀门通常固定在蒸发器旁(在防火墙上或其旁边)。膨胀阀形如某些系统上的菌形阀,它控制制冷剂向蒸发器的流动。它仅提供蒸发器能够处理的流量。

空调的大部分零部件在碰撞中都容易损坏。有些零件可以修复,而有些则需要用新件更换。

当压缩机在碰撞中被损坏时,首先会造成离合器和带轮总成的损坏。这些都可分别从压缩机上拆卸和修理或者更换。当损坏时,对压缩机本身也可以进行分解和修理。在压缩机前方有个油封。它可以防止制冷剂和制冷润滑油从压缩机轴向外泄漏。当油封损坏时,应该及时将它更换下来。

冷凝器所处的位置,决定了它在汽车正面碰撞时容易损坏。其空气流动散热片就像散热器上的一样,也可以进行清洗或矫形,而其泄漏可采用银焊加以修理。

当冷凝器损坏时,也应该检查集液器(储液干燥器)是否已损坏。如果损坏,则应该予以更换。如果系统在碰撞中以开口状态暴露于空气之中已有一段时间,则它也应该予以替换。这种修理未包含在初始故障修理的作业工时或费用中。

蒸发器、调温膨胀阀以及吸入节流阀在碰撞中很少损坏。如果蒸发器已损坏,其机壳和机芯可予以更换。调温膨胀阀损坏也应该予以更换。如果吸入节流阀已损坏,更换和修理都可以。

无论何时进行任何操作,都需要拆卸一条制冷剂管,并且附加操作时间必须包括排空系统和填充系统所需要的时间。当然,必须加上所有附属零件拆卸和重新安装所需的时间。制冷剂和制冷润滑油的价格也应该添加到价格评估中(表 2-13)。

表 2-13　福特探险者汽车空调系统组成及评估说明

**空调制冷剂性能**

空调 R134a 制冷剂性能

标准型空调:37 02(2.3 1b )

标准型空调和附件:58 02(3.7 1b)

空调/采暖器

下文给合工序 6 条使用。

抽空和加注系统冷却液 …………………… m 1.4

制冷剂回收 …………………… m 0.3

说明：拆卸和更换不包括回收、抽空和加注系统。

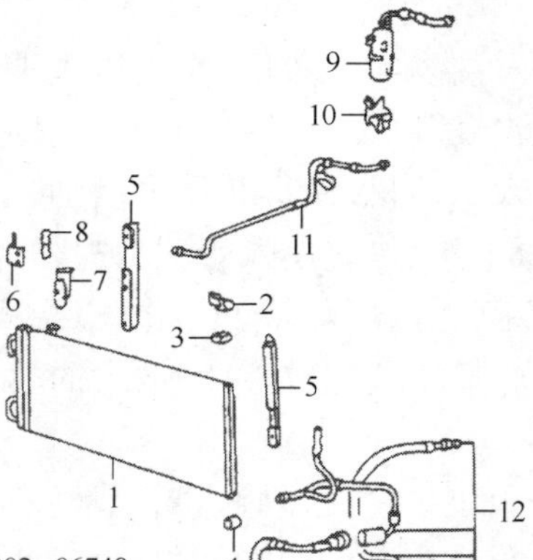


002-06748

| | | | |
|---|---|---|---|
| 1. 冷凝器 | F65Z19712AB | m#1.4 | 185.52 |
| # 散热器拆卸扣除 0.5 工时 | | | |
| 2. 冷凝器上安装支架 | 右/左 F65Z19702BB | | 7.78 |
| 3. 冷凝器上隔热垫 | 右/左保持不适用 | | 不适用 |
| 4. 冷凝器下隔热垫 | 右/左 F65Z19C566AA | | 5.33 |
| 5. 冷凝器密封条 | 右 F65Z19E572DA | | 4.57 |
| | 左 F65Z19E572CB | | 4.38 |
| 6. 冷凝器进口管外支架 | F65Z19D720BB | | 3.15 |
| 7. 冷凝器进口管内支架 | F65Z19D720AA | | 3.03 |
| 8. 冷凝器进口管卡箍 | 不适用 | | 不适用 |
| 9. 干燥器/集液器 | F65Z19C836AA | m#0.7 | 84.81 |
| # 包括拆卸和更换冷凝器 | | | |
| 10. 干燥器/集液器支架 | F65Z19D607AB | | 5.88 |
| 11. 软吸管 | | | |
| 带辅助空气 | F65Z19837BD | m0.5 | 45.13 |
| 不带辅助空气 | F65Z19837AD | m0.5 | 36.42 |
| 12. 排出软管 | | | |
| 带辅助空气 | F65Z19D850BE | m0.6 | 211.06 |
| 不带辅助空气 | F65Z19D850AD | m0.6 | 194.71 |

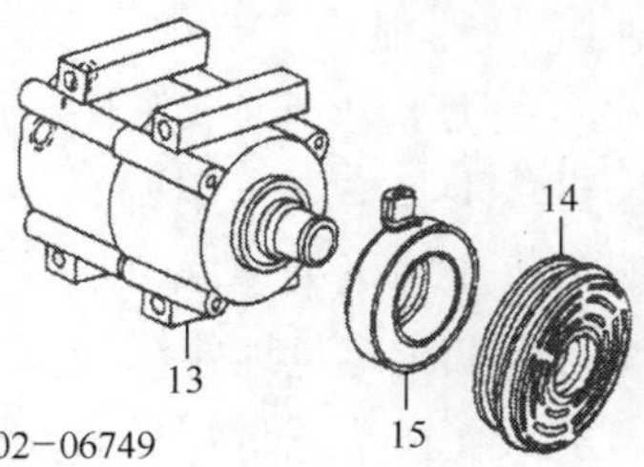


002-06749

| | | | |
|---|---|---|---|
| 13. 压缩机 | F6LZ19703AA | m1.1 | 337.33 |
| 14. 压缩机带轮 | F7UZ19D784A | m#1.0 | 未知 |
| 15. 压缩机蛇管 | F5VY19D798A | m#1.0 | 39.13 |

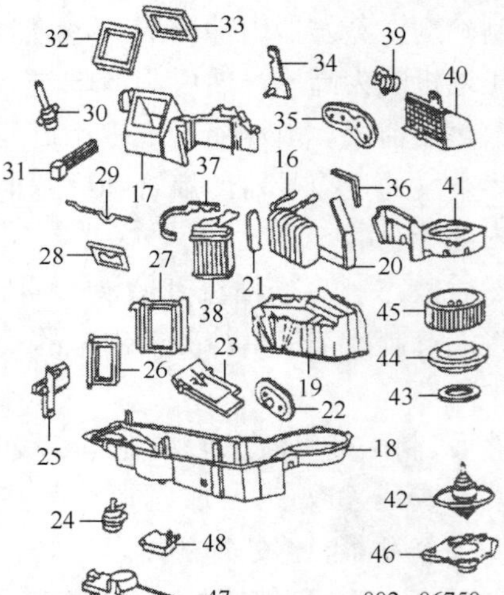


002-06750

# 完全拆卸和更换，包括拆卸和更换压缩机传动带—请参见冷却系有关章节

| | | | |
|---|---|---|---|
| 16. 蒸发器芯 | | | |
| 主体 | F65Z19860AA | m#7.0 | 184.27 |
| # 包括拆卸和安装仪表板 | | | |
| 附件 | FZ5Z19860AA | m0.9 | 184.27 |
| 蒸发器阀 | 未知 | m#0.5 | 未知 |
| 17. 蒸发器上壳体 | F65Z19A626AE | m#8.0 | 9.17 |
| 18. 蒸发器下壳体 | | | |
| 带底板托架 | F65Z19C831BH | m#8.0 | 67.92 |
| 不带底板托架 | F75Z19C831AA | m#8.0 | 63.75 |

#完全拆卸和更换，包括拆卸和安装仪表盘及拆卸和更换蒸发器芯、采暖器和风机电动机壳

（续）

| | | | | | | | |
|---|---|---|---|---|---|---|---|
| 19.蒸发器壳体盖 | F65Z19C946AA | m#6.5 | 11.70 | 34.蒸发器壳体支架 | F65Z19A804AA | | 5.68 |
| 包括拆卸和安装仪表盘，包括拆卸和更换蒸发器芯 | | | | 35.蒸发器壳密封件 | F65Z19C593AD | | 7.90 |
| 20.壳体密封垫 | F50Y19A672A | | 6.27 | 36.蒸发器芯密封件 | F65Z9B738BA | | 3.15 |
| 21.蒸发器密封垫 | | | | 37.采暖器芯密封件 | F65Z18658BA | | 5.45 |
| 主体 | F65Z19D578AA | | 2.65 | 38.采暖器芯 | | | |
| 附件 | F65Z19D578AB | | 6.05 | 主体 | F65Z18476AA | m#7.0 | 27.33 |
| 22.排泄管密封垫 | F65Z19B739AB | | 6.67 | #包括拆卸和安装仪表盘 | | | |
| 23.出口窗 | | | | 附件 | F75Z18476AA | m#1.5 | 80.60 |
| 主体 | F65Z19B749AC | m | 15.10 | 39.真空通道电机 | F65Z18A318AB | m | 10.56 |
| 附件 | F65Z19B749AB | m | 13.37 | 40.空调通道 | F65Z19A618AB | m | 29.27 |
| 24.上真空控制电机 | F65Z18A318AB | m | 10.56 | 41.风机电动机壳 | F65Z19D818AC | m | 4.77 |
| 25.空调节流板 | F65Z19W555AB | m | 2.70 | 42.风机电动机 | F65Z19805FA | m#0.9 | 71.45 |
| 26.控制阀窗口 | F65Z18B545AE | m | 15.03 | 43.风机电机密封件 | F65Z18N260BB | m#0.9 | 3.08 |
| 27.空调控制框架 | F65Z19D963AA | m | 18.07 | 44.风机电机调整垫 | F65Z19C671AB | m#0.9 | 7.83 |
| 28.除霜窗口 | F65Z18A478AB | m | 9.63 | 45.风机电机风扇 | F65Z199834AA | m#0.9 | 11.72 |
| 29.除霜窗口轴 | F65Z19D640AB | m | 2.70 | 46.风机电机盖 | F65Z18515AA | m#0.9 | 7.40 |
| 30.热窗真空电机 | F65Z18A318BB | m | 13.15 | #完全拆卸和更换 | | | |
| 31.真空线束 | F65Z19C827BC | m | d10.45 | 47.采暖器底板通道 | F65Z18C433AC | | 14.42 |
| 32.蒸发器出口通道 | F65Z19643AA | m | 5.83 | 48.空调窗口电机 | F65Z19E616BA | | 114.61 |
| 33.除霜通道 | F65Z18C367AA | m | 5.27 | | | | |

王永盛高级评估师根据《米切尔碰撞评估指南》编制的空调系统换件工时参考值见附录1。

### （十二）发电机及蓄电池

发电机如图2－79所示。

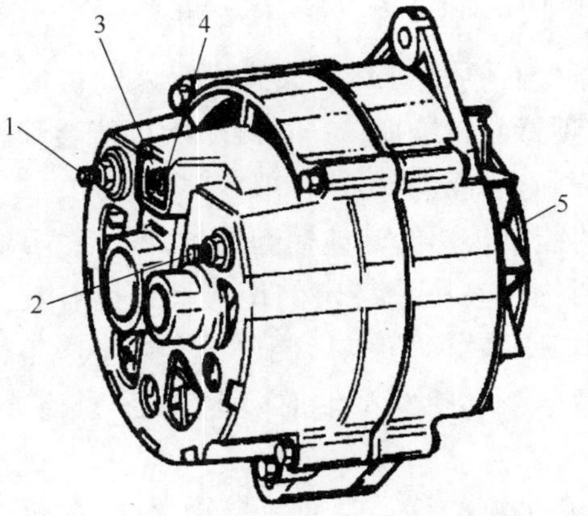


图2－79　交流发电机

1—蓄电池接线柱；2—搭铁接线柱；3—继电器接线柱；4—接地接线柱；5—带轮。

发电机最常见的撞击损伤为传动带轮、散热叶轮变形,壳体破损,转子轴弯曲变形等。传动带轮变形以更换方法修复。散热叶轮变形以校正修复为主。壳体破损、转子轴弯曲变形以更换发电机总成修复为主。

汽车用蓄电池的损坏多以壳体4个侧面破裂为主。汽车蓄电池多为铅酸蓄电池,由6格(汽油车)或12格(柴油车)组成。碰撞会造成1格或多格破裂,使得电液外流。一时查看不到破裂处,可通过打开加液盖观察电液量来判断。如果只是1格或几格严重缺液,多为蓄电池破裂;如果每格都缺液,多为充电电流过大所致,而不是破裂。

王永盛高级评估师根据《米切尔碰撞评估指南》编制的发电机蓄电池换件工时参考值见附录1。

### (十三)发动机(前轮驱动)

所有发动机包括汽油机和柴油机都属于内燃机,因为驱使活塞运动的燃烧发生在发动机内部。前轮驱动汽车安装横置发动机,一般分为直列4缸、V型6缸或V型8缸(图2-80)。

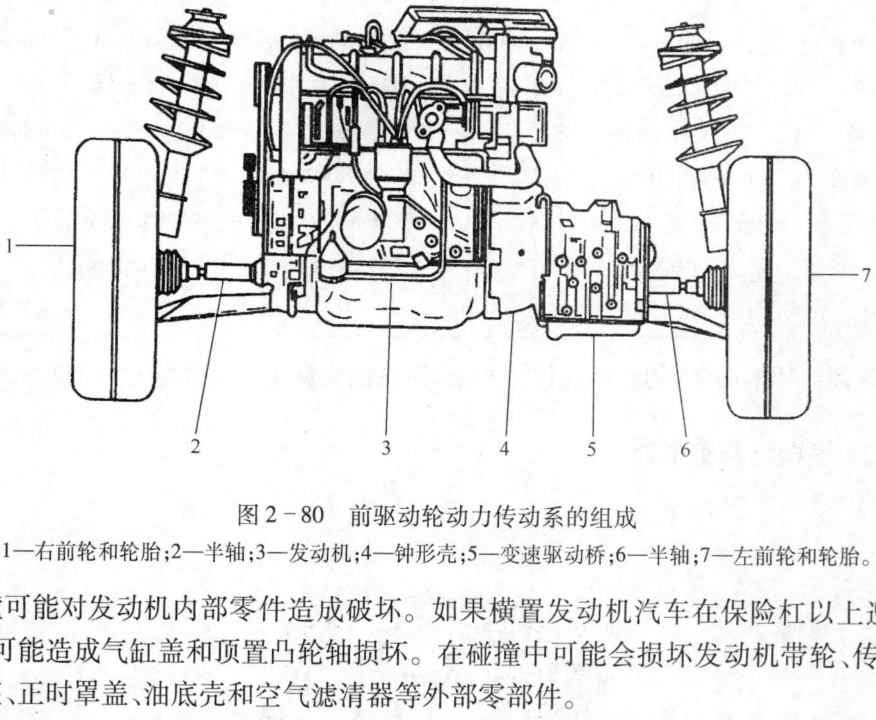


图2-80 前驱动轮动力传动系的组成

1—右前轮和轮胎;2—半轴;3—发动机;4—钟形壳;5—变速驱动桥;6—半轴;7—左前轮和轮胎。

碰撞可能对发动机内部零件造成破坏。如果横置发动机汽车在保险杠以上遭受严重碰撞,则可能造成气缸盖和顶置凸轮轴损坏。在碰撞中可能会损坏发动机带轮、传动带、发动机支座、正时罩盖、油底壳和空气滤清器等外部零部件。

曲轴带轮通过传动带将能量传递给其他辅助设备,例如,空调压缩机、动力转向泵以及水泵。发动机支座将发动机固定在一个特定的位置上并且有效进行隔振。支座通常位于发动机的左侧、右侧和前侧。一些发动机在后侧也设有支座。正时罩盖保护正时齿轮或正时齿形传动带。油底壳是容纳发动机润滑油的一个沉淀槽。空气滤清器的作用是净化吸入发动机的空气。

对于侧面碰撞,下纵梁有足够的移动量而使带轮弯曲,然后再反弹回原位。当检查损坏时,应该知道即使在纵梁和带轮之间有间隙,带轮仍可能已损坏。最好在发动机启动时,观察带轮是否摆动。已损坏的带轮不能修复;损坏的带轮必须予以更换。如果带轮已损坏,则水泵或者空调压缩机或者任何附在带轮上的零件都有可能已损坏。检查零部件是否正常工作以及是否泄漏。应该注意在评估时评估损坏的可能性。应检查传动带是否有撕裂现象。

发动机支座可能在正面或侧面碰撞中遭受严重的损坏。在碰撞中下纵梁和散热器支架以及附在其上面的任何零件都可发生易位。发动机支座经常以这种方式弯曲。观察支座、发动机以及纵梁的位置。通常,支座与发动机和纵梁以直角方式连接。除了直角以外,任何角度均表示发动机或纵梁发生了位移。通常要对纵梁进行修理以使其恢复到适当的角度。如果支座变形,也应该予以更换。支座在严重碰撞中会产生破碎现象。应该在举升发动机后,再对支座进行检查。如果发动机上移,则表明支座可能已破损。为了检查自动变速器汽车的发动机支座是否损坏,应起动发动机,踏下制动踏板,并使汽车处于驱动状态。不松开制动器,但是轻轻地踏下加速踏板。如果发动机弹起,则表明支座可能已损坏,应更换破碎或者弯曲的发动机支座。

如果正时罩盖或油底壳是冲压薄板材料制作的,并存在轻微碰痕,可以将其拆卸下来进行修理并对表面抛光。已损坏的正时罩盖或油底壳由铸铁或铸铝以及薄金属板材制成,如果已严重损坏,则应该予以更换。空气滤清器时常固定在散热器支架的后边。正面或侧面碰撞均很容易损坏空气滤清器。因为这些损坏不容易发现所以应进行仔细检查。空气滤清器的塑料壳或固定支架可采用塑料粘合剂进行修复。

王永盛高级评估师根据《米切尔碰撞评估指南》编制的发动机相关部件换件工时参考值见附录1。

### (十四) 变速驱动桥

变速器的功能是使汽车前进或后退,也提供不同速比,使汽车能以不同速度前进。

汽车修理厂和技师能对许多不同类型的手动和自动变速器进行特殊的专业化诊断和修理,而且修理厂和保险理赔员也依赖专业人员的协助。

(1) 手动变速驱动桥。大多数都为5个前进挡,包括一个超速挡和一个倒挡的5速变速器。变速器安装在铸铝壳体内。变速驱动桥的内部零件是齿轮、离合器总成和换挡拨叉等。其外部零件是变速杆、离合器操纵总泵和离合器操纵从动泵。在正常工作时,变速驱动桥和液压离合器必须有润滑液,并且操纵杆件必须正确定位。碰撞会造成变速器壳开裂损坏,破坏液压系统,或者造成操纵机构定位失准。将汽车举升起以检查在变速器的结合处是否有漏液现象。任何形式的损坏都必须给予更换。

(2) 自动变速驱动桥。自动变速器由一组或多组行星齿轮、制动带、伺服机构、离合器、半轴齿轮和油泵组成。这些零部件均被安装在变速器壳和盖里。此外,如果变速器壳已破碎或开裂,则变速器壳应予以更换。自动变速器底部装有一个冲压的钢制油盘用来储存润滑液。如果油封部位受损,则应将它拆卸下来进行矫形,加上新密封垫后,重新安装到变速器壳上。若该油盘受损后拆卸下来,则其内部零件也要进行检查。

如果变速器外部零件受损,或者怀疑内部零件已损坏,则变速器应该解体并加以检查。因为磨损可引起变速器不能正常工作,所以,客户和保险公司应该提前达成协议,确定支付解体检查费用。典型情况:如果问题由碰撞所致,则保险公司需要支付费用;如果磨损是导致故障的原因,则应由客户支付费用。然而为了查找故障,并不需要将变速器从汽车上拆卸下来,事实上,许多修理作业都不需要将部件从汽车上拆卸下来就可以完成。

如果变速器在汽车驻车制动状态下被碰撞,则可能会损坏驻车制动棘轮,该棘轮被设计成在其他任何零部件损坏前就应损坏。

(3) 传动轴(半轴)。前轮驱动汽车发动机发出的动力经两个传动轴或半轴传到驱动轮(图 2-81)。为了能使车轮转向,每个半轴有两个等速(CV)万向节,半轴的两端均与相应的万向节相连接。每个等速万向节均由球笼、轴承、驱动件或三销轴、壳体和防尘罩组成。防尘罩内储有润滑脂以保证正常工作。作用在驱动轮上的严重的撞击会将半轴从变速驱动桥中拉出,严重时会损坏等速万向节。只要有一个驱动轮遭受损坏,就需要对半轴加以检查。检查防尘罩是否损坏。拉动半轴,检查其是否松动。防尘罩和等速万向节损坏可予以更换。在某些情况下,整个车轴都应予以更换。

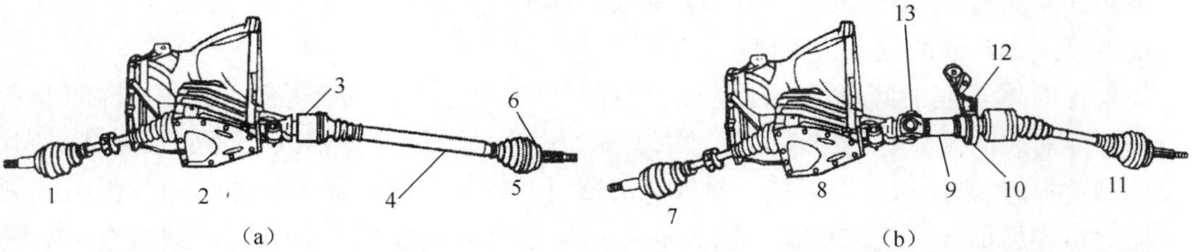


图 2-81　两种形式的半轴

(a)不等长;(b)等长。

1—左半轴;2—变速驱动桥;3—三轴销万向节;4—中间传动轴;5—右半轴;6—球笼式等速万向节;
7—左半轴;8—变速驱动桥;9—中间传动轴;10—挡油环;11—右半轴;12—轴承和吊架总成;13—十字轴万向节。

(4) 发动机托架。有时称为副车架,用于某些前轮驱动轿车(图 2-82)上。发动机、变速驱动桥、齿轮齿条转向机都安装在该钢制框架上。这个结构与汽车车架完全类似。该托架由 4 个螺栓安装在汽车上。两个与散热器支架相连接,另两个与前围板总成相连接。松开 4 个螺栓然后举升汽车,一个人就可以将变速驱动桥总成作为一个整体轻松地拆下。由于托架复杂的结构,只能修理一个安装区,若损坏两个或者以上的安装区,就需要更换托架。

注 1:拆卸和更换不包括校准或制动管路放气系统。

注 2:制造商建议无论何时旋松或拆卸车架支座螺栓,必须用新螺栓予以更换并扭紧,以防止损坏副车架、传动系或悬架。

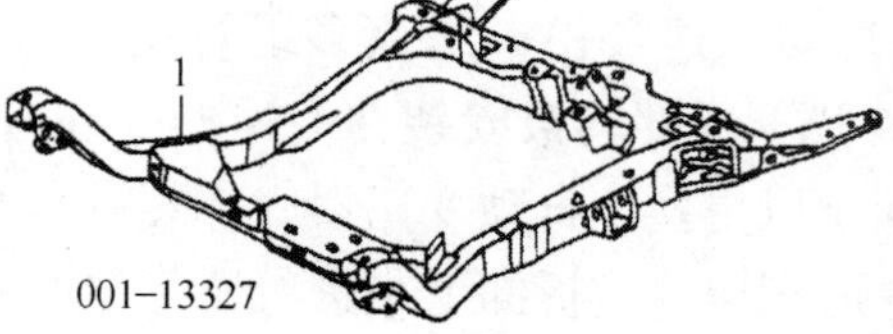


1—副车架　22638045　m#5.3　255.00

# 包括拆卸和安装 、拆卸和更换下控制臂、稳定器杆、前排气管、转向器和发动机支座。

注意关于安装螺栓的警告和作业操作在图中列为 m

图 2-82　某款汽车副车架(由米切尔国际公司提供)

王永盛高级评估师根据《米切尔碰撞评估指南》编制的变速驱动桥相关部件换件工时参考值见附录1。

### (十五)前悬架系统

悬架系统是一个复杂的系统,需要承担某些相互矛盾的功能。悬架必须保持车轮的姿势和同时允许其左转或右转。除此以外,因为在制动期间发生重量转移,前悬架系统要吸收大部分的制动回转力。当前悬架达到这些目标时,它就能提供良好的乘坐舒适性和操作稳定性。

应予以特别注意:当更换悬架的某个零件时,碰撞评估指南中的估算工时不包括车轮定位所需要的时间。悬架大修包括拆卸、检查、清洗、更换旧件和重新装配。此外,还包括拆解两端与转向节连接的横拉杆。但是,悬架大修不包括以下项目。

(1) 车轮定位(前轮或后轮)。

(2) 拆卸和安装转向器、转向操纵杆件或者稳定器杆。

(3) 制动器放气和调节。

#### 1. 麦弗逊式独立悬架

目前轿车前悬架常用麦弗逊式独立悬架(图2-83),此悬架不但重量轻,有助于节约燃料,而且占用发动机舱的空间也较少,这对大多数使用横置发动机的前轮驱动汽车来说是非常重要的。

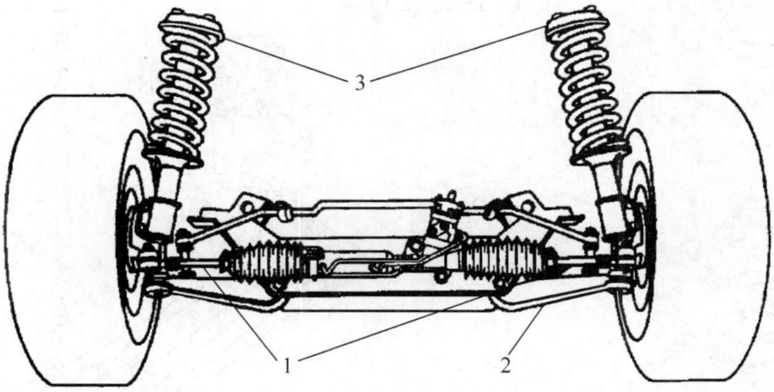


图2-83 麦弗逊式独立悬架

1—半轴;2—下控制臂;3—滑柱和减振器。

麦弗逊式独立悬架的最大特点是将主要零件组合成为一个单独总成。典型麦弗逊独立悬架包括弹簧、悬架上定位装置和减振器,并垂直地安装在转向节和内翼子板镶板之间。

当装有麦弗逊式独立悬架的汽车受到正面撞击时,则获得正确的前轮定位会更加困难,因为这种悬架类型无调节机构,不能实现对前轮定位进行适当调节。因此,尝试通过以往技术,实现对车身和车架进行适当的校准已经过时。使修理工作获得令人满意的结果,将不再仅仅局限于通过对角线测量、校直车架、悬吊金属板以及将汽车送去一个校正修理间。因为悬架连接在车身上,如果想获得正确的车轮定位,则车身和车架以及底盘必须按照出厂技术规格的规定进行校准。

当发动机或车身工作在一个安装有发动机托架的汽车上时,托架可能会与底盘的定位失准。托架上校准孔必须直接与车身上对应孔对正,否则,转向时会因为回转力增加,使转向轮偏离中心位置。在进行前轮定位前,应首先检查托架是否已校准。

出于前轮或后轮精确定位的需要,碰撞修理企业进行校准作业的工作量将增加。依靠其他专修店对汽车进行调整时,如果需要不止一次地到专修店调整汽车,则通常会减缓修理过程并增加成本。如果汽车修理厂装备了可自已完成汽车校准作业的设备,虽然会增加修理费用,但可排除顾客的大多数投诉和返修问题。

应该注意,外倾和后倾调整设备可用于调整具有不可调式外倾角和后倾角的汽车。这些调整装置可方便地对车轮定位参数进行调整。

2. 扭杆悬架

在扭杆前独立悬架中没有螺旋弹簧。在这种悬架系统中,一个纵向扭转的钢杆起着弹簧的作用(代替螺旋弹簧)。除了这种扭转作用之外,扭杆还可以抵抗上上下下的运动。扭杆的一端连接到车架上;另一端连接到下控制臂上。

在普通扭杆悬架中,扭杆从前部向后部传递扭矩(图 2-84)。一个 A 形臂或单内衬套控制臂及支撑杆通常用于下臂控制杆。扭力杆可以用来调节车辆的行车高度。因为扭力(扭转)的方向在左侧与右侧不一样,所以,扭杆两端不可以调换。一个可调整的凸轮,也叫做锚凸轮,位于扭杆的前端或后端。可通过调整扭杆的扭转位置来控制汽车的行车高度。

横置扭杆系统是一种新式扭杆悬架(图 2-85)。这种悬架的两侧扭杆分别跨越底盘固定在控制臂后。这就不需要支撑杆或 A 形臂。如果一根扭杆或可调整凸轮已损坏,则必须予以更换。其他各种形式的损坏也以更换为主。

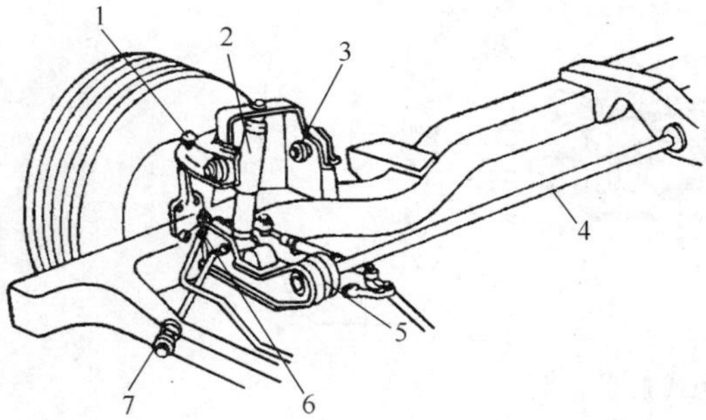


图 2-84　普通扭杆系统

1—上球头销;2—减振器;3—上控制臂衬套;4—扭杆;5—下控制臂衬套;6—稳定器总成;7—支撑杆和衬套。

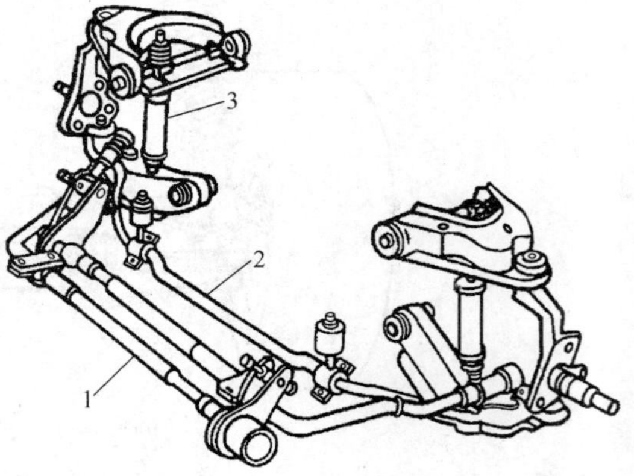


图 2-85　横置扭杆系统

1—扭杆;2—稳定器杆;3—减振器。

3. 双工字梁悬架

双工字梁式悬架系统可以从两轮驱动或者四轮驱动的载货汽车和客货两用汽车中找到(图 2-86),福特汽车差不多全部使用这种悬架。双工字梁式悬架用在两轮驱动汽车中,也用在四轮驱动的汽车中。它们都是非独立前悬系统。

悬架的典型零件有横梁、弹簧、减振器、摇臂、球头销或主销。球头销用在横拉杆上,球头销或主销用于双工字梁。螺旋弹簧用在双工字梁上,而且螺旋弹簧或钢板弹簧均可用于双工字梁式悬架汽车。

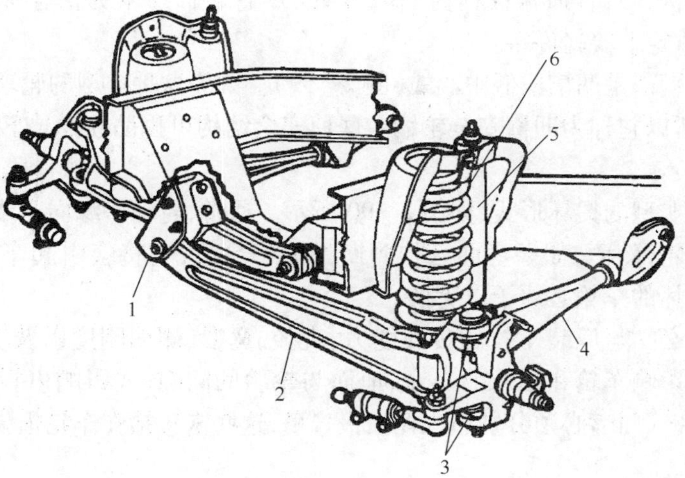


图2-86 双工字梁或悬架

1—横梁销轴;2—工字梁;3—球头销;4—摇臂;5—减振器;6—螺旋弹簧。

耐磨衬套安装在横梁车架端销轴的悬架上和摇臂车架端的螺旋弹簧悬架上。这种轴销的连接方法因汽车而异。首先,在一些工字梁车桥上,上球头销和下球头销安装到工字梁的方法如图2-87所示。其次,在一些工字梁车桥上,主销用锁销固定(图2-88)。

王永盛高级评估师根据《米切尔碰撞评估指南》编制的前悬架换件工时参考值见附录1。

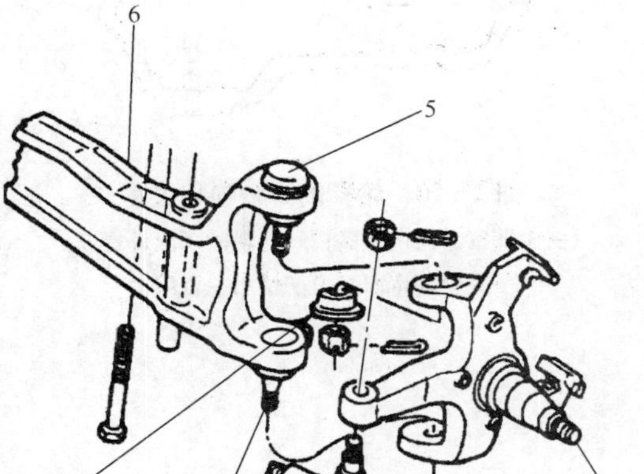


图2-87 双工字梁及球头销

1—外倾适配器口;2—下球头销;3—转向节臂和拉杆;4—转向节轴;5—上球头销;6—工字梁。

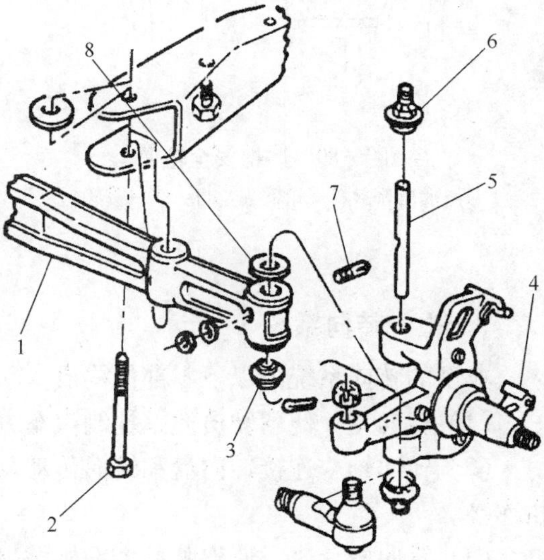


图2-88 双工字梁及转向节主销和锁销

1—工字梁;2—销轴;3—转向节主销轴承;4—转向节轴;5—转向节主销;6—螺塞;7—主销锁销螺栓;8—主销油封。

## (十六)车轮

轮胎安装在轮辋上,然后用螺杆和螺母或者螺柱安装在汽车上。轮毂是一个压铸或锻铝或镁的盘状结构。后者通常被称为“镁”车轮,尽管它们通常为铝合金。与钢制车轮相比,铝制轮毂在重量上要轻许多。

所有轿车轮辋都是凹槽或低中心式(图 2 - 89)。因为这种类型的轮辋设计可以防止轮胎从轮辋脱落,所以它称为凹槽安全轮辋。这种安全结构可以防止急剧转弯时车轮与轮胎分离或者爆胎。

轮胎有 3 种典型的损坏形式,如图 2 - 90 所示。通常,轮辋唇缘向内或向外的弯曲可予以矫正来修复车轮,然而,如果弯曲延伸到凹槽第一台阶,它将会引起车轮转动时严重摆动。这种形式损坏的车轮必须予以更换。

更换的车轮必须与原装车轮的负载能力、直径、宽度、侧偏刚度以及安装构造等相同。不合适的车轮会影响车轮和轴承的寿命、地面与轮胎的间隙,并影响里程表和转速表的校准。平衡、配重和气门嘴必须分别填入评损报告里,这些未包括在车轮损失中。

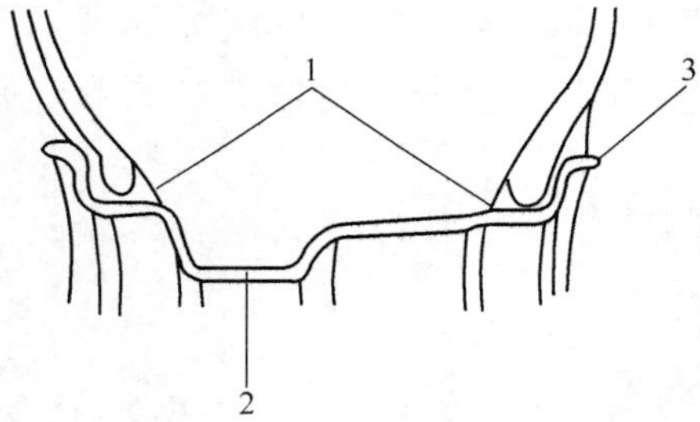


图 2 - 89　凹槽安全轮辋

1—胎唇密封;2—轮辋法兰凸缘;3—鞍部。

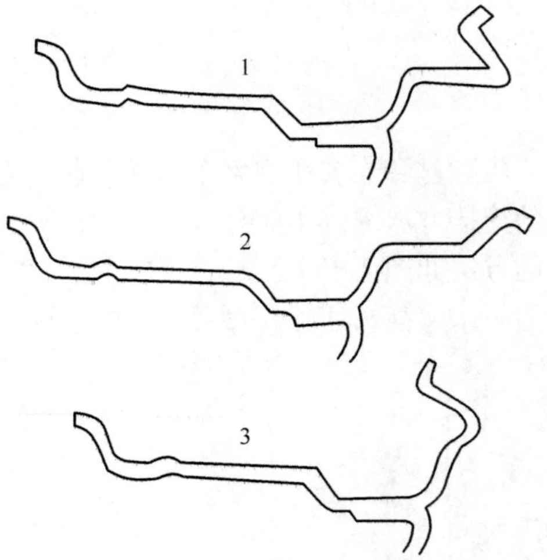


图 2 - 90　轮辋的 3 种损坏类型

1—轮辋唇缘向内弯曲;2—轮辋唇缘向外弯曲;

3—轮辋弯曲超出凹槽第一台阶。

### (十七) 转向系统

典型的转向系统由以下零部件构成。

(1) 转向盘。使驾驶员能够控制汽车方向,转向盘的运动经转向系统传给车轮。

(2) 转向轴。连接转向盘和转向传动装置。它一端与转向盘相连接,另一端与转向器相连接。

(3) 转向器总成。使驾驶员借助机械齿轮减速来转动车轮。

(4) 转向传动机构。连接转向系统和车轮。转向系统通过转向盘、转向轴和转向器,然后经转向传动机构将运动传给车轮。

转向系统可以分为机械转向和动力助力转向两种类型。转向系统也可以按照转向传动机构的形式划分。机械和动力助力转向系统的基本传动零件都是相同的。3 种主要转向传动机构均为常用的形式。

(1) 标准或梯形转向系统。这种系统(图 2 - 91)在普通车架汽车上是最常用的类型。

转向臂用一个球形座总成或者衬套与转向器相连接。转向作用借助于中连杆进行，该杆件连接到球形座或衬套上。空转臂将中连杆支撑在两端平行的转向臂上，传递水平转向动作（图 2－92）。如果上下运动过大，前束变动会超过制造极限，因此引起轮胎早期和快速磨损。横拉杆两端是转向系统中最容易磨损的销轴。球座松旷表明其内部弹簧弹力不足。当汽车在地面上运动并承受地面反力时，为了使这种运动显得更真实，在检查期间应使汽车离开地面，并只用手施加压力，这样即使轮胎轻微地运动都十分明显。

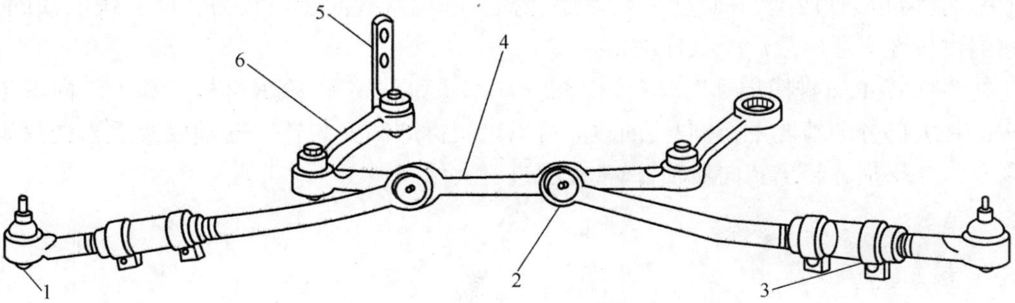


图 2－91　梯形转向系统

1—横拉杆外端；2—横拉杆内端；3—调整套筒；4—中心杆；5—空转臂；6—转向臂。

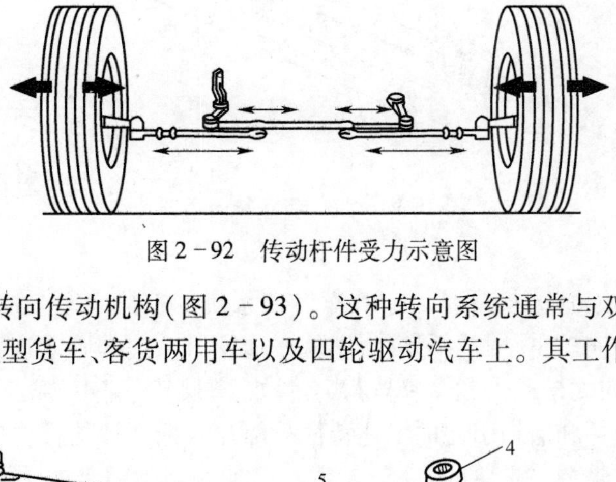

图 2－92　传动杆件受力示意图

（2）双工字梁转向传动机构（图 2－93）。这种转向系统通常与双工字梁悬架一起使用，并且经常用于轻型货车、客货两用车以及四轮驱动汽车上。其工作原理类似于梯形转向系统。

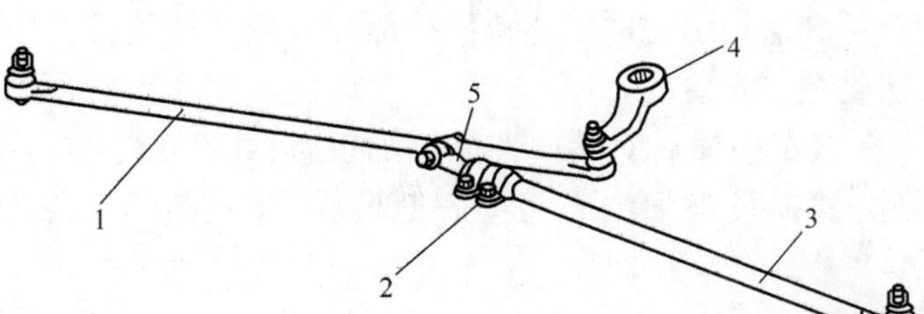


图 2－93　典型的双工字梁转向传动机构

1—直拉杆；2—调整套筒；3—横拉杆外端；4—转向臂；5—横拉杆内端。

（3）齿轮齿条转向系统（图 2－94）。这种系统几乎成为承载式车身汽车的标准系统。它是因小齿轮装在转向柱上，而齿条位于转向器壳里而得名。在小齿轮旋转时，齿条左右移动。转向齿条的一端连接在与前轮转向节相连接的横拉杆上。齿轮齿条转向器具有与由中间杆、空转臂、转向臂和转向器组成的普通转向系统相同的功能。在承载式车身结构中，某些汽车里的齿轮齿条转向器总成安装在前围板嵌板上。在有些情况下，齿轮齿条转向器固定在前悬架横梁上或者发动机托架上。齿轮齿条转向器必须可靠地安装，因为当汽车在道路上行驶时，转向机构的任何运动都将会引起汽车的跑偏。

齿条的位置非常重要而且必须遵循工厂的技术规范安装。如果齿条与齿轮未按照工厂的技术规范进行安装，当悬架系统上下运动时，就会发生转向改变。道路产生的震动和冲击力通过轮胎传送到转向传动机构，从而引起系统的磨损和松旷。这种松旷使前轮定位（前束）发生间歇性改变，并且会加剧轮胎磨损。既然这些问题被视为转向系统的缺陷，那么它们也应在交通事故后予以仔细检查。

每当估算正面碰撞损坏时，应该检查所有零件和总成，以确保机械或动力转向器工作正常。在大部分的情况下，转向器的故障可以采用拆卸和安装转向器轴以及适当调整来进行恢复。如果损坏超出转向器轴，通常需要进行大修。

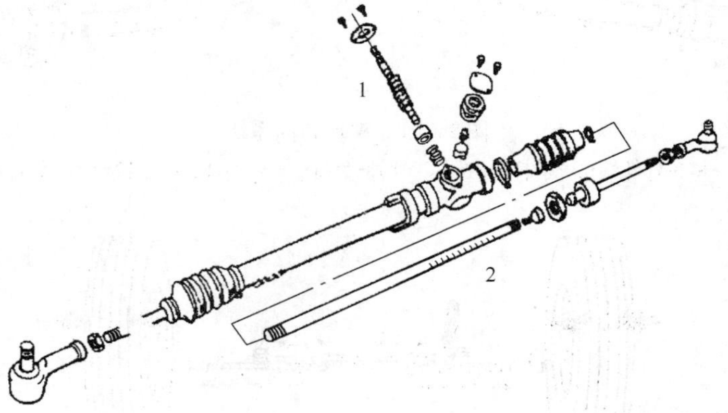


图 2－94　齿轮齿条转向系统

1—小齿轮；2—齿条。

在修理车间经常遇到的投诉是关于汽车转向系统的性能问题。这些问题包括车轮振动、轮胎异常磨损、转向沉重/回位不良、汽车从一边到另一边的画龙现象、汽车拉或漂移到一边的跑偏现象、转向太松或太紧、特殊噪声（例如，嘶嘶声、啸声、呱呱声或咯嗒咯嗒声）。为了避免将事故前损坏和磨损引起的上述特征故障写入损坏评估报告中，熟知这些常见问题及其常见修理方法是相当重要的。

当然，许多车主在汽车碰撞后对转向性能更加敏感，并且可能会错误地将所有的问题都归结于事故。因此，评损员必须细心而彻底地检验，并判断哪些修理是属于担保责任范围。

在某些情况下，汽车可能需要对转向器及前轮定位进行一些小调整。当汽车清晰视野偏离时，就需要调整视野。通过以下的方法可以获得清晰的视野。

（1）将转向盘向右转到极限位置。

（2）在转向盘上做一个标记然后计算它转向左边极限位置时的圈数。

（3）将圈数平分，然后多次转动转向盘到中心位置。

（4）转向盘在处于视野清晰的位置时，道路上的车轮应该处于正前方的姿态。

当汽车位于该位置时，齿轮和转向臂齿条应该位于在工厂加工齿轮时的标记点。这个标记点有助于保持汽车在直线向前的位置行驶，而且更加易于控制。

使汽车的转向系统重新调整到一个清晰视野位置,有两种调整方法可用。调节转向盘螺母的预紧力,该螺母位于喇叭垫片下面;中央啮合负荷调节由转向器壳上的调节螺母来完成。这两个调整过程都是用(in. ×lb 为单位)扭力扳手来完成的。这些调整也能纠正游隙;就是说,转向盘应在车轮转动之前就开始转动。

汽车前部其他因素必须予以检查,并且在调整损坏评估报告之前,应详细阅读技术规格说明。在对转向系统进行任何调整之前,轮胎、车轮平衡、前轮定位、转向传动杆系以及减振器都应该符合技术规范。

王永盛高级评估师根据《米切尔碰撞评估指南》编制的转向系统相关部件换件工时参考值见附录1。

### (十八) 制动器

制动器是液压操纵的。当驾驶员踩下制动踏板时,总泵的制动液引起前盘式制动器和后鼓式制动器工作并使汽车减速。盘式制动器由制动盘、制动钳和摩擦衬片组成(图2-95)。一些汽车的4个车轮均为盘式制动器。鼓式制动器由制动鼓、轮缸、调节器、弹簧和制动蹄组成(图2-96)。在光滑路面上制动时,防抱死制动系统(ABS)可以调整制动压力,以保持对汽车的控制。ABS既可以仅仅是后轮装有ABS,也可以是三通路或者四通路的ABS,这取决于控制机构。四通路ABS系统由一个齿环、速度传感器、计算机和制动主缸组成(图2-97)。最大制动效能可以在车轮完全停止之前获得。一个车轮完全停止转动会引起汽车侧滑并且失去控制。速度传感器检测装在车轮上的齿环转速,然后将数据传送给电脑。电脑通过主缸或制动动作调节制动压力,能够在保证汽车不侧滑的情况下,获得最佳制动效能。在后轮ABS中,两个后轮始终受控。这种系统可以用在轻型货车上。三通路系统中,两个前轮分别控制,而两个后轮由同一个管路控制。四通路系统是分开控制每一个车轮。

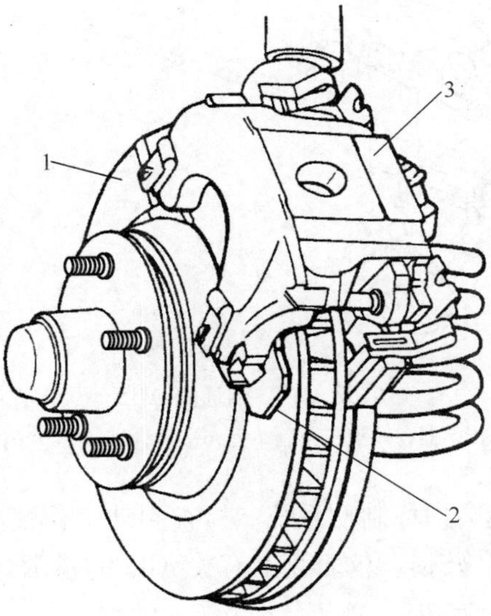


图2-95 盘式制动器零件

1—制动盘;2—制动摩擦衬块;3—制动钳。

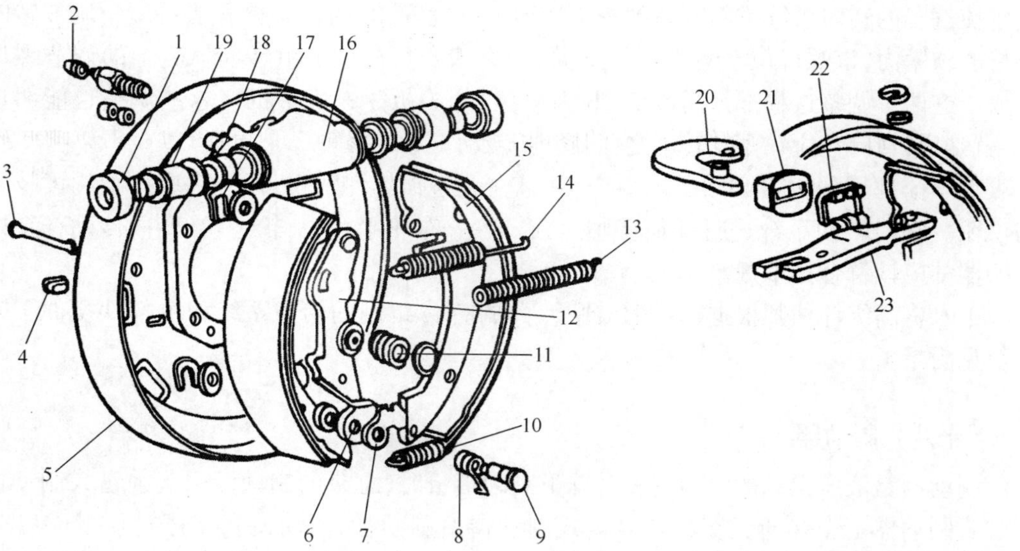


图 2-96　鼓式制动器零件

1—制动分泵防尘罩;2—放气螺钉;3—制动蹄限位销钉;4—调整盖;5—制动器底板;6—调整栓;7—挡块;8—回位弹簧;9—销;10—下蹄回位弹簧;11—限位弹簧;12—调整杠杆;13—调整弹簧;14—上蹄回位弹簧;15—制动蹄总成;16—制动分泵;17—限位器;18—轮缸皮碗;19—轮缸活塞;20—延长杆;21—驻车制动斜杆;22—延长杠杆限位架;23—延长杠杆盘。

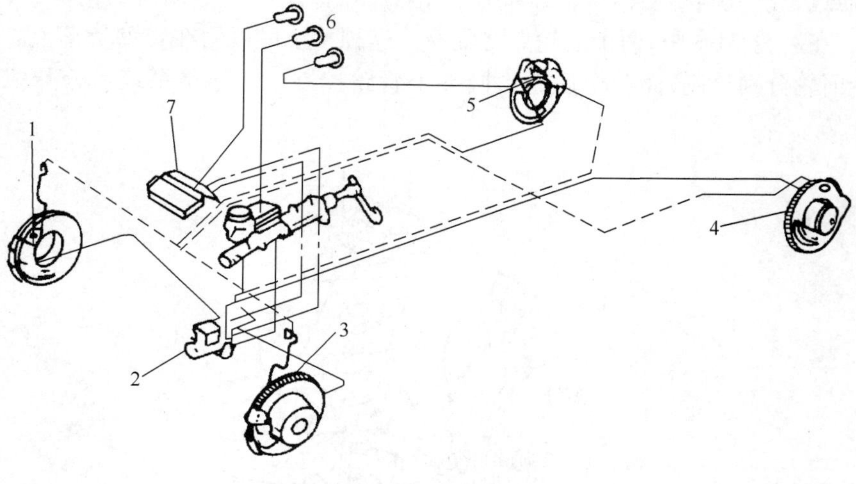


图 2-97　四通路 ABS

1、3、4、5—传感器;2—液压控制单元;6—警告灯;7—电子控制单元。

对一个车轮的碰撞可能会损坏制动系统。检查制动工作情况,如果能够完全踏下制动踏板至底板,则表明制动管已破损。仪表盘上有关 ABS 的指示灯闪亮,表示系统存在损坏。更换零件是修复 ABS 的唯一方法。

王永盛高级评估师根据《米切尔碰撞评估指南》编制的制动系统相关部件换件工时参考值见附录 1。

## 四、确定案例3修理工艺与作业项目

损伤检查后，应分析损伤零部件的修理工艺，主要是修理还是更换，以及需要哪些修理作业，为后续的损失评估打下良好的基础。本案例的分析总结在表2-14中。

表2-14 修理工艺与作业项目分析表

| 损失项目 | 修理工艺分析 | 形成的修理作业 | 需要的配件或材料 |
|---|---|---|---|
| 前保险杠总成 | 保险杠面罩已撞碎；里面的骨架严重弯曲；缓冲泡沫被撞断，所以整个保险杠组件需要更换 | 拆卸与更换前保险杠总成 | 保险杠面罩 |
| | | | 骨架及缓冲泡沫 |
| | | | 左/右支架 |
| 左右雾灯 | 已撞碎，所以更换 | 拆卸与更换左右雾灯 | 左右雾灯 |
| 发动机罩组件 | 发动机罩及其安装铰链严重变形，需更换；发动机罩锁总成变形严重需更换；发动机罩嵌条损伤，需要更换，因为其属于一次性使用零件 | 拆卸与更换发动机罩及铰链 | 发动机罩 |
| | | | 左/右铰链 |
| | | 拆卸与更换罩锁总成 | 发动机罩锁总成 |
| | | 安装新嵌条 | 发动机罩嵌条 |
| 格栅 | 破碎，所以更换，另外格栅上的车标良好可以继续使用 | 拆卸与更换格栅 | 格栅 |
| | | 拆卸安装车标 | |
| 左前照灯 | 面罩破碎，所以更换 | 拆卸与更换左前照灯总成 | 左前照灯总成 |
| 左前翼子板 | 前部上端有轻微变形，所以整形 | 整形 | |
| 左前轮胎 | 破裂，不可修复，所以更换 | 拆卸与更换左前轮胎 | 左前轮胎 |
| 左前轮毂 | 轮毂损坏处处于轮胎结合面，修复难以保证质量，所以更换 | 拆卸与更换左前轮毂 | 左前轮毂 |
| 散热器框架 | 严重变形，所以更换 | 拆卸与更换散热器框架 | 散热器框架 |
| 冷凝器 | 表面多处损伤严重，所以更换 | 拆卸与更换冷凝器 | 冷凝器 |
| | | 回收和加注制冷剂 | 制冷剂 |
| 散热器 | 损伤严重，并有泄漏，所以更换 | 拆卸与更换散热器 | 散热器 |
| | | 加注冷却液 | 冷却液 |
| 散热器风扇叶及风圈 | 左右散热器风扇叶及风圈破碎，所以更换 | 拆卸与更换左/右散热器风扇叶和风圈 | 左/右风扇叶 |
| | | | 左/右风圈 |
| 蓄电池托板损坏 | 托板断裂，并且属于受力部件，所以更换 | 拆卸与安装蓄电池 | |
| | | 拆卸与更换蓄电池托板 | 蓄电池托板 |
| 副车架 | 有两处变形严重，所以更换 | 拆卸与更换副车架 | 副车架 |
| 发动机及变速器总成的安装支座 | 支座属于一次性使用零件，有损伤则需更换 | 拆卸与安装发动机总成（将前支座、右支座、左支座更换新件） | 前支座 |
| | | | 右支座 |
| | | | 左支座 |
| 左纵梁 | 左纵梁向右弯曲，无裂纹，可修复 | 矫正 | |
| 凸轮轴位置传感器 | 属于一次性使用零件，所以更换 | 拆卸与更换凸轮轴位置传感器 | 凸轮轴位置传感器 |

（续）

| 损失项目 | 修理工艺分析 | 形成的修理作业 | 需要的配件或材料 |
|---|---|---|---|
| 前风窗玻璃 | 破裂，所以更换 | 拆卸与更换前风窗玻璃 | 前风窗玻璃 |
| | | | 密封条 |
| 主、副气囊 | 一般属于一次性使用部件，所以更换 | 拆卸与更换主、副气囊 | 气囊控制模块 |
| | | | 主气囊组件 |
| | | | 副气囊组件 |
| 前排两座椅后背壳 | 属于装饰性、低价值零件，损坏后一般应更换 | 拆卸与更换前排两座椅后背壳 | 前排两座椅后背壳 |
| 仪表板 | 多处擦伤，很难修理，所以更换 | 拆卸与更换仪表板 | 仪表板 |

## 五、确定案例3的工时费

根据表2－14中所需的作业项目，可确定本案例车损修复完毕所需的作业工时。此处确定的作业工时概念等同于米切尔评估指南中的作业工时，不同于《汽车维修工时定额和维修费用计算办法》中的作业工时的概念。所以拆装工时参考机械工业出版社出版的王永盛主编的《汽车评估》中的换件工时表（附录1）以及伊兰特轿车的工时手册。拆装作业的工时确定和分析如表2－15所列。

修理作业主要是左前翼子板整形，变形很轻微，可取0.2工时；左前纵梁矫正作业时，通过对损伤及修复过程分析，可取3.0工时。

涂装作业主要是两块板件即发动机罩和前保险杠，按照工时费和材料费总算的方法进行评估，首先确定面漆的类型，本车为金属漆，而且整个漆面的效果较好，可参考表1－10中中级车确定每平方米的价格，取400元/$m^2$，按照两块板件算两幅，即$2m^2$，则本案例的涂装费用为800元。此处发动机罩为金属件，保险杠面罩为塑料件，在具体涂装作业时在工艺上和材料使用上有差异，按幅算比较合理，即算$2m^2$，而不是按面积法算$1.9m^2$。

表2－15　拆装作业工时确定表

| 作业项目 | 查找标准工时 | 工时说明与工时调整说明 | 最终工时 |
|---|---|---|---|
| 拆卸与更换前保险总成 | 1.5 | 变形，锈蚀严重，难于拆卸，增加0.5 | 2.0 |
| 拆卸与更换左雾灯 | 0.2 | 包含在“拆卸与更换前保险总成”作业中 | 0 |
| 拆卸与更换右雾灯 | 0.2 | | |
| 拆卸与更换发动机罩及铰链 | 1.0 | 发动机罩的调整增加0.5 | 1.5 |
| 拆卸与更换罩锁总成 | 0.3 | 无 | 0.3 |
| 安装发动机罩嵌条 | 0.1 | 无 | 0.1 |
| 拆卸与更换格栅 | 0.2 | 无 | 0.2 |
| 拆卸与安装车标 | 0.2 | 无 | 0.2 |
| 拆卸与更换左前照灯总成 | 0.3 | 前照灯的的调整增加0.3 | 0.6 |

（续）

<table>
<tr><th colspan="2">作业项目</th><th>查找标准工时</th><th colspan="2">工时说明与工时调整说明</th><th>最终工时</th></tr>
<tr><td colspan="2">拆卸与更换左前轮胎</td><td>0.3</td><td colspan="2" rowspan="2">两作业有重叠工时减少 0.2；考虑轮胎动平衡增加 0.3</td><td rowspan="2">0.7</td></tr>
<tr><td colspan="2">拆卸与更换左前轮毂</td><td>0.3</td></tr>
<tr><td colspan="2">拆卸与更换散热器框架</td><td>3.0</td><td colspan="2">不含附件的拆装工时</td><td>3.0</td></tr>
<tr><td colspan="2">拆卸与更换冷凝器</td><td>1.5</td><td colspan="2" rowspan="3">这 3 种作业有多处重叠工时，减少 1.0</td><td rowspan="3">2.5</td></tr>
<tr><td colspan="2">拆卸与更换散热器</td><td>1.0</td></tr>
<tr><td colspan="2">拆卸与更换左/右散热器风扇叶和风圈</td><td>1.0</td></tr>
<tr><td colspan="2">回收和加注制冷剂</td><td>1.0</td><td colspan="2">无</td><td>1.0</td></tr>
<tr><td colspan="2">加注冷却液</td><td>0.3</td><td colspan="2">无</td><td>0.3</td></tr>
<tr><td colspan="2">拆卸与安装蓄电池</td><td>0.2</td><td colspan="2">无</td><td>0.2</td></tr>
<tr><td colspan="2">拆卸与更换蓄电池托板</td><td>0.3</td><td colspan="2">无</td><td>0.3</td></tr>
<tr><td colspan="2">拆卸与更换副车架</td><td>1.5</td><td>不含附件的拆装工时</td><td rowspan="2">两作业有重叠，减少 1.0</td><td rowspan="2">5.5</td></tr>
<tr><td colspan="2">拆卸与安装发动机总成<br>（将前支座、右支座、左支座更换新件）</td><td>5.0</td><td></td></tr>
<tr><td colspan="2">拆卸与更换凸轮轴位置传感器</td><td>0.3</td><td colspan="2">无</td><td>0.3</td></tr>
<tr><td colspan="2">拆卸与更换前风窗玻璃</td><td>2.0</td><td colspan="2">打扫车内碎玻璃增加 0.5</td><td>2.5</td></tr>
<tr><td rowspan="3">拆卸与更换主、副气囊</td><td>主气囊</td><td>0.4</td><td colspan="2">无</td><td>0.4</td></tr>
<tr><td>副气囊</td><td>0.6</td><td colspan="2">无</td><td>0.6</td></tr>
<tr><td>气囊控制模块</td><td>0.3</td><td colspan="2">无</td><td>0.3</td></tr>
<tr><td colspan="2">拆卸与更换前排两座椅后背壳</td><td>0.4</td><td colspan="2">无</td><td>0.4</td></tr>
<tr><td colspan="2">拆卸与更换仪表板</td><td>3.0</td><td colspan="2">无</td><td>3.0</td></tr>
<tr><td colspan="6">此表中作业工时总计：25.9</td></tr>
</table>

## 六、确定材料费

根据《机动车辆维修行业工时定额和收费标准》中的规定：材料费是指在车辆维修过程中更换、修理的零配件以及消耗的原材料（含材料、漆料、燃润料）的费用。此处主要分析零配件费用的确定方法。

### （一）汽车零配件的分类与选择

1. 按零配件制造商分类

汽车零配件制造商主要分两类：OEM 厂商和非 OEM 厂商，其产品有如下几种。

（1）OEM 厂商。OEM 是指原厂装备制造商（Original Equipment Manufacturer），也就是原厂装车配件的配套生产商，包括代加工、贴牌生产商。一般来讲，OEM 厂商主要生产以下 3 种产品。

① OEM 件：由 OEM 厂商完全按原厂标准生产的专供整车厂使用的零配件，是车辆组

装专用件，即所谓的“原厂件”，一般不供应售后市场使用。整车厂的 OEM 配套体系中，一个零配件通常也会由两家或两家以上的 OEM 配套厂供应。

② ORP 件：ORP（Original Replacement Parts），中文意思是完全以原厂规格制造的零配件，是专供售后服务市场的配套件，即所谓的“正厂件”或称为“纯正配件”。OEM 厂商生产的 ORP 件均交整车厂的仓库，整车厂通过特定的销售渠道进行销售，价格相对较高。

以上两种产品在原料、技术、质量上没有任何差别，仅在外观上有所区分：OEM 件刻有原厂商标、原厂件号（有时会有 OEM 厂商的产品商标）；ORP 件除有 OEM 厂商的产品商标外可能无以上标记，或只有贴纸式原厂商标及零件号。

③ AS 件：AS（Aftermarket Service），中文意思是售后市场件。某些 OEM 厂商的生产、设计能力超过供应 OEM 原厂件的需要，因此往往会生产一部分标有本公司产品商标的零配件，是汽配市场流通件，即所谓的“专业厂件”或“配套厂件”。

在工厂里，ORP 正厂件和 AS 专业厂件大多在同一条生产线上生产，其最后的质量检验要求也大致相同，产品销售用自己的包装箱包装，不经过整车厂的检验和销售渠道，而是由其自有的销售渠道进行销售，价格相对 ORP 正厂件便宜。

（2）非 OEM 厂商：非 OEM 厂商是指受到原料、技术、生产工艺的限制或与整车厂之间的关系问题，不具备提供 OEM 配套产品资格的零部件制造厂商。其产品以自己的商标和包装向外销售，这类制造厂的情况存在着较大差异，多数产品质量较正厂件略差，在我国进口维修配件市场上，称这类产品为“副厂件”。另有一些生产厂商生产假冒伪劣件，仿冒正厂件或名牌产品的商标、包装等，这些零配件质量相对较难保证。

2. 按市场产品分类

除以上按零配件制造厂商的产品分类外，市场还有“原厂翻新件”、“拆车件”、“下线零件”等。

（1）原厂翻新件。指欧美等国家的整车厂应环保要求，按原厂标准翻新一些零部件供售后市场循环再用，如德国宝马公司就有翻新转向机、曲轴等，美国通用公司也有翻新发电机、转向助力泵等。

（2）拆车件（又称旧件）。一般是从国外一些事故车或报废车上未损坏的零配件中拆卸下来循环再用的旧件。

（3）下线零件。通常是一些 OEM 厂商按正厂件标准生产而检验不合格的产品，通过不正当的渠道流通到市场上销售，市场称其为下线零件。下线零件没有包装，但通常在零件上可以见到正厂零件编号和商标等。市场销售的主要是一些外观零部件，产品缺陷主要是尺寸偏差、表面缺损等。由于产品比一般副厂件好，所以有些经销商也有把劣质零件充当下线零件销售的情况。

3. 零配件类型的选择

在具体定损时，一般将零配件分为 3 大类，即正厂件（由 OEM 厂商生产）、副厂件（由非 OEM 厂商生产）、旧车拆解件。因我国法律规定不能销售和使用废旧汽车零配件，所以目前我国只有正厂件和副厂件之分。

目前在国内的保险体系中，发生部分损失保险公司的赔偿方法如下。

（1）保险金额按投保时新车购置价确定的，当保险金额等于或高于出险时新车购置价时，部分损失按照实际修复费用赔偿。

赔款=(实际修复费用-残值)×事故责任比例×(0-免赔率)　　(2-1)

(2) 保险金额低于投保时的新车购置价,发生部分损失按照保险金额与投保时的新车购置价比例计算赔偿。

赔款=(实际修复费用-残值)×(保险金额/新车购置价)×事故责任比例×(0-免赔率)　　(2-2)

从理赔的角度看,不管是以新车购置价投保,还是低于新车购置价投保,保险公司定损时,都应选择新正厂件的价格计算实际修复费用。

因为,不管是新车还是旧车,如按新车购置价投保,从义务和权利对等原则来看,都应当按新车处理,所以损坏的零配件需更换的,应选择新的正厂件。

如果以低于新车购置价投保的,在赔款总额计算时要乘以(保险金额/新车购置价),所以损坏的零配件需更换的,也应选择新的正厂件。

有一类情况除外,哪是原车用的是副厂件损坏的,就应以副厂件的价格计算实际修复费用。

但应注意此处的"实际修复费用",并不是汽车实际的碰撞损失费用。

比如一辆新车,在"初始登记日"之后一年内(汽车保险行业公认,一年之内不计算折旧)发生事故的,此时:汽车实际的碰撞损失费用="实际修复费用"。

比如一辆旧车,在"初始登记日"之后一年以上发生事故的,此时:汽车实际的碰撞损失费用≤"实际修复费用"。

如果不存在更换零配件的问题,此时:汽车实际的碰撞损失费用="实际修复费用";如存在零配件更换的问题,是旧的零配件损坏,就应以旧件的价格计算损失费用,而保险公司定损的"实际修复费用"是以新的正厂件价格计算修复费用的,此时:汽车实际的碰撞损失费用<"实际修复费用"。

### (二) 汽车零配件的价格确定方法

1. 车险理赔零配件定价现状

目前国内有很多零配件报价机构和很多专营汽车零配件的汽配城,大多数保险公司也有自己的信息平台和报价机构。由于一些专业报价机构和保险公司不是汽车零配件的真正购买者和消费者,因此只向市场采集价格信息,没有完全确认核对零配件价格的真实性和零配件的质量,造成车辆承修方与车主(客户)之间、车主(客户)与保险公司之间讨价还价。究其原因,主要是三方价格信息不对称和市场价格混乱。目前,国内车险理赔定损汽配价格信息现状概括为以下几方面。

(1) 价格不准确。汽车零配件价格与市场脱节,不能保证有价有市、有报有供。

(2) 价格属性界定不明朗、不合理。按品质区分,同一个零配件有正厂、副厂两种。按进货渠道区分,同一个零配件有市场价格和品牌特约维修站价格两种。针对车辆的新旧程度、承保状况以及修理级别等因素,要求车险理赔工作对同一配件采取不同的价格核定尺度。汽配价格属性单一,属性界定不明朗、不合理,满足不了车险理赔工作的实际需求。

(3) 高档、稀有车型定损难。高档、稀有车型的零配件需要向国外订货,订货周期长。加之汇率变化,如果没有较好的配件信息来源,那么很难查询到相应零配件的价格。

(4) 汽配价格信息更新不及时。国内汽配市场价格混乱,价格变化频繁,这种大环境决定了单一的“人机对话”的汽配信息平台模式。仅仅依靠信息平台本身不能彻底满足车险理赔的工作需求,除信息平台外,还需要辅以各种形式的“人人对话”的服务模式,即信息实体服务体系。

2. 车险理赔零配件价格确定方法

根据目前汽车配件定价的现状,要较准确地确定零配件的价格,应采用市场询价法,即根据出险时间和地点为基点,通过不同市场采集价格进行比较,从多渠道收集零配件价格信息,并结合实际情况与车辆承修方进行信息交流,核定一个合理的市场价格。简单计算方法可采用去掉一个最高价和一个最低价,其余价格取平均值。

配件价格信息采集的主要渠道有本地区汽配市场、品牌维修4S店、整车厂、周边地区市场等。

### (三)案例3 零配件价格确定

在前面“汽车零配件的分类与选择”中已分析知,保险公司定损时,应选择新的正厂件的价格计算实际修复费用。所以此处零配件价格按照新的正厂件的价格确定。

通过向南京的4S店与汽配市场询价,取中间值,得到需要更换零配件的价格如表2-16所列。

表2-16 需更换的零配件价格表 单位:元

| 序号 | 更换零配件名称 | 零配件价格/元 | 序号 | 更换零配件名称 | 零配件价格/元 |
|---|---|---|---|---|---|
| 1 | 保险杠面罩 | 460 | 21 | 散热器左右风扇叶 | 45 |
| 2 | 保险杠骨架 | 200 | 22 | 散热器风扇左风圈 | 55 |
| 3 | 缓冲泡沫 | 92 | 23 | 散热器风扇右风圈 | 55 |
| 4 | 保险杠安装左支架 | 20 | 24 | 蓄电池托板 | 32 |
| 5 | 保险杠安装右支架 | 20 | 25 | 副车架 | 960 |
| 6 | 左雾灯 | 178 | 26 | 发动机安装前支座 | 165 |
| 7 | 右雾灯 | 178 | 27 | 发动机安装右支座 | 120 |
| 8 | 发动机罩 | 750 | 28 | 发动机安装左支座 | 120 |
| 9 | 发动机罩左铰链 | 15 | 29 | 凸轮轴位置传感器 | 200 |
| 10 | 发动机罩右铰链 | 15 | 30 | 前风窗玻璃 | 710 |
| 11 | 发动机罩锁总成 | 26 | 31 | 密封条 | 14 |
| 12 | 发动机罩嵌条 | 62 | 32 | 气囊控制模块 | 1010 |
| 13 | 格栅 | 186 | 33 | 主气囊组件 | 1357 |
| 14 | 左前照灯总成 | 415 | 34 | 副气囊组件 | 1696 |
| 15 | 左前轮胎 | 296 | 35 | 前排左座椅后背壳 | 55 |
| 16 | 左前轮毂 | 180 | 36 | 前排右座椅后背壳 | 55 |
| 17 | 散热器框架 | 450 | 37 | 仪表板 | 1040 |
| 18 | 冷凝器 | 853 | 38 | 制冷剂 | 120 |
| 19 | 散热器 | 582 | 39 | 冷却液 | 70 |
| 20 | 散热器左风扇叶 | 45 | 费用总计:12902元 | | |

## 七、制作案例 3 的损失评估表

目前国内一般的损失评估表对作业项目和工时费用体现不详细，表 2-17 为某定损员对某案例评估的作业项目清单与工时费用表。因不详细使得客户对最后的评估结果不太满意，同时定损员的随意性较大，使得最后评估的准确性不高。所以此处在制作本案例的评估表时，以作业项目为主线，将作业项目、配件费用、工时费用在一张表上详细体现出来，以供同行参考。

表 2-17 作业项目清单与工时费

| 备注：被保险人信息以及标的信息略 | | | | | | | |
|---|---|---|---|---|---|---|---|
| 序号 | 修理项目名称 | 工时 | 工时费 | 序号 | 修理项目名称 | 工时 | 工时费 |
| 1 | 事故拆装 | | 1200 | | | | |
| 2 | 事故钣金 | | 700 | | | | |
| 3 | 事故喷漆 | | 800 | | | | |
| 小计 | | | 2700 元 | 小计 | | | |

在前面已将评估的主要环节进行了详细分析，在此基础之上可形成一个损失评估表。除了前述分析的一些问题，具体制作时还需考虑以下问题。

(1) 评估基准时点。通常评估基准时点为事故时点，本案例中发生事故的时间为 2009 年 02 月 20 日 21 时，所以评估基准时点为 2009 年 02 月 20 日。表 2-16 零配件价格即以该基准时点询得的价格。

(2)工时单价取目前南京市场平均水平 80 元/工时。

(3)残值的确定。本案中可计算残值的主要零配件如下。

① 废塑料件：保险杠面罩、格栅、仪表板、蓄电池托板、散热器风扇叶，共计 8kg，其中两个大件保险杠面罩和仪表板的材料类型为 PP，通过市场询价每千克 PP 为 4.5 元。

② 废金属件：保险杠骨架及安装支座、发动机罩及铰链、左前轮毂、散热器框架、散热器、冷凝器、副车架及发动机安装支座，共计约 50kg，通过市场询价每千克 2.5 元。

所以残值总计为 161 元，计算公式为 $8\times4.5+50\times2.5=161$ 元。

(4) 其他费用的确定。按照“修复费用加和法”中的计算方法还有期间费用（包括管理费用、财务费用和税费）、利润。但考虑目前国内零配件价格较高，所以在零配件费用以及工时费用中已包含了这些费用，所以评估时应省略这些费用。

最后将表 2-15 和表 2-16 汇总形成本案例汽车损失评估总表 2-18。

表2-18　汽车损失评估表

<table>
<tr><td colspan="5">备注:被保险人信息以及标的信息略</td></tr>
<tr><td>序号</td><td>作业项目</td><td>更换材料名称</td><td>材料费/元</td><td>工时数</td></tr>
<tr><td rowspan="4">1</td><td rowspan="4">拆卸与更换前保险总成</td><td>保险杠面罩</td><td>460</td><td rowspan="4">2.0</td></tr>
<tr><td>骨架</td><td>200</td></tr>
<tr><td>缓冲泡沫</td><td>92</td></tr>
<tr><td>左/右支架</td><td>20×2</td></tr>
<tr><td>2</td><td>拆卸与更换左/右雾灯</td><td>左/右雾灯</td><td>178×2</td><td>0</td></tr>
<tr><td rowspan="2">3</td><td rowspan="2">拆卸与更换发动机罩及铰链</td><td>发动机罩</td><td>750</td><td rowspan="2">1.5</td></tr>
<tr><td>左/右铰链</td><td>15×2</td></tr>
<tr><td>4</td><td>拆卸与更换罩锁总成</td><td>发动机罩锁总成</td><td>26</td><td>0.3</td></tr>
<tr><td>5</td><td>安装发动机罩嵌条</td><td>发动机罩嵌条</td><td>62</td><td>0.1</td></tr>
<tr><td>6</td><td>拆卸与更换格栅</td><td>格栅</td><td>186</td><td>0.2</td></tr>
<tr><td>7</td><td>拆卸与安装车标</td><td></td><td></td><td>0.2</td></tr>
<tr><td>8</td><td>拆卸与更换左前照灯总成</td><td>左前照灯总成</td><td>415</td><td>0.6</td></tr>
<tr><td>9</td><td>拆卸与更换左前轮胎</td><td>左前轮胎</td><td>296</td><td>0.7</td></tr>
<tr><td>10</td><td>拆卸与更换左前轮毂</td><td>左前轮毂</td><td>180</td><td rowspan="2">3.0</td></tr>
<tr><td>11</td><td>拆卸与更换散热器框架</td><td>散热器框架</td><td>450</td></tr>
<tr><td>12</td><td>拆卸与更换冷凝器</td><td>冷凝器</td><td>853</td><td rowspan="4">2.5</td></tr>
<tr><td>13</td><td>拆卸与更换散热器</td><td>散热器</td><td>582</td></tr>
<tr><td rowspan="2">14</td><td rowspan="2">拆卸与更换左/右散热器风扇叶和风扇风圈</td><td>散热器左/右风扇叶</td><td>45×2</td></tr>
<tr><td>散热器左/右风扇风圈</td><td>55×2</td></tr>
<tr><td>15</td><td>回收和加注制冷剂</td><td>制冷剂</td><td>120</td><td>1.0</td></tr>
<tr><td>16</td><td>加注冷却液</td><td>冷却液</td><td>70</td><td>0.3</td></tr>
<tr><td>17</td><td>拆卸与安装蓄电池</td><td></td><td></td><td>0.2</td></tr>
<tr><td>18</td><td>拆卸与更换蓄电池托板</td><td>蓄电池托板</td><td>32</td><td>0.3</td></tr>
<tr><td>19</td><td>拆卸与更换副车架</td><td>副车架</td><td>960</td><td rowspan="4">5.5</td></tr>
<tr><td rowspan="3">20</td><td rowspan="3">拆卸与安装发动机总成<br>(将前支座、右支座、左支座更换新件)</td><td>发动机安装前支座</td><td>165</td></tr>
<tr><td>发动机安装右支座</td><td>120</td></tr>
<tr><td>发动机安装左支座</td><td>120</td></tr>
</table>

（续）

| 备注:被保险人信息以及标的信息略 | | | | |
|---|---|---|---|---|
| 序号 | 作业项目 | 更换材料名称 | 材料费/元 | 工时数 |
| 21 | 拆卸与更换凸轮轴位置传感器 | 凸轮轴位置传感器 | 200 | 0.3 |
| 22 | 拆卸与更换前风窗玻璃 | 前风窗玻璃 | 710 | 2.5 |
| | | 密封条 | 14 | |
| 23 | 拆卸与更换主/副气囊 | 气囊控制模块 | 1010 | 0.4 |
| | | 主气囊组件 | 1357 | 0.6 |
| | | 副气囊组件 | 1696 | 0.3 |
| 24 | 拆卸与更换前排两座椅后背壳 | 前排左/右座椅后背壳 | 15×2 | 0.4 |
| 25 | 拆卸与更换仪表板 | 仪表板 | 1040 | 3.0 |
| 26 | 左前翼板整形 | | | 0.2 |
| 27 | 左前纵梁矫正 | 此表中作业工时总计:25.9 | | 3.0 |
| 28 | 涂装作业 | 800(含工时费) | | |
| 材料费总额:12902 元 | | 工时费总额:25.9×80=2072 元 | | 涂装费总额:800 元 |
| 修理费用总额:15774 元 | | 残值:161 元 | | |

# 思考题

1. 请描述损伤检查时 I-CAR 的 5 个分区,以及每个分区的主要内容。分区 2 是怎么检查的?

2. 想一想评估员学习车身测量技能的目的是什么?

3. 请描述碰撞车辆损伤检查的常用步骤与方法。分析检查外部车身板件的定位情况的主要目的。

4. 想一想评估员为什么要学习大事故车的修理知识?

5. 汽车前部主要零部件损坏评估的要点有哪些? 想一想评估员为什么要学习?

6. 请描述原厂件、副厂件、市场件、旧车拆解件的含义,具体评估时应怎么选择配件类型?

# 任务2　中部中度损伤事故车损失评估

**学习目标：**

（1）能够评估典型中部中度损伤事故车的损失费用。

（2）熟悉汽车中部零部件的评估要点。

（3）熟悉汽车中部零部件损坏的形态及修理工艺。

## 导入案例4：一辆赛欧轿车中部损伤案例

案例详情：一辆雪佛兰赛欧车翻车事故，相关照片如表2－19所列。

## 一、案例4的损伤检查

按照前述中的损伤检查知识，实施案例4的检查工作。主要检查顺序和损坏情况如表2－19所列。另外此车为翻车事故，还应进行发动机检测和四轮定位检查，检查发现发动机、车轮定位良好。

表2－19　案例4的损伤检查照片

| | |
|---|---|
|  |  |
| (1)局部照1 | (2)局部照2 |
|  |  |
| (3)右后车门受损照 | (4)右后翼子板受损照 |

（续）

（5）右后翼子板受损细目照

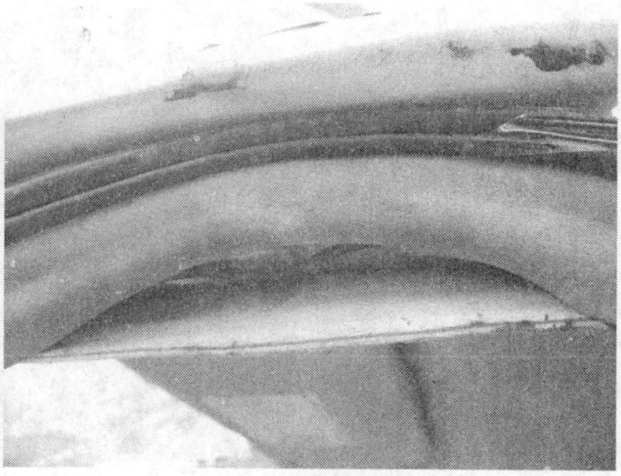

（6）车顶内饰受损照

（7）右前车门受损照

（8）车顶及前挡受损照

（9）车顶受损内视照

（10）左前车头受损局部照

（续）

(11)左前车门及门框受损照

(12)车顶受损俯视照

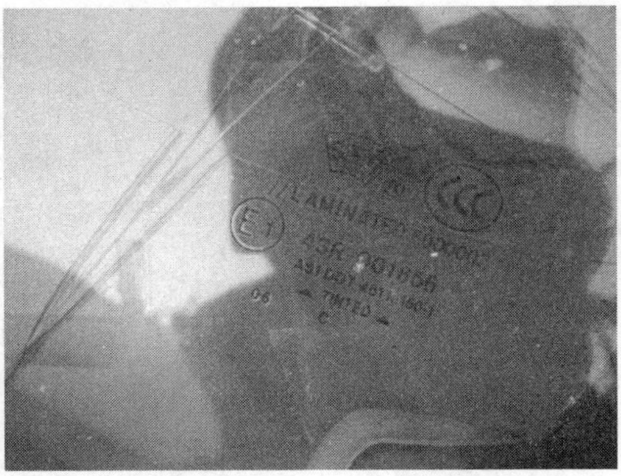


(13)前挡玻璃厂牌及代码照

(14)左前翼子板受损照

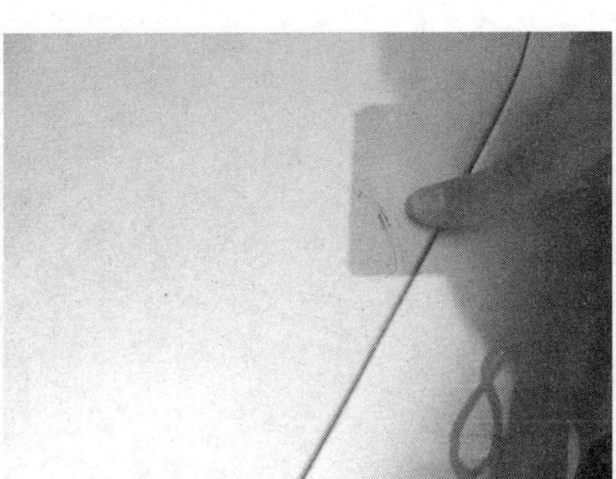

(15)发动机罩受损细目照

(16)车损侧视照

（续）

| | |
|---|---|
| <br>(17)发动机室内整体照 | 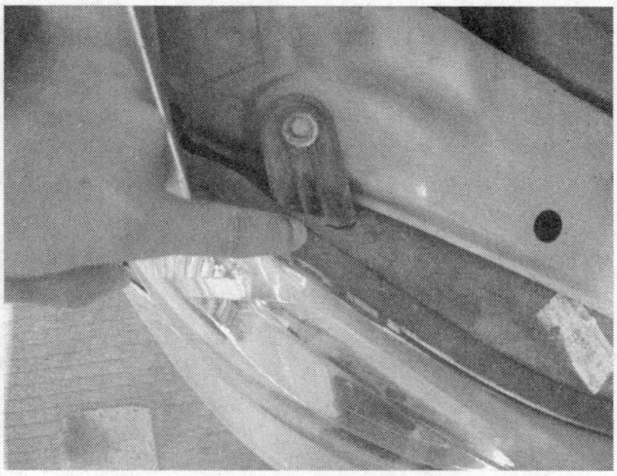<br>(18)右前大灯受损细目照 |

## 二、汽车中部零部件损坏评估的要点

### （一）前围板总成

大多数车辆的前围板总成(又称前罩板和仪表盘板总成)都是相似的。传统前围板总成由一个上盖板、一个前围板及两个侧围板组成(表 2－20)。在现代车辆上,上盖板通常是喷涂油漆的,老车型的前围上盖板上设有通风孔。前围下盖板通常被叫做“前围板”或“防火板”,被焊接在底板上。而在一些车架车身车辆上,它是底板的一部分。通常,侧板与铰链和风窗立柱相连。其他零件作为前围板总成的一部分,包括各种支撑件、延伸件、支撑架、加强件。在评估时一定要查阅碰撞评估指南中的分解图,以便所有碰撞损坏零件均录入到车辆车损报告里。

前围板总成通常焊接在前底板及左、右车门槛板和铰链立柱上。同样,在承载式车身车辆上,轮罩和前纵梁也焊接在前围侧板上。因此,前围侧板是前围板总成中强度最大的构件。

评估员和(保险公司)理赔员通过参阅脚注来判定哪些作业已列入作业工时清单,而哪些作业必须先于其他作业,这是非常重要的。例如,在更换一辆 1996 年款道奇 Dakoto 货车的前罩板顶盖时,翼子板和风挡玻璃必须在此之前已拆卸下来。这些作业时间必须单独列入车损报告。

尽管前围板总成能在原厂接缝处进行拆卸和更换,但更有效的方法是切割受损坏区,使用配套件来更换已损坏的构件。

前围板总成在碰撞评估指南中所给出的拆卸和更换工时中包括如下作业。

(1) 前围板侧装饰条的拆卸和安装,以便焊接作业时,使装饰条免受损坏。

(2) 车门导流带和槛板的拆卸和安装。

(3) 侧框的拆卸和安装。

(4) 前围板和乘员舱之间所有隔热材料的拆卸和安装。

(5) 钻除或切割原焊接点。

表2－20　前围板总成分解图和碰撞评估说明文本(由米切尔国际公司提供)

**前罩板总成**

下文结合工序14和28条使用。
上盖板整修……………………1.0

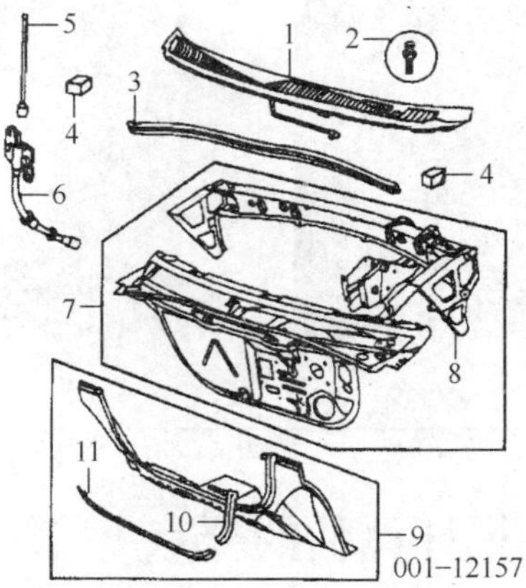


| | | | |
|---|---|---|---|
| 1. 围板通风格栅 | 21099025 | #0.5 | 55.63 |
| #包括刮水器臂拆卸和更换 | | | |
| 2. 格栅固定件(两侧) 左/右 | 21077123 | | 0.18 |
| 3. 发动机罩后侧密封条 | 21098515 | 0.1 | 17.15 |
| 4. 垫块，发动机罩密封条 左/右 | 21096137 | | 1.51 |
| 5. 天线杆 | 21022765 | 0.1 | 17.43 |
| 6. 天线底座 | 21023273 | #0.7 | 23.34 |
| #包括天线杆的拆卸和更换 | | | |
| 7. 上围板总成 | | | |
| 1996年款 | | | |
| 至车辆识别代码TZ358844 | 21123480 | #17.5 | 382.75 |
| 从车辆识别代码TZ358845起 | 21123480 | #17.5 | 382.75 |
| 1997年款 | 21123266 | #17.5 | 369.80 |
| #下前罩板的拆卸和更换，扣除2.0工时 | | | |
| 8. 加强梁 96年款 | 21122955 | 3.0 | 121.68 |
| 97年款 | 21123267 | 3.0 | 117.57 |
| 9. 下围板总成 | 21126098 | 7.5 | 105.51 |
| 围板密封件 | | | |
| 10. 外部 左/右 | 21080920-1 | #0.5 | 4.61 |
| 11. 中间 | 21080629 | #0.5 | 5.52 |

(6) 校准新钣金件并将新钣金件焊接到恰当位置上。

(7) 磨光、充填以及抛磨焊缝。

未包括的作业如下。

(1) 仪表板和防撞垫的拆卸和安装(经常用于避免热损坏)。

(2) 挡风玻璃半槽边和装饰物的拆卸和安装。

(3) 挡风玻璃的拆卸和安装。

(4) 翼子板的拆卸和安装。

(5) 车门的拆卸和安装。

(6) 松开汽车衬里的前边缘。

(7) 空调和暖风装置零件的拆卸和安装。

(8) 车顶纵梁嵌条的拆卸和安装。

(9) 所有钣金件的整修。

（10）钣金件内表面涂敷抗腐蚀材料。

王永盛高级评估师根据《米切尔碰撞评估指南》编制前围板总成换件工时参考值，见附录1。

### （二）挡风玻璃

与现代汽车车身的其余部分一样，挡风玻璃已经经历了长期的变化。以前，大多数玻璃是扁平的，用密封条定位。而今，许多挡风玻璃做成曲面状，以符合空气动力学的要求，用粘接剂将其固定。事实上，它是承载式车身结构不可缺少的一部分，是保证车身强度的重要组成部分。在车辆碰撞评估指南中，对于挡风玻璃的拆卸和更换作业消耗和零件费用已列入前围板评估指南中。在《米切尔碰撞评估指南》中，挡风玻璃的拆卸和更换被列为单独一项。同样，指南中提供的拆卸和更换工时也能用在拆卸和安装工时中。碰撞评估指南中的工时也包含修补挡风玻璃框零部件的时间，如风窗立柱、集水板，如表2－21 所列。

在车损报告中列出正确的玻璃类型是很重要的。碰撞评估指南包含玻璃的清晰度、色调、色差、加热装置等信息，同时说明玻璃中有无被引入或嵌入的天线可通过看玻璃上的标签能辨认出玻璃类型。

评估员和理赔员应了解，在许多承载式车身车辆上挡风玻璃被视为承载式结构的一部分。它使车身更加坚固。这些挡风玻璃用氨基甲酸乙酯粘接剂固定。当更换用粘接剂固定的玻璃时，全部原有的粘接剂需要清除，新粘接剂涂在夹缝焊接处。如果需要更除原有粘结剂的话则更换使用粘接剂的挡风玻璃，与更换使用简便方法的传统挡风玻璃相比较，作业时间通常较长。

车损报告必须包括粘接剂和其他安装材料的费用。如果挡风玻璃由氨基甲酸乙酯固定，则碰撞评估报告会给出粘接剂的价格，此费用必须包含在车损报告中。

在碰撞评估指南中所给的挡风玻璃拆卸和更换工时包括拆除露出的嵌条和装饰件，也包括去除玻璃上的粘接剂。而去除玻璃框夹缝焊接处的粘接剂以及清除撞破的玻璃都不包含在内。如果后视镜安装在玻璃上，其拆除也要记入作业费用中。如果刮水器的存在妨碍挡风玻璃的拆卸，则刮水器臂的拆卸和安装包含在挡风玻璃的拆卸和更换中。

王永盛高级评估师根据《米切尔碰撞评估指南》编制的挡风玻璃换件工时参考值，见附录1。

### （三）车身侧钣金件

车身两侧钣金件形成了车门口并为乘客乘坐空间提供了支撑结构。车身两侧钣金件包括车门铰链柱、风窗立柱、车门槛板、车顶盖加强梁和后围侧板。对于四门汽车，中柱也是两侧钣金件的一部分。在一些新型的承载式车身车辆中，两侧钣金件可作为一个总成（表2－22）。这样减少了在焊缝处分割各个板件，并将其焊接在一起安装到车上的时间。

然而，车身两侧的单一零部件经常在碰撞评估报告中单独列出清单，或者将其作为其他总成的一部分。例如，本章已经讲述了立柱通常作为前围侧板的一部分，因此铰链和风窗立柱通常被列入前围板总成中。通常这些零部件可结合修理板件获得。可参考关于修理板件的脚注信息，或者询问零件经销商是否有承载式修复板件。下面将讨论每个车身侧板零件的修复。

表 2－21　挡风玻璃更换工时(由米切尔国际公司提供)

**挡 风 玻 璃**

下文结合工序13条使用
挡风玻璃的拆卸和安装 ………………………………………………………………………………… #4.2
　　#包括清除原有粘接剂

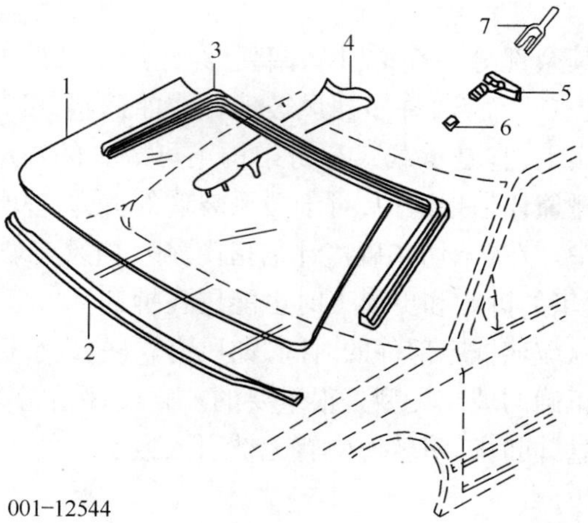


001-12544

| | | | |
|---|---|---|---|
| 1. 挡风玻璃总成 | | | |
| 　庞蒂亚克 | | | |
| 　装备风窗显示 | | | |
| 　无风窗显示 | 10293669 | #2.0 | 725.00 |
| 　NAGS | 10293669 | #2.0 | 744.00 |
| 　#包括清除原有粘接剂 | 不适用 | #2.0 | 不适用 |
| 2. 挡风玻璃封条 | | | |
| 3. 半槽口嵌条， | 10241733 | | 14.05 |
| 　#包括挡风玻璃的拆卸和更换、清除原有粘接剂 | 10293831 | #2.0 | 12.50 |
| 4. 支座以及装饰物 拆装 | 10294523-4 | 0.3 | 10.80 |
| 5. 后视镜 | | | |
| 　标准 | 10240815 | 0.2 | 46.25 |
| | 10277770 | 0.2 | 135.00 |
| 6. 外后视镜支撑件 | 20626174 | #0.2 | 7.70 |
| 　包括挡风玻璃总成 | | | |
| 　#已拆除镜 | | | |
| 7. 遮盖，外后视镜电线 | | | |
| 　装备自动调节昼/夜 | 10277693 | 0.1 | 3.10 |

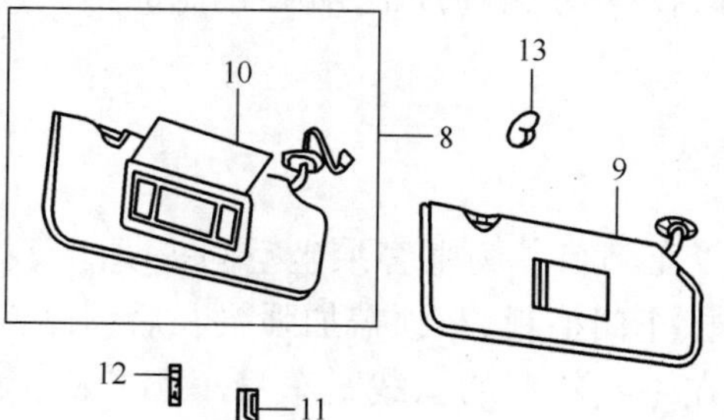


001-12545

| | | | |
|---|---|---|---|
| 遮阳板 | | | |
| 8. 装备后视镜照明 左/右 | 10293569-70 | 0.2 | 53.50 |
| 9. 不装后视镜照明 左/右 | 10248668-9 | 0.2 | 33.50 |
| 10. 外后视镜维修，带遮阳镜 | | | |
| 11. 透镜，后视镜 拆卸和安装 | 12330075 | #0.1 | 4.55 |
| 12. 灯泡，后视镜 拆卸和安装 | 9442395 | #0.1 | 1.50 |
| 　#整体拆卸和更换 | | | |
| 13. 遮阳固定件 拆卸和安装 | 10272016 | | 1.45 |

表 2－22　车身侧板件部分

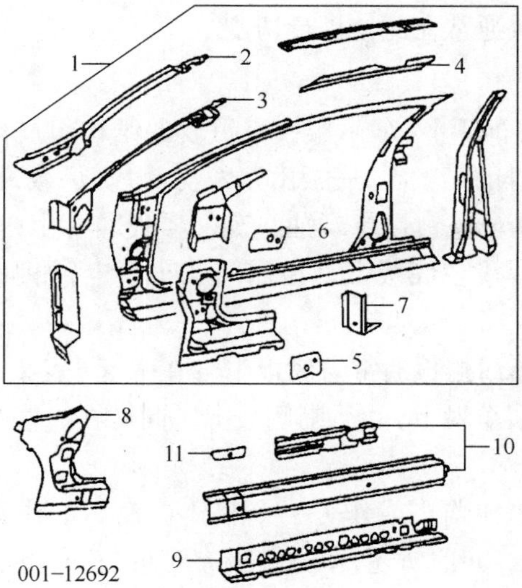


001－12692

| | | | |
|---|---|---|---|
| 1. 车身侧板总成 95 年款　右 | 12363064 | s#15.0 | 498.00 |
| 左 | 12363065 | s#15.0 | 514.00 |
| 96 年款　右 | 12363064 | s#15.0 | 498.0 |
| 左 | 12363065 | s#15.0 | 不适用 |
| 97 年款　右 | 不适用 | s#15.0 | 不适用 |
| 左 | 不适用 | s#15.0 | 不适用 |
| #挡风玻璃、翼子板、车门、座椅、仪表板和内饰件已拆卸，后围侧板已拆卸减少 2.0 工时 | | | |
| 2. 挡风外侧门框　左/右 | 22644732－3 | s3.0 | 50.00 |
| 3. 挡风内侧门框　左/右 | 22568000－1 | s1.5 | 50.00 |
| 4. 顶盖内侧纵梁　95 年款　右 | 22656066 | s0.5 | 22.15 |
| 左 | 22567997 | s0.5 | 22.15 |
| 96—97 年款　右 | 22656066 | s0.5 | 22.15 |
| 左 | 25567997 | s0.5 | 22.15 |
| 5. 上铰链固定板 | | | |
| 固定板　95 年款　左/右 | 22645204－3 | s0.8 | 1.85 |
| 96—97 年款　左/右 | 22645204－3 | s0.8 | 1.85 |
| 6. 下铰链固定板 | | | |
| 固定板　95 年款　左/右 | 22645203－4 | s0.8 | 1.85 |
| 96—97 年款　左/右 | 22645203－4 | s0.8 | 1.85 |
| 7. 立柱加强件　左/右 | 22578633－4 | s0.5 | 2.85 |
| #包括车身侧板总成 | | | |
| 8. 铰链内侧立柱　95 年款　左/右 | 22570785－6 | s#2.0 | 40.50 |
| 96 年款　右 | 22570785 | s#2.0 | 40.50 |
| 左 | 22639921 | s#2.0 | 40.50 |
| 97 年款　左/右 | 22639920－1 | s#2.0 | 40.50 |
| # 车身侧板或铰链已拆除 | | | |
| 9. 门槛外板加强件　左/右 | 22651000－1 | s#2.5 | 38.50 |
| 10. 车门内板 | | | |
| 95—96 年款　左/右 | 12367162－3 | s#3.0 | 不适用 |
| 97 年款　左/右 | 12367162－3 | s#3.0 | 不适用 |
| #车侧板总成或门槛板已拆除，拆卸和更换减去 1.0 工时 | | | |
| 11. 平板，座椅安全带固定　左/右 | 20320556 | s | 2.25 |
| 底板钣金－未修理 | | | |

## 1. 车门铰链和挡风玻璃立柱

车门铰链和挡风玻璃立柱(也叫 A 柱)通常包括内、外板件，两者焊接在一起形成牢固、紧凑的结构。这些板件能单独更换，或能把它们分离，用部分 LKQ 板件更换。例如，车辆行进中受到碰撞，挡风玻璃立柱可能损坏并需要更换。挡风玻璃立柱通常可被切割、分离，用 LKQ 零件焊接在此位置，而不是更换整个车门铰链和挡风玻璃立柱。

在决定切割之前，确定该切割不会对车辆的整体结构性造成损伤。仅在紧紧相邻的连接件两端都易于接近时，切割才可进行。同样，不能对加强件进行切割。挡风玻璃立柱中间区域通常没有加强件，故通常在此处进行切割。

2. 车门槛板

在一辆承载式车身的车辆上，车门槛板是重要的结构组成部分，为乘员室底板提供支承（在一辆传统车架式车身的车辆上，底板由车架支承）。承载式车身车辆的车门槛板由高强度的钢板组成，并将其两侧电镀以抗腐蚀。车门槛板通常由内、外板件组成。然而，在一些车辆上，外板件被直接焊接在底板上。在四门式车辆上，加强件通常在中柱连接到车门槛板的地方。

在碰撞评估指南中，车门槛板通常与底板组合在一起（表 2－23）。车门槛板焊接到底板、车身侧板、中柱（在四门车辆上）和后围侧板上。同样在一些承载式车身车辆上，前纵梁焊接在车门槛板上。

内、外车门槛板可以单独购买或作为一个整体更换。单独购买时，两板件必须将各自的作业记录到车损报告中。如前所述，车身槛板有时可与中柱或挡风玻璃立柱一起视为一个总成。

切割通常是更换完整车门槛板的一种选择方法。车门槛板在立柱之间被切割，以避免切割内部的加强件。仅车门槛板损坏的区域被切割，并用一块新板件焊接在此处，减少的板件拆卸和更换时间应记录到车损报告中。

内车门槛板不是外露板件，没必要进行金属磨光和涂漆。但是，完成所有焊接后，使用防腐材料的费用需要记录到车损报告中。

大多数车门槛板有门槛或踏足平台。门槛由铝或塑料制成，用螺钉将其固定到车门槛板上。如有损坏，门槛应更换。

车门槛板的拆卸和更换工时包括对前围板、中柱和后围侧板饰件的拆卸和安装。拆除底板垫、门槛平台、后坐垫也包含在作业步骤中。如果前后窗侧板件必须松开才能触及车门槛板前沿，这也将包括在作业步骤中。

对车门槛板的拆卸和更换不包括如下作业。

（1）车门的拆卸和安装。

（2）连接到车门槛板上或在其附近的燃油管线、控制阀、电缆线的拆卸和安装。

（3）嵌条、厂标、车标、装饰品的更换或拆卸和安装。

（4）贴纸和条带的安装。

（5）使用抗腐蚀材料或涂底漆。

（6）外车门槛板的修整。

更换相邻的板件时，如中柱、后围侧板，对重复的作业时间应扣除 1h。如果有迹象表明车门槛板是事故前损坏或锈蚀的，在车损报告中对此件的修复时间要扣除。

3. 中柱

四门车辆的中柱起很大作用。它为车顶盖提供支撑，为前门提供门锁接触面，又作为后门门柱。中柱（也叫 B 柱）焊接在车门槛板、底板和顶盖纵梁上。可移动的和固定金属顶篷的汽车中柱仅延伸到汽车车身腰线为止。通常中柱由内板件和外板件组成，形成一个紧凑的结构。

表 2－23　车门槛板和地板

**门槛板、立柱、底板**

下文结合工序14、15和24条使用。
整修车身中柱总成　左/右　2.8
整修内下立柱　左/右　1.0
整修外立柱　左/右　0.5
整修整个车门槛板　左/右　1.6
整修车门槛板前侧　左/右　1.2
整修车门槛板后侧　左/右　1.2
车门槛板饰件前部和后部的拆卸和安装左/右　0.3
前车门槛板的拆卸和安装　左/右　6.0
后车门槛板的拆卸和更换　左/右　#6.0
#后围侧板拆除减少 1.5 工时，也包括一般表面和作业。

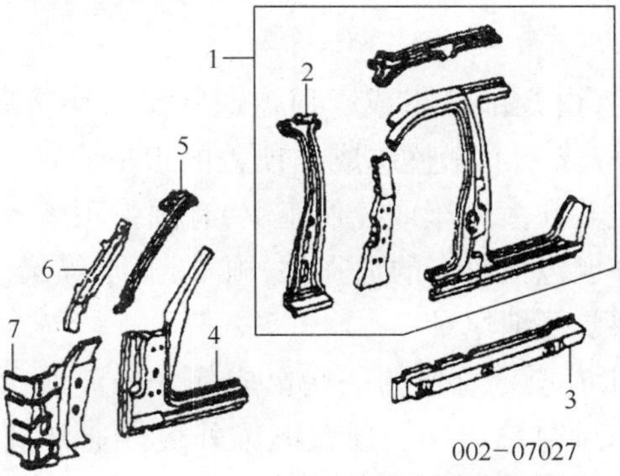


002－07027

| | | | |
|---|---|---|---|
| 1. 立柱总成　右 | F2MY 54243A00A | #16.0 | 969.70 |
| 左 | F2MY 54243A01 | #16.0 | 969.83 |
| #后围侧板拆除减少 1.5 工时，也包括一般表面和作业。 | | | |
| 2. 车身中柱 | | | |
| 92—94 年款　左/右 | F2AZ 5424300－1A | | 36.37 |
| 95—97 年款　右 | F5MY 5424300A | | 841.18 |
| 左 | F5MY 5424301A | | 不适用 |
| 包括车身中柱总成 | | | |
| 3. 加强件，车身立柱 | | | |
| 下部　左/右 | F5AZ 5420402－3A | 3.5 | 54.48 |
| 中部总成，门槛板　右 | F6AZ5410176AAA0.4 | | 61.43 |
| 左 | F6AZ5410177AAA0.4 | | 72.38 |
| 盖，槛板　左/右 | F6AZ 54101C48－9AAA | 0.1 | 7.57 |
| #包括车身中部立柱总成 | | | |
| 4. 下内侧立柱 | | | |
| 92—94 年款　左/右 | F2AZ 54025A00－1A | 7.5 | 340.25 |
| 95—97 年款　左/右 | F5AZ 54025A00－1 | 7.5 | 617.2 |
| 5. 上外侧立柱，右 | F2AZ 5402508A | 3.5 | 33.28 |
| 左 | F2AZ 5402509A | 3.5 | 38.28 |
| 6. 上内侧立柱，左/右 | F2AZ 5402504－5A | 1.0 | 180.58 |
| 7. 铰链上部加强件 | | | |
| 92—94 年款　左/右 | F2AZ 5422842－3A | 1.5 | d46.30 |
| 95—97 年款　左/右 | F5AZ 5422842－3A | 1.5 | 50.65 |
| 立柱饰件钣金 | | | |
| 上部　拆卸和安装 | F2AZ 5424346－7AAT | #0.6 | 31.93 |
| #包括下饰板件和受损底板的拆卸和更换/拆卸和安装 | | | |
| 下部　右 | F2AZ 5424347BAT | #0.4 | 105.08 |
| 左 | F2AZ 5424347BAT | #0.4 | 33.53 |

002－05655

| | | | |
|---|---|---|---|
| 8 底板　92—94 年款 | F2AZ 5411135A | #20.5 | 481.35 |
| 95—97 年款 | F5AZ 5411135A | #20.5 | 527.20 |
| #每个车身立柱总成拆除减少 4.5 工时 | | | |
| 前底板　左/右 | F2AZ 5413208—9A | 0.2 | 18.80 |
| 后底板　左/右 | F2AZ 5413208—9A | 0.2 | 9.33 |

可用 OEM 和 LKQ 零部件来更换已损坏的中柱。通常在车顶盖下沿处切割中柱。切割中柱的作业时间定额由碰撞评估指南给出。当进行具体的切割修理时，评估员和理赔员应该了解此项作业必须低于座椅 D 带，以避免切割 D 带加强件，因为它通常是中柱的一部分。

当中柱是由于侧面碰撞而损坏时，车门槛板或许也会毁坏。在这种情况下，把中柱和车门槛板作为总成进行更换是最好的方法。

更换中柱包括切割和焊接作业，所以拆除后车门和前座、松开汽车衬里、卷起垫子和地毯显得非常重要。在碰撞评估指南中给出的中柱的拆卸和更换工时中也包括这些作业。更换中柱还需要将立柱饰件、踏足平台、车门阻风雨带和门销进行拆卸和安装。这些作业也包括在拆卸和更换工时所列清单中。拆卸和更换工时也包括完成所有必要的切割、焊接、研磨、填充和磨光焊接缝的时间。

### （四）顶盖

顶盖将车身顶部围住，由几部分组成。顶盖通常是一块金属板；然而，在一些车辆上，内外板件相互连接，两者构成一个完整总成。顶盖的组成有前、后横梁和侧边纵梁（表2-24）。有些车上的顶盖，尤其在大轿车或礼仪车上，有圆弧顶盖或水平置于顶盖下层的加强件。顶盖总成的另外部分也包括较小的加强件、雨槽、滴水纵梁。一些顶盖配置活动车顶。在损坏报告中所有这些都要仔细纪录。

评估员和理赔员应知道顶盖总成的一些组成部分也被列在其他总成的清单中，例如，前罩板通常包含在前罩和风窗总成中。顶盖纵梁外板件通常被列在车身侧板件中。评估员和理赔员必须熟悉这些零件在碰撞评估指南中的位置，以便在车损报告中没有零件被忽略。

在碰撞评估指南中为更换顶盖板件的拆卸和更换工时所列清单中不包含更换集水板和纵梁或紧固它们的时间。如果集水板和纵梁的损坏无法修复，则它们的拆卸和更换时间需单独记录在车损报告中。假定在更换顶盖之前已将集水板和纵梁拆除和更换，再计算这些结构板件的拆卸和更换工时。查询脚注的信息来确定已经进行的和已包含的作业。

顶盖拆卸和更换工时不包含需选购的乙烯基顶盖板件。更换乙烯基顶盖通常要求增加板件的拆卸和更换工时，在脚注中有具体说明。乙烯基顶盖的费用也必须包含在车损报告中。乙烯基顶盖通常有嵌条，而在非乙烯基顶盖的车辆中没有；这些情况在车损报告中不能被忽略。

对于活动顶、T形顶、可移动顶也必须附加考虑。请再次查阅脚注中关于调整所列清单的规程。

顶盖的拆卸和更换，要求在修理时对车辆中的许多零部件暂时拆除。板件的拆卸和更换工时中包含的拆卸和安装的时间如下。

（1）挡风玻璃。

（2）后窗和嵌条。

（3）玻璃导轨和槽。

（4）原装活动顶篷或T形车顶。

（5）举升门。

（6）嵌条和其他内饰条。

（7）遮阳板。

（8）衣服挂钩。

（9）灯。

表2－24 顶盖的作业时间

| 顶 盖 | | | |
|---|---|---|---|
| 下文结合工序17和28条使用。<br>整修顶盖外侧<br>2车门式 4.5<br>4车门式 4.7<br>增加顶盖边缘 1.2<br>顶盖托架的拆卸和安装 0.3<br>增加到顶盖板件的拆卸和更换<br>装备行李架 #3.0<br>#包括钻孔和安装的时间 | 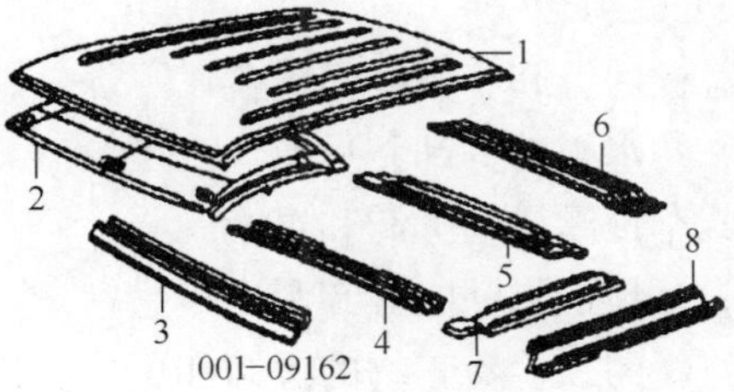 | | |
| 1. 顶盖外板件 | | | |
| 2车门式 | 15645970 | 21.5 | 199.00 |
| 4车门式 | | | |
| 装备行李架 | 15740023 | 23.0 | 307.00 |
| 不装备行李架 | *15739865 | 23.0 | 177.00 |
| 2. 顶盖内板件 | 15724154 | #7.5 | 89.75 |
| #以及顶盖外板件拆除 | | | |
| 3. 前横梁 | 15646573 | 1.5 | 47.50 |
| 顶盖加强件 | | | |
| 4. 前 | 15690200 | 1.0 | 38.75 |
| 5. 中 | 15995667 | 1.0 | 36.75 |
| 6. 后侧门框在后车身切割处 | | | |
| 顶盖侧纵梁 | | | |
| 7. 上侧 | | | |
| 2车门式 右 | 15645972 | | 47.75 |
| 左 | 15645971 | | 46.00 |
| 4车门式 左/右 | 15970846-5 | | 42.75 |
| 8. 下侧 | | | |
| 2车门式 92—95年款 左/右 | 15645974-3 | | 75.25 |
| 96—97年款 左/右 | 15976608-7 | | 75.25 |
| 4车门式 92—94年款 右 | 15981780 | | 64.00 |
| 左 | 15976547 | | 64.00 |
| 95—97年款 左/右 | 15970844-3 | | 37.00 |
| 隔板、顶盖纵梁以及条带 | | | |
| 装条带、顶盖纵梁 | | | |
| 2车门式 左/右 | 15720260-59 | 0.2 | 9.05 |
| 4车门式 92—95年款 左/右 | 15720264-3 | | 30.75 |
| 96—97年款 左/右 | 15741028 | | 30.75 |
| | 15697194 | 1.5 | 320.00 |

（10）前、后座椅。

（11）阻风带和隔板。

（12）风雨密封塞绳。

(13) 后围侧板饰件(货车除外)。

(14) 汽车衬里(货车除外)。

(15) 肩安全带。

(16) 后窗台。

顶盖板件拆卸和更换不包含以下部分。

(1) 集水板的拆卸和更换。

(2) 车顶纵梁的拆卸和更换。

(3) 车顶加强件的拆卸和更换。

(4) 新的顶盖覆盖物的拆卸和更换。

(5) 行李架的拆卸和更换。

(6) 饰物、厂标、车标、装饰物的拆卸和安装。

(7) 电缆接线点和组成部分的拆卸和安装。

(8) 选装灯的拆卸和安装。

(9) 清除碎玻璃。

(10) 胶带和贴纸的安装。

(11) 隔音材料的使用。

(12) 整修表面。

### (五) 前后车门

车门是最复杂和最昂贵的车身板件之一。典型车门是由内板件和外板件(也叫外壳)组成的(表2-25)。板件通常由金属薄板制成,但外壳也可用金属材料、玻璃纤维或塑料制成。外壳被焊接或卷曲粘接到内板件上。加强件被焊接在车门外壳内侧。加强件也叫侵入杆,它由高强度钢板制成。这种结构能阻止碰撞使车门弯曲而伤及车内乘员。车门通过铰链连接在车门锁柱上(前部或内部)。许多车门用螺栓固定到铰链上,而铰链用螺栓固定或焊接在立柱上。

除了板件、外面板及铰链外,一个典型的车门总成还有许多附件和内部构件(表2-26)。从门外观上看,包括车门把手、锁芯、门闩、车门镜、嵌条、贴纸、车标、饰条或涂层。车门框架内部有门窗玻璃、玻璃导槽、调整器(手动或电动)、线束、门锁机构以及外后视镜的控制件。并非所有的门板内部表面都被汽车饰板覆盖。门把手、肘靠、控制板、车窗手动调解器也安装在车门内侧。

车门外板件使用吸盘、杠杆和撬、焊机、撞杆进行修理。如果损坏严重,车门外面板能单独更换。应视具体情况决定修理程序,而不是更换车门。车门外面板可从OEM生产厂家和零件批发商处得到;但没有LKQ零件。

更换步骤中通常要求将车门从车上拆下,并从框架中拆除玻璃,以免在修理时损坏玻璃。然后钻去焊点和钎缝金属,磨掉车门边缘的折边后,车门外面板可以从车门上拆下。在除去残余折边和焊点后,如有必要,车门钣金凸缘要清洗和拉直。新面板放置在车门钣金件上,并将外面板折边弯曲包在内门钣金件凸缘上。外面板可用新的焊接或粘接剂将其固定。外板上边缘通常用MIG焊接在车门钣金件顶部,以便密封、防潮和防尘。

表2-25 前车门面板、门外壳和外饰件

| 前车门 | | | | |
|---|---|---|---|---|
| 下文结合工序16和28条使用。 | | | | |
| **金属薄板** | | | | |
| 整修车门外侧 | 左/右 | | 2.1 | |
| 增加边框和内部 | 左/右 | | 1.0 | |
| 增加边框 | 左/右 | | 0.5 | |
| 车门总成的拆卸和安装 | 左/右 | | 0.4 | |
| 切割车门修理板件 | 左/右 | | #5.3 | |
| #在车窗打开的情况下切割，包括后视镜和车门玻璃的拆卸和更换 | | | | |
| 1.车门面板总成 | 右 | 4646466 | #4.5 | 400.00 |
| | 左 | 4814851 | #4.5 | 400.00 |
| 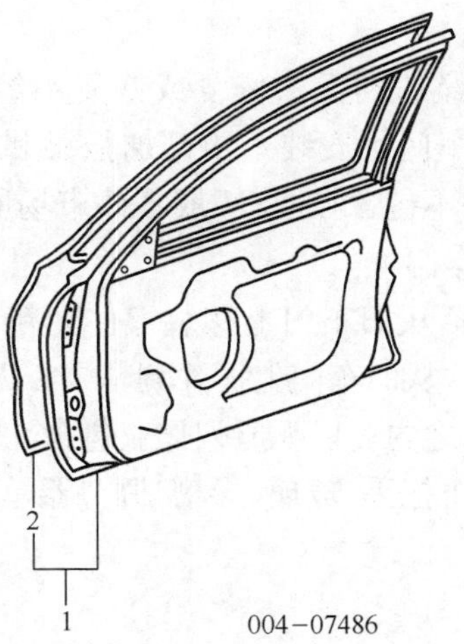 | | | | |
| 包括后视镜的拆卸和更换 | | | | |
| 2.车门板件的修理 | 右 | 4646468 | #6.0 | 108.00 |
| | 左 | 4646469 | #6.0 | 107.00 |
| 包括车门面板总成 | | | | |
| #包括后视镜和车门玻璃的拆卸和更换 | | | | |
| **外饰件** | | | | |
| 后视镜的拆卸和安装 | 左/右 | | #0.6 | |
| #包括饰板件的拆卸和安装 | | | | |
| 后视镜 | | | | |
| 1.手动 | 右 | 4646802 | #0.2 | 92.50 |
| | 左 | 4646803 | #0.2 | 91.00 |
| 2.电控 | 左/右 | 4646308-9 | #0.2 | 108.00 |
| #装饰件已拆除 | | | | |
| 内框架 | | | | |
| 3.手动镜 | 左/右 | 4630404-5 | | 9.10 |
| 4.电控镜 | 左/右 | 4630402-3 | | 7.35 |
| 5.侧边装饰件 | | | | |
| 微风(Breeze)车 | | | | |
| 黑色95—96年款 | 右 | LD44SX8 | 0.2 | 37.25 |
| | 左 | LD45SX8 | 0.2 | 37.25 |

在碰撞评估指南中,车门外面板拆卸和更换的作业包含如下。

（1）车门的拆卸和安装。

（2）内装饰板的拆卸和安装。

(3) 敛缝的拆卸和更换。

(4) 车门外把手、锁芯、车门边缘风雨密封条的拆卸和更换或拆卸和安装。

(5) 更换夹式嵌条。

车门外面板的拆卸和更换所列工时不包括以下作业。

(1) 门玻璃、金属件、后视镜、导槽的拆卸和更换或拆卸和安装。

(2) 更换隔音材料。

(3) 锁芯重新编码。

(4) 粘接类型的外部饰条的拆卸和安装,或安装新的粘接饰条。

(5) 安装饰条、贴纸、更换件或涂层。

(6) 为安装外部饰条钻孔。

(7) 整修板件。

如果碰撞损坏了车门,且已经达到无法修复或修复不经济的程度,就应更换新车门。车门外面板包含在新车门内,新车门也安装了内部加强梁和其他的加强件。然而,挡风玻璃、导槽、调整器和其他车门附件不包含在 OEM 或零件市场所卖的车门中。这些零件需从报废汽车上拆卸下来,移装到新车门上。

熟悉车门的拆卸和更换(包括从旧车门上移装零件到新车门上)是非常重要的。这些不应单独列在车损报告中。例如,从旧车门上拆除调节器以及将之安装在新车门上所需时间包含在车门的拆卸和更换时间之内。以下所列作业包含在车门作业之内。

(1) 更换车门所有附属件(车把手、玻璃、导槽、调节器总成、阻风雨带)。

(2) 更换、安装内饰板件。

(3) 锁芯的拆卸和安装。

(4) 使用新的敛缝封条。

(5) 更换标准装置、夹式饰条。

所列作业时间不包括从调节导轨上拆除玻璃的时间。必要的话,车门拆卸和更换时间增加 0.2h 来拆除下导槽,增加 0.3h 来拆除上、下导槽。清除碎玻璃的附加时间应加到车损报告中。

以下一些作业未包含在所列的拆卸和更换工时中。

(1) 更换降噪材料。

(2) 拆除和安装或更换后视镜。

(3) 焊接类型铰链的拆卸和更换或拆卸和安装。

(4) 铰链支承销的拆卸和更换或拆卸和安装。

(5) 贴纸的拆卸和更换或拆卸和安装(例如 EPA 或车身识别)。

(6) 锁芯的重新编码。

(7) 粘接饰条的拆卸和安装或更换。

(8) 安装饰条、贴纸、更换件、涂层。

(9) 安装饰条钻孔。

(10) 车门的整修。

这些作业的任何一部分都是必要的,必须留出时间,并单独记入车损报告中。碰撞评估指南中按比例列出了一些作业的作业时间;其他时间必须由评估员和理赔员协商而定。

表 2-26 门玻璃及其零部件

玻璃及其零件

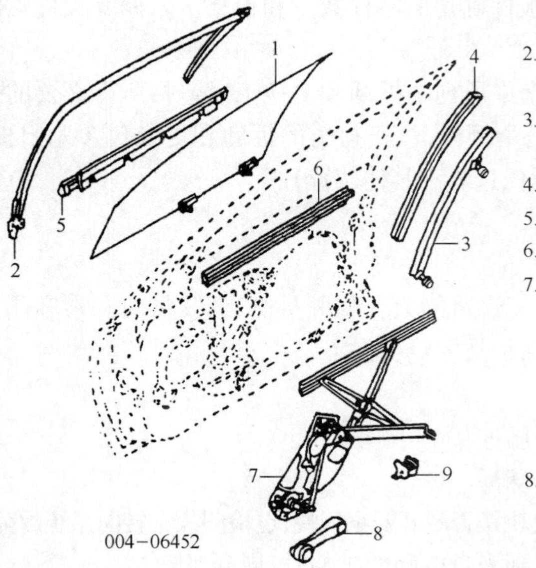


| 玻璃及其零件 | | | | |
|---|---|---|---|---|
| 1. 前门玻璃 | | | | |
| 克莱斯勒有色 | 左/右 | 4646398-9 | 0.9 | 189.00 |
| NAGS 绿色 | 左/右 | DD08738-9GTY | 0.9 | 405.00 |
| 2. 导槽 | 左/右 | 4646826-7 | #1.2 | 153.00 |
| # 门玻璃已拆除减少 0.9 工时 | | | | |
| 3. 下后侧导轨 | 左/右 | 4646406-7 | #0.6 | 7.00 |
| # 门玻璃已拆除减少 0.5 工时 | | | | |
| 4. 下后侧槽 | 左/右 | 4646964 | | 9.85 |
| 5. 外安全带饰条 | 左/右 | 4630190-1 | 0.3 | 27.50 |
| 6. 内安全带饰条 | 左/右 | 4646504-5 | | 26.00 |
| 7. 车窗玻璃调节器 | | | | |
| 手动 95 年款 | 右 | 4545272 | #0.7 | 45.50 |
| | 左 | 4646273 | #0.7 | 44.25 |
| 95—97 年款 | 左/右 | 4696998-9 | #0.7 | 49.75 |
| 电动 95—97 年款 | 左/右 | 4778574-5 | #0.7 | 148.00 |
| 97 年款 | 左/右 | 4778576-7 | #0.7 | 117.00 |
| 8. 手动调节器把手 | 左/右 | FE86 右 X9 | | 6.60 |
| 电控自动 | 左/右 | 4696579-8 | #0.2 | 74.00 |
| # 调节器已拆除 | | | | |
| 9. 车门内把手支架——见内饰件部分 | | | | |

不但车门外面板,而且车门框架和内部构件均被损坏时,应考虑使用修复车门。修复车门是一个完整的总成,包括车窗玻璃、调节器和其他构件。当用 LKQ 整体更换损坏车门时,需要列出车门的拆卸和安装时间,并列出其他任何零件的拆卸和更换时间,例如内饰板和锁芯更换安装到更换车门上的时间。

当决定作业工时的时候,参考碰撞评估指南中的眉批和脚注是很重要的。当车辆修理包含基本模式中没有的作业时,附加作业也必须记入作业工时。例如,如果车门配备有防盗系统、控制系统、照明锁、语音电子锁或电动调节器,脚注中常指明前导作业。例如,更换加强杆是在假定车门外面板已拆除的情况下进行的。

碰撞评估指南列出了单独零件的拆卸和更换工时。如本章前述,这些单独工时含在车门拆卸和更换工时之中。然而,如果零件必须被单独更换(如碎玻璃或失效的车窗调节器),这部分要单独列出,并包括指南上饰板拆卸和安装的时间。

### (六) 汽车内饰

前面的内容已介绍如何检查乘客室的损坏,以及由撞击力和乘员与物品的撞击导致的内饰损坏状况。塑料零件的损坏有时能用塑料焊接机修理,使损坏件重新修复并匹配内饰的颜色和材质。

弄脏或污染的地毯和内饰可以进行清洁和除臭。在一家合格的汽车内饰商店,可以对乙烯基和纺织内饰进行修理或更换。修理损坏内饰的可行性主要取决于内饰损坏的程度、替代零件的费用和可获得性以及碰撞修复人员修理内饰的技术和专业特长。

当有必要更换汽车内饰时，碰撞评估指南中给出了作业工时的作业费用和零件价格，包括前罩板内饰、车门饰件、中立柱饰件、侧板饰件、汽车衬里、后窗台、行李舱。评估员和理赔员必须查看总成分解图来决定零件的实际损坏状况。

零件价格和数量由于类型、设计和颜色的变化，不同年份生产的汽车都不尽相同。评估员和理赔员应咨询当地经销商，获得内饰板件确切的零件数量和价格。未修复板件喷漆的时间和材料也必须记录到损失报告中。

除已在脚注中说明以外，在碰撞评估指南中所列的拆卸和更换工时包括所有必要的拆除和更换受损内饰件的作业。而汽车衬里是个例外，汽车衬里的拆卸和更换包含遮阳板、灯、衣钩、装饰物、后座和座椅安全带（不包括任选灯和其他装置）。

### （七）约束系统

许多新车装备了辅助约束系统或气囊。气囊可能只在驾驶员侧、驾驶员前和乘客侧或碰撞侧。气囊会在严重撞击时迅速展开，以保护乘客免受伤害。

气囊包含以下部分。

（1）碰撞传感器：检测减速度，传送电子脉冲。

（2）安全传感器：检测减速度，传送电子脉冲。

（3）电脑：检测来自传感器的脉冲，告知模块是否展开安全气囊，也检测汽车转向系统故障。

（4）模块：驾驶员一侧或乘客一侧，接收到来自电脑的脉冲时，展开气囊。

（5）螺旋电缆：维持一个电脑和模块的电连接，并允许转向盘转向。

气囊展开后，系统的电脑会让仪表板上一系列有关气囊的指示灯闪烁。这些信号能用图表或扫描器来解释，也能从气囊系统得到故障代码。对故障代码解码后，可以知道系统存在什么故障。当更换气囊模块时，总是检查信号，并遵循生产厂家推荐对有关零件进行检测和更换。遵循所给步骤，部件的更换并不困难。安装零件后，系统将进行自诊断。如果仪表板上的气囊指示灯在模块更换后熄灭，则系统已经正常工作。

一些生产厂家在安全带附属件上安装了受力敏感标签。如果在碰撞中使用了安全带，驾驶员的巨大撞击力过分扩展安全带，会撕裂安全带标签。撕裂标签的安全带应更换。从收缩机中完全拉出安全带检查标签。如果安全带没有标签，按如图 2－98 所示检查它的缺陷。表 2－27 给出了更换安全带的工时。

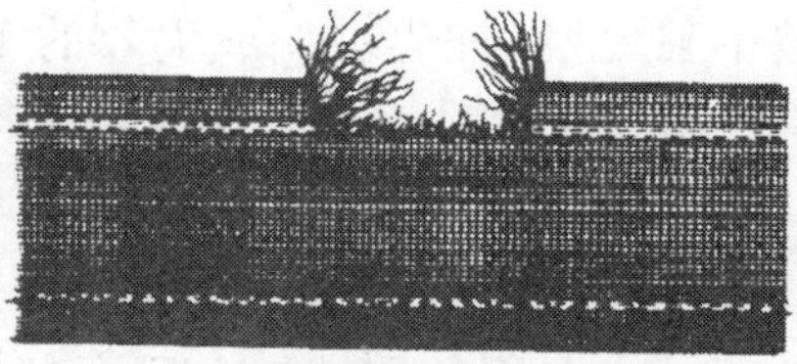
安全带织物割断或损坏

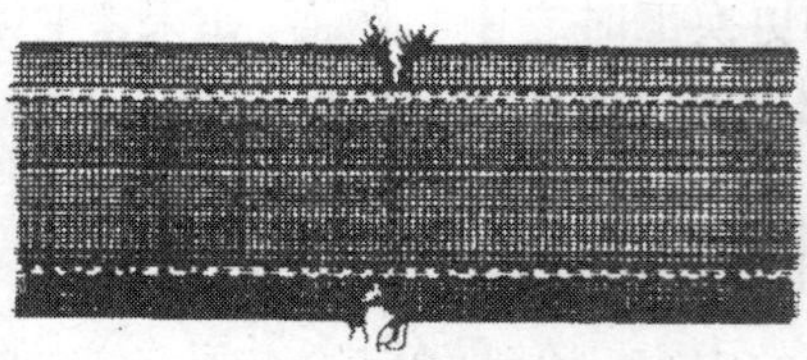
安全带边缘割断松散
（由车门引起的损坏）

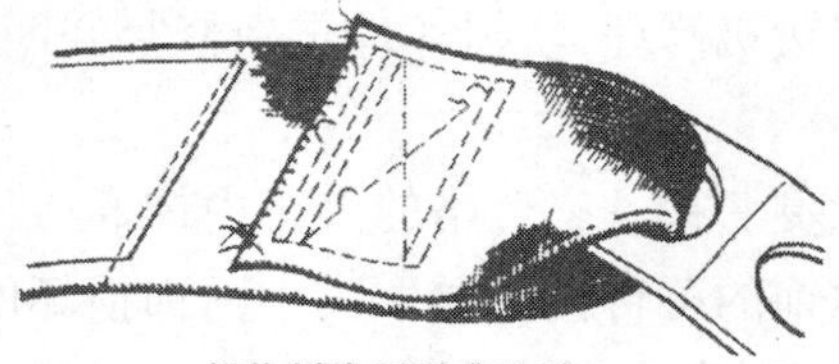
织物纤维断裂或拉脱

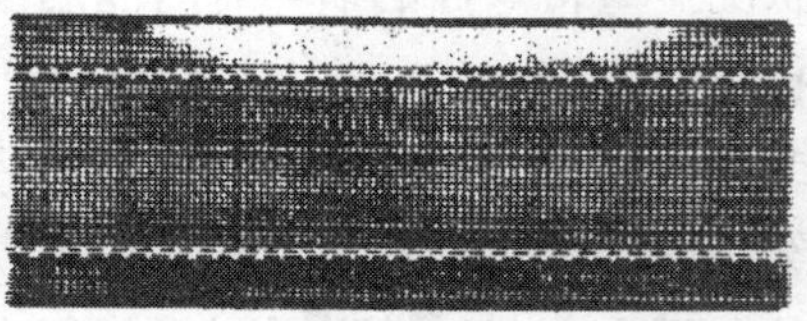
褪色

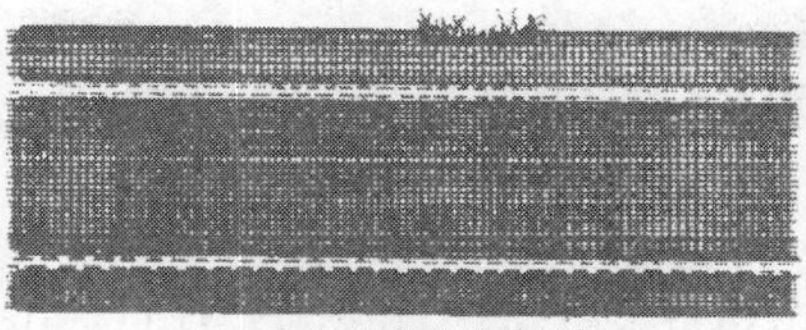

安全带边缘割坏松散

安全带弓形

图 2－98　安全带缺陷

表 2－27　座椅安全带工时(由米切尔国际公司提供)

**座 椅 安 全 带**

**前圆背座椅**

前座安全带

1. 牵引器侧面　左 / 右　12531106　#0.6　56.00

# 包括下中柱饰物的拆卸和安装、拆卸和更换

2. 扣环侧面

驾驶员侧　12533407　0.3　51.50

乘客侧　12533404　0.3　51.50

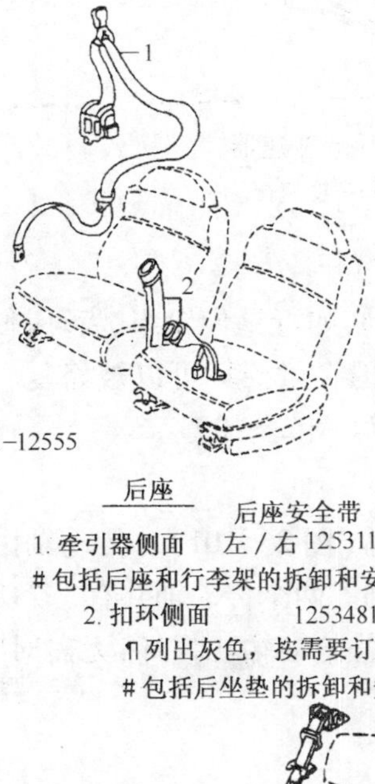


001–12555

**前分离长座**

前座安全带

1. 牵引器侧面　左 / 右　12531106　#0.12　56.00

# 包括下中柱饰物的拆卸和安装、拆卸和更换

2. 扣环侧面　12530579　0.3　42.25

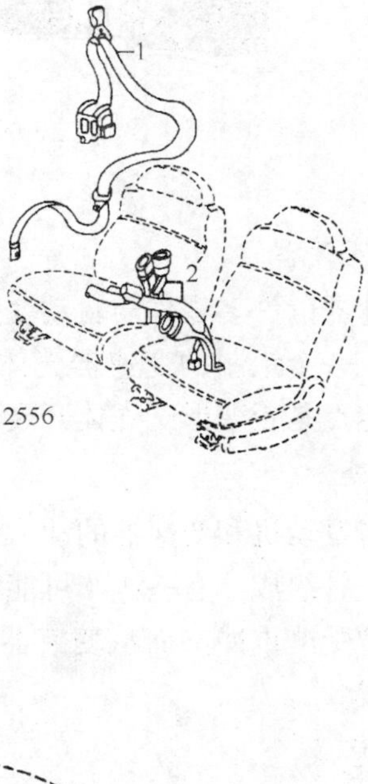


001–12556

**后座**

后座安全带

1. 牵引器侧面　左 / 右　12531114　#1.2　48.75

# 包括后座和行李架的拆卸和安装、拆卸和更换

2. 扣环侧面　12534817　#0.6　未知

¶ 列出灰色，按需要订购

# 包括后坐垫的拆卸和安装

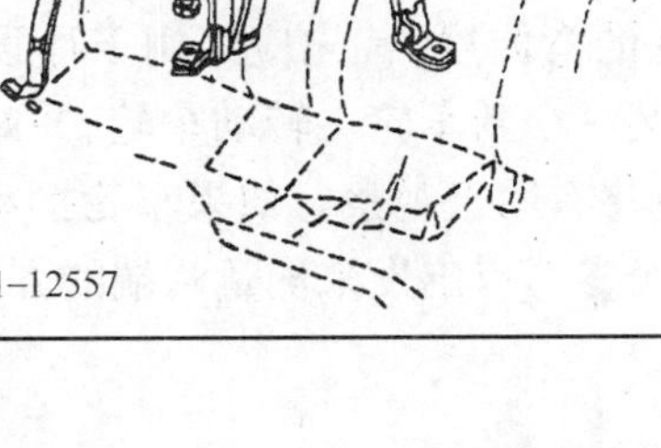


001–12557

## （八）后轮驱动的动力传动系

1. 手动变速器

一个手动变速器通常由齿轮、5个前进挡位和一个倒挡、一个离合器以及安装它们的铝制变速器壳体所组成（图2－99）。外部零部件主要有主缸和随动缸及换挡杆件。离合器主缸安装在前围板上，且可能在碰撞中受到损坏。当检查发现变速器损坏时，应该首先检查油液渗漏处。破裂的变速器壳体必须予以更换。检查发动机安装纵梁的同心度，注意观察任何可能发生的损坏。

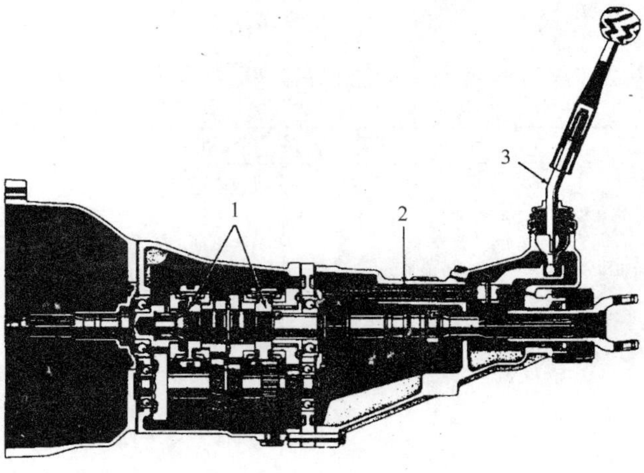


图2－99　后轮驱动的手动变速器

1—换挡拨叉；2—控制杆；3—变速杆。

2. 自动变速器

自动变速器的许多零件与自动变速驱动桥相同，如行星齿轮组、齿环、伺服阀、离合器、油泵都安装在一个铝制的变速器壳体里。油底壳的轻微损坏可以被修复。检查变速器是否渗漏和固定点是否变形。壳体开裂必须予以更换（图2－100）。

3. 传动轴

传动轴将发动机和变速器的动力传送到差速器（图2－101）。传动轴由两端各有一个万向节的中空管组成。有些汽车可能有两个传动轴。两个传动轴共有3个万向节。传动轴可能因后桥遭受严重冲击而从变速器端被拽出。若传动轴已损坏，无需对它进行修理，应更换整个总成。

4. 后桥总成

驱动轮由半轴和车桥所驱动。差速器可以使左右后轮以不同的速度转动。后桥总成由桥壳、两个半轴和一个差速器组成（图2－102）。作用于后轮上的冲击可能使后桥弯曲或者损坏后桥壳。为了检查后桥的弯曲度，首先应该用千斤顶顶起车后部并且将桥壳支住。若车轮是挠曲的，应该重新安装一个新车轮。转动车轮，并站在车后，观察车轮是否存在摆动。放置一个指针作为参考点将有助于观察。如果车轮摆动，则车桥可能已弯曲。为了检查套管是否弯曲，可采用从一个参考点出发来测量两端的方法。若车桥或桥壳已弯曲，则应

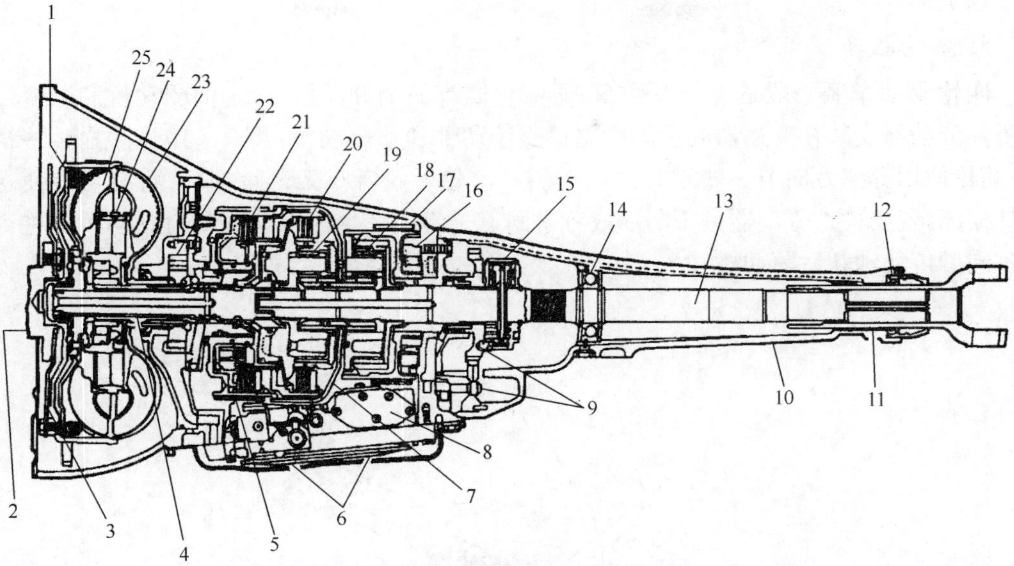


图2－100　后轮驱动的自动变速器

1—销止离合器;2—发动机曲轴;3—柔性驱动盘;4—输入轴;5—前制动带;6—润滑油滤清器;7—恒星齿轮传动壳;8—阀体;9—停车锁总成;10—加长外壳;11—衬套;12—油封;13—输出轴;14—轴承;15—限速器;16—单向离合器;17—低速和倒挡制动带;18—后行星齿轮组合;19—前行星齿轮组;20—后离合器;21—前离合器;22—油泵;23—泵轮;24—导轮;25—涡轮。

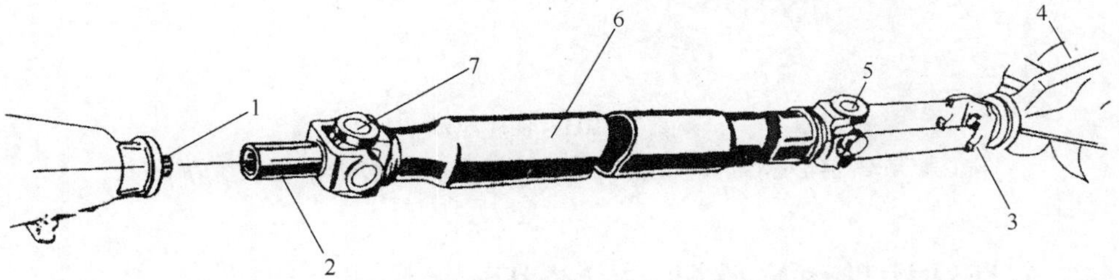


图2－101　后轮驱动的传动轴

1—变速器抽出轴;2—滑动叉;3—万向节突缘叉(后桥主动齿轮);4—驱动桥外壳;5—后万向节;6—传动轴;7—前万向节。

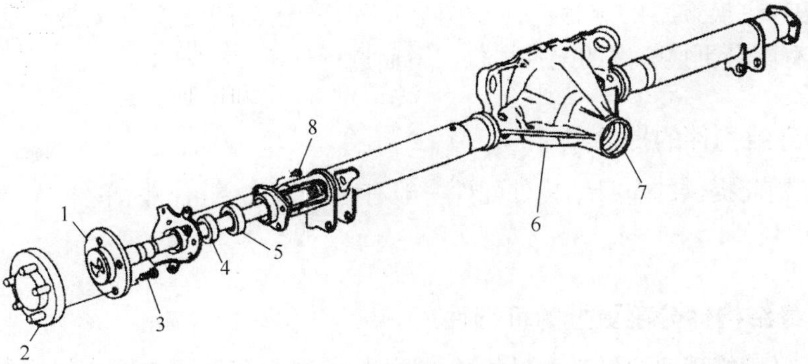


图2－102　后轮驱动的后桥

1—驱动轴(半轴);2—凸缘盘和螺柱总成;3—螺栓;4—油封;5—轴承;6—差速器;7—接传动轴;8—螺栓。

该予以更换。

5. 四轮驱动

四轮驱动车辆一般是皮卡或跑车，通常它们有一个分动器、一个前驱动桥和一个后驱动桥。分动器安装在变速器的后侧来驱动前传动轴和前驱动桥(图2-103)。在某些情况下，前轮使用等速万向节。如果有撞击作用在前轮上或者车架严重损坏，将有可能使这些零件损坏，就要检查分动器是否漏油或者紧固点是否损坏。前传动轴和前驱动桥的检查与修理同后传动轴和后驱动桥。

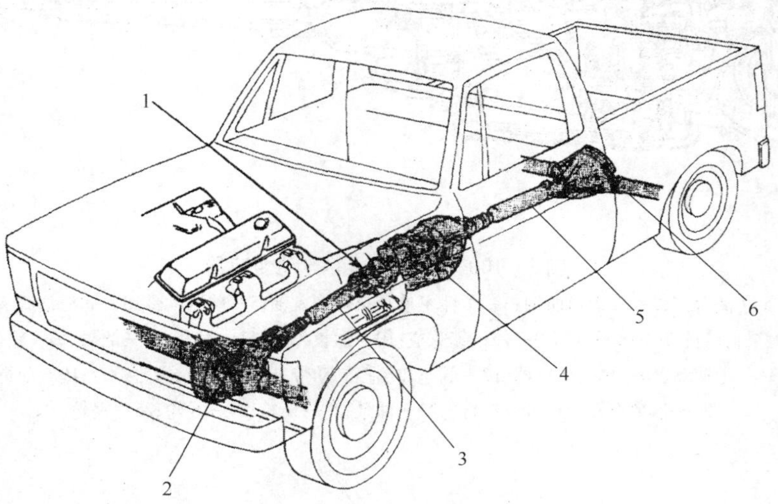


图2-103 四轮驱动

1—变速器；2—前轮驱动桥；3—前传动轴；4—分动器；5—后传动轴；6—后驱动轴总成。

## 三、车身结构件更换修理方案分析

如果车身结构件损伤严重，应更换。但更换时要注意修理方案的选择，不同的修理方案会导致修理费用差异较大。

车身结构件更换方案的选择应注意两点：一是所选择的更换方案是否能保证修理质量；二是是否有配套更换方案的配件提供。下面进行分析。

### （一）车身结构件的提供

厂家或经销商提供的车身结构件配件一般有3种形式：组合件、单件、分割件，如图2-104、图2-105所示。

### （二）车身结构件分割更换的可行性

美国汽车碰撞修理协会经过大量的试验证明，可进行车身结构件分割的部件主要有车门槛板、后侧围板、地板、前侧梁、后侧梁、行李厢地板、B柱以及A柱，如图2-106所示。对这些结构件进行分割更换，技术上是可行的。

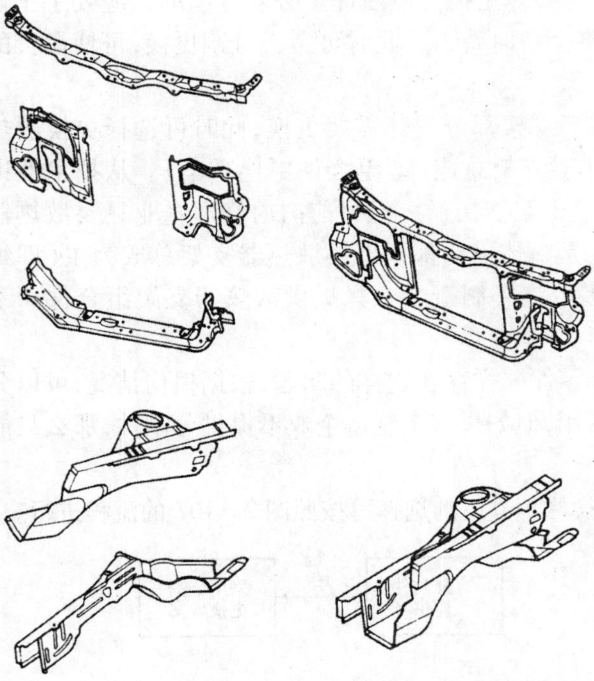

(a)　　(b)

图 2 - 104　单件与组合件的区别

(a) 单件；(b) 组合件。

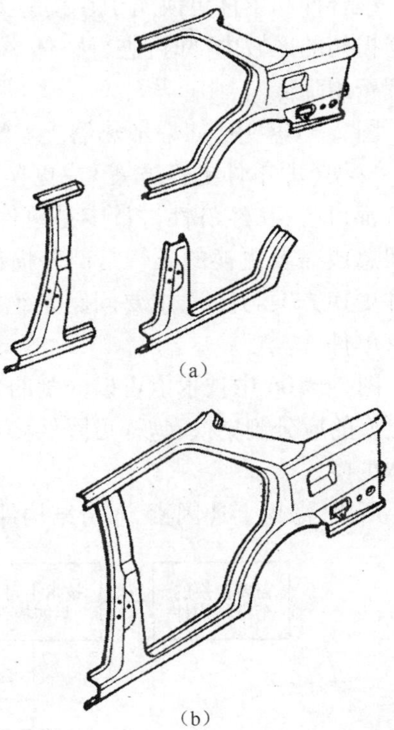


(b)

图 2 - 105　单件与分割件的区别

(a) 分割件；(b) 单件。

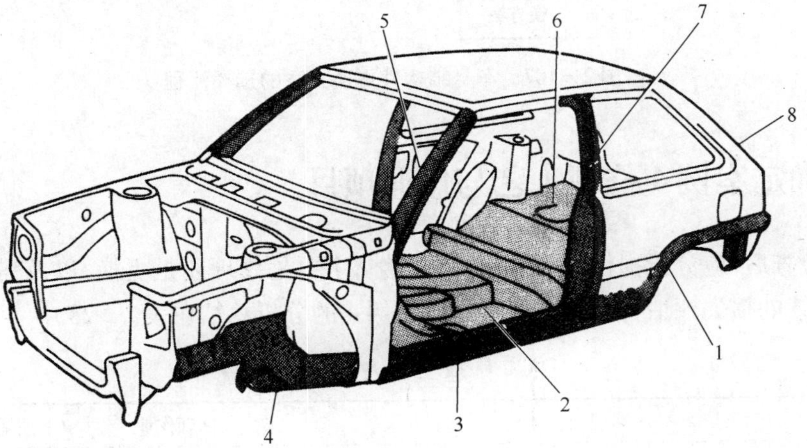


图 2 - 106　车身可分割板件

1—后侧梁；2—地板；3—车门槛板；4—前侧梁；5—A 柱；6—行李厢地板；

7—B 柱；8—后侧围板。

## (三) 车身结构件更换与修理方案的选择

通过上述分析可知，对车身结构件进行更换时有 3 种方案可供选择：组合件更换、单件更换、分割更换。

组合件和单件更换属于在接缝处进行整体更换。但当许多必须分离的接缝处于车辆未受损伤的区域内部时,进行整体更换将会费时费力。此时可考虑分割更换,可使昂贵的修理费用降低。

图2-104中,如果散热器支架总成下支架部分损坏需要更换,此时可选择更换散热器下支架(即单件更换方案)或更换散热器支架总成(即组合件更换方案)。从技术性讲两者都可行,从经济性讲肯定是单件更换方案费用低。但目前国内修理企业只要散热器支架总成需要更换的不管是部分损伤还是整体损伤都以更换散热器支架总成为主(即组合件更换方案为主),主要问题是绝大多数汽车制造企业只提供散热器支架组合件而不提供单件。

图2-106中技术上可以分割的8个零件同样存在这样的问题,根据损伤情况,可以分割更换的应分割更换,这样可降低修理费用,但如果汽车制造企业不提供分割件,那么只能整体更换。

所以,考虑上述因素,车身结构件更换修理方案的选择可按照图2-107的流程进行。

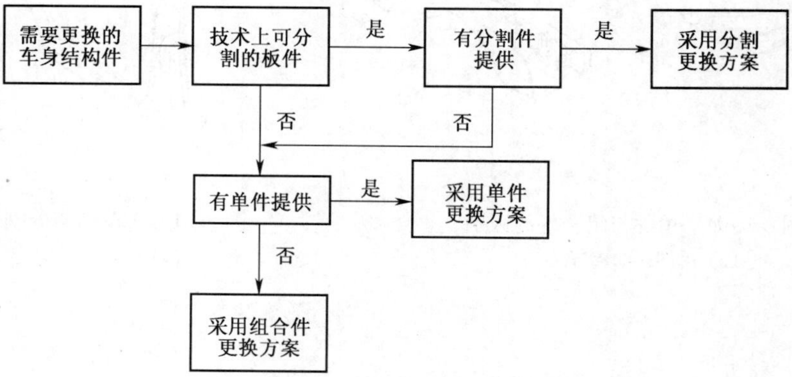


图2-107　车身结构件更换方案的选择流程

## 四、确定案例4修理工艺与作业项目

损伤检查后,应分析损伤零部件的修理工艺,主要是修理还是更换,以及需要哪些修理作业,为后续的损失评估打下良好的基础。案例4的分析总结在表2-28中。

表2-28　修理工艺与作业项目分析表

| 损失项目 | 修理工艺分析 | 形成的修理作业 | 所需的配件或材料 |
|---|---|---|---|
| 右前翼子板 | 损伤面积大,而且损伤严重,所以更换 | 拆卸与更换右前翼子板 | 右前翼子板 |
| 左前翼子板 | 轻微变形 | 左前翼子板整形 | |
| 右前照灯 | 连接支座断裂,所以更换 | 拆卸与更换右前照灯总成 | 右前照灯总成 |
| 左倒车镜 | 已撞飞,所以更换 | 拆卸与更换左倒车镜 | 左倒车镜 |
| 右倒车镜 | 已撞飞,所以更换 | 拆卸与更换右倒车镜 | 右倒车镜 |
| 前挡风玻璃 | 已破碎,所以更换 | 拆卸与更换前挡风玻璃 | 前挡风玻璃 |
| | | | 玻璃粘结剂 |

（续）

| 损失项目 | 修理工艺分析 | 形成的修理作业 | 所需的配件或材料 |
|---|---|---|---|
| 右前门玻璃 | 已破碎,所以更换 | 拆卸与更换右前门玻璃 | 右前门玻璃 |
| | | | 右前门玻璃导槽 |
| 右前门变形 | 右前门轻微变形 | 右前门整形 | |
| 左前门变形 | 左前门轻微变形 | 左前门整形 | |
| 右前门门框 | 右前门门框轻微变形 | 矫正,整形 | |
| 左前门门框 | 左前门门框轻微变形 | 矫正,整形 | |
| 左前门密封条 | 破损,更换 | 拆卸与更换左前门密封条 | 左前门密封条 |
| 右前门密封条 | 破损,更换 | 拆卸与更换右前门密封条 | 右前门密封条 |
| 顶盖 | 严重变形,更换 | 拆卸与更换顶盖 | 顶盖 |
| | | | 顶盖饰条 |
| 车顶顶篷(内饰板) | 大面积破损,更换 | 拆卸与更换顶篷 | 车顶顶篷 |
| 右前遮阳板 | 破损,更换 | 拆卸与更换右前遮阳板 | 右前遮阳板 |
| 车身表面 | 多处划伤 | 整车涂装作业 | |
| 发动机、车轮定位 | | 发动机检测 | |
| | | 车轮定位检测 | |

## 五、确定案例4的工时费

根据表2－28中所需的作业项目,可确定本案例车损修复完毕所需的作业工时。此处确定的作业工时概念等同于米切尔评估指南中的作业工时,不同于《汽车维修工时定额和维修费用计算办法》中的作业工时的概念。所以拆装工时参考机械工业出版社出版的王永盛主编的《汽车评估》中的换件工时表(附录1)以及赛欧轿车的工时手册。拆装作业确定和分析如表2－29所列。

修理作业需要评估员自己估算,具体估算情况如表2－29所列。

对于涂装作业因为车身多处划伤,可以按整车涂装作业计算费用,可根据面积法推算。

表2－29　作业工时确定表

| 作业项目 | 查找标准工时 | 工时说明与工时调整说明 | 最终工时 |
|---|---|---|---|
| 拆卸与更换右前翼子板 | 1.0 | | 1.0 |
| 左前翼子板整形 | | 面积虽较小,但损伤在车身线处,工时应适当增加 | 1.0 |
| 拆卸与更右前照灯总成 | 0.3 | 增加调整工时0.3 | 0.6 |
| 拆卸与更换左倒车镜 | 0.3 | 无 | 0.3 |
| 拆卸与更换右倒车镜 | 0.3 | 无 | 0.3 |
| 拆卸与更换前挡风玻璃 | 1.5 | 考虑碎玻璃的清理增加0.5工时 | 2.0 |
| 拆卸与更换右前门玻璃 | 1.0 | 无 | 1.0 |

（续）

| 作业项目 | 查找标准工时 | 工时说明与工时调整说明 | 最终工时 |
|---|---|---|---|
| 右前门窗框整形 | | 考虑门窗框整形较难，适当增加工时 | 1.0 |
| 左前门窗框整形 | | 考虑门窗框整形较难，适当增加工时 | 1.0 |
| 右前门框矫正、整形作业 | | 无 | 2.0 |
| 左前门框矫正、整形作业 | | 无 | 2.0 |
| 拆卸与更换左前门密封条 | 0.3 | 无 | 0.3 |
| 拆卸与更换右前门密封条 | 0.3 | 无 | 0.3 |
| 拆卸与更换顶盖 | 20.0 | | 20.0 |
| 拆卸与更换顶篷 | 1.0 | 此作业包含在拆卸与更换顶盖作业中 | 0.0 |
| 拆卸与更换右前遮阳板 | 0.2 | 此作业包含在拆卸与更换顶盖作业中 | 0.0 |
| 整车涂装作业 | | 根据面积法，此车整车涂装作业费用为4000元左右，此处计4000元 | |
| 发动机检测 | | 按项收取费用200元 | |
| 车轮定位检测 | | 按项收取费用200元 | |
| 此表中作业工时总计：32.8工时 | | | |

## 六、案例4零配件价格确定

在前面“汽车零配件的分类与选择”中已分析知，保险公司定损时，应选择新的正厂件的价格计算实际修复费用。所以此处配件价格按照新的正厂件的价格确定。

通过向南京的4S店与汽配市场询价，取中间值，得到需要更换配件的价格如表2－30所列。

表2－30　需更换的配件价格表　单位：元

| 序号 | 更换配件名称 | 配件价格 | 序号 | 更换配件名称 | 配件价格 |
|---|---|---|---|---|---|
| 1 | 右前翼子板 | 273 | 8 | 右前门玻璃导槽 | 45 |
| 2 | 右前照灯总成 | 466 | 9 | 左前门密封条 | 100 |
| 3 | 左倒车镜 | 200 | 10 | 右前门密封条 | 100 |
| 4 | 右倒车镜 | 200 | 11 | 顶盖 | 260 |
| 5 | 前挡风玻璃 | 750 | 12 | 车顶顶篷 | 740 |
| 6 | 玻璃粘结剂 | 100 | 13 | 右前遮阳板 | 135 |
| 7 | 右前门玻璃 | 205 | 14 | 车顶饰条(2根) | 432 |
| | | | 费用总计:4006元 | | |

## 七、制作案例4的损失评估表

在前面已将评估的主要环节进行了详细分析，在此基础之上可形成一个损失评估表。除了前述分析的一些问题，具体制作时还需考虑以下问题。

(1) 评估基准时点。通常评估基准时点为事故时点，本案例中事故发生的时间为 2008 年 12 月 15 日 9 时，所以评估基准时点为 2008 年 12 月 15 日。表 2-30 配件价格即为以该基准时点询得的价格。

(2) 工时单价取目前南京市场平均水平 80 元/工时。

(3) 残值的确定。本案中可计算残值的主要配件如下。

废金属件：右前翼子板、顶盖共计约 2kg，通过市场询价每千克 2.5 元。

所以残值总计为 5 元。

(4) 其他费用的确定。按照“修复费用加和法”中的计算方法还有期间费用（包括管理费用、财务费用和税费）、利润。但考虑目前国内配件价格较高，所以在配件费用以及工时费用中已包含了这些费用，所以评估时应省略这些费用。

最后将表 2-29 和表 2-30 汇总形成本案例汽车损失评估总表 2-31。

表 2-31　汽车损失评估表

| 序号 | 作业项目 | 更换材料名称 | 材料费/元 | 工时数 |
|---|---|---|---|---|
| 1 | 拆卸与更换右前翼子板 | 右前翼子板 | 273 | 1.0 |
| 2 | 左前翼子板整形 | | | 1.0 |
| 3 | 拆卸与更换右前照灯总成 | 右前照灯总成 | 466 | 0.6 |
| 4 | 拆卸与更换左倒车镜 | 左倒车镜 | 200 | 0.3 |
| 5 | 拆卸与更换右倒车镜 | 右倒车镜 | 200 | 0.3 |
| 6 | 拆卸与更换前挡风玻璃 | 前挡风玻璃 | 750 | 2.0 |
| | | 玻璃粘结剂 | 100 | |
| 7 | 拆卸与更换右前门玻璃 | 右前门玻璃 | 205 | 1.0 |
| | | 右前门玻璃导槽 | 45 | |
| 8 | 右前门窗框整形 | | | 1.0 |
| 9 | 左前门窗框整形 | | | 1.0 |
| 10 | 右前门框矫正、整形作业 | | | 2.0 |
| 11 | 左前门框矫正、整形作业 | | | 2.0 |
| 12 | 拆卸与更换左前门密封条 | 右前门密封条 | 100 | 0.3 |
| 13 | 拆卸与更换右前门密封条 | 左前门密封条 | 100 | 0.3 |
| 14 | 拆卸与更换顶盖 | 顶盖 | 260 | 20.0 |
| | | 顶盖饰条 | 432 | |
| 15 | 拆卸与更换顶篷 | 车顶顶篷 | 740 | 0.0 |
| 16 | 拆卸与更换右前遮阳板 | 右前遮阳板 | 135 | 0.0 |
| 17 | 整车涂装作业 | | 4000 元 | |
| 18 | 发动机检测 | | 200 元 | |
| 19 | 车轮定位检测 | | 200 元 | |
| 材料费总额:4006 元 | | 工时费总额:32.8×80=2624 元 | | 涂装费总额:4000 元 |
| 发动机、车轮定位检测费:400 元 | | | | |
| 修理费用总额:11030 元 | | 残值:5 元 | | |

# 思 考 题

1. 汽车中部主要零部件损坏评估的要点有哪些？想一想评估员为什么要学习？
2. 怎样确定一个损坏车身结构件的更换修理方案？
3. 汽车中部主要零部件损坏的形态是怎样的？一般怎么确定其修理工艺？

## 任务3　后部中度损伤事故车损失评估

**学习目标**

（1）能够评估典型后部中度损伤事故车的损失费用。

（2）熟悉汽车后部零部件的评估要点。

（3）熟悉汽车后部零部件损坏的形态及修理工艺。

## 导入案例5：一辆福特 Fiesta 轿车后部损伤案例

案例详情：一辆长安福特 Fiesta 轿车右后部遭受较严重的撞击，相关照片如表2－32所列。

### 一、案例5的损伤检查

按照前述中的损伤检查知识，实施案例5的检查工作。主要检查顺序和损坏情况如表2－32所列。

表2－32　案例5的损伤检查照片

| | |
|---|---|
| <br>(1)后部损伤整体照 | 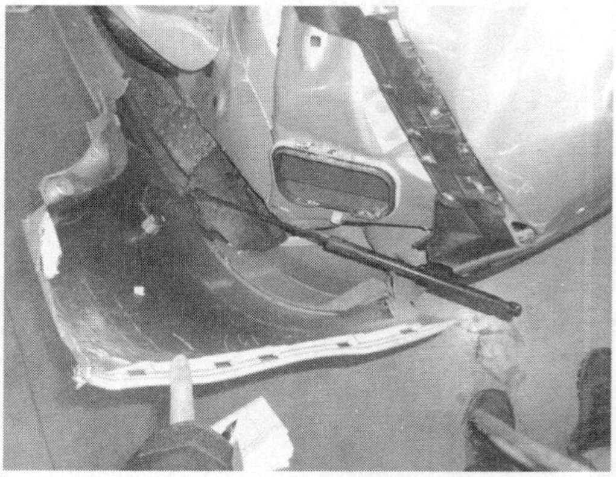<br>(2)后保险杠总成和后围板外板损伤照 |

（续）

| | |
|---|---|
| <br>（3）右后翼子板和右后尾灯总成及右后门损伤照 | <br>（4）后部内饰损伤照1 |
| <br>（5）后部内饰损伤照2 | <br>（6）后部内饰损伤照3 |
| 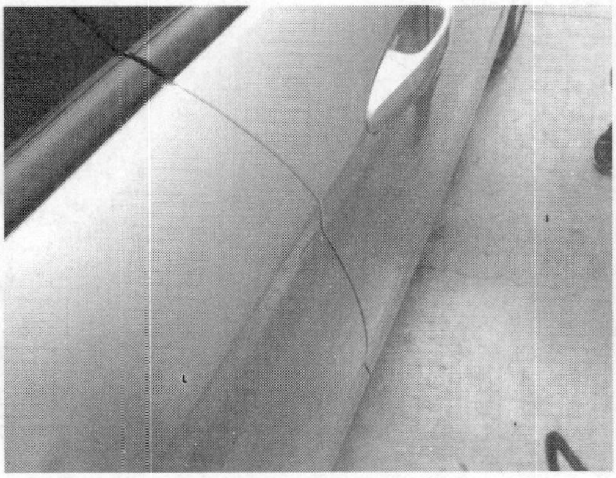<br>（7）右后门与右前门间隙照 | <br>（8）前景照 |

（续）

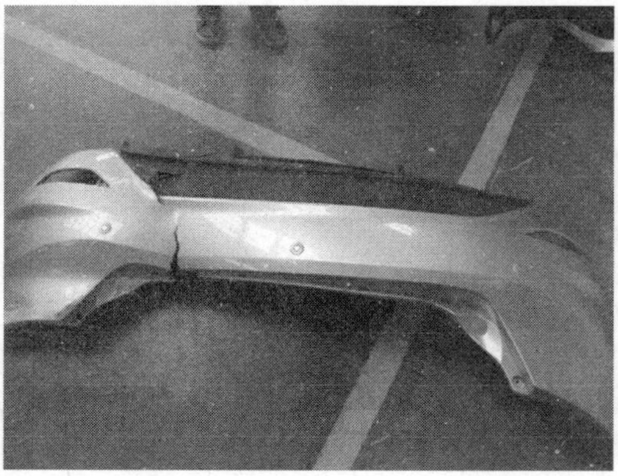

(9)后保险杠面罩和下裙板损伤细目照

(10)后保险内衬杠损伤细目照

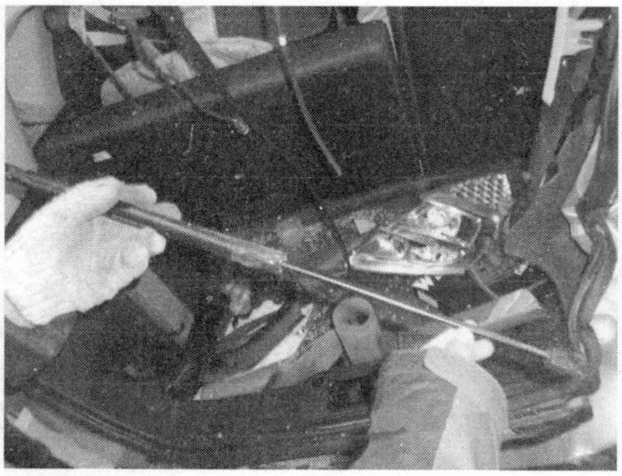

(11)举升门右撑杆损伤照

(12)高位刹车灯损伤照

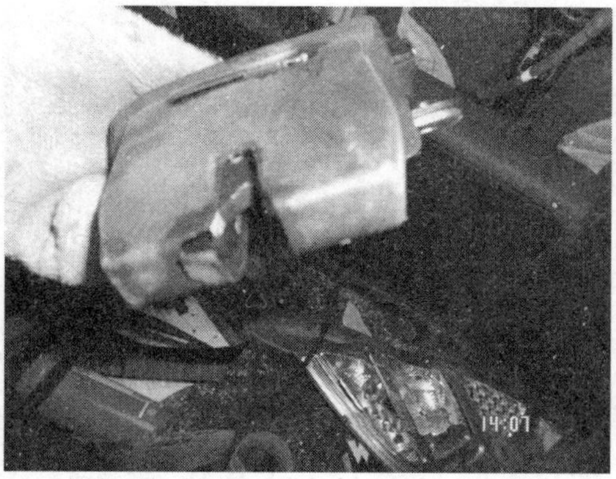


(13)举升门门锁损伤照

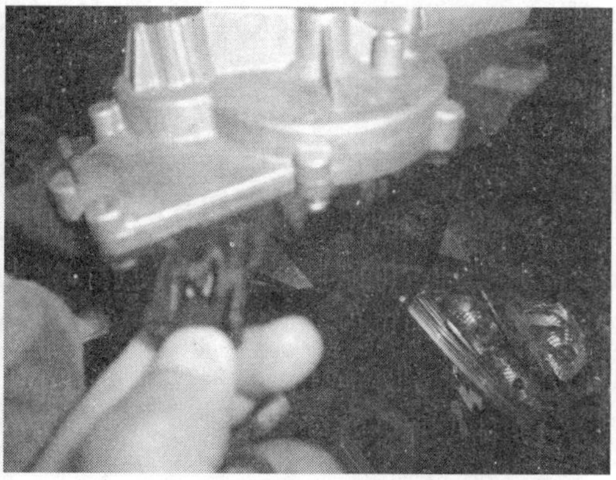

(14)举升门刮水器电机总成损伤照

（续）

(15)杂物隔板支架损伤照

(16)后部内饰损伤照 3

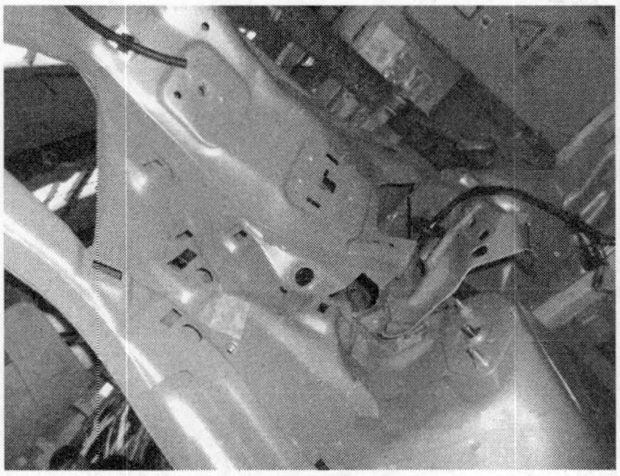

(17)右后翼子内板损伤照

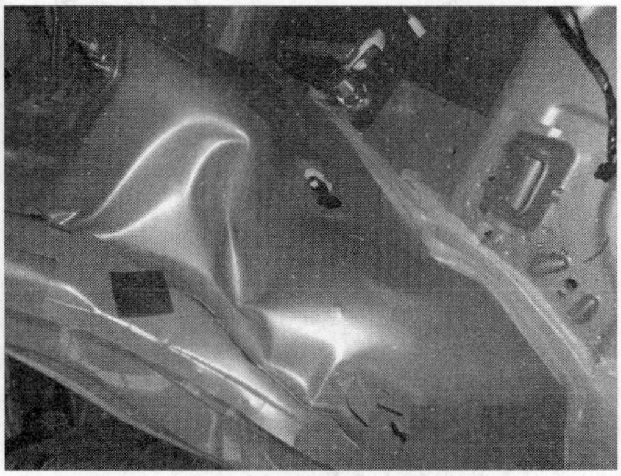

(18)右后轮罩板损伤照

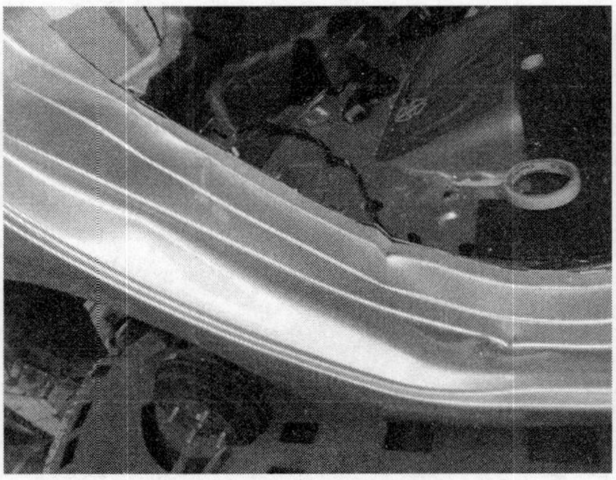

(19)右后车门门框及车门槛外板损伤照

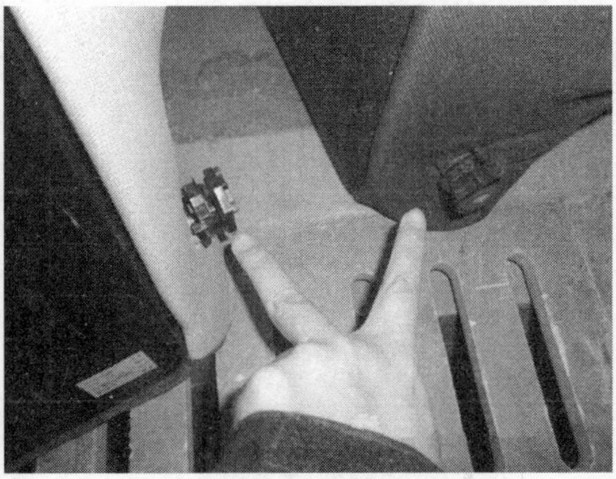

(20)后排座椅靠背连接处损伤照

## 二、汽车后部零部件损坏评估的要点

### (一) 后围侧板

后围侧板是从车门槛板和顶盖延伸到后车身板的部分,形成后车身的一侧。一个典型的后围侧板总成由以下零件组成:外板件、后窗侧板件或顶盖延伸板、内板件、锁柱、外轮罩、内轮罩以及各种加注口、延伸件、角板、立柱和加强件。在现今承载式车身车辆中,许多零部件由高强度的钢板制成,并将其两侧电镀,如表2-33所列。

表2-33 后围侧板相关信息

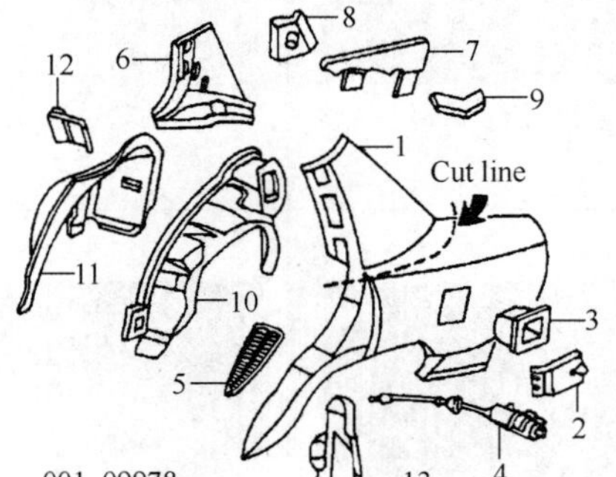


| | | | |
|---|---|---|---|
| 到后窗的拆卸和安装 0.3 | | | |
| 1. 后围外侧板92—95右 | 12539822 | #15.5 | 427.00 |
| 左 | 12539825 | #16.0 | 427.00 |
| 96—97右 | 12539816 | #15.5 | 427.00 |
| 左 | 12539817 | #16.0 | 427.00 |
| # 顶盖拆除减去4.4,包括一般的表面和包含的作业 | | | |
| 2. 油箱盖 | 25611820 | 0.3 | 34.50 |
| 油箱盖锁闩 | 25636110 | | 12.55 |
| 3. 加油漏斗 | 25554268 | | 20.30 |
| 4. 电动锁执行机构 | 25606839 | | 31.25 |
| 5. 泄压通风孔 左/右 | 3549154 | | 5.15 |
| 6. 内侧上板件 左/右 | 25628601-2 | 1.5 | 25.50 |
| 7. 内侧隔板 | | | |
| 1992—94年款 左/右 | 25606036-7 | #0..5 | 6.70 |
| 1995—97年款 不需要修理 | | | |
| 8. 内部隔板托架 | | | |
| 1992—94年款 左/右 | 8732474 | #0..5 | 1.25 |
| 1995—97年款 不需要修理 | | | |
| # 完全拆卸和更换 | | | |
| 9. 外侧隔板托架 | | | |
| 1992—94年款 左/右 | 25606024-5 | 0..5 | 6.70 |
| 1995—97年款 | | | |
| 10. 外轮罩板 左/右 | 25630789-90 | #3.0 | 124.00 |
| 11. 内轮罩板 右 | 25630779 | s#2.5 | 141.00 |
| 左 | 20740847 | s#2.5 | 141.00 |
| # 后围侧板拆除 | | | |
| 12. 车轮罩填料 右 | 25558663 | | 11.25 |
| 13. 油箱-输油管护板 | | | |
| 天线总成 | | | |
| 手动的 | 10289035 | #1.0 | 9.30 |
| 电源 | 22138200 | #1.0 | 91.11 |
| 天线杆 | | | |
| 电源 | 22154379 | #1.5 | 18.88 |
| # 包括动力天线总成 | | | |
| # 必要饰件已拆除 | | | |

1. 外板件

外板件是装饰板，它由以下部件的部分或全部组成：车身和窗户的模塑、嵌条、条状胶带、车标、门锁加强件、后角窗、油箱盖。外侧板被焊接在车门槛板、顶盖纵梁、锁柱、后底板延伸件、后窗台、后车身板件、外轮罩上。当外板件损坏时，能按照厂家所给的接缝拆开，并用 OEM、配套件、修复件予以更换，在碰撞评估指南中给出了这种作业的拆卸和更换工时。

然而，如果用 OEM 来更换，一般在窗户和车身腰线之下切割后围侧板。减去一部分零件拆卸和安装所需求的工时，对于更换整个后围侧板来说是必要的。例如，在接合处更换外板件时，后窗和侧窗必须被拆除，并在修复完成后重新安装。这不仅是一种密集型的作业，而且总会发生玻璃破裂或损坏，导致更换作业的损失增加。在低于玻璃的区域切割损坏板件（图 2－108），用一块新的或已修复的板件更换被损坏板件，这样可以避免其他作业。

图 2－108　切割线

对于许多车型，碰撞评估指南中包含了在车身腰线下切割后围侧板的作业时间。然而，非大面积损坏时，可用部分板件更换后围侧板的受损区域。例如，如果仅是侧板后角被损坏，可在轮辋槽附近进行分离、切割。这一作业的合理费用由评估员和理赔员协商而定。

一些车辆的后围侧板有后延伸板。后延伸板在车架式车身车辆中非常普遍，在承载式车身车辆中不多见。这些小板件通常用螺栓将其固定在外板件上，然后填充后外侧板和后车身板件的空隙，有时可作为后灯的安装面。后延伸件通常由印模压铸的白合金、纤维玻璃、塑料组成，损坏了就得更换。后延伸件和其他所有用螺栓固定的延伸件以及填充件均包含在外侧板的拆卸和更换中，碰撞评估指南中也为更换后延伸件列出了单独的作业费用。

2. 后部其他板件

（1）承载式侧车身：包括发动机罩之后的所有焊接板件。其中包括 A 柱、车门槛板、中柱（四门车辆）、后围侧板以及顶盖纵梁。碰撞评估指南中除了推荐切割位置外，还列出了更换完整侧身所需工时。

（2）后窗侧板件：是后围侧板的一部分，是从车身腰线之上到顶盖之间的板件。它通常是外后围侧板的一部分，但在一些车辆上，后窗侧板件被叫做延伸件，是顶盖总成的一部分，后窗侧板件被包括在外后围侧板的拆卸和更换中。如果板件需更换时，顶盖延伸件的拆卸和更换必须单独列入车损报告中。如果用乙烯基覆盖顶盖，必须留有把覆盖物从修理区域中松开并除去的相应时间。

(3) 内板件：在一些车辆上有一块外侧板和一块（或更多的）内侧板。在这些车辆上，内侧板件被焊接在外板件、锁柱、轮罩总成和底板上。内板件构成了乘坐室和行李舱的调节板。如果车辆有可移动的后侧窗，则调节器、槽和手柄都安装在内侧板上。内板件通常被汽车内饰所覆盖，因此它是不显露在外的板件。

碰撞评估指南列出了内板件的拆卸和更换，内板件不包含在外侧板的作业工时中，它们必须单独列在车损报告中。然而，由于内板件是不显露在外的板件，故能通过牵拉和金属加工技术拉直。

(4) 轮罩：为后轮提供飞溅物的防护，保护后围侧板后侧边和行李舱免受路面飞溅物的损伤。它也构成行李舱的一侧。轮罩通常由两个板件组成：内板件和外板件。内轮罩焊接在外轮罩、后窗台、后底板和顶盖侧纵梁上。外轮罩焊接在内轮罩和外侧板上，是一块不露外观的板件。轮罩不包含后围侧板的拆卸和更换。更换轮罩的作业费用和零件价格必须单独写入车损报告中。

### （二）后车身和车灯

后车身板件有许多组成部分，不同车型的后车身板件组成部分不同。在承载式车身车辆上，后车身（表2-34）包括后车身板件、后底板、后纵梁以及各种横梁、加强件、集水板和延伸件。

在一些车辆上，上后车身板位于后窗底边和行李舱盖之间，焊接在后围侧板上。在有些车辆上，上后车身板是后窗台的一部分。一些车辆有精加工板件安装在后车身板的外侧。在确定修理后车身的实际作业工序时，评估员和理赔员应记住许多后车身板件为非外露件。例如，后窗台通常被塑料饰件覆盖，用简单的金属加工方法修复金属板件使其达到基本形状和尺寸要求即可。底板和纵梁可以进行矫正修复。

当损坏板件不能被经济地修复时，碰撞评估指南中提供了更换的作业时间和零件价格。后车身板件的拆卸和更换包括后保险杠、集水板、防石板和（或）下框架、安装于板件上的所有任何阻风带和后灯总成的拆除和重新安装。也包括减振器或安装臂的拆卸和更换，或者拆卸和安装的时间（当这些作业是拆除后车身板的必需前导作业时）。当锁芯、门闩和锁销安装在板件上时，它们的拆卸和安装或拆卸和更换也包含在内。加工接缝和夹式嵌条的拆卸和更换也包含在列表清单中。

未包含在后车身板件拆卸和更换的工时的作业如下。

(1) 燃油箱总成的拆除和安装。

(2) 拆除、安装或更换布线。

(3) 重新编码门锁。

(4) 拆除粘接饰条。

(5) 安装饰条、贴纸、更换件或涂层。

(6) 为安装外饰件钻孔。

(7) 为安装尾灯钻孔。

表2－34 后车身零件和作业时间(由米切尔国际公司提供)

**后车身**

下文结合工序26和28条使用

金属薄板

整修后车身板 1.2

增加侧面 0.7

整修后车身加强件 左/右0.4

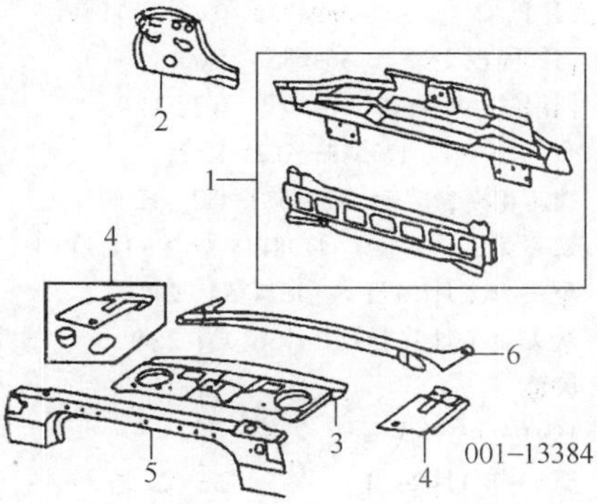


1. 后车身板 22652760 #6.0 N.A.

#每块加强件已拆除减去0.5，后围侧板拆除减去1.6，包括一般表面和包含的作业

2. 后板件延伸件 左/右 22652746-7 1.0 14.25
3. 行李舱板 N.A. 5.0 N.A.
4. 行李舱板延伸件 左/右 22650898-9 1.0 33.50
5. 行李舱板加强件 N.A. 3.0 N.A.
6. 后窗板件 22593129 3.5 18.50
7. 后舱板总成 不适用 #14.5 不适用

#后车身板已拆除，每块内轮罩板拆除减去1.5

8. 后底板总成 22602235 #10.0 625.00

#后车身板已拆除，每块内轮罩拆除减去10.0

9. 隔热板 22648469 1.5 11.10

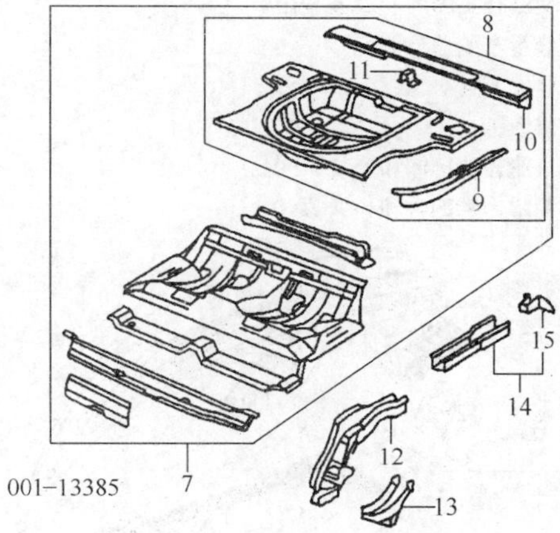


10. 后板件 22593149 2.5 30.00
11. 支承板 22637799 0.4 9.20

包括后舱板总成

(a)后底板总成

12. 前底板纵梁 左/右 N.A. s#6.5 N.A.

#后底板纵梁已拆除0.5

13. 后悬支架 左/右 N.A. s#1.5 N.A.
14. 后底板纵梁总成左/右 22654442-3 s#5.0 N.A.

#后车身板已拆除

15. 后纵梁加强件

外侧 左/右22592858-9 s0.5 3.90

内侧 左/右22592859-8 s 3.90

包括后底板纵梁总成

拆除和更换后侧纵梁和底板的作业时间仅包括钻除焊点、调整并重新焊接新板件的时间。碰撞评估指南中的作业工时不包括安装损坏板件上零件的拆除和安装(如悬架总成、轴总成、燃油箱、制动器和输油管)，也不包括为修理方便而必须拆掉的零件的拆卸和安装。这些作业必须单独列入损失报告中。损失报告也必须包括在工作台上安装车辆、拉直损坏的邻近板件和测量损坏情况的作业费用。正确的后车身板件定位对四轮驱动车辆和有独立悬架汽车尤其重要。

## (三) 行李舱盖

行李舱盖也叫行李厢盖，与发动机罩在结构和作业工序上具有相似之处。行李舱盖总

成(表2-35)由以下部分或全部零件组成:外板件、内板件、锁芯、门闩总成、锁销以及双铰链。外板件点焊在内板件的边缘处(图2-109),而内板件表面用胶粘接在顶盖下沿。两板件的结构限定了对行李舱盖进行矫正和精加工的作业方式。当行李舱盖的损坏程度已超出了合理的修理费用范围时,上、下板件作为一个整体更换。

表2-35 行李舱盖以及附属零部件(由米切尔国际公司提供)

**行 李 舱 盖**

下文结合工序24和28条使用。

整修行李舱盖外侧 2.5

增加下侧 1.1

整修铰链 左/右 0.4

行李舱盖的拆卸和安装 0.5

下侧附饰物的拆卸和安装 0.4

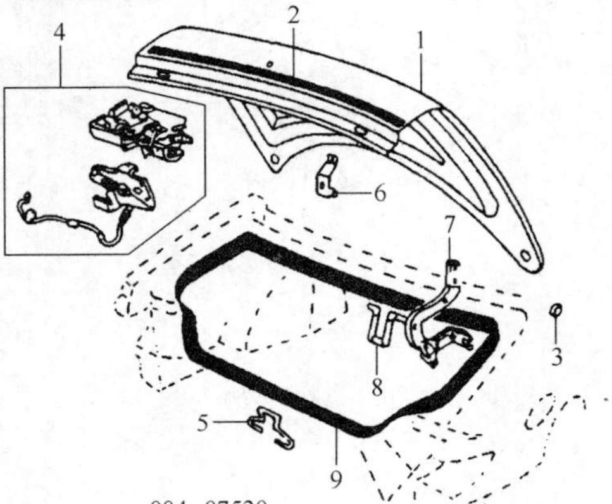


004-07530

1. 行李舱盖(HSLA) 94年款 4723823 1.5 520.00
95—96年款 4778189 1.5 445.00
97年款 4874152 1.5 495.00

2. 行李舱 盖下侧附饰物

| | | | |
|---|---|---|---|
| 纽约人 | 4584274 | 0.2 | 94.50 |
| LHS | 4630479 | 0.2 | 97.00 |
| 附着螺栓 | 6502589 | 1.00 | |

3. 缓冲垫 左/右 4265379 1.45

4. 门闩 4624762 0.4 38.75
门闩隔板支架 4646853 5.00

5. 门闩销 94—96 4646079 0.2 11.00
97 4756483 0.2 13.25
锁芯和楔,锁 94 4746672 0.2 12.50

6. 锁芯支架 95—97 4778145 0.2 11.50
至93年6月16日 4624788 2.70
从93年6月16日起 4756140 2.60

7. 铰链
1994—95年款
至93年3月26日 右 4756522 75.00
左 4624393 72.50
从93年3月26日起 右 4756522 75.00
左 4575553 67.00
1996年款 左/右 4769164-5 73.00
1997年款 左/右 4575552-3 67.00

8. 扭力杆 右 4624556 #0.5 13.25
左 4624557 #0.5 11.00
# 一个或两个的拆卸和更换

9. 阴风雨带 4583769 0.2 61.50

| | | | |
|---|---|---|---|
| 盖内饰 | 4758235 | 0.2 | 98.50 |
| 内饰板支架 | 6030441 | 1.10 | |
| 推力销 | 6035507 | 0.20 | |
| 行李舱灯 | 4601012 | | 10.75 |
| 灯泡 | 154549 | | 1.25 |

在碰撞评估指南中列出的拆除和更换行李舱盖的作业时间,包括对锁芯、门闩、锁销、阻风雨带、灯总成、线束等与行李舱盖有关的部件进行拆除和重新安装或更换的时间。否则,这些项目不包含在拆卸和更换时间内。更换夹式嵌条和敛缝也得留出一定的时间。

碰撞评估指南中所给的行李舱盖拆卸和更换工时作业未包括如下内容。

(1) 铰链的拆卸和安装或拆卸和更换。

(2) 行李舱支架或扰流板的拆卸和安装或拆卸和更换。

(3) 贴纸的拆卸和安装,如升降指示和警告标志。

(4) 粘接类型的饰条或安装,拆卸和安装新的粘接饰条。

(5) 安装条纹带、贴纸、转移件或涂层。

(6) 为安装外部装饰钻孔。

(7) 锁芯的重新编码。

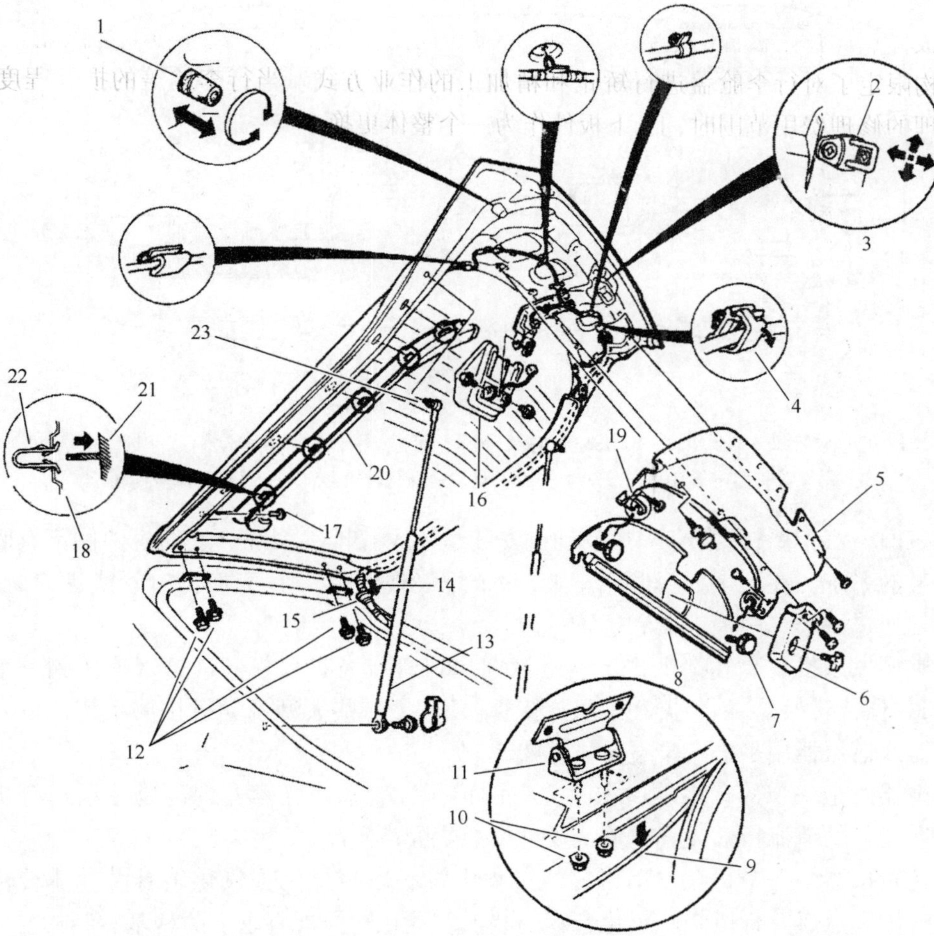


图2-109　行李舱盖(由米切尔国际公司提供)

1—行李舱盖缓冲垫(根据行李舱盖和车身后侧的间隙进行必要调整);2—门眼;
3—门眼调节(通过移动门眼进行调节,使行李舱盖方便打开);4—卡箍;5—行李舱盖内衬;6—盖;7—固定螺钉;
8—后窗台板;9—行李舱内衬;10—铰链固定螺母;11—铰链;12—行李舱盖固定螺栓;13—行李舱盖支撑杆;
14—线束拆开方向;15—垫圈;16—高位制动灯;17—卡夹;18—行李舱盖;19—支架;
20—壳体覆盖层;21—壳体夜盖层;22—卡箍;23—支撑杆安装螺栓。

(8) 行李舱盖的整修。

### (四)排气系统

排气系统的功能是收集在发动机内空气、燃料混合物燃烧所产生的废气。也可以减少发动机产生的噪声,并有助于发动机冷却。当代汽车的排气系统也采用了可减少废气污染物排放的一些措施。排气系统主要包括以下组成部分(图2-110):排气歧管和密封垫、排气管、密封圈及接管、中间管、催化转换器、消声器、谐振器、尾管、隔热罩、卡箍、衬垫和吊架。

废气收集始于排气歧管和气缸盖。这是排气系统的第一部分,并用螺栓与气缸盖连接。排气歧管设计成与气缸盖排气口相对应的连接部件。大多数直列发动机装备单独排气歧管。V形发动机的每一个气缸盖都有一个排气歧管。V形发动机每个气缸盖装备一个

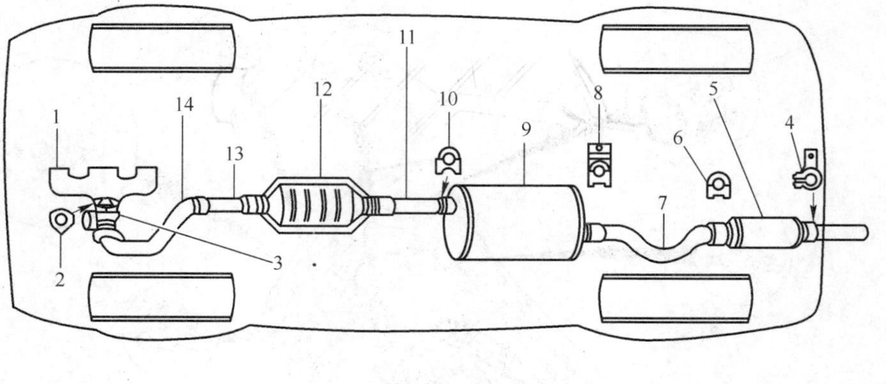


图 2-110　排气系统组成

1—排气歧管;2—密封垫;3—EFE 或者热控制阀;4—吊架;5—谐振器;6—卡箍;7—尾管消声器;8—吊架;9—消声器;10—卡箍;11—中间管;12—催化转换器;13—连接管;14—排气管。

歧管。在旧型汽车里,通常给 V 形发动机安装整体式双排气系统。发动机两侧都有收集和排放废气的系统。在大多数新型汽车上,两个排气歧管由一个 Y 形出口管或进口管连接。所有废气通过一个单独消声器和尾管排出。

各类型发动机的废气都由排气歧管流向出口管或者进口管。进口管连接到一个串接出口管,如催化转换器、消声器和中间连接管。所以,一些大型发动机排放系统还设有第二个消声器或谐振器用来进一步衰减排气噪声。

消声器就是一个带有小进口和大出口的罐子或容器。在容器内部是一系列有规则排列的反射废气的节流板。废气节流或反射使燃烧噪声衰减。

催化转换器是一个将在发动机燃烧过程中没有燃烧掉的一氧化碳有害气体转化成二氧化碳气体和点燃并且燃烧碳氢化合物的装置。催化转换器有以下两种基本结构。

(1) 单体。这种结构用在克莱斯勒和福特汽车上(图 2-111(a)),它由在蜂窝陶瓷基体或载体上沉积贵金属催化剂所形成。催化剂通常是白金(Pt)或钯(Pd)。这个催化剂包容在一个不锈钢壳内,更确切地说,它是在一个保持催化剂表面温度为 250~300 ℉的绝热外壳内。

(2) 粒状。这种结构是扁平的(看起来像一个热水瓶),并包括由数千微孔或微珠组成的基体,其表面吸附着与蜂窝和单板结构相同的贵金属催化剂。这些微球封装在一个不锈钢绝热壳体内。

排气系统的损坏可由发动机噪声显著增加而发现。同样,也应该目视检查排气系统的零部件是否有裂纹或弯曲。当损坏比小擦伤或轻微弯曲严重时,所有的损坏零件都应予以更换。排气尾管的小面积损坏可用一个排气管加长件予以更换。损坏或者性能不良的催化转换器应该予以更换。催化转换器必须用环保署认可的原厂件、配套件或修复件加以更换。旧催化转换器除非经过测试证明它仍可在 2 min 内净化 50% 以上的未燃烧碳氢化合物(HC)和一氧化碳(CO),或者在 200s 内可以净化 75% 的未燃烧 HC 和 CO,否则不允许安装。维修旧转换器必须经检验表明它能工作至少 25000mile,或者能够保持至少 5 年或者 50000mile 不会因结构损坏而失效。

许多排气零件都有一个最短时效。这些零件时常由于锈蚀而失效。因此,在使用过程中应采取改进措施。

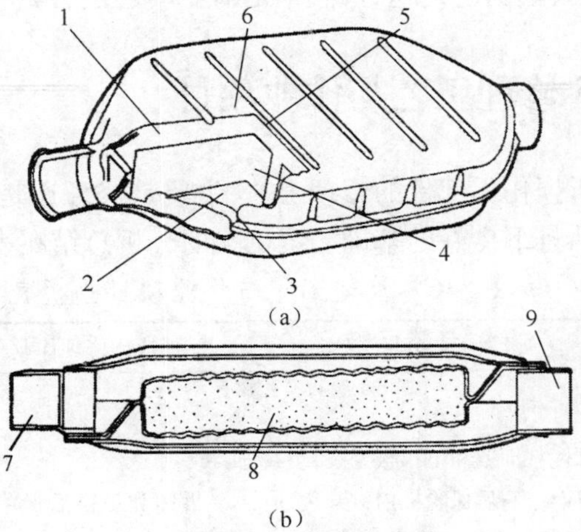


图2-111　催化转化器

(a)单体式催化转换器;(b)粒式催化转换器。

1—绝热层;2—支承基体;3—绝缘层;4—催化剂;5—催化转换器壳;6—外壳;

7—进气口;8—小球状催化物;9—出气口。

## (五) 后悬架系统

碰撞修理企业评估员或者保险公司鉴定员将会遇到各种汽车悬架系统。一些较常见的后悬架系统如图2-112所示。应用在汽车上的后悬架系统的类型取决于以下因素:汽车

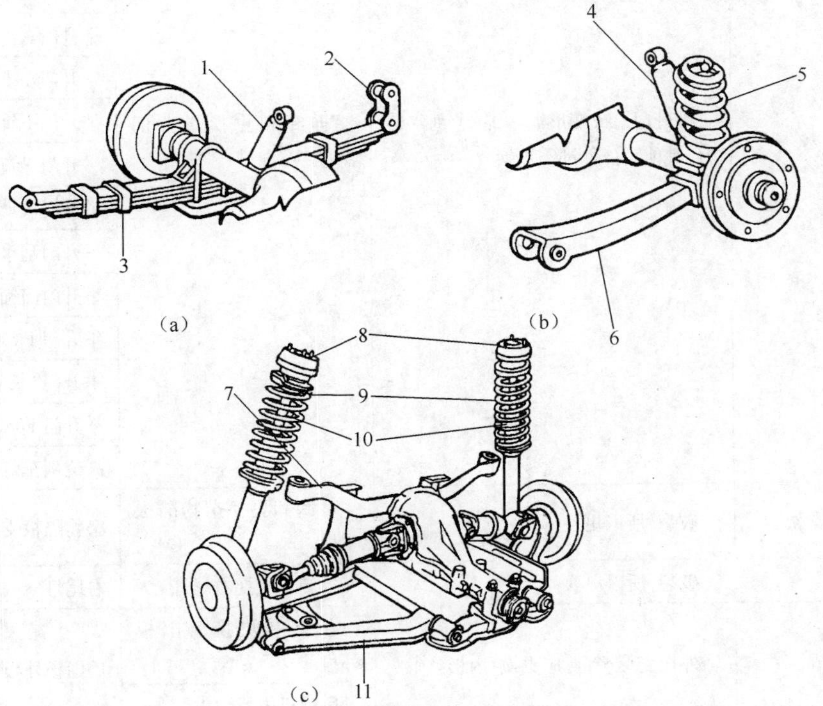


图2-112　后悬架系统

(a)钢板弹簧;(b)螺旋弹簧;(c)麦弗逊独立悬架。

1—减振器;2—吊耳;3—板弹;4—减振器;5—弹簧;6—导向臂;7—副横梁;8—连接车身的减振器座;

9—螺旋弹簧;10—减振器;11—控制臂。

的重量,汽车是用于运动、享受还是越野,汽车是前驱动还是后驱动。

## 三、确定案例5修理工艺与作业项目

损伤检查后,应分析损伤零部件的修理工艺,主要是修理还是更换,以及需要哪些修理作业,为后续的损失评估打下良好的基础。案例5的分析总结在表2-36中。

表2-36 修理工艺与作业项目分析表

| 损失项目 | 修理工艺分析 | 形成的修理作业 | 所需的配件或材料 |
|---|---|---|---|
| 后保险杠总成 | 后保险杠面罩和下裙板开裂,裂纹较长,应更换;后保险杠内衬开裂,应更换;骨架及右支架变形,应更换;后保险杠右后装饰灯开裂,应更换 | 拆卸和更换后保险杠总成 | 后保险杠面罩 |
| | | | 后保险杠下裙板 |
| | | | 后保险杠内衬 |
| | | | 后保险骨架 |
| | | | 后保险右支架 |
| | | | 后保险杠右装饰灯 |
| 举升门总成 | 举升门总成变形严重,除了刮水器臂,其他零部件都需更换 | 拆卸和更换举升门总成 | 举升门壳 |
| | | | 举升门左上铰链 |
| | | | 举升门右上铰链 |
| | | | 举升门右撑杆 |
| | | | 举升门内饰板 |
| | | | 举升门右上饰板 |
| | | | 举升门左上饰板 |
| | | | 举升门下饰板 |
| | | | 举升门导流板 |
| | | | 举升门玻璃 |
| | | | 举升门刮水器电机 |
| | | | 举升门门锁 |
| | | | 举升门 Fiesta 标牌 |
| | | | 举升门"长安福特"标牌 |
| | | | 举升门 Ford 标牌 |
| | | | 高位刹车灯 |
| 杂物隔板支架 | 破裂,所以更换 | 拆卸和更换杂物隔板支架 | 杂物隔板支架 |
| 右尾灯 | 破裂,所以更换 | 拆卸和更换右尾灯 | 右尾灯 |
| 后围板总成 | 外板变形严重,应更换;内板整形 | 拆卸和更换后围板外板 | 后围板外板 |
| | | 后围板内板矫正 | |
| 右后翼子板 | 变形严重,切割更换 | 切割更换右后翼子板 | 右后翼子板 |
| 右后翼子内板 | 变形严重,更换 | 拆卸和更换右后翼子内板 | 右后翼子内板 |

（续）

| 损失项目 | 修理工艺分析 | 形成的修理作业 | 所需的配件或材料 |
|---|---|---|---|
| 右后翼子板内饰板总成 | 破裂,应更换 | 拆卸和更换右后翼子板内饰板总成 | 右后翼子板内饰板 |
| | | | 右后翼子板上饰板 |
| | | | 右后翼子板下饰板 |
| | | | 右后翼子板三角内饰板 |
| 右后轮罩内板 | 变形严重,应更换 | 拆卸和更换右后轮罩内板 | 右后轮罩内板 |
| C 柱内板、加强板 | 变形严重,应更换 | 拆卸和更换 C 柱内板和加强板 | C 柱内板 |
| | | | C 柱加强板 |
| 右后车门门框及车门槛外板 | 变形不严重,应修复 | 右后车门门框及车门槛外板整形 | 无 |
| 右后门总成 | 右后门壳变形,应更换 | 拆卸和安装右后门总成(右后门壳更换) | 右后门壳 |
| 右后门密封胶条 | 破裂,应更换 | 拆卸和安装右后门密封胶条 | 右后门密封胶条 |
| 后排座椅靠背 | 连接处损伤,无法修理,应更换 | 拆卸和安装后排座椅靠背 | 后排座椅靠背 |
| 涂装作业项目 | 需要涂装作业项目的板件有后保险杠面罩、后围板、后翼子板、右后门、右后车门门框及车门槛外板部分区域 | | |

## 四、确定案例 5 的工时费

根据表 2－35 中所需的作业项目,可确定本案例车损修复完毕所需的作业工时。此处确定的作业工时概念等同于米切尔评估指南中的作业工时,不同于《汽车维修工时定额和维修费用计算办法》中的作业工时的概念。所以拆装工时参考机械工业出版社出版的王永盛主编的《汽车评估》中的换件工时表(附录 1)以及 Fiesta 轿车的工时手册。拆装作业工时确定和分析如表 2－37 所列。

修理作业需要评估员自己估算,具体估算情况如表 2－37 所列。

对于涂装作业项目,根据面积法推算,具体估算情况如表 2－37 所列。

表 2－37　作业工时确定表

| 作 业 项 目 | 参 考 工 时 |
|---|---|
| 拆卸和更换后保险杠总成 | 2.0 |
| 拆卸和更换举升门总成 | 5.5 |
| 拆卸和更换杂物隔板支架 | 0.3 |
| 拆卸和更换右尾灯 | 0.5 |
| 拆卸和更换后围板外板 | 5.0 |
| 后围板内板矫正 | 2.0 |
| 切割更换右后翼子板 | 6.0 |
| 拆卸和更换右后翼子内板 | 3.0 |

（续）

| 作业项目 | 参考工时 |
|---|---|
| 拆卸和更换右后翼子板及后围板内饰板总成 | 1.0 |
| 拆卸和更换右后轮罩内板 | 3.0 |
| 拆卸和更换 C 柱内板和加强板 | 5.0 |
| 右后车门门框及车门槛外板整形 | 2.0 |
| 拆卸和安装右后门总成（右后门壳更换） | 3.0 |
| 拆卸和安装右后门密封胶条 | 0.3 |
| 拆卸和安装后排座椅靠背 | 0.5 |
| 涂装作业项目 | 需要涂装作业项目的板件有后保险杠面罩、后围板、右后翼子板、右后门、右后车门门框及车门槛外板部分区域，按照面积法评估总费用约为 2300 元 |
| 此表合计工时：39.1 工时 | |

## 五、案例 5 零配件价格确定

在前面“汽车零配件的分类与选择”中已分析，保险公司定损时，应选择新的正厂件的价格计算实际修复费用。所以此处配件价格按照新的正厂件的价格确定。

通过向南京的 4S 店与汽配市场询价，取中间值，得到需要更换配件的价格如表 2－38 所列。

表 2－38　需更换的配件价格表　　单位：元

| 序号 | 更换配件名称 | 配件价格 | 序号 | 更换配件名称 | 配件价格 |
|---|---|---|---|---|---|
| 1 | 后保险杠面罩 | 695 | 20 | 举升门“长安福特”标牌 | 60 |
| 2 | 后保险杠下裙板 | 230 | 21 | 杂物隔板支架 | 136 |
| 3 | 后保险杠内衬 | 160 | 22 | 举升门 Ford 标牌 | 60 |
| 4 | 后保险杠骨架 | 110 | 23 | 高位刹车灯 | 170 |
| 5 | 后保险杠右支架 | 85 | 24 | 右尾灯 | 510 |
| 6 | 后保险杠右装饰灯 | 40 | 25 | 后围板外板 | 315 |
| 7 | 举升门壳 | 2350 | 26 | 右后翼子板 | 1236 |
| 8 | 举升门左上铰链 | 74 | 27 | 右后翼子内板 | 1230 |
| 9 | 举升门右上铰链 | 74 | 28 | 后围板内饰板 | 310 |
| 10 | 举升门右撑杆 | 132 | 29 | 右后翼子板上饰板 | 165 |
| 11 | 举升门内饰板 | 265 | 30 | 右后翼子板下饰板 | 465 |
| 12 | 举升门右上饰板 | 50 | 31 | 右后翼子板三角内饰板 | 50 |
| 13 | 举升门左上饰板 | 50 | 32 | 右后轮罩内板 | 1050 |
| 14 | 举升门下饰板 | 180 | 33 | C 柱内板 | 465 |
| 15 | 举升门导流板 | 1120 | 34 | C 柱加强板 | 420 |
| 16 | 举升门玻璃 | 323 | 35 | 右后门壳 | 1510 |
| 17 | 举升门刮水器电机 | 410 | 36 | 右后门密封胶条 | 135 |
| 18 | 举升门门锁 | 250 | 37 | 后排座椅靠背 | 1850 |
| 19 | 举升门 Fiesta 标牌 | 70 | 费用总计：16805 元 | | |

## 六、制作案例5的损失评估表

在前面已将评估的主要环节进行了详细分析，在此基础之上可形成一个损失评估表。除了前述分析的一些问题，具体制作时还需考虑以下问题。

(1) 评估基准时点。通常评估基准时点为事故时点，本案例中事故发生的时间为2013年3月11日14时，所以评估基准时点为2013年3月11日。表2-37配件价格即为以该基准时点询得的价格。

(2) 工时单价取目前南京市场平均水平80元/工时。

(3) 残值的确定。本案中可计算残值的主要配件如下。

废塑料件：保险杠面罩、下裙板、内饰板，共计6kg，其中保险杠面罩材料类型为PP，通过市场询价每千克PP为3.5元。

废金属件：后保险杠骨架、后保险杠右支架、举升门壳、举升门左上铰链、举升门右上铰链、举升门右撑杆、举升门门锁、举升门刮水器电机、右后翼子板、右后翼子内板、右后轮罩内板、C柱内板、C柱加强板、右后门壳及发动机安装支座，共计约40kg，通过市场询价每千克1.6元。

所以残值总计为79元，计算公式为：$6\times2.5+40\times1.6=79$ 元。

(4) 其他费用的确定。按照“修复费用加和法”中的计算方法还有期间费用(包括管理费用、财务费用和税费)、利润。但考虑目前国内配件价格较高，所以在配件费用以及工时费用中已包含了这些费用，所以评估时应省略这些费用。

最后将表2-37和表2-38汇总形成本案例汽车损失评估总表2-39。

表2-39 汽车损失评估表

| 序号 | 作业项目 | 更换材料名称 | 材料费/元 | 工时数 |
|---|---|---|---|---|
| 1 | 拆卸和更换后保险杠总成 | 后保险杠面罩 | 695 | 2.0 |
| | | 后保险杠下裙板 | 230 | |
| | | 后保险杠内衬 | 160 | |
| | | 后保险骨架 | 110 | |
| | | 后保险右支架 | 85 | |
| | | 后保险杠右装饰灯 | 40 | |
| 2 | 拆卸和更换举升门总成 | 举升门壳 | 2350 | 5.5 |
| | | 举升门左上铰链 | 74 | |
| | | 举升门右上铰链 | 74 | |
| | | 举升门右撑杆 | 132 | |
| | | 举升门内饰板 | 265 | |
| | | 举升门右上饰板 | 50 | |
| | | 举升门左上饰板 | 50 | |
| | | 举升门下饰板 | 180 | |
| | | 举升门导流板 | 1120 | |
| | | 举升门玻璃 | 323 | |
| | | 举升门刮水器电机 | 410 | |
| | | 举升门门锁 | 250 | |
| | | 举升门 Fiesta 标牌 | 70 | |
| | | 举升门“长安福特”标牌 | 60 | |
| | | 举升门 Ford 标牌 | 60 | |
| | | 高位刹车灯 | 170 | |

（续）

| 序号 | 作业项目 | 更换材料名称 | 材料费/元 | 工时数 |
|---|---|---|---|---|
| 3 | 拆卸和更换杂物隔板支架 | 杂物隔板支架 | 136 | 0.3 |
| 4 | 拆卸和更换右尾灯 | 右尾灯 | 510 | 0.5 |
| 5 | 拆卸和更换后围板外板 | 后围板外板 | 315 | 5.0 |
| 6 | 后围板内板矫正 | | | 2.0 |
| 7 | 切割更换右后翼子板 | 右后翼子板 | 1236 | 6.0 |
| 8 | 拆卸和更换右后翼子内板 | 右后翼子内板 | 1230 | 3.0 |
| 9 | 拆卸和更换右后翼子板及后围板内饰板总成 | 后围板内饰板 | 310 | 1.0 |
| | | 右后翼子板上饰板 | 165 | |
| | | 右后翼子板下饰板 | 465 | |
| | | 右后翼子板三角内饰板 | 50 | |
| 10 | 拆卸和更换右后轮罩内板 | 右后轮罩内板 | 1050 | 3.0 |
| 11 | 拆卸和更换C柱内板和加强板 | C柱内板 | 465 | 5.0 |
| | | C柱加强板 | 420 | |
| 12 | 右后车门门框及车门槛外板整形 | | | 2.0 |
| 13 | 拆卸和安装右后门总成(右后门壳更换) | 右后门壳 | 1510 | 3.0 |
| 14 | 拆卸和安装右后门密封胶条 | 右后门密封胶条 | 135 | 0.3 |
| 15 | 拆卸和安装后排座椅靠背 | 后排座椅靠背 | 1850 | 0.5 |
| 16 | 涂装作业项目 | | 2300元 | |
| 材料费总额:16805元 | | 工时费总额:39.1×80=3128元 | | 涂装费总额:2300元 |
| 修理费用总额:22233元 | | 残值:79元 | | |

# 思 考 题

1. 汽车后部主要零部件损坏评估的要点有哪些？想一想评估员为什么要学习？
2. 汽车后部主要零部件损坏的形态是怎样的？一般怎么确定其修理工艺？

# 学习情境3

# 严重损伤事故车损失评估

本学习情境中所说的严重损伤事故车,应属于严重损坏车辆大类中损伤偏重的类型。人们一般将轿车分为前部(发动机室)、中部(乘客室)、后部(行李厢室)3部分,严重损伤事故车指损伤扩散到全车的变形,而且前部、中部、后部的结构件都有变形。

**学习目标:**

(1)能够判断出严重损伤的事故车是报废还是修理。

(2)能够评估典型碰撞严重损伤事故车的损失费用。

(3)熟悉影响事故车报废与修理选择方案的因素。

(4)熟悉事故车报废与修理选择方案的方法。

## 导入案例6:一辆赛欧轿车侧面碰撞严重损伤案例

案例详情:一辆雪佛兰赛欧轿车侧面严重碰撞事故,相关照片如表3-1所列。

## 一、案例6的损失评估

按照损伤检查知识,可以实施案例6的检查工作。主要检查顺序和损坏情况如表3-1所列。

表3-1 案例6的损伤检查照片

| | |
|---|---|
| 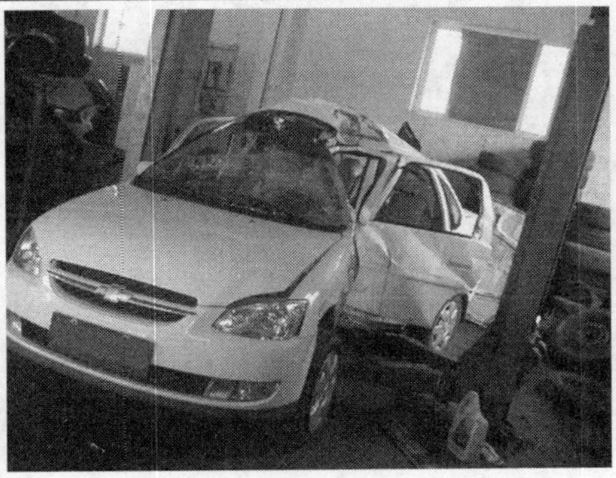<br>(1) | <br>(2) |

（续）

| | |
|---|---|
| <br>（3） | <br>（4） |
| 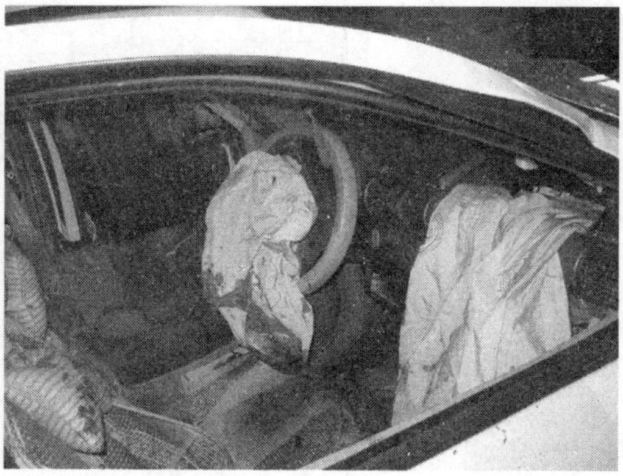<br>（5） | <br>（6） |
| <br>（7） | <br>（8） |

（续）

| | |
|---|---|
| <br>(9) | <br>(10) |
| 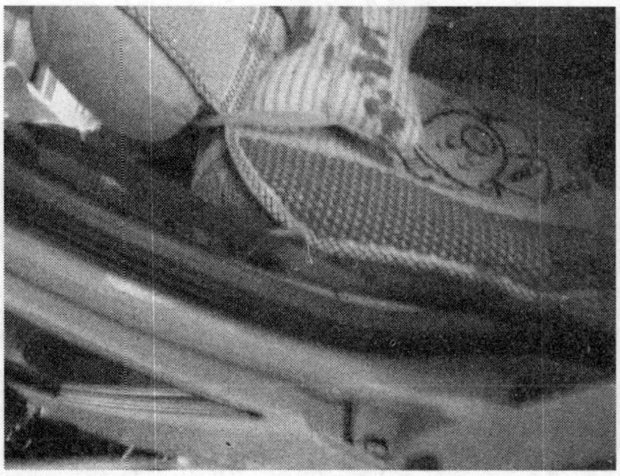<br>(11) | <br>(12) |
| 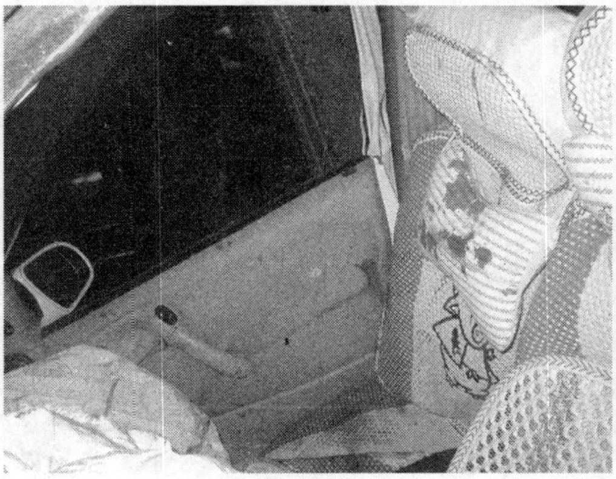<br>(13) | <br>(14) |

（续）

| | |
|---|---|
| <br>（15） | <br>（16） |
| <br>（17） | <br>（18） |
| <br>（19） | <br>（20） |

（续）

| | |
|---|---|
| 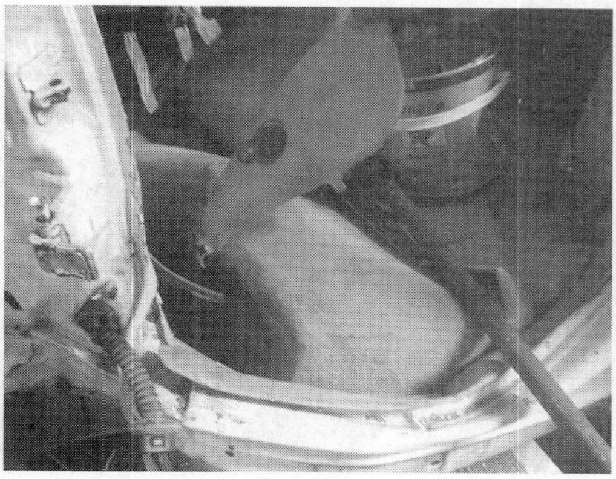<br>（21） | 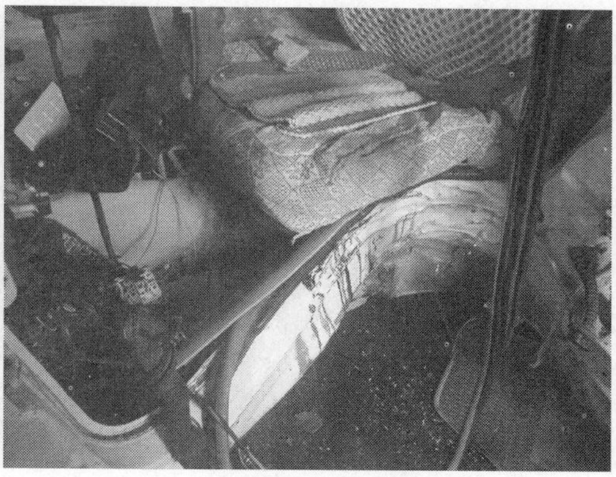<br>（22） |
| <br>（23） | <br>（24） |
| <br>（25） | <br>（26） |

（续）

（27）

（28）

（29）

（30）

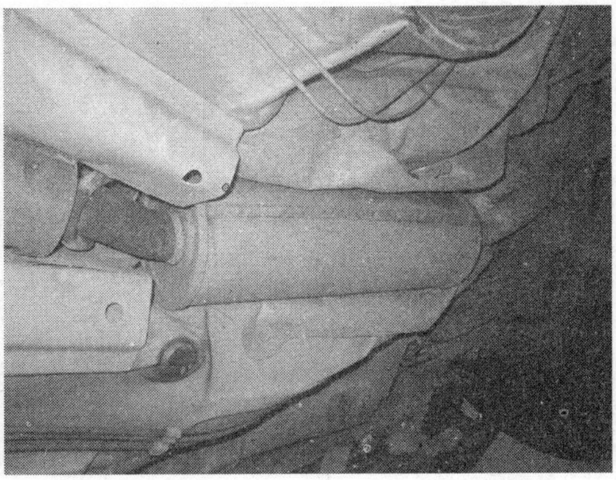
（31）

（32）

（续）

| | |
|---|---|
| <br>(33) | 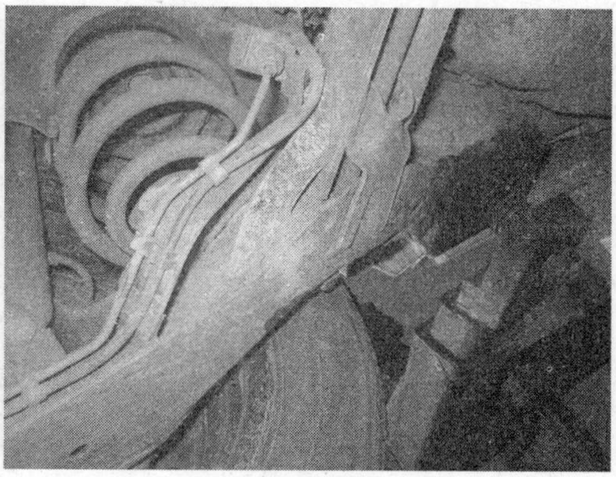<br>(34) |
| <br>(35) | 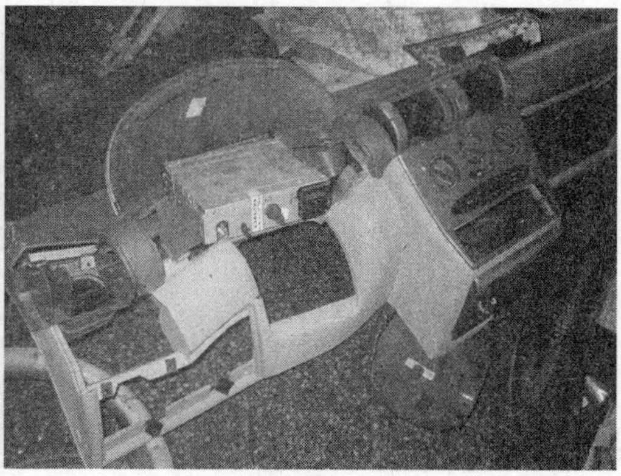<br>(36) |
| 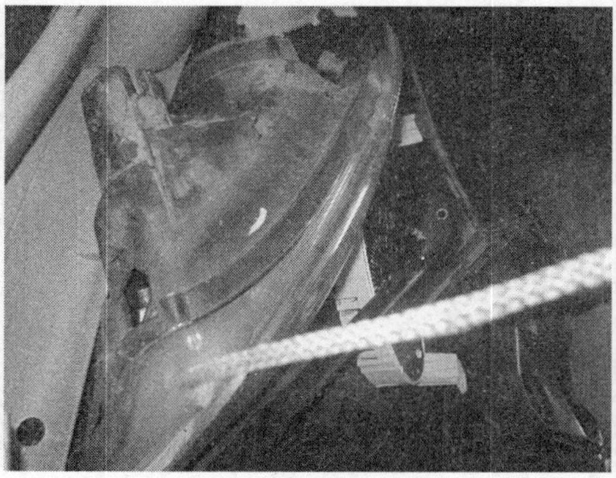<br>(37) | 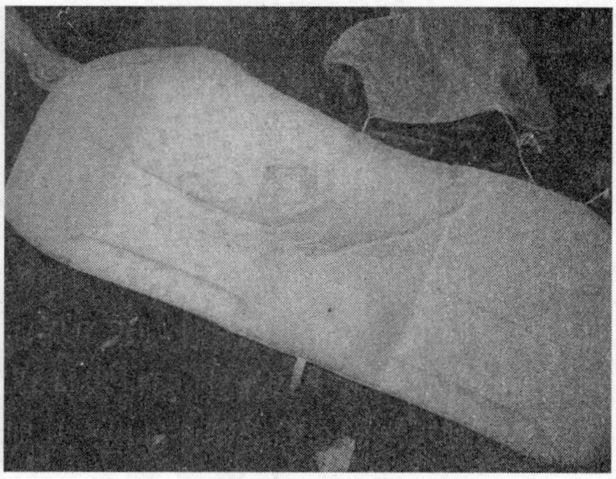<br>(38) |

（续）

| | |
|---|---|
| 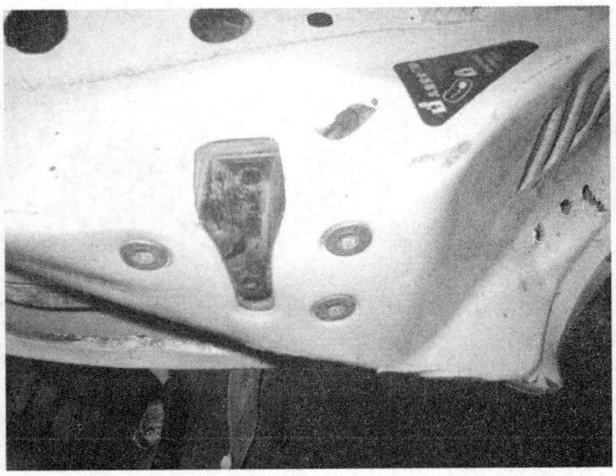<br>(39) | 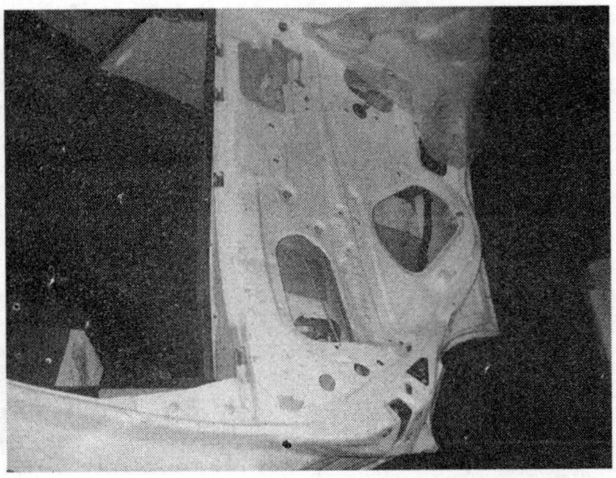<br>(40) |
| <br>(41) | <br>(42) |
| <br>(43) | 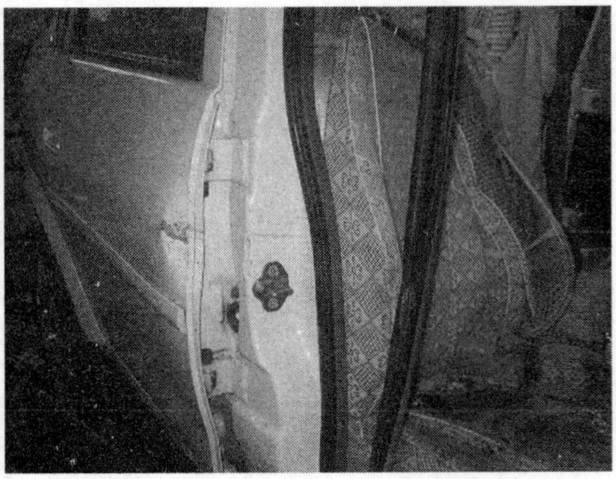<br>(44) |

（续）

| | |
|---|---|
| <br>（45） | <br>（46） |
| <br>（47） | <br>（48） |

损伤检查后，应分析损伤零部件的修理工艺，主要是修理还是更换，以及需要哪些修理作业，为后续的损失评估打下良好的基础。本案例的修理工艺与作业项目如下。

（1）拆装与更换：车壳、前照灯总成、后视镜总成、内饰板、左前门内扣手及护罩、车门玻璃及密封条、前门外把手总成、玻璃升降器、门锁执行器、车门密封条、左前门锁块、车门内把手、车门装饰条、车门内把手饰框、门饰板上盖、门锁执行器、装饰盖板、右内扣手、前挡风玻璃、遮阳板、内后视镜、左右A柱内饰板、左B柱内饰板、前风窗导流板、车顶内衬、装饰条、空调进风道、安全带、顶篷拉手、驾驶人安全气囊、副驾驶人安全气囊、气囊控制电脑、气囊游丝、气囊盖板、驾驶人座椅、副驾驶人座椅、转向柱管上下罩、左地板压条、门槛防磨板、地毯、挡泥板、空调侧出风格栅、仪表板侧出风口、空调控制面板、空调箱总成、组合仪表、仪表台骨架、仪表板左下饰板、减振器、后桥架梁、左后轮轴承、中排气管带消声器、稳定杆、平衡杆连接杆、发动机后胶垫、轮胎、轮辋、轮罩、CD、前翼子板衬板、刮水开关、转向柱支架。

（2）全车涂装。

（3）拆装调试定位。

接着应确定案例6的零配件价格。在前面“汽车零配件的分类与选择”中已分析，保险公司定损时，应选择新的正厂件的价格计算实际修复费用，所以此处配件价格按照新的正厂件的价格确定。配件价格具体确定方法应选择市场询价法。

根据上面的资料可以编写案例6的损失评估表，此处省略。

## 二、事故车报废与修理选择方案分析

理论上，任何受损的车辆都可以修复到原状，甚至修复到全新的状态。但从经济性角度看，对于严重损伤的汽车，将其报废应是较好的选择。那么，一般损坏到什么程度需要报废？有什么样的评价标准？除了经济性因素外有没有其他因素影响汽车是报废还是修理的选择？下面将对这些问题进行分析。

### （一）影响事故车报废与修理选择方案的因素

1. 经济性因素

首先先分析一个概念：车辆现值（ACV）。任何车辆在使用中都会不断磨损，因此都有一定的寿命。通常随着车龄和行驶里程的增加，车龄的价值逐渐降低，即使维护和保养得再好的车辆也不例外。例如，几年前售价为15万元的新车，现在如果状况良好而且行驶里程不是很长，其平均零售价可能只有8万元。这个8万元就是这辆汽车的现值。从评估事故车角度讲，车辆现值指的是发生事故前那一时刻车辆所具有的实际价值。

从经济性角度来看，一辆事故汽车是报废还是修理，主要看该辆汽车是否具有修理价值。如果一辆汽车的修理成本已达到或超过车辆现值，则该辆汽车已无修理价值，就应报废，保险公司将其称为全损车。

因为，除了一些特殊的车辆外，对一辆汽车花费大量的金钱进行修理不会显著地增加其市场价值。例如，花5万元对一辆事故车现值为4万元的汽车进行修理，不会得到一辆价值9万元的汽车，甚至达不到4万元。

2. 客户满意度因素

从保险公司角度来讲，考虑事故车是报废还是修理，除了以经济性因素为主以外，还应适当从客户角度出发加以考虑。

有些客户，对自己所驾驶的汽车产生情感，当车辆发生严重碰撞事故时，他们往往希望将车修理到事故前的状态，而不是报废，这时应尽可能从客户满意度出发，选择修理方案。

### （二）确定事故车报废与修理选择方案的方法

除了客户有特殊要求外，事故车的报废与修理的选择方案，应从经济性角度考虑。具体确定时主要确定3个重要参数：车辆现值、汽车修理总费用、汽车残值。

车辆现值主要通过市场法或重置成本法确定。修理总费用，则需要将事故车假设进行修理的方案，评估出其修理总费用。汽车残值的确定通常有以下几步：将报废的汽车零件分类；估计各类零件的重量；根据旧材料价格行情确定残值。

各保险公司在确定该车是否报废时，都有自己的原则和公式，下面是比较常见的确定方案。

方案1:汽车修理总费用等于或超过ACV。

方案2:汽车修理总费用等于或超过ACV的某个百分比时,如75%或80%。

方案3:汽车修理总费用加上车辆的残值等于或超过ACV或ACV的某个百分比时。

对于一些有特殊要求的客户,希望车辆被修理到事故前的状态,此时应予以考虑,具体方法应根据ACV计算出该车的全损限额。例如一辆汽车的ACV为10万元,按照上面的方案2中的80%,可得出该车的全损限额为8万元,即要不报废该车,必须将汽车修理总费用控制在8万元以下,此时则需要和客户协商,为了确保不报废,可首选副厂件或拆解旧件,可有效降低修理费用。

## 思考题

1. 请描述汽车现值、全损限额、残值以及推定全损的含义。
2. 影响事故车报废与修理选择方案的因素有哪些?
3. 怎样确定一个事故车是报废还是修理?

# 学习情境4

## 水灾事故车损失评估

**学习目标：**

（1）能够正确实施水淹汽车的施救工作。

（2）能够评估典型水灾事故车的损失费用。

（3）熟悉水灾损失时汽车的形态。

（4）熟悉水淹汽车的损坏形式。

（5）熟悉水灾事故车的分级标准。

每到夏季，因暴雨、洪水等自然灾害造成的汽车损坏（图4-1），在给车主带来使用方面极大不便的同时，也会给车主和保险公司造成较为严重的经济损失。

图4-1　水灾汽车损失

由于保险公司的保险条款有约定，保险车辆在被淹过排气管的水中再次启动使发动机受到的损失，或者是车辆被水淹过之后因操作不当导致的发动机损坏，保险人不承担保险责任。这就使得界定因水灾造成的发动机损坏时，哪些属于保险责任，哪些不属于保险责任，变得非常重要。如果判定为非保险责任而证据不够充足时，常常会造成保险索赔时的纠纷，甚至于产生民事诉讼。

对于仓储式的停车被淹，由于因水灾造成的损失通常是众多标的同时受损，所以在短时间内要对众多车型、不同受损程度的汽车进行较科学的损失评估，往往会使车险评估人员感觉非常棘手。

从大量的水灾案例实践中分析得知，做好汽车水灾理赔工作必须从以下几个方面入手。

(1) 迅速、快捷地到达出险现场，认真、细致地进行现场查勘。

(2) 详细了解汽车在水中浸泡的时间长短。

(3) 区分车型地对不同受损程度的标的车辆进行抽样，评定损失。

(4) 对同一地区、同一车型、相似受损程度的标的制定相对一致的损失评定标准。

## 导入案例7：一辆丰田花冠轿车涉水事故

案例详情：2008 年 4 月 20 日，标的车由于没有搞清楚路面水深高度，欲开车冲过，结果被水淹，相关照片如表 4－1 所列。

表 4－1　水淹车相关照片

| | |
|---|---|
| <br>(1)发动机室水淹情况 | 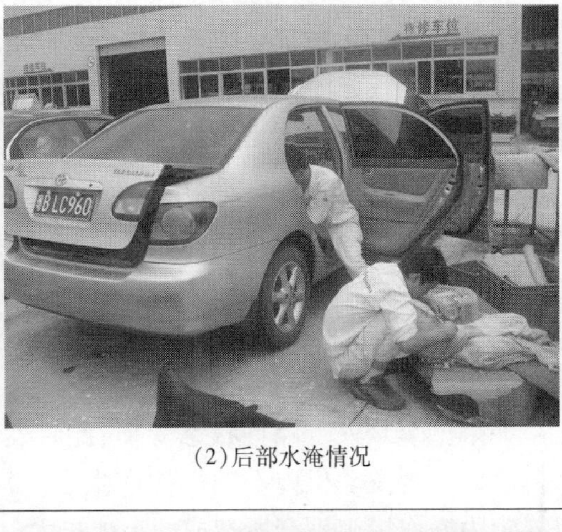<br>(2)后部水淹情况 |
| 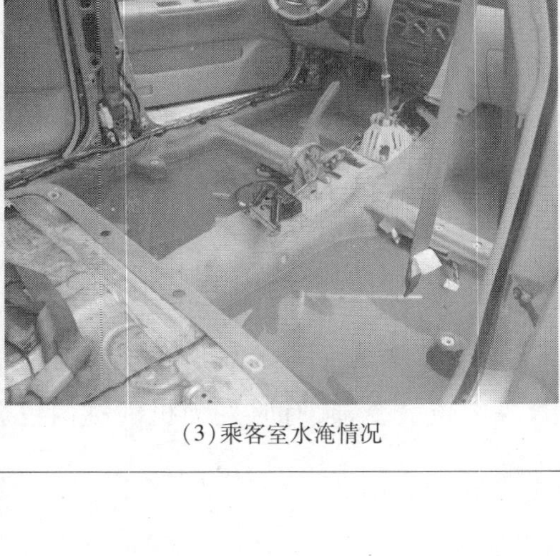<br>(3)乘客室水淹情况 | <br>(4)拆解后的门 |

（续）

| | |
|---|---|
| <br>(5)门把手开关 | <br>(6)门把手插接器 |

## 一、水灾事故车的损伤形式

1. 水的种类

在对汽车的水淹损失评估中，通常将水分为淡水和海水。本书只对淡水造成的损失进行评估。在对淡水水淹汽车的损失评估中，应该对淡水的混浊情况进行认真了解。多数水淹损失中的水为雨水和山洪形成的泥水，但也有由于下水道倒灌而形成的浊水，这种城市下水道溢出的浊水中含有油、酸性物质和各种异物。油、酸性物质和其他异物对汽车的损伤各不相同，必须在现场查勘时仔细检查，并做明确记录。

2. 水灾损失时的汽车状态

汽车因水灾而受到损失时，它处于行驶状态还是停置状态，是区别是否是保险责任的重要前提。

如果汽车是处于停置状态受损，此时发动机不运转，不会导致发动机内部的损伤。如果拆解后发现发动机内部的机件产生了机械性损伤，如连杆弯曲、活塞破碎、缸壁捣坏，可以界定为操作措施不当所造成的损失扩大。

如果汽车是处于行驶状态，当水位低于发动机的进气口时，通常不会造成发动机损伤。但是，这一原则也并非是一成不变的。由于水是没有任何粘性的液体，在其受到一定的搅动时，必然会产生波浪。另外，其他车辆的行驶也会造成水面高低的变化，甚至会造成水花的飞溅，飞溅的水花也有可能被正在路上行驶的车辆吸入汽缸，造成发动机机件的严重受损。

3. 水淹汽车的损坏形式

**1）静态进水损坏**

汽车在停放过程中被暴雨或洪水侵入甚至淹没属于静态进水。汽车在静态条件下，如果车内进水，会造成内饰、电路、空滤器、排气管等部位的受损，有时发动机气缸内也会进水。

在这种情况下，即使发动机不启动，也可能会造成内饰浸水、电路短路、电脑芯片损坏、空虑器、排气管和发动机泡水生锈等损失；对于采用电喷发动机的汽车来说，一旦电路遇水，极有可能导致线路短路，造成整车无法着火；如果发动机被强行启动，极有可能导致严重损坏。就机械部分而言，汽车被水泡过之后，进入发动机的水分在高温作用下，会使内部的运动机件锈蚀加剧，当进气吸水过多时，容易变形，严重时导致发动机报废。

另外，汽车进水后，车的内饰容易发霉、变质。如不及时清理，天气炎热时，会出现各种异味。

**2）动态进水损坏**

汽车在行驶过程中，发动机气缸因吸入水而使汽车熄火，或在强行涉水未果、发动机熄火后被水淹没。

汽车在动态条件下，由于发动机仍在运转，气缸内因吸入了水会迫使发动机熄火。在这种情况下，除了静态条件下可能造成的全部损失外，还有可能导致发动机的直接损坏。

## 二、水灾事故车的施救与损伤检查方法

在遇到暴雨或洪水时，一些经验不够丰富的驾驶员或一些处理水灾受损汽车经验不多的保险公司查勘人员、汽车维修人员，往往会不知所措，由于所采取的措施不当，扩大了汽车的损失。如，在汽车发动机被水淹熄火以后，绝大多数的汽车驾驶员会条件反射般地进行重新启动发动机的尝试，期望尽快脱离被困的险境，结果加重了汽车的损坏。

如果汽车不幸被水淹没甚至落入水中，要及时、准确地予以施救，避免损失的进一步扩大。

如果查勘人员到达汽车的出险现场时，汽车仍处于水淹的状态，则必须对其进行施救。在对进水汽车进行施救时，一定要遵循“及时、科学”的原则，既要保证进水汽车能够得到及时的救援，又要避免汽车损失的进一步扩大。

施救进水汽车时，应该注意如下事项。

1. 严禁水中启动汽车

汽车因进水熄火以后，驾驶员绝对不能抱着侥幸心理贸然启动汽车，否则会造成发动机进水，导致损坏。在汽车被水淹入的情况下，驾驶员最好马上熄火，并及时拨打保险公司的报案电话，或者及时拨打救援组织的电话，等待拖车救援。

实践证明，暴雨中受损的汽车，大多数是因为汽车在水中熄火后，驾驶员再次启动发动机，从而造成发动机损坏的。据统计，大约有90%的驾驶员，当发现自己的汽车在水中熄火后，会再次启动汽车，这是导致发动机损失扩大的主要原因。

2. 科学拖车

在对水淹汽车进行施救时，一般应采用硬牵引方式拖车，或将汽车前轮托起后进行牵引，一般不要采用软牵引的方式。如果采用软牵引方式拖车，一旦前车减速，被拖汽车往往只有选择挂挡、利用发动机制动力的方式进行减速。这样一来，就会导致被拖汽车发动机的转动，最终导致发动机损坏。如果能将汽车前轮托起后牵引，可以避免因误挂挡而引起的发动机损坏。另外，拖车时一定要将变速器置于空挡，以免车轮转动时反拖发动机运转，导致活塞、连杆、气缸等部件的损坏。对自动变速器的汽车，注意不能长距离地被拖曳（通

常不易超过 20km～30km)，以免损伤变速器。

在将整车拖出水域后，应尽快把电瓶的负极线拆下来，以免车上的各种电器因进水而发生短路。

3. 及时告知车主和承修厂商

在将受淹汽车拖出水域后，应及时告知车主和承修厂商，下列措施是被保险人应尽的施救义务，交被保险人或当事人签收，以最大限度地防止损失进一步加大。

容易受损的电器(如各类电脑模块、音响、仪表、继电器、电机、开关、电器设备等)应尽快从车卸下，进行排水清洁，电子元件用无水酒精清洗(不要长时间用无水酒精清洗以免腐蚀电子元件)晾干，避免因进水引起电器短路。某些价值昂贵的电器设备，如果清洗晾干及时，完全可以避免损失；如果清洗晾干不及时，就有可能导致报废。

4. 及时检修电气元器件

汽车电脑最严重的损坏形式就是芯片损坏。汽车的前挡风玻璃处通常设有流水槽及排水孔，可以及时排掉积水，当汽车被水泡过以后，流水槽下往往沉积了许多泥土及树叶，这时极易堵住排水孔，应及时疏通排水孔，以免排水不畅造成积水。当积水过多时，水会进入车内，还可能危及汽车电脑，导致电控系统发生故障，甚至损坏。一些线路因为沾水，其表皮会过早老化，并出现裂纹，引起金属外露，最终导致电路产生故障。尤其是装有电喷发动机的汽车，其控制电脑更是害怕受潮。车主应随时注意电脑的密封情况，避免因电脑进水，使控制紊乱而导致全车瘫痪。

安全气囊的保护传感器有时与电脑做成一体，如果电脑装于车的中间，一般为此结构，维修时只要更换了安全气囊，就无需再额外更换保护传感器。部分高档车(3.0 以上)的安全气囊传感器一般用硅胶密封，其插头为镀银，水淹后一般无需更换，低档车插头为镀铜，水侵后发绿，可用无水酒精擦洗，并用刷子刷，再用高压空气吹干。

一般而言，如果电脑仅仅是不导电，还可进行修理；如果是芯片出现毛病，就需要更换新的电脑了。

汽车上的各类电机进水以后，对于可以拆解的电动机，可以采用“拆解—清洗—烘干—润滑—装配”的流程进行处理，如马达、发电机、天线电机、步进电机、风扇电机、座位调节电机、门锁电机、ABS 电机、油泵电机等。对于无法拆卸的电机，如雨刷电机、喷水电机、玻璃升降电机、后视镜电机、鼓风机电机、隐藏式大灯电机等，则无法按上述办法进行，进水后即使当时检查是好的，使用一段时间后也可能会发生故障，一般来说应该考虑一定的损失率，损失率通常在 20%～40%。

5. 及时检查相关机械零部件

(1) 检查发动机。汽车从水中施救出来以后，要对发动机进行检查。先检查发动机气缸有没有进水，气缸的进水会导致连杆被顶弯，损坏发动机。

检查机油里是否进水，机油进水会导致其变质失去润滑作用，使发动机过度磨损。

将发动机机油尺抽出，查看油尺上润滑油的颜色。如果油尺上的油呈乳白色或有水珠，就要将润滑油全部放掉，在清洗发动机后，更换新的润滑油。

将发动机上的火花塞全部拆下，用手转动曲轴，如果气缸内进了水，则从火花塞螺孔处会有水流出来。如果用手转动曲轴时感到有阻力，说明发动机内部可能存在某种程度的损坏，不要借助其他工具强行转动，要查明原因、排除故障，以免引起损坏的进一步扩大。

如果通过检查未发现发动机机油异常，可从火花塞螺孔处加入 10 ~ 15mg 的机油，用手转动曲轴数次，使整个气缸壁都涂上一层油膜，以起到防锈、密封的作用，同时也有利于发动机的起动。

(2) 检查变速器、主减速器及差速器。检查变速器、主减速器及差速器是否进水，如果上述部件进了水，会使其内的齿轮油变质，造成齿轮磨损的加剧。对于采用自动变速器的汽车，还要检查控制电脑是否进水。

(3) 检查制动系统。对于水位超过制动油泵的被淹汽车，应更换全车制动液。因为当制动油里混入水时，会使制动油变质，致使制动效能下降，甚至失灵。

(4) 检查排气管。如果排气管进了水，要尽快地把积水排除，以免水中的杂质堵塞三元催化器和损坏氧传感器。

6. 清洗、脱水、晾晒、消毒及美容内饰

如果车内因潮湿而出现霉味，除了在阴凉处打开车门，让车内水气充分散发，消除车内的潮气和异味外，还需对汽车内部进行大扫除，要注意更换新的或晾晒后的地毯及座套。还要注意车内生锈的痕迹。查看一下车门的铰链部分、行李舱地毯之下、座位下的钢铁部分以及备用轮胎的固定锁部位有没有生锈的痕迹。

车内清洁不能只使用一种清洁剂和保护品。由于各部位材质不同，应注意选择不同的清洁剂。多数做车内美容的装饰店会选用碱性较大的清洁剂，这种清洁剂虽然有增白、去污的功效，但会有一定的后患，碱性过强的清洁剂会浸透绒布、皮椅、顶篷，最终出现板结、龟裂。专业的做法应该是选择 PH 值不超过 10 的清洗液，配合车内美容专用的抽洗机，在清洁的同时用大量的循环清水将脏东西和清洗剂带出来，并将此部位内的水气抽出。还有一种方法是采用高温蒸汽对汽车内的真皮座椅、车门内饰、仪表盘、空调风口、地毯等进行消毒，同时清除车内的烟味、油味、霉味等各种异味。

7. 保养汽车

如果汽车整体被水浸泡，除按以上方法排水外，还要及时擦洗外表，防止酸性雨水腐蚀车体。最好对全车进行一次二级维护。全面检查、清理进水部位，通过清洁、除水、除锈、润滑等方式，恢复汽车的性能。

8. 谨慎启动

在未对汽车进行排水处理前，严禁采用起动机、人工推车或拖车方式启动被淹汽车的发动机。只有在对被淹的汽车发动机进行了彻底的排水处理，并进行了相应的润滑处理以后，才能进行启动尝试。

## 三、水灾事故车的损失评估的方法与步骤

### (一) 确定事故车的水淹高度和水淹时间

1. 水淹高度

水淹高度是确定水损程度的一个非常重要的参数，水淹高度通常不以高度的计量单位

(m 或 cm)为单位,而是以汽车上重要的具体位置作为参数,以轿车为例,如图 4-2 所示,水淹高度通常分以下几种。

(1) 制动盘和制动毂下沿以上,车身地板以下,乘员舱未进水。

(2) 车身地板以上,乘员舱进水,水面在驾驶员座垫以下。

(3) 乘员舱进水,水面在驾驶员座垫面以上,仪表台以下。

(4) 乘员舱进水,水面在仪表工作台中部。

(5) 乘员舱进水,水面在仪表工作台面以上,顶篷以下。

(6) 水面超过车顶,机动车被淹没顶部。

图 4-2　水淹高度划分

因此,汽车水淹共分 6 级,每一级的损失程度各不相同,相互之间差异较大。

2. 水淹时间

水淹时间长短也是水淹损失程度的一个重要参数。水淹时间的长短对汽车所造成的损伤差异很大。水淹时间的计量通常以 h 为单位,分为 6 级。

(1) 第一级:$H \leqslant 1$h。

(2) 第二级:$1 < H \leqslant 4$h。

(3) 第三级:$4 < H \leqslant 12$h。

(4) 第四级:$12 < H \leqslant 24$h。

(5) 第五级:$24 < H \leqslant 48$h。

(6) 第六级:$H > 48$h。

每一级所对应的损失程度差异较大。

### (二) 估算水灾事故车的损失

1. 水淹高度为 1 级时的损失评估

水淹高度在制动盘和制动毂下沿以上,车身地板以下,乘员舱未进水。本书中定义为 1 级水淹高度。

当汽车的水淹高度为 1 级时,有可能造成的受损零部件主要是制动盘和制动毂。损坏形式主要是生锈,生锈的程度主要取决于水淹时间的长短以及水质。通常情况下,无论制动盘和制动毂的生锈程度如何,所采取的补救措施主要是四轮的保养。

因此,当汽车的被淹高度为 1 级,被淹时间也为 1 级时,通常不计损失;被淹时间为 2 级或2级以上时,水淹时间对损失金额的影响也不大,损失率通常为0.1%左右。

2. 水淹高度2级时损失评估

水淹高度在车身地板以上,乘员舱进水,而水面在驾驶员座椅座垫以下时,水淹高度在本书中定义为2级。

当汽车的水淹高度为2级时,除造成1级水淹高度时所造成的损失以外,还会造成以下损失。

(1) 四轮轴承进水。

(2) 全车悬架下部连接处因进水而生锈。

(3) 配有ABS的汽车的轮速传感器的磁通量传感失准。

(4) 地板进水后车身地板如果防腐层和油漆层本身有损伤就会造成锈蚀。

(5) 少数汽车将一些控制模块置于地板上的凹槽内(如上海大众帕萨特B5),会造成一些控制模块损毁(如果水淹时间过长,被淹的控制模块有可能彻底失效)。

损失率通常为2.5%~5%。

3. 水淹高度3级时损失评估

水淹高度在驾驶员座椅垫面以上,仪表工作台以下,此水淹高度在本书中定义为3级。

当汽车的水淹高度为3级时,除造成2级水淹高度所造成的损失以外,还会造成以下损失。

(1) 座椅潮湿和污染。

(2) 部分内饰的潮湿和污染。

(3) 真皮座椅和真皮内饰损伤严重。

一般说来,水淹时间超过24h以后,还会造成以下损失。

(1) 桃木内饰板会分层开裂。

(2) 车门电机进水。

(3) 变速器、主减速器及差速器可能进水。

(4) 部分控制模块被水淹。

(5) 起动机被水淹。

(6) 中高档车行李舱中CD换片机、音响功放被水淹。

损失率通常为1.0%~5.0%。

4. 水淹高度4级时损失评估

水淹高度在仪表工作台中部,此时水淹高度在本书中定义为4级。

当汽车的水淹高度为4级时,除造成3级高度所造成的损失以外,还可能造成以下损失。

(1) 发动机进水。

(2) 仪表台中部分音响控制设备、CD机、空调控制面板受损。

(3) 蓄电池放电、进水。

(4) 大部分座椅及内饰被水淹。

(5) 音响的喇叭全损。

(6) 各种继电器、保险丝盒可能进水。

(7) 所有控制模块被水淹。

损失率通常为 3.0% ~15.0%。

5. 水淹高度 5 级时损失评估

乘员舱进水,水淹高度在仪表工作台面以上,顶篷以下,此水淹高度在本书中定义为 5 级。

当汽车的水淹高度为 5 级时,除造成 4 级高度所造成的损失以外,还可能造成以下损失。

(1) 全部电器装置被水泡。

(2) 发动机严重进水。

(3) 离合器、变速器、后桥可能进水。

(4) 绝大部分内饰被泡。

(5) 车架大部分被泡。

损失率通常为 10.0% ~30.0%。

6. 水淹高度 6 级时损失评估

水淹高度超过车顶,汽车被淹没顶部,此水淹高度在本书中定义为 6 级。

当汽车的水淹高度为 6 级时,汽车所有零部件都受到损失。损失率通常为 25.0% ~60.0%。

### (三) 确定案例 7 的损失

定损水淹损失时,要对配置情况进行认真记录,特别注意电子器件,如 ABS、ASR、SRS、PTS、AT、CVT、CCS、CD、GPS、TEMS 等。还要对真皮座椅、高档音响、车载 DVD 及影视设备等配置是否为原车配置进行确认。

本案例中水淹到门把手附近,水淹高度为 4 级,抢救及时,发生涉水事故后立即送到维修企业拆解抢救,水淹时间为 3 级。

根据上述分析水淹高度 4 级对应的损失率通常为 3.0% ~15.0%,因水淹时间为 2 级属于下限,则对应的损失率应在 5.5% 左右。

## 思 考 题

1. 如果你是一名查勘定损员,碰到水淹车案件现场时你应怎么处理?
2. 水淹车一般按照什么样的方法与步骤评估?

# 学习情境5

## 火灾事故车损失评估

**学习目标：**

（1）能够正确实施火灾事故车的施救工作。

（2）能够评估典型火灾事故车的损失费用。

（3）熟悉汽车起火的分类与原因。

（4）熟悉火灾汽车的损坏形式。

汽车火灾损失令人触目惊心，无论是什么原因导致的起火燃烧，都会使车主及周边之人措手不及（图5-1）。即使扑救及时，汽车也会被烧得满目疮痍。如扑救不及时，整个汽车转眼之间就会化为灰烬。若在行驶中起火，还会给驾乘者造成严重的人身伤害。如果被烧汽车已经投保，是否投保了自燃损失险对理赔过程和结果影响颇大。因此，准确分析起火原因，掌握避免火灾的方法及扑救措施，了解汽车火灾损失的理赔规则，无论对车主还是对保险公司的查勘定损人员，都具有十分积极的意义。

图5-1　某公交车爆燃现场

## 导入案例8:一辆宇通客车夜间停放时起火案例

案例详情:一郑州产宇通牌大客车夜间停放时起火,扑救及时,相关照片如表5-1所列。

表5-1 火灾损失

| | |
|---|---|
| <br>(1)外观 | <br>(2)内部1 |
| <br>(3)内部2 | <br>(4)内部3 |
| <br>(5)左前部电路板 | |

## 一、汽车起火的分类与原因

### （一）汽车起火的分类

按照起火原因，汽车火灾大致可以分为5种类型。

（1）自燃。自燃是指在没有外界火源的情况下，由于本车电器、线路、供油系统等车辆自身原因发生故障或所载货物自身原因起火燃烧。

（2）引燃。引燃是指车辆被其本身以外的火源引起的、在时间或空间上失去控制的燃烧（即有热、有光、有火焰的剧烈的氧化反应）。

（3）碰撞起火。碰撞起火是指车辆与外界物体直接接触并发生意外撞击所引起的起火。

（4）爆炸。爆炸是指由车内所载物品或车体上安装的爆炸物本身发生爆炸所引发的汽车爆炸。

（5）雷击。雷击是指在雷雨天气露天停放的汽车因遭遇雷击而引发的击穿或燃烧。

### （二）汽车起火的原因

尽管汽车起火的原因可能极其复杂，但就其实质而言，始终离不开物体燃烧的3大基本要素：第一，火源，亦即起火点；第二，可燃烧的物体；第三，充足的氧气（或空气）。

在汽车火灾损失的查勘过程中，查勘人员在分析、判断起火原因时，实际上就是围绕这3大基本要素展开的。

1. 自燃原因

根据消防部门和车险理赔专家的统计分析，在所有汽车自燃的事故中，存在着“五多”现象。

第一，小轿车多。在出现火险的汽车中，小轿车大约占50%以上，明显超过了所统计年份的全部轿车保有比率。第二，私家车多。大约占55%，同样超出了所统计年份的私家车保有比率。第三，汽车在行驶状态发生的火灾多，大约占70%。第四，汽车使用了5年（或行驶了10万公里）以上者多，大约占70%。第五，火灾原因以漏油和导线短路者居多，占60%以上。

汽车自燃的原因涉及到油路、电路、装载、停车以及违章作业等方方面面。

**1）漏油**

严重的汽车自燃一般都是在燃油系统出现了问题，燃油的泄漏可以说是引发严重汽车自燃的罪魁祸首，油箱中泄漏出来的汽油是汽车上最可怕的助燃物。漏油点大多集中在管件接头处、橡胶管接触体外易摩擦处、固定部位与非固定部位的结合处等薄弱地方。

无论是行进还是停驶，汽车上都可能存在火源，如点火系产生的高压电火花、蓄电池外部短路时产生的高温电弧、排气管排出的高温废气或喷出的积碳火星等，当泄漏的燃油遇到了电火花，就造成起火。

**2）漏电**

汽车上的漏电分高压漏电和低压漏电两种类型。

（1）高压漏电。发动机工作时，点火线圈自身温度很高，有可能使高压线绝缘层软化、老化、龟裂，导致高压漏电。另外，高压线脱落引起跳火也是高压漏电的一种表现形式。

由于高压漏电是对准某一特定部位持续进行的，所以必然引发漏电处的温度升高，引燃泄漏出来的油。

汽车在使用了5年或10万公里以后，很容易出现高压线漏电现象，瞬间电压可以达到10000V以上，这足以引燃一定浓度的汽油蒸汽。另外，如果点火系存在着因漏电而使个别气缸断火的现象，还容易造成进气系回火，引发火灾。

在目前发生的汽车自燃事故中，长途客车一直占据着多数，这是意料之中的事情。原因在于：长途客车一直都在高速运转，检修时间很少甚至没有，运行10多万公里后，事故率明显上升。

（2）低压漏电。低压线路搭铁漏电是引发汽车自燃事故的另一主要原因。由于搭铁处会产生大的热能，如果与易燃物接触，会导致起火。

低压线路搭铁漏电的主要原因：导线老化、过载或磨损；导线断路搭铁；触点式控制开关因触点烧结而发生熔焊，使导线长时间通电而过载；冬季天气干燥，橡胶件及塑料件因老化、硬化龟裂而造成短路；某些私家车用户对刚刚购置的汽车疼爱有加，添加防盗器、换装高档音响、增加通讯设备、开设电动天窗等，如果因为价格等原因未在专业的汽车维修店改装，未对整车线路布置进行分析及功率复核，难免导致线路用电负荷加大，长期工作后因热负荷过大而起火；在对整车进行线路维修或加接控制元件时，如果在导线易松动处未进行有效固定，有可能使导线绝缘层磨损，造成短路。

低压线搭铁常见的故障电缆线与车架、线夹之间由于震动摩擦产生"破皮"；尾灯、制动灯导线等由于汽车的震动摩擦产生"破皮"；灯座安装处由于震动、连接件的破损而使绝缘件松脱、损坏；启动开关由于触点烧结发生熔焊，等等。

**3）接触电阻过大**

线路接点不牢或开关接触电阻过大等，会使局部电阻加大，长时间通电发热。

局部电阻过大会产生热能，使导线接点发热引起可燃材料起火。造成这种情况的，大多是车辆在行驶中由于长时间震动或冷热变化，使线路接点松动。特别是，当蓄电池表面或接线柱有杂质、油污时，它们的长时间腐蚀会造成连接点松动、发热、起火。车辆在装饰时，增加音响和通信设备、自动报警装置等，乱接电源和增大负载或接点不实，都有可能引发火灾。

**4）车载易燃物引发火灾**

当车上装载的易燃物因泄漏、松动摩擦而起火时，导致汽车起火。

**5）超载**

汽车超载，从两个角度来说可能导致起火。

（1）汽车部件高温自燃。汽车的相关部件因汽车超载而处于过度疲劳和过热状态，一旦超过疲劳极限，就有可能发生自燃。

① 制动器超负荷工作。制动系统是一种将动能转变为摩擦热能的机械系统，这种磨擦有助于汽车减速。制动系统的热量是通过固定在制动蹄片上的摩擦片与制动鼓或制动盘之间的摩擦产生的。这种聚集的热量不因汽车的行驶而消失或制动鼓的适当通风而散发，如果汽车超载行驶，频繁的制动会使产生的热量增多。一旦液压油出现泄漏，聚集的热量就会将油液加热到燃点使其起火。

另外，长时间、高强度的制动，也会造成制动鼓过热，制动鼓随之又将热量传导到附近的可燃物（轮胎或制动液），增加了自燃的可能性。

② 轮胎摩擦过热。轮胎摩擦过热有几种情况：一是气压不足，二是超载，三是气压不足与超载的综合效应。这些情况都会造成轮胎的侧壁弯曲。轮胎弯曲所产生热量的速度要比机动车行驶中散发热量的速度快得多，其结果是侧壁的温度升高。将侧壁纤维与橡胶材料的粘结破坏，所形成的分离又加剧了松散线绳与橡胶间的摩擦，从而产生了更多的热量。如果机动车停驶，失去了风的冷却作用，聚积的热量会很快使侧壁的温度上升而造成自燃。

轮胎起火以在高速公路上行驶的车辆居多。理论上来说，任何机动车的轮胎都可能发生这种现象，而对于卡车或拖挂车上的双轮胎来说，则危险性更大。当两个轮胎中有一个气压不足时就会发生这种现象，原因是相邻的轮胎承受了双倍载荷而形成过载，导致了轮胎的摩擦过热。

（2）超载货物摩擦自燃。货车严重超载时，在高速行驶时，车厢底部的货物会发生挤压、摩擦，从而产生高温，导致自燃起火。

**6）停车位置不当**

现代汽车一般都装有三元催化反应器。该装置因位于排气管上而温度很高，且在大多数轿车上位置较低。如果停车时恰巧将其停在麦杆等易燃物附近，会引燃可燃物。

如果驾驶员夏季将汽车长时间地停放在太阳下曝晒，会将车内习惯性放置在前窗玻璃下的一次性打火机晒爆，如果车内恰巧有火花（如吸烟、正在工作的电器设备产生的电火花、爆炸打破的仪表火线等），就会引燃车内的饰品。

**7）维修保养不当**

在汽车维修保养的过程中，部分用户只注意修理工是否将汽油滤清器更新，而根本没有在意他们是否对油管进行必要的检查。实际上，橡胶油管在经过长时期较高温度的烘烤之后，很容易因老化而漏油。

另外，市场上假冒的汽油滤清器、劣质的汽油软管及不符合安装标准的操作方法很多，这些不合格的零部件或不合规范的操作方法，往往会留下汽车自燃的严重后患。

**8）车主的故意行为**

个别车主出于某种目的，故意创造条件，使汽车起火燃烧。

2. 其他起火燃烧的原因

在汽车的火灾类型中，除自燃外，还有引燃、碰撞起火、爆炸、雷击等，后几种类型的发生原因相对简单一些。

**1）引燃**

引燃是指汽车被其自身以外的火源引发的燃烧。建筑物起火引燃、周边可燃物起火引燃、其他车辆起火引燃、被人为纵火烧毁等，都属于汽车被引燃的范畴。

**2）碰撞起火**

当汽车发生追尾或迎面撞击时，由于基本不具备起火的条件，一般情况下不会起火。只有当撞击后导致易燃物（如汽油）泄露且与火源接触时，才会导致起火。如果一辆发动机前置的汽车发生了较为严重的正面碰撞，水箱的后移有可能使油管破裂。由于此时发动机尚处于运转状态，一旦高压线因脱落而引起跳火，发生火灾的可能性就很大。

当汽车因碰撞或其他原因导致翻滚倾覆时，极易发生油箱泄露事件，一旦遇上电火花或摩擦产生的火花,就会起火。

**3）爆炸**

如果车内装载、搭载有易爆物品,或者被恐怖分子在车体上安装了爆炸物品,爆炸物品自身的爆炸肯定会引起汽车的起火,甚至导致油箱爆炸,从而引发更为严重的燃烧。

**4）雷击**

在雷雨天气里,露天停放的汽车有可能遭遇雷击。由于雷击的电压非常高,完全可以将正在流着雨水的车体与地面之间构成回路,从而将汽车上的某些电气电子设备击穿(如车用电脑),严重者可以引起汽车起火。

## 二、汽车起火后的施救

### (一）密切关注起火前兆

汽车自燃一般都有一个过程,如果是车前的发动机起火,开始时可能仪表台会冒黑烟、有焦糊味儿,并伴随有异响、串火苗等,但在车前部一般是看不到的。如果司机开着空调,在起火初期就可以闻到发动机舱内的焦糊味。如果是汽车尾部的行李舱起火,应该可以通过车窗及后视镜看到烟雾。

当发生汽车自燃征兆时,应该当机立断熄火停车,最好能将车停在避风处进行施救,避免产生更大的损失。

### (二）起火后的施救

1. 自行灭火

确认汽车起火以后,驾乘人员应头脑清醒,切忌惊慌失措。将车停靠路边后,取出灭火器,确认起火部位,实施扑灭作业。

准备灭火时,要记住切不可马上打开发动机上盖(罩),无论是前置发动机还是后置发动机,无论是柴油机还是汽油机。因为此时火势仍然控制在发动机盖(罩)下燃烧,没有形成热对流,可燃物也相对不多,火势燃烧较为缓慢,对扑救有利,这与“先控制、后消灭”的消防灭火作战原则异曲同工。如有可能,可用随车灭火器,由发动机盖(罩)缝隙处,对准起火部位喷射灭火,如果慌乱之中胡乱喷射,往往不容易将火扑灭。如果两人协同灭火,可由一人手持灭火器,另一人打开车盖,在车盖打开的一刹那,对准起火部位猛喷。如果只有驾驶员一人灭火,应该一手持灭火器,一手去开车盖,车盖打开后迅速喷射;或者将灭火器放在身边,待车盖打开后立即拿起来喷射。

有些发动机的舱盖开启时需要把手探到里面打开锁销,所以,失火时应戴好手套,免得烫伤;如果开启舱盖不熟练,建议平时多加练习。

如果火势较大,灭火器不够用时,可借用往来车辆上的灭火器或用沙土扑救。

若火势危及到车载易燃物时,应先将其卸下,如果是车载货物着火,应先把货物卸下扑救。

油料着火时,严禁泼水扑救,但酒精、酒类着火时,可用水扑救。

救火时,要防止烧伤,不要在灭火的同时张口喊叫,以免烟火呛伤呼吸道。

2. 报警求救

如果火势很大，或者经过初步施救后，仍然无法将火扑灭，则应尽快远离现场并及时拨打119报警。此时，不要急着抢救车内的财物，以防止被意外烧伤。

## 三、火灾事故车的损失评估的方法与步骤

### （一）火灾对车辆损坏情况的分析

火灾对车辆损坏一般分为整体燃烧和局部燃烧。

1. 整体燃烧

整体燃烧（一般情况下损坏较严重）：机舱内线路、电器、发动机附件、仪表台、内装饰件、座椅烧损，机械件壳体烧融变形，车体金属（钣金件）件脱碳（材质内部结构发生变化），表面漆层大面积烧损。

2. 局部烧毁

局部烧毁分以下3种情况。

（1）机舱着火造成发动机前部线路、发动机附件、部分电器、塑料件烧损。

（2）轿壳或驾驶室着火：造成仪表台、部分电器、装饰件烧损。

（3）货运车辆货箱内着火。

### （二）火灾车辆的损失评估处理方法

对明显烧损的进行分类登记。

对机械件应进行测试、分解检查。特别是转向、制动、传动部分的密封橡胶件。

对金属件（特别是车架，前、后桥，壳体类）考虑是否因燃烧而退火、变形。

对于因火灾使保险车辆遭受损害的，分解检查工作量很大，且检查、维修工期较长，一般很难在短时期内拿出准确估价单，只能是边检查边定损，反复进行。

### （三）火灾汽车的损失评估

汽车起火燃烧以后，其损失评估的难度相对大些。

如果汽车的起火燃烧被及时扑灭了，可能只会导致一些局部的损失，损失范围也只是局限在过火部分的车体油漆、相关的导线及非金属管路、过火部分的汽车内饰。只要参照相关部件的市场价格，并考虑相应的工时费，即可确定出损失的金额。

如果汽车的起火燃烧持续了一段时间之后才被扑灭，虽然没有对整车造成毁灭性的破坏，但也可能造成比较严重的损失。凡被火“光顾”过的车身的外壳、汽车轮胎、导线线束、相关管路、汽车内饰、仪器仪表、塑料制品、外露件的美化装饰等都可能会报废，定损时按需更换件的市场价格、工时费用等确定损失金额。

如果起火燃烧程度严重，外壳、汽车轮胎、导线线束、相关管路、汽车内饰、仪器仪表、塑料制品、外露件的美化装饰等肯定会被完全烧毁。部分零部件，如控制电脑、传感器、铝合金铸造件等，可能会被烧化，失去任何使用价值。一些看似“坚固”的基础件，如发动机、变速器、离合器、车架、悬架、车轮轮毂、前桥、后桥等，在长时间的高温烘烤作用下，会因“退

火”而失去应有的精度，无法继续使用，此时，汽车离完全报废已经很近了。

**（四）确定案例 8 的损失**

本案例中，仪表台前线束、保险盒前座椅、部分内饰件烧坏，客车内饰没有多大损失，但是车内电路板严重烧毁，而且通电线胶皮呈颗粒状，由此可得结论：通电线路搭铁瞬时高温起火造成车辆自燃。

对本案例估损时通过对烧毁部件的一一检查，分类登记，确定损失为 4.5 万元。

## 思　考　题

1. 如果你是一名查勘定损员，碰到火灾车辆案件现场时你应怎么处理？
2. 火灾车辆一般按照什么样的方法与步骤评估？

# 附录　王永盛高级评估师根据《米切尔碰撞评估指南》编制的换件工时表

| 序号 | 项目 | 单位 \ 车型 \ 工时 | 轿车 | | | | | 客车 | | | | | 化车 | | | | 备　注 |
|---|---|---|---|---|---|---|---|---|---|---|---|---|---|---|---|---|---|
| | | | 微型 | 普通型 | 中级 | 中高级 | 高级 | 微型 | 轻型 | 中型 | 大型 | 特大型 | 微型 | 轻型 | 中型 | 重型 | |
| 1.01 | 前保险杠 | 件 | 1.0～3.0 | | | | | 0.5～3.0 | | | | | 0.4～1.5 | | | | |
| 1.02 | 前保险杠骨架 | 件 | 不单独计工时，可另加0.02～0.3 | | | | | | | | | | | | | | |
| 1.03 | 前保险杠支架 | 只 | 不单独计工时，可另加0.0～0.2 | | | | | | | | | | | | | | |
| 1.04 | 前保险杠包角 | 只 | 0.1～0.3 | | | | | 0.1～0.3 | | | | | 0.1～0.2 | | | | 如更换保险杠不另计 |
| 1.05 | 前保险杠格栅 | 只 | 0.1～0.3 | | | | | 无 | | | | | 无 | | | | 如更换保险杠不另计 |
| 1.06 | 前保险杠饰条 | 只 | 0.1～0.3 | | | | | 0.1～0.3 | | | | | 无 | | | | 如更换保险杠不另计 |
| 1.07 | 前保险杠导流板 | 只 | 0.1～0.4 | | | | | 无 | | | | | 无 | | | | 如更换保险杠不另计 |
| 1.08 | 前保险杠衬垫 | 只 | 无 | | | | | 无 | | | | | 无 | | | | 如更换保险杠不另计 |
| 1.09 | 前保险杠信号灯 | 只 | 0.1～0.3 | | | | | 0.1～0.3 | | | | | 0.1～0.2 | | | | 如更换保险杠不另计 |
| 1.10 | 前雾灯 | 只 | 0.1～0.3 | | | | | 0.1～0.3 | | | | | 0.1～0.2 | | | | 如更换保险杠不另计 |
| 所有项目更换以更换前保险杠的1.2倍为限 | | | | | | | | | | | | | | | | | |
| 2.01 | 前护栅 | 只 | 0.1～0.3 | | | | | 0.1～0.3 | | | | | 0.1～0.2 | | | | |
| 2.02 | 铭牌 | 只 | 0.1～0.3 | | | | | 0.1～0.3 | | | | | 0.1～0.2 | | | | |
| 同时更换以前护栅工时为限 | | | | | | | | | | | | | | | | | |
| | | | | | | | | | | | | | | | | | |
| 3.01 | 前照灯总成 | 只 | 0.3～1.8 | | | | | 0.3～1.5 | | | | | 0.3～0.8 | | | | |
| 3.02 | 前照灯饰条 | 根 | 0.1～0.2 | | | | | 0.1～0.2 | | | | | 0.1～0.2 | | | | |
| 3.03 | 前照灯调节器 | 根 | 0.3～1.2 | | | | | 0.3～1.2 | | | | | 0.3～1.2 | | | | |
| 3.04 | 前照灯支座 | 只 | 按前照灯工时另加0.1～0.3 | | | | | | | | | | | | | | |
| 3.05 | 角灯 | 只 | 0.1～0.3 | | | | | 0.1～0.3 | | | | | 0.1～0.2 | | | | |
| 所有项目更换以更换前照灯总成的1.5倍为限 | | | | | | | | | | | | | | | | | |

（续）

| 序号 | 项目 | 单位 | 轿车 | | | | | 客车 | | | | | 化车 | | | | 备注 |
|---|---|---|---|---|---|---|---|---|---|---|---|---|---|---|---|---|---|
| | | | 微型 | 普通型 | 中级 | 中高级 | 高级 | 微型 | 轻型 | 中型 | 大型 | 特大型 | 微型 | 轻型 | 中型 | 重型 | |
| 4.01 | 散热器框架 | 只 | 2.5～10.0 | | | | | | | | | | 无 | | | | 包括附件拆装 |
| 4.02 | 发动机盖锁机 | 只 | 0.2～0.4 | | | | | | | | | | 0.2～0.3 | | | | |
| 4.03 | 发动机盖拉锁 | 只 | 0.6～1.0 | | | | | | | | | | 0.6～0.8 | | | | |
| 4.04 | 发动机盖撑杆 | 只 | 0.1～0.2 | | | | | | | | | | 0.1～0.2 | | | | |
| 所有项目更换以更换散热器框架为限 | | | | | | | | | | | | | | | | | |
| | | | | | | | | | | | | | | | | | |
| 5.01 | 冷凝器 | 只 | 0.7～3.2 | | | | | 0.8～4.0 | | | | | 0.5～2.0 | | | | 包括附件拆装，不含充制冷剂 |
| 5.02 | 干燥瓶 | 只 | 0.3～0.7 | | | | | 0.3～0.6 | | | | | 0.3～0.5 | | | | 不含加制冷剂 |
| 5.03 | 空调压缩机 | 只 | 1.0～2.0 | | | | | 1.0～2.0 | | | | | 1.0～1.6 | | | | 包括附件拆装，不含充制冷剂 |
| 5.04 | 空调离合器 | 只 | 在上项基础上增加0.3 | | | | | | | | | | | | | | |
| 5.05 | 空调管 | 根 | 0.3～0.7 | | | | | | | | | | | | | | 不含加制冷剂 |
| 5.06 | 蒸发器总成 | 件 | 0.5～1.1 | | | | | | | | | | | | | | 不含仪表台拆装 |
| 5.07 | 蒸发器壳 | 件 | 0.3～1.2 | | | | | | | | | | | | | | 不含蒸发器总成拆装 |
| 5.08 | 暖风机总成 | 件 | 0.5～1.0 | | | | | | | | | | | | | | 不含仪表台拆装 |
| 5.09 | 暖风机壳 | 件 | 0.3～1.2 | | | | | | | | | | | | | | 不含暖风机拆装 |
| 5.10 | 鼓风机 | 件 | 0.3～1.3 | | | | | | | | | | | | | | 不含仪表台拆装 |
| | | | | | | | | | | | | | | | | | |
| 6.01 | 散热器 | 只 | 0.5～2.0 | | | | | 0.5～3.0 | | | | | 0.5～2.0 | | | | |
| 6.02 | 散热器上水管 | 根 | 0.3～1.2 | | | | | | | | | | | | | | |
| 6.03 | 散热器下水管 | 根 | 0.5～1.2 | | | | | | | | | | | | | | |
| 6.04 | 储水壶 | 只 | 0.2～0.6 | | | | | | | | | | | | | | |
| 6.05 | 风扇护罩 | 只 | 0.3～1.0 | | | | | 0.3～1.5 | | | | | 0.3～1.0 | | | | 包括在更换散热器里，不另计 |
| 6.06 | 风扇 | 只 | 0.5～1.0 | | | | | 0.5～2.0 | | | | | 0.5～2.0 | | | | |

（续）

| 序号 | 项目 | 单位 | 轿车 | | | | | 客车 | | | | | 化车 | | | | 备注 |
|---|---|---|---|---|---|---|---|---|---|---|---|---|---|---|---|---|---|
| | | | 微型 | 普通型 | 中级 | 中高级 | 高级 | 微型 | 轻型 | 中型 | 大型 | 特大型 | 微型 | 轻型 | 中型 | 重型 | |
| 7.01 | 发动机盖 | 只 | 0.8～2.0 | | | | | | | | | | 0.5～1.0 | | | | |
| 7.02 | 发动机盖铰链 | 只 | 0.2～0.3 | | | | | | | | | | 0.2～0.4 | | | | |
| 7.03 | 发动机盖隔热垫 | 只 | 0.2～0.4 | | | | | | | | | | | | | | |
| 7.04 | 发动机盖液压撑杆 | 只 | 0.2～0.3 | | | | | | | | | | | | | | |
| 7.05 | 发动机盖风标 | 只 | 0.1～0.2 | | | | | | | | | | | | | | |
| 所有项目更换以更换发动机盖的1.2倍为限 | | | | | | | | | | | | | | | | | |
| 8.01 | 前翼子板 | 块 | 1.2～4.5 | | | | | | | | | | 1.0～1.5 | | | | |
| 8.02 | 前翼子板内衬 | 块 | 0.3～0.6 | | | | | | | | | | | | | | |
| 8.03 | 前翼子板饰条 | 条 | 0.1～0.3 | | | | | | | | | | | | | | |
| 8.04 | 前翼子板信号灯 | 只 | 0.1～0.2 | | | | | | | | | | 0.1～0.2 | | | | |
| 8.05 | 前翼子板沿口饰条（轮眉） | 根 | 0.1～0.2 | | | | | | | | | | | | | | |
| 8.06 | 前翼子板示宽灯 | 只 | 0.1～0.2 | | | | | | | | | | | | | | |
| 8.07 | 天线 | 根 | | | | | | | | | | | | | | | 同更换前翼子板 |
| 8.08 | 电动天线 | 根 | | | | | | | | | | | | | | | 同更换前翼子板 |
| 所有项目更换以更换前翼子板的1.2倍为限 | | | | | | | | | | | | | | | | | |
| 9.01 | 前纵梁 | 根 | 5.0～10.0 | | | | | | | | | | | | | | 含发动机、仪表台以外的附件拆装 |
| 9.02 | 内轮壳 | 只 | 5.0～10.0 | | | | | | | | | | | | | | 含发动机、仪表台以外的附件拆装 |
| 同时更换以单项的1.5倍为限 | | | | | | | | | | | | | | | | | |
| 10.01 | 转向盘气囊 | 只 | | 0.3～0.4 | | | | | | | | | | | | | |
| 10.02 | 转向盘游丝 | 只 | | 0.7～1.8 | | | | | | | | | | | | | 包含更换转向盘气囊工时 |
| 10.03 | 副驾驶员气囊 | 只 | | 0.5～0.7 | | | | | | | | | | | | | 不含仪表台拆装 |

（续）

| 序号 | 项目 | 单位 | 轿车 | | | | | 客车 | | | | | 化车 | | | | 备注 |
|---|---|---|---|---|---|---|---|---|---|---|---|---|---|---|---|---|---|
| | | | 微型 | 普通型 | 中级 | 中高级 | 高级 | 微型 | 轻型 | 中型 | 大型 | 特大型 | 微型 | 轻型 | 中型 | 重型 | |
| 10.04 | 碰撞传感器 | 只 | | 0.2～0.7 | | | | | | | | | | | | | |
| 10.05 | 气囊控制模块 | 只 | | 0.4～1.4 | | | | | | | | | | | | | |
| | | | | | | | | | | | | | | | | | |
| 11.01 | 轮胎 | 只 | 0.3 | 0.3 | 0.3 | 0.3 | 0.3 | 0.3～0.5 | | | | | 0.3～0.5 | | | | 不含轮胎动平衡 |
| 11.02 | 钢圈 | 只 | 0.3 | 0.3 | 0.3 | 0.3 | 0.3 | 0.3～0.5 | | | | | 0.3～0.5 | | | | 不含轮胎动平衡 |
| 1103 | 轮罩 | 只 | 0.1 | 0.1 | 0.1 | 0.1 | 0.1 | 0.1 | 0.1 | 0.1 | 0.1 | 0.1 | | | | | |
| 同时更换以更换轮胎或钢圈单项工时为限 | | | | | | | | | | | | | | | | | |
| | | | | | | | | | | | | | | | | | |
| 12.01 | 稳定杆 | 根 | 0.5～4.0 | | | | | 0.5～2.0 | | | | | 0.5～2.0 | | | | 包括附件拆装 |
| 12.02 | 上下托臂 | 只 | 0.7～3.0 | | | | | 0.5～3.0 | | | | | 0.5～3.0 | | | | 包括附件拆装 |
| 12.03 | 上下托臂球头 | 只 | 0.2～1.1 | | | | | 0.5～1.0 | | | | | 0.2～1.0 | | | | 包括附件拆装 |
| 12.04 | 前减振器 | 只 | 0.5～1.7 | | | | | 0.4～1.5 | | | | | 0.4～1.5 | 0.4～1.0 | | | 包括附件拆装 |
| 12.05 | 副车架 | 只 | 1.0～2.0 | | | | | | | | | | | | | | 不含发动机拆装 |
| 12.06 | 前钢板总成 | 付 | | | | | | 1.0～2.0 | | | | | 1.0～2.0 | | | | 包括附件拆装 |
| 12.07 | 前桥 | 根 | | | | | | 1.0～6.0 | | | | | 1.0～4.0 | | | | 包括附件拆装 |
| 多项更换不得重复计算工时 | | | | | | | | | | | | | | | | | |
| | | | | | | | | | | | | | | | | | |
| 13.01 | 半轴外球笼 | 根 | 0.3～2.0 | | | | | 0.3～2.5 | | | | | | | | | |
| 13.02 | 半轴内球笼 | 只 | 1.0～2.5 | | | | | 1.0～2.5 | | | | | | | | | |
| 13.03 | 半轴(前驱) | 根 | 1.5～2.5 | | | | | 1.5～2.5 | | | | | | | | | |
| 13.04 | 半轴总成(前驱) | 根 | 0.8～1.8 | | | | | 0.8～1.8 | | | | | | | | | |
| 多项更换不得重复计算工时 | | | | | | | | | | | | | | | | | |

（续）

| 序号 | 项目 | 单位 | 轿车 微型 | 轿车 普通型 | 轿车 中级 | 轿车 中高级 | 轿车 高级 | 客车 微型 | 客车 轻型 | 客车 中型 | 客车 大型 | 客车 特大型 | 化车 微型 | 化车 轻型 | 化车 中型 | 化车 重型 | 备注 |
|---|---|---|---|---|---|---|---|---|---|---|---|---|---|---|---|---|---|
| 14.01 | 制动总泵 | 只 | 0.8~2.0 | | | | | 0.8~2.4 | | | | | 0.8~1.6 | | | | 包括附件拆装 |
| 14.02 | 制动油壶 | 只 | 0.2~6.0 | | | | | 0.2~0.4 | | | | | 0.2~0.4 | | | | 包括附件拆装 |
| 14.03 | ABS 控制阀 | 只 | | 0.8~2.1 | | | | | 1.0~2.0 | | | | | | | | 包括附件拆装 |
| 14.04 | ABS 控制模块 | 只 | | 0.4~1.0 | | | | | 0.4~1.0 | | | | | | | | 包括附件拆装 |
| 14.05 | 制动真空助力泵 | 只 | 1.0~2.0 | | | | | 1.0~2.0 | | | | | 1.0~2.0 | | | | 不含发动机拆装 |
| 多项更换不得重复计算工时 | | | | | | | | | | | | | | | | | |
| | | | | | | | | | | | | | | | | | |
| 15.01 | 前制动盘 | 只 | 0.3~0.6 | | | | | 0.3~0.6 | | | | | | | | | |
| 15.02 | 前制动分泵 | 只 | 0.3~0.5 | | | | | 0.3~1.2 | | | | | 0.3~1.2 | | | | |
| 15.03 | 前制动盘凸缘 | 只 | 0.5~2.1 | | | | | 0.5~1.0 | | | | | | | | | |
| 15.04 | 前轮轴承 | 只 | 0.5~2.1 | | | | | 1.2~4.8 | | | | | 1.0~4.0 | | | | |
| 15.05 | 转向节 | 只 | 1.5~2.6 | | | | | 1.2~4.8 | | | | | 1.0~4.0 | | | | |
| 多项更换不得重复计算工时 | | | | | | | | | | | | | | | | | |
| | | | | | | | | | | | | | | | | | |
| 16.01 | 转向机 | 只 | 1.2~4.8 | | | | | 1.0~6.0 | | | | | 1.0~4.0 | | | | 含摇臂及其直拉杆 |
| 16.02 | 转向机助力泵 | 只 | | 0.8~2.8 | | | | | 0.6~2.4 | | | | | | 0.6~2.4 | | |
| 16.03 | 助力泵油管 | 根 | | 0.3~1.5 | | | | | 0.3~1.0 | | | | | | 0.3~1.0 | | |
| 16.04 | 转向机油壶 | 只 | | 0.2~0.6 | | | | | 0.2~0.4 | | | | | | 0.2~0.4 | | |
| 16.05 | 转向盘 | 只 | 0.3~0.6 | | | | | 0.3~0.6 | | | | | 0.3~0.6 | | | | |
| 16.06 | 转向盘上下护罩 | 组 | 0.2~0.7 | | | | | 0.2~0.7 | | | | | 0.2~0.7 | | | | |
| 16.07 | 组合开关 | 只 | 0.4~1.5 | | | | | 0.4~1.5 | | | | | 0.4~1.5 | | | | |
| 多项更换不得重复计算工时 | | | | | | | | | | | | | | | | | |

（续）

| 序号 | 项目 | 单位 | 轿车 | | | | | 客车 | | | | | 化车 | | | | 备注 |
|---|---|---|---|---|---|---|---|---|---|---|---|---|---|---|---|---|---|
| | | | 微型 | 普通型 | 中级 | 中高级 | 高级 | 微型 | 轻型 | 中型 | 大型 | 特大型 | 微型 | 轻型 | 中型 | 重型 | |
| 17.01 | 发动机总成 | 只 | 4.0～15.0 | | | | | 4.0～16.0 | | | | | 3.0～12.0 | | | | |
| 17.02 | 发动机支架 | 只 | 0.2～1.0 | | | | | 0.2～2.0 | | | | | 0.2～2.0 | | | | |
| 17.03 | 正时传动带张紧轮 | 只 | 0.2～2.2 | | | | | 0.2～0.4 | | | | | 0.2～0.4 | | | | |
| 17.04 | 时规罩 | 只 | 0.1～2.7 | | | | | | | | | | | | | | 不含发动机拆装 |
| 17.05 | 凸轮轴正时齿轮 | 只 | 2.0～8.0 | | | | | | | | | | 1.0～2.0 | | | | |
| 17.06 | 正时传动带(链条) | 根 | 1.0～2.0 | | | | | | | | | | | | | | |
| 17.07 | 水泵 | 只 | 1.2～4.0 | | | | | | | | | | | | | | |
| 17.08 | 水泵传动带 | 只 | 0.5～2.0 | | | | | | | | | | | | | | |
| 17.09 | 油底壳(发动机) | 只 | 1.0～3.5 | | | | | 0.8～3.2 | | | | | 0.6～2.4 | | | | 不含发动机拆装 |
| 17.10 | 机油泵 | 只 | 1.4～7.0 | | | | | | | | | | | | | | |
| 17.11 | 空滤器 | 只 | 0.2～0.6 | | | | | | | | | | 0.2～0.4 | | | | |
| 17.12 | 进气管 | 节 | 0.1～0.8 | | | | | | | | | | | | | | |
| 17.13 | 增压器 | 只 | | | 1.0～4.0 | | | | | | | | | | 1.0～3.0 | | |
| 17.14 | 排气歧管 | 节 | 0.8～7.0 | | | | | | | | | | | | | | |
| 17.15 | 消声器 | 节 | 0.3～1.1 | | | | | | | | | | | | | | |
| 多项更换不得重复计算工时 | | | | | | | | | | | | | | | | | |
| | | | | | | | | | | | | | | | | | |
| 18.01 | 发电机 | 只 | 0.4～1.6 | | | | | | | | | | | | | | |
| 18.02 | 发电机支架 | 只 | 0.2～1.0 | | | | | | | | | | | | | | |
| 18.03 | 发电机传动带盘 | 只 | 0.2～0.5 | | | | | | | | | | | | | | 不含发动机拆装 |
| 18.04 | 发电机传动带 | 根 | 0.2～1.2 | | | | | | | | | | | | | | |
| 18.05 | 蓄电池 | 只 | 0.2～0.4 | | | | | | | | | | | | | | |
| 18.06 | 蓄电池托架 | 只 | 0.2～0.4 | | | | | | | | | | | | | | 不含蓄电池拆装 |

（续）

| 序号 | 项目 | 单位 | 轿车 | | | | | 客车 | | | | | 化车 | | | | 备注 |
|---|---|---|---|---|---|---|---|---|---|---|---|---|---|---|---|---|---|
| | | | 微型 | 普通型 | 中级 | 中高级 | 高级 | 微型 | 轻型 | 中型 | 大型 | 特大型 | 微型 | 轻型 | 中型 | 重型 | |
| 18.07 | 蓄电池线 | 根 | 0.4~1.6 | | | | | | | | | | | | | | |
| 18.08 | 起动机 | 只 | 0.8~1.5 | | | | | 0.8~1.5 | | | | | 0.6~1.2 | | | | |
| 18.09 | 点火线圈 | 只 | 0.2~10.5 | | | | | 0.2~0.4 | | | | | 0.2~0.3 | | | | |
| 18.10 | 分电器 | 只 | 0.8~1.5 | | | | | 0.8~1.2 | | | | | 0.6~1.2 | | | | |
| | | | | | | | | | | | | | | | | | |
| 19.01 | 前挡风玻璃 | 块 | 0.8~4.0 | | | | | 0.6~6.0 | | | | | 0.6~2.4 | | | | |
| 19.02 | 前挡风玻璃胶条 | 根 | 0.8~4.0 | | | | | 0.6~6.1 | | | | | 0.6~2.4 | | | | |
| 19.03 | 前挡风玻璃饰条 | 根 | 0.2~0.3 | | | | | 0.2~0.4 | | | | | 0.2~0.3 | | | | |
| 19.04 | 内视镜 | 只 | 0.1~0.4 | | | | | 0.1~0.3 | | | | | 0.1~0.2 | | | | |
| 19.05 | 刮水器电动机 | 只 | 0.4~1.3 | | | | | | | | | | | | | | |
| 19.06 | 刮水器连杆 | 根 | 0.3~1.3 | | | | | | | | | | | | | | |
| 19.07 | 刮水器臂 | 根 | 0.1~0.2 | | | | | | | | | | | | | | |
| 19.08 | 刮水器片 | 片 | 0.1 | | | | | | | | | | | | | | |
| 19.09 | 刮水器水壶 | 只 | 0.2~2.6 | | | | | | | | | | | | | | |
| 19.10 | 刮水器喷嘴 | 只 | 0.2~0.5 | | | | | 0.2~0.4 | | | | | 0.2~0.4 | | | | |
| 多项更换不得重复计算工时 | | | | | | | | | | | | | | | | | |
| | | | | | | | | | | | | | | | | | |
| 20.01 | 前挡风玻璃下集雨槽 | 件 | 0.1~0.7 | | | | | | | | | | | | | | |
| 20.02 | 前围水平面板 | 件 | 3.0~7.0 | | | | | | | | | | | | | | 不含发动机及仪表台拆装 |
| 20.03 | 前围板 | 件 | 8.0~14.0 | | | | | | | | | | | | | | 不含发动机及仪表台拆装 |
| | | | | | | | | | | | | | | | | | |
| 21.01 | 仪表台 | 只 | 2.5~6.5 | | | | | 2.0~8.0 | | | | | 2.0~4.5 | | | | |
| 21.02 | 组合仪表 | 只 | 0.3~1.6 | | | | | | | | | | | | | | |

（续）

| 序号 | 项目 | 单位 | 轿车 | | | | | 客车 | | | | | 化车 | | | | 备注 |
|---|---|---|---|---|---|---|---|---|---|---|---|---|---|---|---|---|---|
| | | | 微型 | 普通型 | 中级 | 中高级 | 高级 | 微型 | 轻型 | 中型 | 大型 | 特大型 | 微型 | 轻型 | 中型 | 重型 | |
| 21.03 | 仪表台杂物箱 | 只 | 0.2~0.6 | | | | | | | | | | 0.2~0.4 | | | | |
| 21.04 | 仪表台饰件 | 件 | 0.2~0.6 | | | | | | | | | | | | | | |
| 21.05 | 过道饰物 | 件 | 0.2~0.8 | | | | | | | | | | | | | | |
| | | | | | | | | | | | | | | | | | |
| 22.01 | A柱 | 根 | 6.0~12.0 | | | | | 4.0~10.0 | | | | | | | | | |
| 22.02 | A柱内饰板 | 块 | 0.2~0.6 | | | | | | | | | | | | | | |
| 22.03 | B柱 | 根 | 4.0~10.5 | | | | | 6.0~12.0 | | | | | | | | | |
| 22.04 | B柱内饰板 | 块 | 0.2~0.6 | | | | | | | | | | | | | | |
| 22.05 | 边梁 | 根 | 4.0~8.5 | | | | | | | | | | | | | | |
| 22.06 | 边梁饰件 | 件 | 0.2~0.5 | | | | | | | | | | | | | | |
| 22.07 | 车身地板 | 件 | 10.0~15.0 | | | | | | | | | | | | | | |
| | | | | | | | | | | | | | | | | | |
| 23.01 | 前座椅总成 | 只 | 0.3~0.6 | | | | | | | | | | | | | | |
| 23.02 | 前座椅导轨 | 付 | 0.3~1.0 | | | | | | | | | | | | | | |
| 23.03 | 调角器 | 只 | 0.6~1.2 | | | | | | | | | | | | | | |
| 23.04 | 安全带 | 根 | 0.5~1.5 | | | | | 0.4~1.0 | | | | | 0.4~0.8 | | | | |
| | | | | | | | | | | | | | | | | | |
| 24.01 | 前(后)门壳 | 扇 | 3.0~5.0 | | | | | | | | | | 3.0~4.0 | | | | 自动门加50% |
| 24.02 | 前(后)门皮 | 块 | 4.5~7.5 | | | | | | | | | | 4.5~5.5 | | | | |
| 24.03 | 前(后)门防擦条 | 条 | 0.2~0.3 | | | | | | | | | | 0.2~0.3 | | | | |
| 24.04 | 前(后)门外饰板 | 块 | 0.3~0.6 | | | | | | | | | | | | | | |
| 24.05 | 前(后)门下饰条 | 根 | 0.2~0.3 | | | | | | | | | | | | | | |
| 24.06 | 前(后)门玻璃外挡雨条 | 根 | 0.2~0.3 | | | | | | | | | | 0.2 | | | | |

（续）

| 序号 | 项目 | 单位 | 轿车 微型 | 轿车 普通型 | 轿车 中级 | 轿车 中高级 | 轿车 高级 | 客车 微型 | 客车 轻型 | 客车 中型 | 客车 大型 | 客车 特大型 | 化车 微型 | 化车 轻型 | 化车 中型 | 化车 重型 | 备注 |
|---|---|---|---|---|---|---|---|---|---|---|---|---|---|---|---|---|---|
| 24.07 | 前(后)门内饰板 | 块 | 0.4~0.7 | | | | | | | | | | 0.3~0.6 | | | | |
| 24.08 | 前(后)门玻璃 | 块 | 0.8~1.2 | | | | | | | | | | 0.6~1.0 | | | | |
| 24.09 | 前(后)门内把手 | 只 | 0.1~0.3 | | | | | | | | | | 0.1~0.3 | | | | |
| 24.10 | 前(后)门外把手 | 只 | 0.2~0.4 | | | | | | | | | | 0.2~0.4 | | | | |
| 24.11 | 前(后)门锁机 | 只 | 0.3~0.5 | | | | | | | | | | 0.3~0.4 | | | | |
| 24.12 | 前(后)门铰链 | 付 | 0.2 | | | | | | | | | | 0.2 | | | | 不包括门拆装 |
| 24.13 | 前(后)门升降器 | 付 | 0.2~0.6 | | | | | | | | | | 0.2~0.4 | | | | 不包括内饰板拆装 |
| 24.14 | 前(后)门升降器导轨 | 根 | 0.2~0.3 | | | | | | | | | | 0.2~0.3 | | | | 不包括内饰板拆装 |
| 24.15 | 前(后)门玻璃泥槽 | 条 | 0.2~0.3 | | | | | | | | | | 0.2 | | | | 不包括内饰板及玻璃拆装 |
| 24.16 | 前(后)门玻璃内挡雨条 | 根 | 0.2~0.3 | | | | | | | | | | 0.2 | | | | |
| 24.17 | 前(后)门密封条 | 根 | 0.2~0.5 | | | | | | | | | | 0.2~0.3 | | | | |
| 24.18 | 前(后)门三角玻璃 | 块 | 0.5~2.0 | | | | | | | | | | 0.3~1.2 | | | | |
| 24.19 | 倒车镜 | 只 | 0.3~0.7 | | | | | 0.3~1.0 | | | | | 0.3~0.6 | | | | |
| 多项更换不得重复计算工时 | | | | | | | | | | | | | | | | | |
| | | | | | | | | | | | | | | | | | |
| 25.01 | 换车顶 | 个 | 15.0~24.0 | | | | | | | | | | 10.0~20.0(驾驶室) | | | | |
| 25.02 | 车顶饰条 | 根 | 0.2~0.5 | | | | | | | | | | | | | | |
| 25.03 | 内顶篷 | 根 | 1.0~3.5 | | | | | | | | | | 0.5~2.0 | | | | |
| 25.04 | 内扶手 | 只 | 0.1~0.2 | | | | | | | | | | 0.1~0.2 | | | | |
| 多项更换不得重复计算工时 | | | | | | | | | | | | | | | | | |

（续）

| 序号 | 项目 | 单位 | 轿车 | | | | | 客车 | | | | | 化车 | | | | 备注 |
|---|---|---|---|---|---|---|---|---|---|---|---|---|---|---|---|---|---|
| | | | 微型 | 普通型 | 中级 | 中高级 | 高级 | 微型 | 轻型 | 中型 | 大型 | 特大型 | 微型 | 轻型 | 中型 | 重型 | |
| 26.01 | 后挡风玻璃 | 块 | 0.8~4.0 | | | | | 0.2~1.0 | | | | | 0.2~0.8 | | | | |
| 26.02 | 后挡风玻璃密封条 | 根 | 0.8~4.0 | | | | | 0.2~1.0 | | | | | 0.2~0.8 | | | | |
| 26.03 | 后挡风玻璃饰条 | 根 | 0.2~0.3 | | | | | | | | | | | | | | |
| 26.04 | 刮水器电动机 | 只 | 0.3~1.2 | | | | | | | | | | | | | | |
| 26.05 | 刮水器连杆 | 根 | 0.3~1.2 | | | | | | | | | | | | | | |
| 26.06 | 刮水器臂 | 根 | 0.1~0.2 | | | | | | | | | | | | | | |
| 26.07 | 刮水器片 | 片 | 0.1 | | | | | | | | | | | | | | |
| 26.08 | 刮水器水壶 | 只 | 0.2~0.4 | | | | | | | | | | | | | | |
| 26.09 | 刮水器喷嘴 | 只 | 0.2~0.5 | | | | | 0.2~0.4 | | | | | | | | | |
| 26.10 | 高位制动灯 | 只 | 0.1~0.3 | | | | | 0.1~0.3 | | | | | | | | | |
| 多项更换不得重复计算工时 | | | | | | | | | | | | | | | | | |
| | | | | | | | | | | | | | | | | | |
| 27.01 | 后翼子板 | 件 | 6.0~18.5 | | | | | | | | | | | | | | |
| 27.02 | 后翼子板内板 | 件 | 4.0~8.0 | | | | | | | | | | | | | | 不包括后翼子板更换工时 |
| 27.03 | 后翼子板饰板 | 块 | 0.1~0.2 | | | | | | | | | | | | | | |
| 27.04 | 后翼子板轮眉 | 条 | 0.3 | | | | | | | | | | | | | | |
| 27.05 | 后搁板 | 块 | 2.5~4.5 | | | | | | | | | | | | | | 不包括后翼子板及内板更换工时 |
| 27.06 | 后搁板饰板 | 块 | 0.3~1.1 | | | | | | | | | | | | | | |
| 多项更换不得重复计算工时 | | | | | | | | | | | | | | | | | |
| | | | | | | | | | | | | | | | | | |
| 28.01 | 行李厢盖 | 只 | 0.8~2.0 | | | | | | | | | | | | | | |
| 28.02 | 行李厢盖撑杆 | 根 | 0.2~0.3 | | | | | | | | | | | | | | |
| 28.03 | 后牌照板 | 块 | 0.2~0.4 | | | | | | | | | | | | | | |

（续）

| 序号 | 项目 | 单位 | 轿车 | | | | | 客车 | | | | | 化车 | | | | 备注 |
|---|---|---|---|---|---|---|---|---|---|---|---|---|---|---|---|---|---|
| | | | 微型 | 普通型 | 中级 | 中高级 | 高级 | 微型 | 轻型 | 中型 | 大型 | 特大型 | 微型 | 轻型 | 中型 | 重型 | |
| 28.04 | 行李厢盖铰链 | 块 | 0.2～0.3 | | | | | | | | | | | | | | |
| 28.05 | 行李厢盖锁机 | 根 | 0.2～0.4 | | | | | | | | | | | | | | |
| | | | | | | | | | | | | | | | | | |
| 30.01 | 后尾灯 | 只 | 0.2～0.3 | | | | | 0.1～0.3 | | | | | 0.1～0.3 | | | | |
| 30.02 | 后牌照灯 | 只 | 0.2～0.3 | | | | | 0.1～0.3 | | | | | 0.1～0.3 | | | | |
| 30.03 | 后雾灯 | 只 | 0.2～0.3 | | | | | 0.1～0.3 | | | | | 0.1～0.3 | | | | 组合式合并于尾灯 |
| | | | | | | | | | | | | | | | | | |
| 31.01 | 后保险杠护罩 | 件 | | | | | | | | | | | | | | | 按前保险杠执行 |
| 31.02 | 后保险杠骨架 | 件 | | | | | | | | | | | | | | | 同上 |
| 31.03 | 后保险杠支架 | 只 | | | | | | | | | | | | | | | 同上 |
| 31.04 | 后保险杠衬垫 | 块 | | | | | | | | | | | | | | | 同上 |
| 31.05 | 后保险杠饰条 | 根 | | | | | | | | | | | | | | | 同上 |
| 31.06 | 后保险杠下围 | 根 | | | | | | | | | | | | | | | 同上 |
| | | | | | | | | | | | | | | | | | |

# 参考文献

[1] 交通事故车物损失价格评估鉴定操作规程[EB/OL]. 广东省价格认证网,2007.
[2] Michael Crandell. 事故汽车修理评估[M]. 许洪国,等译. 北京:高等教育出版社,2003.
[3] 顾建国. 汽车钣金维修技师培训教材[M]. 北京:人民交通出版社,2003.
[4] 王永盛. 汽车评估[M]. 北京:机械工业出版社,2008.
[5] 王永盛. 车险理赔查勘与定损[M]. 北京:机械工业出版社,2007.
[6] James E · Duffy,Robert Scharff. 吴有生译. 汽车车身维修技术[M]. 北京:高等教育出版社,2006.
[7] 张汉斌. 汽车零配件及大型客车理赔知识与实务[M]. 北京:机械工业出版社,2008.
[8] 劳动和社会保障部职业技术鉴定中心. 汽车碰撞估损师培训讲义[M].